AF706524

मंटो की प्रसिद्ध 31 कहानियाँ

मंटो

प्रभाकर प्रकाशन

HB ISBN: 978-93-67936-31-3
ISBN: 978-93-67932-10-0
eISBN: 978-93-67930-08-3

प्रकाशक: प्रभाकर प्रकाशन
प्लॉट नं.-63, प्रथम तल, मेन मदर डेयरी रोड
पांडव नगर, ईस्ट दिल्ली-110092
फोन: 011-40395855
वॉट्सऐप: +91 9319228272
ई-मेल: sales@pharosbooks.in
वेबसाइट: www.prabhakarprakashan.com

प्रथम संस्करण: 2025

मंटो की प्रसिद्ध 31 कहानियाँ
सहादत हसन मंटो

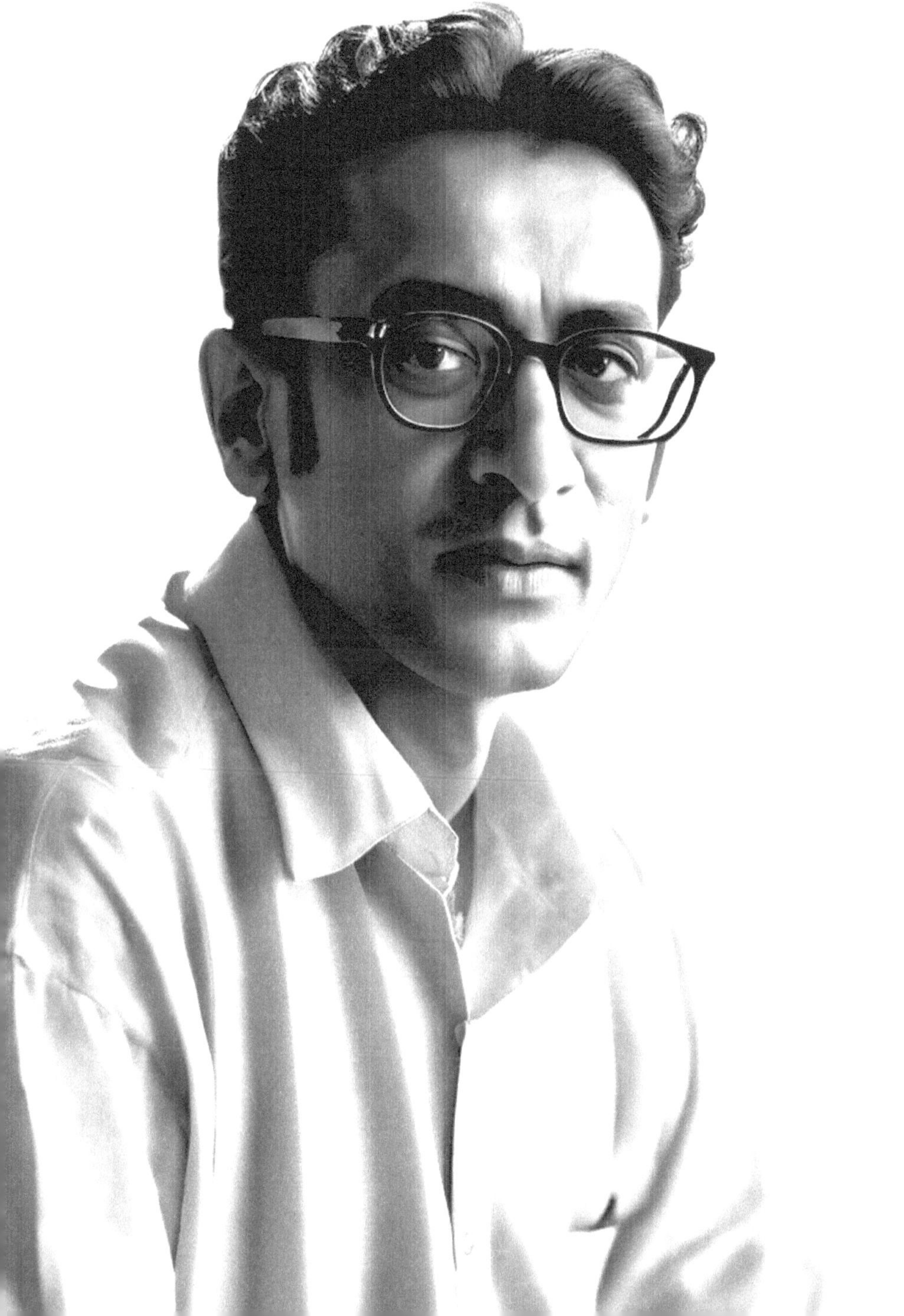

अनुक्रम

सिराज

नागपाड़ा पुलिस चौकी के उस तरफ जो छोटा-सा बाग़ है, उसके बिलकुल सामने, ईरानी होटल के बाहर, खम्बे के साथ लगकर ढुंडू खड़ा था–दिन ढले, निर्धारित वक़्त पर ढूँडू वहाँ पहुँच जाता और सुबह चार बजे तक अपने धंधे में व्यस्त रहता। मालूम नहीं, उसका असली नाम क्या था, मगर सब उसे ढूँडू कहते थे; इस लिहाज़ से तो यह नाम बहुत मुनासिब था कि उसका काम अपने मुवक्किलों के लिए उनकी ख़्वाहिश और पसंद के मुताबिक हर नस्ल और हर रंग की लड़कियाँ ढूँढ़ना था।

वह यह धंधा करीब-करीब दस बरस से कर रहा था–इस दौरान में हज़ारों लड़कियाँ उसके हाथों से गुज़र चुकी थीं; हर मज़हब की, हर नस्ल की, हर मिज़ाज की।

उसका अड्डा शुरू ही से वही रहा था; नागपाड़ा पुलिस चौकी के उस तरफ, बाग़ के बिलकुल सामने, ईरानी होटल के बाहर खम्बे के साथ।

वह खम्बा उसका निशान बन गया था; मुझे तो वह खम्बा ढूँडू ही मालूम होता था–मैं जब कभी उधर से गुज़रता, मेरी नज़र उस खम्बे पर ज़रूर पड़ती, जिस पर जगह-जगह चूने और कत्थे से लिथड़ी हुई उँगलियाँ पोंछी गयी थीं; मुझे ऐसा लगता कि ढूँडू खड़ा है और काली कांडी और सेंके की सुपारीवाला पान चबा रहा है।

वह खम्बा काफ़ी ऊँचा था–ढूँडू भी लम्बे क़द का था।

खम्बे के ऊपर तारों का जाल-सा बिछा हुआ था, कोई तार दूर तक दौड़ता चला गया था और दूसरे खम्बे के तारों से उलझ गया था; कोई तार किसी बिल्डिंग में और कोई तार किसी दुकान में चला गया था, ऐसा लगता था कि उस खम्बे की पहुँच दूर-दूर तक है और वह दूसरे खम्बों के साथ मिलकर सारे शहर पर छाया हुआ है। उस खम्बे के साथ टेलीफोन के महकमे ने एक बक्स लगा रखा था, जिसके ज़रिये से ज़रूरत के मुताबिक तारों की दुरुस्ती वगैरह की जाँच-पड़ताल की जाती थी–मैं अकसर सोचता था कि ढूँडू भी उसी क़िस्म का एक बक्स है, जो लोगों की जिंसी (यौन) जाँच-पड़ताल के लिए खम्बे के साथ लगा रहता है। उसे आस-पास के इलाके के अलावा दूर-दूर

के उन तमाम सेठों का भी पता था, जिनको थोड़े-थोड़े अंतराल के बाद या हमेशा ही अपनी जिंसी ख़्वाहिशात (यौन-कामना) के तने हुए या ढीले तार दुरुस्त कराने की ज़रूरत महसूस होती थी।

उसे उन तमाम छोकरियों का भी पता था, जो उस धंधे में थीं; वह उनके जिस्म की बनावट से वाक़िफ़ था; उनकी हर नब्ज़ से परिचित था; कौन किस मिज़ाज की है और किस वक़्त और किस ग्राहक के लिए उपयुक्त है, उसको इसका बख़ूबी अन्दाज़ा था-एक सिर्फ़ उसको सिराज के बारे में अभी तक कोई अन्दाज़ा नहीं हुआ था; वह अभी तक सिराज की गहराई तक नहीं पहुँच सका था।

ढूँडू कई बार मुझसे कह चुका था, 'साली का मस्तक फिरेला है...समझ में नहीं आता मंटो साहब, कैसी छोकरी है...घड़ी में माशा, घड़ी में तोला, कभी आग कभी पानी...अभी हँस रही है, क़हक़हे लगा रही है, फिर एकदम रोना शुरू कर देती है...साली की किसी से नहीं बनती, बड़ी झगड़ालू है; हर ग्राहक से लड़ती है, साली से कई बार कह चुका हूँ कि देख, अपना मस्तक ठीक कर, वरना जा, जहाँ से आयी है; अंग पर तेरे कोई कपड़ा नहीं, खाने को तेरे पास कौड़ी नहीं; मारा-मारी और धाँधली से तो मेरी जान, काम चलेगा नहीं...पर वह भी एक तुख़्म (बीज) है मंटो साहब, कुछ सुनती ही नहीं!'

मैंने सिराज को एक-दो मर्तबा देखा था—बड़ी दुबली-पतली लड़की थी, मगर ख़ूबसूरत; उसकी आँखें ज़रूरत से ज़्यादा बड़ी थीं; ऐसा लगता था कि वह उसके अंडाकार चेहरे पर सिर्फ़ अपनी बड़ाई जताने की ख़ातिर छायी हुई हैं। मैंने जब उसको पहली मर्तबा क्लेयर रोड पर देखा था तो मुझे बड़ी उलझन हुई थी; मेरे दिल में यह ख़्वाहिश पैदा हुई थी कि उसकी आँखों से कहूँ, भई तुम थोड़ी देर के लिए एक तरफ़ हट जाओ कि मैं सिराज को देख सकूँ, लेकिन मेरी इस ख़्वाहिश के बावजूद, जो यक़ीनन मेरी आँखों ने उसकी आँखों तक पहुँचा दी होगी, वे उसी तरह उसके सफेद अंडाकार चेहरे पर छायी रहीं...सिराज कुछ अलग-सी थी, मगर इस नाटेपन के बावजूद बड़ी ख़ूबसूरत मालूम होती थी; ऐसा लगता था कि वह एक सुराही है, जिसमें उसकी गुंजाइश से ज़्यादा पानी मिली शराब भरने की कोशिश की गयी है और नतीजे के तौर पर वह तरल चीज़ दबाव के कारण इधर-उधर तड़पकर बह निकली है...मैंने पानी मिली शराब इसलिए कहा कि सिराज में तल्ख़ी (कटुता) थी, वही तल्ख़ी, जो नशीली शराब में होती है; ऐसा लगता था, किसी धोखेबाज ने उसमें पानी मिला दिया है कि मात्रा ज़्यादा हो जाये; मगर सिराज में जनानेपन की जो मात्रा थी, वैसी की वैसी मौजूद थी; और उसकी झुँझलाहट से, जो उसके घने बालों से, उसकी तीखी नाक से, उसके भिंचे हुए होंठों से और उसकी उँगलियों से, जो नक्शा बनाने वालों की नुकीली और तेज़-तेज़ पेंसिलें मालूम होती थीं, मैंने यह अन्दाज़ा लगाया था कि वह हर चीज़ से नाराज़ है; ढूँडू से, उस खम्बे से, जिसके साथ लगकर वह खड़ा रहता था; उन ग्राहकों से, जो उसके

लिए लाये जाते थे; अपनी बड़ी-बड़ी आँखों से भी, जो उसके सफेद अंडाकार चेहरे पर कब्ज़ा जमाये रखती थीं; वह हर चीज़ से नाराज़ थी-वह अपनी पतली-पतली उन उँगलियों से भी, जो नक्शा बनाने वालों की पेंसिलों की तरह तेज़ थीं, नाराज़ थी; शायद इसलिए कि जो नक्शा वह बनाना चाहती थी, उसकी उँगलियाँ नहीं बना सकती थीं।

यह तो ख़ैर एक कहानीकार की समझ है, जो छोटे-से तिल में काले पत्थर की तमाम सख़्तियाँ बयान कर सकता है; आप ढूँडू की ज़बानी सिराज के बारे में कुछ सुनिये-

ढूँडू ने एक दिन मुझसे कहा, 'मंटो साहब, आज साली ने फिर टंटा कर दिया...वह तो जाने किस दिन का पुण्य काम आ गया...और आपकी दुआ से यूँ भी नागपाड़ा चौकी के सब अफ़सर मेहरबान हैं, वरना आज ढूँडू अंदर होता...आज उसने वह धमाल मचाया है कि मैं तो बाप-रे-बाप कहता रह गया...'

मैंने पूछा, 'बात क्या हुई थी?'

'वही, जो हुआ करती है...मैंने लाख लानत भेजी अपनी हरकत पर कि हरामी, जब तू उस छोकरी को अच्छी तरह जानता है तो फिर क्यों उँगली लेता है, क्यों, उसको निकालकर लाता है...तेरी माँ लगती है या बहन...मेरी तो अकल काम नहीं करती मंटो साहब!'

हम दोनों ईरानी के होटल में बैठे हुए थे–ढूँडू ने कॉफी मिली चाय प्लेट में उँडेली और सड़प-सड़प पीने लगा, 'असल बात यह है कि साली से मुझे हमदर्दी है!' मैंने पूछा, 'क्यों?'

ढूँडू ने सिर को एक झटका दिया, 'जाने क्यों...? यह साला मालूम हो जाये तो रोज़-रोज़ का टंटा न ख़त्म हो जाये...' फिर उसने एकदम प्लेट में प्याली औंधी करके मुझसे कहा, 'आपको मालूम है...अभी तक कुँआरी है...!'

यक़ीन मानिये, मैं एक क्षण के लिए चकरा गया, 'कुँआरी?'

'आपकी जान की कसम।'

मैंने चाहा कि वह अपनी बात पर पुनर्विचार करे। मैंने कहा, 'नहीं ढूँडू..!'

ढूँडू को मेरा यह शक नागवार मालूम हुआ, 'मैं आपसे झूठ नहीं कहता मंटो साहब. ..सोलहा आने कुँआरी है...आप मुझसे शरत लगा लीजिये।'

मैं सिर्फ़ इसी कदर कह सका, 'मगर ऐसा क्योंकर हो सकता है?'

ढूँडू ने बड़े विश्वास के साथ कहा, 'ऐसा क्यों नहीं हो सकता...सिराज-जैसी छोकरी तो इस धंधे में रहकर भी सारी उम्र कुँआरी रह सकती है...साली किसी को हाथ ही नहीं लगाने देती...मुझे उसकी सारी हिस्ट्री मालूम नहीं; इतना जानता हूँ कि पंजाबन है... लैमिंगटन रोड पर एक मेम साहब के पास थी; वहाँ से निकाली गयी कि हर ग्राहक से लड़ती थी, फिर भी वहाँ उसने दो-तीन महीने निकाल लिये कि मडाम के पास दस-बीस

और छोकरियों थीं, पर मंटो साहब, कोई कब तक किसी को खिलाता है; मेम साहब ने एक दिन उसे तीन कपड़ों में निकाल बाहर किया। वहाँ से निकाली गयी तो वह फारस रोड पर एक दूसरी मेम साहब के पास जा पहुँची; यहाँ भी उसका माथा वैसे का वैसा था; यहाँ उसने एक ग्राहक को काट खाया! बड़ी मुश्किल से दो-तीन महीने यहाँ गुज़ारे...साली के मिज़ाज में तो जैसे आग भरी हुई है, अब कौन उसे ठंडा करता फिरे, फिर ख़ुदा आपका भला करे, खेतवाड़ी के एक होटल में रही; पर यहाँ भी वही धमाल; होटल के मैनेजर ने आख़िर तंग आकर उसे चलता किया...क्या बताऊँ मंटो साहब, न साली को खाने का होश है न पीने का, कपड़ों में जुएँ पड़ी हैं, सिर दो महीने से नहीं धोया...चरस के दो-एक सिगरेट कहीं से मिल जायें तो फूँक लेती है, या किसी होटल के बाहर खड़ी होकर फ़िल्मी रिकॉर्ड सुनती रहती है...'

मेरे लिए यह स्पष्टता काफी थी; मैं अपनी प्रतिक्रिया से आपको आगाह नहीं करना चाहता कि कहानी लेखक की हैसियत से यह अनुचित है।

मैंने ढूँडू से महज़ सिलसिला-ए-गुफ़्तगू क़ायम रखने के लिए पूछा, 'जब उसे इस धंधे से कोई दिलचस्पी ही नहीं तो तुम उसे वापस क्यों नहीं भेज देते...किराया तुम मुझसे ले लो!'

ढूँडू को मेरी बात नागवार मालूम हुई, 'मंटो साहब, किराये साले की क्या बात है...क्या मैं नहीं दे सकता?'

मैंने टोह लेनी चाही, 'फिर तुम उसे वापस क्यों नहीं भेजते?'

ढूँडू कुछ अरसे के लिए ख़ामोश हो गया, फिर उसने कान में उड़सा हुआ सिगरेट का टुकड़ा निकालकर सुलगाया और धुएँ को नाक के दोनों नथुनों से बाहर फेंककर सिर्फ़ इतना कहा, 'मैं नहीं चाहता कि वह जाये।'

मैंने सोचा कि उलझे हुए धागे का एक सिरा मेरे हाथ में आ गया है, 'क्या तुम उससे मुहब्बत करते हो?'

ढूँडू पर तीव्र प्रतिक्रिया हुई, 'आप कैसी बातें करते हैं मंटो साहब!' फिर उसने अपने दोनों कान पकड़कर खींचे, 'क़ुरआन की क़सम, मेरे दिल में ऐसा नीच ख़याल कभी नहीं आया...मुझे तो बस...' वह रुक गया, फिर उसने कहा, 'मुझे बस वह कुछ अच्छी लगती है...'

मैंने बड़ा सही सवाल किया, 'क्यों?'

ढूँडू ने भी बड़ा सही जवाब दिया, 'इसलिए...इसलिए कि वह दूसरों-जैसी नहीं... बाकी जितनी हैं, सब पैसे की पीर हैं...हरामी हैं अव्वल दर्जे की...पर सिराज है ना, कुछ अजीबो-ग़रीब है...निकाल के लाता हूँ तो राज़ी हो जाती है, सौदा हो जाता है; टैक्सी या विक्टोरिया में बैठ जाती है...अब मंटो साहब, ग्राहक साला मौज शौक के लिए आता है, माल-पानी ख़र्च करता है, जरा दबा के देखना चाहता है, या वैसे ही छूना चाहता है,

बस फिर एक धमाल मचा देती है सिराज, मारा-मारी शुरू कर देती है...ग्राहक शरीफ़ हो तो भाग जाता है, पियेला हो, या मवाली हो तो आफ़त...हर मौके पर मुझे पहुँचना पड़ता है, पैसे वापस करने पड़ते हैं और हाथ-पैर अलग जोड़ने पड़ते हैं...क़सम, क़ुरआन की, सिर्फ़ सिराज की ख़ातिर, और मंटो साहब, आपकी जान की क़सम, इसी साली सिराज की वजह से मेरा धंधा रह गया है...' मेरे ज़ेहन ने सिराज की जो पृष्ठभूमि तैयार की थी, मैं उसका ज़िक्र नहीं करना चाहता; हाँ इतना ज़रूर कहना चाहता हूँ कि ढूँडू ने जो कुछ बताया, वह मेरे ज़ेहन की तैयार की हुई पृष्ठभूमि के साथ कुछ ठीक तौर पर जमता नहीं था; मैंने एक दिन सोचा कि ढूँडू को बताये बग़ैर सिराज से मिला जाये।

सिराज बाईकल्ला स्टेशन के पास ही एक निहायत घटिया जगह में रहती थी, जहाँ कूड़े-कर्कट के ढेर थे, आस-पास का तमाम कचरा था—कॉरपोरेशन ने यहाँ ग़रीबों के लिए टीन के बेशुमार झोंपड़े बना रखे थे।

मैं यहाँ उन बुलंद इमारतों का ज़िक्र नहीं करना चाहता, जो उस कूड़ाघर से थोड़ी ही दूर स्थापित थीं कि उन ऊँची इमारतों का इस अफ़साने से कोई ताल्लुक नहीं: दुनिया नाम ही उतार-चढ़ाव का है, या उत्कृष्टता और अधमों का।

ढूँडू से मुझे सिराज के झोपड़े का अता-पता मालूम था—मैं वहाँ गया, अपने उम्दा कपड़ों को उस माहौल से छुपाते हुए; लेकिन यहाँ मेरा अंतर्मन नहीं था। बहरहाल मैं वहाँ गया—झोंपड़े के बाहर एक बकरी बँधी हुई थी; उसने मुझे देखा तो मिमियाई। अब अंदर से एक बुढ़िया निकली, जैसे पुरानी दास्तानों की पोथियों से कोई कुटनी लाठी टेकती हुई निकलती है।

मैं लौटने ही वाला था कि टाट के जगह-जगह से फटे हुए पर्दे के पीछे मुझे दो बड़ी आँखें नज़र आईं, बिलकुल उसी तरह फटी हुई, जिस तरह टाट का वह पर्दा फटा हुआ था; फिर मैंने सिराज का सफ़ेद अंडाकार चेहरा देखा और मुझे उन छायी हुई आँखों पर बड़ा गुस्सा आया।

सिराज ने मुझे देख लिया था—मालूम नहीं, वह अंदर क्या काम कर रही थी, लेकिन वह सब काम छोड़-छाड़कर बाहर आ गयी, उसने बुढ़िया की तरफ कोई ध्यान न दिया और मुझसे कहा, 'आप यहाँ कैसे आ गये?'

मैंने संक्षेप में कहा, 'तुमसे मिलना था!'

उसने भी संक्षेप में कहा, 'तो अंदर आ जाइये!'

मैंने कहा, 'नहीं, तुम मेरे साथ चलो।'

मैंने सिराज को साथ चलने के लिए कहा तो पुरानी दास्तानों की कुटनी बड़े दुकानदाराना अन्दाज़ में बोली, 'दस रुपये लगेंगे!'

मैंने बटुआ निकालकर दस रुपये बुढ़िया को दे दिये और सिराज से कहा, 'आओ सिराज!'

उसकी बड़ी-बड़ी आँखों ने एक लम्हे के लिए मेरी निगाहों को रास्ता दिया कि उसके चेहरे की सड़क पर चंद कदम चल सकूँ—मैं एक बार फिर इसी नतीजे पर पहुँचा कि वह ख़ूबसूरत है, सिकुड़ी हुई ख़ूबसूरती, चंदन लगी ख़ूबसूरती, सदियों से सुरक्षित रखी हुई ख़ूबसूरती—मैंने एक लहज़े (क्षण) के लिए यूँ महसूस किया कि मैं मिस्र में हूँ और पुराने शवों की खुदाई पर नियुक्त किया गया हूँ।

मैं ज़्यादा विस्तार में नहीं जाना चाहता।

सिराज मेरे साथ थी; हम दोनों एक होटल में थे। वह मेरे सामने गंदे कपड़े पहने हुए बैठी थी, और उसकी बड़ी-बड़ी आँखें उसके अंडाकार चेहरे पर बलात कब्ज़ा किये हुए थीं। मुझे ऐसा महसूस हो रहा था कि उसकी बड़ी-बड़ी आँखों ने सिर्फ़ उसके चेहरे को ही नहीं, उसके सारे वजूद को ढाँप रखा है कि मैं उसके किसी रोयें को भी न देख सकूँ।

बुढ़िया ने दस रुपये माँगे थे, जो मैंने उसे दे दिये थे; इसके अलावा मैंने चालीस रुपये सिराज को भी दिये; मैं चाहता था कि वह मुझसे भी उसी तरह लड़े-झगड़े, जिस तरह वह दूसरों के साथ लड़ती-झगड़ती है; इसीलिए मैंने सिराज से ऐसी कोई बात न की, जिससे मुहब्बत और निष्ठा की बू आये—मैं उसकी बड़ी-बड़ी आँखों से भयभीत था; वे आँखें इतनी बड़ी थीं कि मेरे अलावा मेरे इर्द-गिर्द की सारी दुनिया को देख सकती थीं।

वह ख़ामोश थी।

घटिया तरीक़े पर उसे छेड़ने के लिए ज़रूरी था कि मेरे जिस्म और ज़ेहन में ग़लत क़िस्म की हरारत पैदा हो—फिर मैंने व्हिस्की के चार बड़े पैग पिये और उसको आम ग्राहकों की तरह छेड़ा, उसने कोई प्रतिरोध न किया। मैंने जानबूझकर एक ज़बर्दस्त फ़िज़ूल हरकत की; मेरा ख़याल था कि वह बारूद जो उसके अंदर भरा पड़ा है, उस बारूद को भक-से उड़ाने के लिए मेरी ज़बर्दस्त फ़िज़ूल हरकत की चिंगारी काफ़ी होगी, मगर हैरत है कि वह शांत रही।

उसने मुझे अपनी बड़ी-बड़ी आँखों के फैलाव में समेटते हुए कहा, 'मुझे चरस का एक सिगरेट मँगवा दीजिये।'

मैंने कहा, 'शराब पियोगी?'

'नहीं...मैं चरस की सिगरेट पियूँगी।'

मैंने उसे चरस की सिगरेट मँगवा दी।

ठेठ चरसियों के अन्दाज़ में सिगरेट पीकर उसने मेरी तरफ़ देखा—उसकी बड़ी-बड़ी आँखें अब अपना प्रभुत्व छोड़ चुकी थीं, उसी तरह जिस तरह कोई दमनकारी अपना प्रभुत्व छोड़ता है।

उसका चेहरा मुझे एक उजड़ी हुई, एक ध्वस्त सल्तनत नज़र आया, तबाह मुल्क; उसका हर शरीरांग वीरानी की एक लकीर थी—मगर यह वीरानी क्या थी, क्यों थी; कई

बार ऐसा भी होता है कि आबादियाँ ही वीरानों का कारण होती हैं; क्या वह इसी क़िस्म की कोई आबादी थी, जो बसना शुरू हुई ही थी कि किसी हमलावर के सबब अधूरी रह गयी और उसकी दीवारें, जो अभी गज भर भी ऊपर न उठी थीं, आहिस्ता-आहिस्ता खंडहर बन गईं? मैं एक चक्कर में था, लेकिन मैं आपको इस चक्कर में नहीं डालना चाहता; मैंने क्या सोचा? क्या नतीजा बरामद किया? आपको इससे क्या मतलब।

सिराज कुँआरी थी, या कुँआरी नहीं थी, मैं इसके बारे में भी नहीं जानना चाहता था–हाँ, चरस के धुएँ में लिपटी उसकी नशीली आँखों में मुझे एक ऐसी झलक नज़र आयी थी, जिसको मेरा क़लम भी बयान नहीं कर सकता।

मैंने सिराज के साथ बातें करना चाहा, मगर उसे बातों से कोई दिलचस्पी नहीं थी; मैंने चाहा कि वह मुझसे लड़े-झगड़े, मगर उसने मुझे नाउम्मीद किया। आख़िर मैं उसे उसके घर छोड़ आया।

ढूँडू को जब मेरे इस खुफ़िया सिलसिले का पता चला तो वह बहुत नाराज़ हुआ–उसके दोस्ताना और व्यापारिक जज़्बात बहुत बुरी तरह आहत हो गये थे; उसने मुझे सफ़ाई का मौका ही न दिया और सिर्फ़ इतना कहा, 'मंटो साहब, मुझे आपसे यह उम्मीद न थी! फिर वह खम्बे से हटकर एक तरफ़ चला गया।'

अजीब बात यह हुई कि दूसरे रोज़ शाम को निर्धारित समय पर वह मुझे अपने अड्डे पर नज़र न आया, मैंने सोचा, 'शायद बीमार हो; मगर उससे अगले रोज़ भी वह वहाँ मौजूद नहीं था।'

इसी तरह एक हफ़्ता गुज़र गया–उस खम्बे के क़रीब से मेरा हर सुबह-शाम आना-जाना होता था; मैं जब उस खम्बे को देखता, मुझे ढूँडू याद आ जाता।

मैं बाईकल्ला स्टेशन के पास उस घटिया जगह पर भी गया, जहाँ सिराज रहती थी, यह देखने के लिए कि वह कहाँ है, मगर वहाँ अब सिर्फ़ वह बूढ़ी कुटनी रहती थी। मैंने उससे सिराज के बारे में पूछा तो वह अपनी पोपली मुस्कराहट में लाखों बरस पुरानी जिंसी (कामुक) करवट बदलकर बोली, 'वह तो चली गयी...और हैं...बुलवाऊँ...?'

मैंने सोचा, 'यह क्या हुआ, ढूँडू और सिराज दोनों ग़ायब हैं और वह भी मेरी उस ख़ुफिया मुलाकात के बाद...' मैं उस ख़ुफिया मुलाकात के बारे में बिलकुल सशंकित नहीं था।

यहाँ पर मैं अपने ख़यालात आप पर जाहिर नहीं करना चाहता; हाँ, मुझे यह हैरत ज़रूर थी कि वे दोनों कहाँ और क्यों ग़ायब हो गये हैं; उनमें मुहब्बत क़िस्म की कोई चीज़ नहीं थी, ढूँडू तो ऐसी चीज़ों से मुक्त था; फिर उसकी बीवी थी, बच्चे थे और वह उनसे बेहद मुहब्बत करता था; तब यह सिलसिला क्या था कि दोनों एक साथ ग़ायब थे?

मैंने सोचा, 'हो सकता है, अचानक ढूँडू के दिमाग़ में यह ख़याल आ गया हो कि सिराज को अब वापस अपने घर लौट जाना चाहिए–सिराज के लौट जाने के बारे में ढूँडू पहले फैसला न कर सका था–मुमकिन है, अब उसने यह फैसला कर लिया हो!'

इसी उधेड़बुन में लगभग एक महीना गुज़र गया।

एक शाम अचानक मुझे ढूँडू नज़र आ गया, उसी खम्बे के साथ लगकर खड़ा हुआ; मुझे ऐसा महसूस हुआ कि जैसे खम्बे में एक मुद्दत तक करेंट फेल रहने के बाद अब एकदम करेंट वापस आ गया है और खम्बे में जान पड़ गयी है; टेलीफोन की तारों के बक्स में भी; ऐसा लगा, जैसे ऊपर, चारों तरफ फैले हुए तारों के जाल आपस में कानाफूसी कर रहे हैं!

मैं ढूँडू के पास से गुज़रा–उसने मेरी तरफ़ देखा और मुस्कराया–फिर हम दोनों ईरानी के होटल में थे।

मैंने उससे कुछ न पूछा–उसने अपने लिए कॉफी मिली चाय और मेरे लिए सादा चाय मँगवाई; फिर उसने पहलू बदलकर ऐसी सीट स्थापित की, जैसे वह मुझे कोई बहुत बड़ी बात सुनानेवाला हो; मगर उसने सिर्फ़ इतना कहा, 'और सुनाओ मंटो साहब!'

मैंने कहा, 'क्या सुनायें ढूँडू...बस गुज़र रही है...'

वह मुस्कराया, 'ठीक कहा आपने...बस गुज़र रही है, और गुज़र जायेगी...यह साला गुज़रते रहना या गुज़रना भी अजीब चीज़ है...सच पूछिये तो इस दुनिया में हर चीज़ अजीब है...'

मैंने सिर्फ़ इतना कहा, 'तुम ठीक कहते हो ढूँडू!'

चाय आयी तो हम दोनों ने पीनी शुरू की। ढूँडू ने प्लेट में अपनी कॉफी मिली चाय उँडेली और मुझसे कहा, 'मंटो साहब, सिराज ने मुझे सारी बात बता दी थी...उसने कहा था, 'वह सेठ, जो तुम्हारा दोस्त है, उसका माथा फिरेला है...'

मैं हँसा, 'क्यों?'

'उसने कहा: 'वह मुझे होटल में ले गया...इतने रुपये दिये, पर सेठों वाली कोई बात न की...' '

मैंने कहा, 'वह क़िस्सा ही कुछ और था ढूँडू!'

वह पेट भरके हँसा, 'मैं जानता हूँ...मुझे माफ़ कर देना...मैं उस रोज़ तुमसे नाराज़ हो गया था...' उसके अन्दाज़े-गुफ़्तगू में, शायद पहली बार, अनजाने में बेतकल्लुफ़ी पैदा हो गयी, 'पर अब वह क़िस्सा खत्म हो गया है!'

'कौन-सा क़िस्सा?'

'उस साली सिराज का क़िस्सा...और किसका?'

मैंने पूछा, 'हुआ क्या?'

ढूँडू गुटकने लगा, 'जिस रोज़ वह आपके साथ गयी थी, मुझे उसी रोज़ उस बुढ़िया से पता चल गया था और मैंने सोचा था कि आप ही हो सकते हैं और मैं आपसे नाराज़ हो गया था...जब सिराज से मिला तो कहने लगी, 'मेरे पास चालीस रुपये हैं...चलो, मुझे

लाहौर ले चलो...' मैं बोला, 'साली, यह एकदम तेरे सिर पर क्या भूत सवार हो गया है...' वह बोली, 'नहीं, चल ढूँडू, तुझे मेरी क़सम...' और मंटो साहब, आप तो जानते ही हैं, मैं साली की कोई बात नहीं टाल सकता था कि वह मुझे अच्छी लगती थी। मैंने कहा, 'चल...' सो हम टिकट कटा के गाड़ी में सवार हो गये...लाहौर पहुँचकर हम एक होटल में ठहर गये...उसने मुझसे कहा, 'ढूँडू, मुझे एक बुर्क़ा ला दे...' मैं बुर्क़ा ले आया...बुर्क़ा पहनकर वह लगी सड़क-सड़क और गली-गली घूमने...इस तरह कई दिन गुज़र गये...एक दिन मैंने अपने आपसे कहा कि यह भी अच्छी रही ढूँडू, उस साली का तो मस्तक फिरेला है, साला तेरा भेजा भी फिर गया क्या, जो इतनी दूर आ गया है उसके साथ ख़राब होने...मंटो साहब, एक दिन हम ताँगे में बैठे हुए थे कि उसने ताँगा रुकवाया और सड़क के उस पार खड़े एक आदमी की तरफ़ इशारा करके मुझसे कहने लगी, 'ढूँडू, उस आदमी को मेरे पास होटल में ले आ...मैं चलती हूँ वापस होटल में...' मेरी अक्ल जवाब दे गयी...मैं ताँगे से उतरा तो ताँगा यह जा, वह जा...और मैं उस आदमी के पीछे-पीछे...आपकी दुआ से और अल्लाहताला की मेहरबानी से मैं आदमी-आदमी को पहचानता हूँ...मैंने उस आदमी से इधर-उधर की दो बातें कीं और ताड़ गया कि वह मौज-शौक करने वाला आदमी है...सो मैं बोला, 'बंबई का ख़ास माल है' वह बोला: 'अभी चलो...' मैं बोला, 'नहीं, पहले माल-पानी दिखाओ...' उसने इतने सारे नोट दिखाये...मैं अपने दिल में बोला कि चल ढूँडू, धंधा यहाँ भी चलना चाहिए...पर मेरी समझ में यह बात नहीं आयी थी कि उस साली सिराज ने सारे लाहौर में उसी आदमी को क्यों चुना है...मैंने ख़ुद से कहा कि सब चलता है...मैंने ताँगा लिया, उस आदमी को साथ लिया और सीधा होटल में...मैंने सिराज को ख़बर की तो वह बोली, 'अभी ठहर...' मैं ठहर गया... थोड़ी देर के बाद मैं उस आदमी को, जो अच्छी शक्ल का था, अंदर ले गया...सिराज को देखते ही वह साला यूँ बिदका; जैसे घोड़ा बिदकता है...सिराज ने उस आदमी को पकड़ लिया...' ढूँडू ने प्याली में बची-खुची अपनी ठंडी कॉफी मिली चाय एक ही चुस्की में खत्म की और बीड़ी सुलगाने लगा।

मैंने कहा, 'सिराज ने उस आदमी को पकड़ लिया?'

ढूँडू ने बुलंद आवाज़ में कहा, 'हाँ जी, पकड़ लिया उस साले को...और कहने लगी, 'अब तू जाता कहाँ है?...मेरा घर छुड़ाकर तू मुझे अपने साथ किसलिए लाया था...मैं तुझसे मुहब्बत करती थी...तूने भी मुझसे यही कहा था कि तू मुझसे मुहब्बत करता है... पर जब मैं अपना घर-बार, अपने माँ-बाप छोड़कर तेरे साथ भाग निकली और अमृतसर से हम दोनों यहाँ, इसी होटल में आकर ठहरे, तो रात ही रात तू क्यों भाग गया, मुझे अकेली छोड़कर?... किसलिए लाया था तू मुझे यहाँ, किसलिए भगाया था तूने मुझे?...मैं हर बात के लिए तैयार थी और तू मुझे छोड़कर भाग गया...आ...अब मैंने तुझे बुलाया है...मेरी मुहब्बत वैसी की वैसी क़ायम है...आ'...और मंटो साहब, वह उस आदमी के साथ लिपट गयी...उस साले के आँसू भी टपकने लगे...वह रो-रोकर माफ़ियाँ माँगने लगा,

'मुझसे ग़लती हो गयी थी...मैं डर गया था ...मैं अब तुमसे कभी अलग नहीं रहूँगा...' साला कसमें खाता रहा और जाने क्या-क्या बकता रहा...फिर सिराज ने मुझे इशारा किया और मैं कमरे से बाहर चला गया...मैं बाहर बरामदे में खाट पर सो रहा था कि सुबह सिराज ने मुझे जगाया और कहा, 'चल ढूँढू मैं बोला, 'कहाँ वह बोली, 'वापस बंबई...' मैं बोला, 'और वह साला कहाँ है...' सिराज ने कहा, 'सो रहा है...मैं उस पर अपना बुर्क़ा डाल आयी हूँ...'

'ढूँढू ने अपने लिए दूसरी कॉफी मिली चाय का ऑर्डर दिया तो सिराज ईरानी होटल में दाख़िल हुई। उसका सफ़ेद अंडाकार चेहरा निखरा हुआ था और उसके चेहरे पर उसकी बड़ी-बड़ी आँखें दो गिरे हुए सिग्नल मालूम हो रही थीं।

❑

अंजाम बख़ैर

बँटवारे के बाद जब सांप्रदायिक फ़साद बहुत बढ़ गये और जगह-जगह हिन्दुओं और मुसलमानों के ख़ून से ज़मीन रंगी जाने लगी तो नसीम अख़्तर ने, जो दिल्ली की जवान तवाइफ़ थी, अपनी बूढ़ी माँ से कहा, 'चलो माँ, यहाँ से चलें।'

बूढ़ी नायिका ने अपने पोपले मुँह में पानदान से छालियों के बारीक-बारीक टुकड़े डालते हुए नसीम अख़्तर से पूछा, 'कहाँ जायेंगे बिटिया?'

'पाकिस्तान!' यह कहकर नसीम अख़्तर अपने उस्ताद खान साहब अच्छन ख़ाँ से मुख़ातिब हुई, 'ख़ाँ साहब, आपका क्या ख़याल है...यहाँ रहना अब खतरे से खाली नहीं।'

ख़ाँ साहब ने नसीम अख़्तर की हाँ में हाँ मिलाई, 'तुम ठीक कहती हो ...बाई जी को मना लो तो हम सब चलते हैं।'

नसीम अख़्तर ने अपनी माँ से बहुतेरा कहा, 'चलो यहाँ से...अब यहाँ हिन्दुओं का राज होगा और वे लोग कोई मुसलमान बाकी नहीं छोड़ेंगे।'

बूढ़ी नायिका ने कहा, 'तो क्या हुआ...हमारा धंधा तो हिन्दुओं की ही बदौलत चलता है और तुम्हारे चाहने वाले भी सबके सब हिन्दू ही हैं... मुसलमानों में रखा ही क्या है?'

'ऐसा न कहो माँ...उनका मज़हब और हमारा मज़हब एक है...क़ायदे-आजम साहब ने इतनी मेहनत से मुसलमानों के लिए पाकिस्तान बनाया है...हमें अब वहीं रहना चाहिए।'

मांडो मिरासी ने अफ़ीम के नशे में अपना सिर हिलाया और नशीली आवाज़ में कहा, 'छोटी बाई, अल्लाह सलामत रखे तुम्हें...क्या बात कही है तुमने...मैं तो अभी चलने के लिए तैयार हूँ...मेरी कब्र पाकिस्तान में बने तो मेरी रूह हमेशा ख़ुश रहेगी।'

दूसरे मिरासी भी तैयार हो गये, लेकिन बड़ी बाई दिल्ली छोड़ना नहीं चाहती थी और बालाखाने (ऊपरी मंज़िल) पर उसी का हुक्म चलता था, इसलिए सब ख़ामोश हो गये।

बड़ी बाई ने सेठ गोविन्द प्रकाश की कोठी पर आदमी भेजा और उसके आने पर कहा, 'मेरी बच्ची आजकल बहुत डरी हुई है...पाकिस्तान जाना चाहती है...मैंने उसे समझाया है कि वहाँ क्या धरा है।...यहाँ आप-जैसे मेहरबान सेठ लोग मौजूद हैं...वहाँ जा के तो हम उपले थापेंगे...आप एक करम कीजिये।'

सेठ गोविन्द प्रकाश यूँ तो बड़ी बाई की बातें सुन रहा था, मगर उसका दिमाग़ कुछ और ही सोच रहा था—एकदम चौंककर उसने बड़ी बाई से पूछा, 'तुम क्या चाहती हो?'

'हमारे कोठे के नीचे दो-तीन बंदूक वाले सिपाहियों का पहरा खड़ा करवा दीजिये ताकि मेरी बच्ची का सहम दूर हो जाये।'

सेठ ने कहा, 'यह कोई मुश्किल काम नहीं है...मैं अभी जाकर सुपरिटेंडेंट पुलिस से मिलता हूँ...शाम से पहले-पहले तुम्हारे कोठे के नीचे सिपाही मौजूद होंगे।'

बड़ी बाई ने सेठ को बहुत दुआएँ दीं।

जब वह जाने लगा तो उसने कहा, 'हम आज अपनी नसीम अख़्तर का मुजरा सुनने आयेंगे।'

बड़ी बी ने ससम्मान कहा, 'हाये जम-जम आइये...आपका अपना घर है, बच्ची को अपनी दासी समझिए...खाना यहीं खाइयेगा।'

'नहीं...मैं आजकल परहेजी खाना खा रहा हूँ।' यह कहकर सेठ अपनी तोंद पर हाथ फेरता हुआ चला गया।

शाम को बड़ी बी ने चाँदनियाँ बदलवाईं, गावतकियों पर नये ग़िलाफ़ चढ़वाये, ज़्यादा रोशनीवाले बल्ब लगवाये और अपने नौकर को सेठ गोविन्द प्रकाश के लिए आला क़िस्म के सिगरेटों का डिब्बा लाने भेज दिया।

थोड़ी ही देर के बाद नौकर होश खोता हुआ-सा हाँफता-काँपता वापस आ गया-उसके मुँह से एक बात भी नहीं निकलती थी। आख़िर जब वह कुछ देर के बाद सँभला तो उसने बताया कि चौक में पाँच-छः सिखों ने एक मुसलमान दुकानदार को कृपाणों से उसकी आँखों के सामने टुकड़े-टुकड़े कर डाला है, 'जब मैंने वह सब देखा तो सिर पर पाँव रखकर भागा और यहाँ आकर दम लिया।'

नसीम अख़्तर यह ख़बर सुनकर बेहोश हो गयी।

बड़ी मुश्किलों से खान साहब अच्छन ख़ाँ उसे होश में लाये।

वह बहुत देर तक निढाल रही और ख़ामोशी से शून्य में देखती रही।

आख़िर उसकी माँ ने कहा, 'ख़ून-ख़राबे होते ही रहते हैं...क्या इससे पहले क़त्ल नहीं होते थे?'

माँ के दम-दिलासा देने से वह सँभल गयी तो उसकी माँ ने फिर बड़े दुलार और प्यार से कहा, 'उठो मेरी बच्ची, जाओ लहँगा पहनो...सेठ साहब आते ही होंगे।'

उसने बेदिली से लहँगा पहना, सोलह सिंगार किये और मसनद पर बैठ गयी।

उसका जी भारी-भारी था। उसको ऐसा महसूस हो रहा था कि उस मृतक दुकानदार का सारा खून उसके दिलो-दिमाग़ पर जम गया है। उसका दिल धड़क रहा था। उसका जी चाह रहा था कि भड़कीले लहँगे की बजाय सादा सलवार-कमीज़ पहन ले।

आख़िर उससे रहा न गया–उसने हाथ जोड़कर अपनी माँ से कहा, 'ख़ुदा के लिए मेरी बात सुनो और भाग चलो यहाँ से...मेरा दिल गवाही देता है कि हम पर कोई–न–कोई आफ़त आनेवाली है।'

उसकी माँ ने झुँझलाकर कहा, 'हम पर क्यों आफ़त आने लगी...? हमने किसी का क्या बिगाड़ा है?'

उसने बड़ी संजीदगी से जवाब दिया, 'उस ग़रीब दुकानदार ने किसी का क्या बिगाड़ा था, जो जालिमों ने उसके टुकड़े–टुकड़े कर डाले...बिगाड़ने वाले उल्टे बच जाते हैं...मारे जाते हैं वे, जिन्होंने किसी का कुछ बिगाड़ा नहीं होता।'

'तुम्हारा दिमाग़ खराब हो गया है।'

'चारों तरफ ख़ून की नदियाँ बह रही हैं; ऐसे हालात में किसका दिमाग़ दुरुस्त रह सकता है।' यह कहकर वह उठी और बालकनी में खड़ी हो गयी और नीचे बाज़ार में देखने लगी।

उसे बिजली के खम्बे के पास चार आदमी खड़े दिखायी दिये जिनके पास बंदूकें थीं–उसने खान साहब अच्छन ख़ाँ को बुलाया और इशारे से वे चारों आदमी दिखाये, 'ऐसा लगता है, वे वही सिपाही हैं, जिनको भेजने का वादा सेठ साहब कर गये हैं।'

खान साहब अच्छन ख़ाँ ने उन आदमियों को अपनी अंधी आँखों से बगौर देखा, 'नहीं, वे सिपाही नहीं हैं...सिपाहियों की तो वर्दी होती है...मुझे तो वे गुंडे मालूम होते हैं।'

उसका कलेजा धक–से रह गया, 'गुंडे?'

'अल्लाह बेहतर जानता है...कुछ कहा नहीं जा सकता...लो, वह तुम्हारे कोठे की तरफ़ ही आ रहे हैं...देखो नसीम, तुम ऊपर छत पर चली जाओ...मैं अभी आता हूँ...मुझे दाल में कुछ काला नज़र आता है।'

वह चुपके से, माँ की नज़र बचाकर, छत पर चली गयी।

थोड़ी देर के बाद ख़ान साहब अच्छन ख़ाँ अपनी चुंधी आँखें झपकाते आये। उसका दिल डूब रहा था–उसने पूछा, 'क्या बात है?'

'वही, जिसका मुझे डर था...तुम्हारे बारे में पूछ रहे थे और कह रहे थे कि तुम्हारे लिए सेठ गोविन्द प्रकाश ने कार भेजी है और बुलाया है...बाई जी बहुत ख़ुश हुई और कहने लगीं, बड़ी मेहरबानी है उनकी; मैं देखती हूँ, कहाँ है नसीम...शायद गुसलखाने में हो...आप रुकिये, मैं भी तैयार हो जाती हूँ...' उन गुंडों में से एक ने कहा, 'तुम्हें क्या सेठ साहब शहद लगा के चाटेंगे...बैठी रहो, जहाँ बैठी हो; ख़बरदार जो यहाँ से हिलीं. ..हम ख़ुद तुम्हारी बेटी को ढूँढ़ लेंगे...' मैंने जब ये बातें सुनीं और उन गुंडों के बिगड़े हुए तेवर देखे तो खिसक आया।'

वह हवास खो बैठी, 'अब क्या किया जाये?'

ख़ान साहब अच्छन ख़ाँ ने अपना सिर खुजलाया और कहा, 'देखो, मैं कोई तरकीब सोचता हूँ यहाँ से फ़ौरन निकल भागने की।'

'और माँ?'

'बाई जी के बारे में कुछ नहीं कह सकता...उनको अल्लाह के हवाले करके ख़ुद निकल भागना चाहिए।'

ऊपर चारपाई पर दो चादरें पड़ी हुई थीं—ख़ान साहब ने उनको गाँठ देकर एक रस्सा-सा बनाया और मजबूती से एक कुंडे के साथ बाँधकर दूसरी तरफ़ गली में लटका दिया—नीचे लांड्री की छत थी।

'अगर हम लांड्री की छत पर उतर जायें तो आगे रास्ता साफ़ होगा...लांड्री की छत की सीढ़ियाँ दूसरी तरफ़ हैं...उनके जरिये हम तबेले तक पहुँच सकते हैं और वहाँ से साइस के ताँगे में, जो मुसलमान है, सीधा स्टेशन का रुख कर सकते हैं...' ख़ान साहब ने तरकीब बताई।

नसीम अख़्तर ने बड़ी बहादुरी दिखायी। धीरे-धीरे नीचे फिसलती हुई लांड्री की छत पर कूद पड़ी।

खान साहब अच्छन ख़ाँ भी बहिफ़ाज़त तमाम उतर आये।

दोनों लांड्री की सीढ़ियाँ तय करके तबेले में पहुँच गये।

साइस इत्तिफ़ाक़ से ताँगे में घोड़ा जोत रहा था—दोनों ताँगे में बैठे और उन्होंने स्टेशन का रुख़ किया।

रास्ते ही में उन्हें सशस्त्र फ़ौजी मुसलमानों का मिलिट्री ट्रक मिल गया जो हिन्दुओं के ख़तरनाक मुहल्लों से मुसलमानों को निकाल-निकालकर महफ़ूज़ स्थानों पर पहुँचा रहा था और जो मुसलमान पाकिस्तान जाना चाहते थे, उन्हें स्पेशल ट्रेनों में जगह दिलवा देता था—ताँगे से उतरकर वे ट्रक में बैठ गये और चंद ही मिनटों में स्टेशन पर पहुँच गये।

स्पेशल ट्रेन तैयार थी—उनको अच्छी जगह मिल गयी और वे बख़ैरियत लाहौर पहुँच गये।

लाहौर में वे क़रीब-क़रीब एक महीने तक वाल्टन कैंप में रहे, निहायत बदहाली की हालत में—फिर वे शहर चले आये।

नसीम अख़्तर के पास काफ़ी जेवर थे, जो उसने उस रात पहने थे जिस रात सेठ गोविन्द प्रकाश उसका मुजरा सुनने आ रहा था। उसने सारे ज़ेवर उतारकर ख़ान साहब अच्छन ख़ाँ के हवाले कर दिये थे।

जब वे वाल्टन कैंप छोड़कर शहर आये तो उन्होंने कुछ जेवर बेचकर एक सस्ते से होटल में रहना शुरू कर दिया और मकान की तलाश ज़ारी रखी—आखिर बड़ी

मुश्किल से उन्हें हीरा मंडी में एक मकान मिल गया जो अच्छा-ख़ासा था। हीरा मंडी में आने के बाद ख़ान साहब अच्छन ख़ाँ ने नसीम अख़्तर से कहा, 'गद्दे और चाँदनियाँ वगैरह ख़रीद लेते हैं...और तुम बिस्मिल्लाह करके मुजरा शुरू कर दो।'

नसीम अख़्तर ने कहा, 'नहीं ख़ाँ साहब...मेरा जी उकता गया है...मैं तो इस मकान में भी रहना पसंद नहीं करती...किसी शरीफ़ मुहल्ले में कोई छोटा-सा मकान तलाश कीजिये कि मैं वहाँ चली जाऊँ...मैं अब ख़ामोश ज़िंदगी बसर करना चाहती हूँ।'

खान साहब को बड़ी हैरत हुई, 'क्या हो गया है तुम्हें?'

'बस जी उचाट हो गया है...मैं इस ज़िंदगी से किनारा करना चाहती हूँ...दुआ कीजिये, ख़ुदा मेरा इरादा पक्का रखे।' यह कहते हुए उसकी आँखों में आँसू आ गये। ख़ान साहब ने उसको बहुत समझाया, पर वह टस से मस न हुई।

एक दिन उसने ख़ान साहब से साफ़ कह दिया कि वह शादी करना चाहती है और किसी ने उसे कुबूल न किया तो वह उम्र भर कुँआरी रहेगी।

ख़ान साहब अच्छन ख़ाँ बहुत हैरान हुए कि नसीम अख़्तर में यह तब्दीली कैसे आयी है, 'फ़सादात तो इसका कारण नहीं हो सकते...फिर क्या वजह है कि वह मुजरा छोड़ देने पर तुली हुई है और शादी करके शरीफ़ों की तरह ज़िंदगी बसर करना चाहती है...' उन्होंने कई बार सोचा।

जब वह नसीम अख़्तर को समझा-समझाकर थक गये तो उन्होंने उसे एक मुहल्ले में जहाँ शरीफ़ लोग रहते थे, एक छोटा-सा मकान किराये पर ले दिया और ख़ुद एक मालदार तवाइफ़ को तालीम देने की ग़रज़ से हीरा मंडी के एक कोठे पर चले गये।

नसीम अख़्तर ने थोड़े से बर्तन ख़रीदे; एक चारपाई और बिस्तर वगैरह भी—उसने एक छोटे-से लड़के को नौकर रख लिया और सुकून की ज़िंदगी बसर करने लगी। पाँचों नमाज़ें पढ़ती—रोज़े आये तो उसने सारे के सारे ही रखे।

एक दिन वह गुसलखाने में नहा रही थी कि ग़ैर इरादी तौर पर अपनी सुरीली आवाज़ में गाने लगी।

उसके यहाँ एक औरत का आना-जाना था—उसको मालूम नहीं था कि वह औरत शरीफ़ों के मुहल्लों की दलाल है; शरीफ़ों के मुहल्ले में कई घर तबाह-बरबाद कर चुकी है; कई लड़कियों की इज़्ज़त औने-पौने दामों बिकवा चुकी है।

जब उस औरत ने, जिसका नाम जनते था, नसीम अख़्तर की सुरीली और मँझी हुई आवाज़ सुनी तो उसको तभी ख़याल आया कि यह लड़की, जिसका आगा है न पीछा, बड़ी मार्क की तवाइफ़ बन सकती है—बस उसने नसीम अख़्तर पर डोरे डालने शुरू कर दिये और कई सब्जबाग़ दिखाये, मगर नसीम अख़्तर उसके काबू में न आयी।

आखिर एक रोज़ थक-हारकर उस औरत ने नसीम अख़्तर को गले से लगा लिया और चटपट बलाएँ लेना शुरू कर दीं, 'जीती रहो बेटा, मैं तो तुम्हारा इम्तिहान ले रही थी...तुम सोलह आने पूरी उतरी हो।'

नसीम अख़्तर की आँखें भीग गईं–उसने जनते को बता दिया कि वह शादी करना चाहती है, इसलिए कि एक यतीम कुँआरी लड़की का अकेले रहना ख़तरे से ख़ाली नहीं है।

जनते ने कहा, 'बेटा, यह क्या मुश्किल है...मैंने सैकड़ों शादियाँ कराई हैं और सबकी सब कामयाब रही हैं...अल्लाह ने चाहा तो तुम्हें मनचाहा मियाँ मिल जायेगा जो तुम्हारे पाँव धो-धोकर पियेगा।'

जनते कई रिश्ते लाई मगर उसने किसी रिश्ते की भी कोई ख़ास तारीफ़ न की–आख़िर में वह एक ऐसा रिश्ता लाई जो उसके कहने के मुताबिक भला और दौलतमंद इनसान था और उम्र का भी ज़्यादा नहीं था।

नसीम अख़्तर मान गयी–तारीख़ मुकर्रर की गयी और आखिर उसकी शादी अंजाम पा गयी।

वह ख़ुश थी कि उसका मियाँ बहुत अच्छा है और उसकी हर इच्छा का ख़याल रखता है।

एक दिन उसके होशो-हवास गुम हो गये जब उसने दूसरे कमरे में बैठी हुई औरतों की आवाज़ें सुनीं–उसने दरज़ में से झाँककर देखा कि उसका मियाँ दो बूढ़ी तवाइफ़ों से उसके बारे में बातें कर रहा है; जनते भी पास बैठी है और सब मिलकर उसका सौदा तय कर रहे हैं।

उसकी समझ में कुछ न आया कि वह क्या करे और क्या न करे। बहुत देर तक वह रोती और सोचती रही–आखिर वह उठी, अपना लहँगा निकालकर पहना और बाहर निकलकर सीधी अपने उस्ताद ख़ान साहब अच्छन ख़ाँ के पास पहुँची और फिर उसने मुजरे के साथ-साथ पेशा भी शुरू कर दिया–एक अजीब क़िस्म के इंतिकामी जज़्बे (बदले की भावना) के साथ वह खेलने लगी।

❑

डॉक्टर शिरोडकर

बंबई में डॉक्टर शिरोडकर का बहुत नाम था, इसलिए कि वह औरतों के रोगों का विशेषज्ञ था। उसके हाथ में शिफ़ा (निदान) थी। उसका शिफ़ाखाना बहुत बड़ा था, एक आलीशान इमारत की दो मंज़िलों में, जिनमें कई कमरे थे। निचली मंज़िल के कमरे सादे से थे और निचले तबके की औरतों के लिए विशेष थे, ऊपरी मंज़िल के कमरे अमीर औरतों के लिए।

एक लेबोरेट्री थी और उसके साथ ही कंपाउंडर का कमरा। एक्स-रे का कमरा अलग था–उसकी मासिक आमदनी ढाई-तीन हज़ार के क़रीब होगी।

मरीज़ औरतों के खाने का इंतज़ाम बहुत अच्छा था, जो उसने एक पारसन के सिपुर्द कर रखा था, जो उसके एक दोस्त की बीवी थी।

डॉक्टर शिरोडकर का यह छोटा-सा हस्पताल, मेटरनिटी होम भी था–बंबई की आबादी के बारे में आप अन्दाज़ा लगा सकते हैं, कितनी होगी। वहाँ बेशुमार सरकारी हस्पताल और मेटरनिटी होम हैं, लेकिन इसके बावजूद डॉक्टर शिरोडकर का क्लीनिक भरा रहता। कभी-कभी तो उसे कई केसों को मायूस करना पड़ता, इसलिए कि कोई बेड ख़ाली नहीं रहता था।

उस पर लोगों को विश्वास था। यही वजह है कि लोग अपनी बीवियों और जवान लड़कियाँ, उसके हस्पताल में छोड़ आते थे, जहाँ उनका बड़ी अच्छी तरह से इलाज किया जाता था।

डॉक्टर शिरोडकर के हस्पताल में दस-बारह नर्सें थीं। ये सभी मेहनती और निष्ठावान थीं। मरीज़ औरतों की बहुत अच्छी तरह देखभाल करतीं–इन नर्सों का चयन डॉक्टर शिरोडकर ने बड़ी छानबीन के बाद किया था–वह बुरी और भद्दी शक्ल की कोई नर्स अपने हस्पताल में रखना नहीं चाहता था।

एक मर्तबा जब चार नर्सों ने अचानक शादी करने का फैसला किया तो डॉक्टर बहुत परेशान हुआ–जब वे चारों चली गयीं तो उसने अनेक अख़बारों में इश्तिहार दिये कि उसे नर्सों की ज़रूरत है। कई आईं। डॉक्टर शिरोडकर ने उनका इंटरव्यू लिया, मगर उसे उनमें किसी की शक्ल पसंद न आयी।

किसी का चेहरा टेढ़ा-मेढ़ा, किसी का क़द मुट्ठी भर का, किसी का रंग ख़ौफ़नाक तौर पर काला, किसी की नाक गज भर लम्बी–लेकिन वह भी अपनी हठ का पक्का था। उसने और इश्तिहार अख़बारों में दिये और आखिर उसने चार ख़ूबसूरत और सफ़ाई पसंद नर्सें चुन ही लीं।

अब वह निश्चिंत था, चुनांचे उसने फिर दिल लगा कर काम शुरू कर दिया। मरीज़ औरतें भी ख़ुश हो गयीं, इसलिए कि चार नर्सों के चले जाने से उनकी देख-रेख अच्छी तरह नहीं हो रही थी। ये नयी नर्सें भी खुश थीं कि डॉक्टर शिरोडकर उनसे बड़े स्नेह से पेश आता था। उन्हें वक़्त पर तनख़्वाह मिलती थी। दोपहर का खाना हस्पताल ही उन्हें मुहैया करता। वर्दी भी हस्पताल के ज़िम्मे थी।

डॉक्टर शिरोडकर की आमदनी चूँकि बहुत ज़्यादा थी, इसलिए वह इन छोटे-मोटे ख़र्चों से घबराता नहीं था। शुरू-शुरू में जब उसने सरकारी हस्पताल की नौकरी छोड़कर ख़ुद अपना हस्पताल कायम किया तो उसने थोड़ी-बहुत कंजूसी की, मगर बहुत जल्द उसने खुलकर ख़र्च करना शुरू कर दिया।

उसका इरादा था कि शादी कर ले, मगर उसे हस्पताल से एक लम्हे की फ़ुर्सत नहीं मिलती थी–दिन-रात, उसको वहीं रहना पड़ता। बालाई मंज़िल में उसने एक छोटा-सा कमरा अपने लिए रखा था, जिसमें वह रात को चंद घंटे सो जाता। लेकिन अकसर उसे जगा दिया जाता, जब किसी मरीज औरत को उसकी तत्काल आवश्यकता होती।

तमाम नर्सों को उससे हमदर्दी थी कि उसने अपनी नींद, अपना आराम हराम कर रखा है। वह अकसर उससे कहतीं, 'डॉक्टर साहब, आप कोई असिस्टेंट क्यों नहीं रख लेते?'

डॉक्टर शिरोडकर जवाब देता, 'जब कोई क़ाबिल मिलेगा तो रख लूँगा।'

वह कहतीं, 'आप तो अपनी क़ाबलियत का चाहते हैं। भला वह कहाँ से मिलेगा?'

'मिल जायेगा।'

नर्सें यह सुनकर ख़ामोश हो जातीं और अलग जाकर आपस में बातें करतीं, 'डॉक्टर शिरोडकर अपनी सेहत ख़राब कर रहे हैं। किसी दिन कहीं बीमार न पड़ जायें।'

'हाँ, उनकी सेहत काफ़ी गिर चुकी है...वजन भी कम हो गया है।'

'खाते-पीते भी बहुत कम हैं।'

'हर वक़्त व्यस्त जो रहते हैं।'

'अब उन्हें कौन समझाये।'

क़रीब-क़रीब हर रोज़ उनके दरमियान इसी क़िस्म की बातें होतीं–उनको डॉक्टर से इसलिए भी बहुत ज़्यादा हमदर्दी थी कि वह बहुत शरीफ़ इनसान था। उसके हस्पताल में सैकड़ों ख़ूबसूरत और जवान औरतें इलाज के लिए आती थीं, मगर उसने कभी उनको बुरी निगाहों से नहीं देखा था। वह बस अपने काम में मगन रहता।

असल में उसे अपने पेशे से एक क़िस्म का इश्क़ था–वह इस तरह इलाज करता था, जिस तरह कोई स्नेह और प्यार का हाथ किसी के सर पर फेरे।

जब वह सरकारी हस्पताल में मुलाजिम था तो उसके ऑपरेशन करने के अमल के संबंध में यह मशहूर था कि वह उपकरण नहीं चलाता, ब्रुश से तस्वीरें बनाता है।

और यह हक़ीक़त है कि उसके किये हुए ऑपरेशन नब्बे फ़ीसदी कामयाब रहते थे। उसको इस फ़न में दक्षता हासिल थी। इसके अलावा आत्म-विश्वास भी था, जो उसकी कामयाबी का सबसे बड़ा राज़ था।

एक दिन वह एक औरत का, जिसके औलाद नहीं होती थी, बड़े गौर से मुआइना करके बाहर निकला और अपने दफ़्तर में गया तो उसने देखा कि एक बड़ी हसीन लड़की बैठी है–डॉक्टर शिरोडकर एक क्षण के लिए ठिठक गया। उसने जनाना हुस्न का ऐसा श्रेष्ठ नमूना पहले कभी नहीं देखा था।

वह अंदर दाख़िल हुआ–लड़की ने कुर्सी पर से उठना चाहा–डॉक्टर ने उससे कहा, 'बैठो-बैठो।' और यह कहकर वह अपनी घूमनेवाली कुर्सी पर बैठ गया। फिर पेपरवेट पकड़कर उसके अंदर हवा के बुलबुलों को देखते हुए उस लड़की से मुख़ातिब हुआ, 'बताइये?'

लड़की ने आँखें झुकाकर कहा, 'एक प्राइवेट...बहुत ही प्राइवेट बात है, जो मैं आपसे करना चाहती हूँ।'

डॉक्टर शिरोडकर ने उसकी तरफ़ देखा–उसकी झुकी हुई आँखें भी बला की ख़ूबसूरत दिखायी दे रही थीं–डॉक्टर ने उससे पूछा, 'प्राइवेट बात तुम कर लेना...पहले अपना नाम बताओ।'

लड़की ने जवाब दिया, 'मैं...मैं अपना नाम बताना नहीं चाहती।'

डॉक्टर की दिलचस्पी इस जवाब से बढ़ गयी: 'कहाँ रहती हो?'

'शोलापुर में...आज ही यहाँ पहुँची हूँ।'

डॉक्टर ने पेपरवेट मेज़ पर रख दिया, 'इतनी दूर से यहाँ आने का मक़सद क्या है?'

लड़की ने जवाब दिया, 'मैंने कहा है ना कि मुझे आपसे एक प्राइवेट बात करनी है।'

इतने में एक नर्स अंदर दाख़िल हुई–लड़की घबरा गयी–डॉक्टर ने उस नर्स को चंद हिदायतें दीं, जो वह पूछने आयी थी। फिर उसने नर्स से कहा, 'अब तुम जा सकती हो...हाँ किसी वार्ड बॉय से कह दो कि वह कमरे के बाहर खड़ा रहे और किसी को अंदर न आने दे।'

नर्स 'जी अच्छा' कहकर चली गयी–डॉक्टर ने दरवाज़ा बंद कर दिया और अपनी कुर्सी पर बैठकर उस हसीन लड़की से मुख़ातिब हुआ, 'अब तुम अपनी प्राइवेट बात मुझे बता सकती हो।'

शोलापुर की लड़की घबराहट और उलझन महसूस कर रही थी। उसके होंठों पर लफ़्ज़ आते, मगर फिर वापस उसके हलक के अंदर चले जाते—आख़िर उसने हिम्मत और जुर्रत से काम लिया और रुक-रुक के सिर्फ़ इतना कहा, 'मुझसे...मुझसे एक ग़लती हो गयी है...मैं बहुत घबरा रही हूँ।'

डॉक्टर शिरोडकर समझ गया, लेकिन फिर भी उसने उस लड़की से कहा, 'गलतियाँ इनसान से हो ही जाती हैं...तुमसे क्या ग़लती हुई है?'

लड़की ने थोड़ा रुकने के बाद जवाब दिया, 'वही...वही जो नासमझ जवान लड़कियों से हुआ करती है।'

डॉक्टर ने कहा, 'मैं समझ गया...लेकिन अब तुम क्या चाहती हो?'

लड़की फ़ौरन अपने मक़सद की तरफ़ आ गयी, 'मैं चाहती हूँ कि यह गर्भ ख़त्म हो जाये...सिर्फ़ एक महीना हुआ है।'

डॉक्टर शिरोडकर ने कुछ देर सोचा, फिर बड़ी संजीदगी से कहा, 'यह जुर्म है...तुम जानती नहीं हो?'

लड़की की भूरी आँखों में मोटे-मोटे आँसू उमड़ आये, 'तो मैं ज़हर खा लूँगी।' यह कहकर उसने रोना शुरू कर दिया।

डॉक्टर को उस पर बड़ा तरस आया—वह अपनी जवानी की पहली भूल तय कर चुकी थी। पता नहीं, वह क्या लम्हात थे कि उसने अपनी इज़्ज़त किसी मर्द के हवाले कर दी और अब पछता रही है और इतनी परेशान हो रही है।

उसके पास इससे पहले ऐसे कई केस आ चुके थे, मगर उसने यह कहकर साफ़ इनकार कर दिया था कि वह जीव हत्या नहीं कर सकता; यह बहुत बड़ा गुनाह और जुर्म है।

मगर शोलापुर की उस लड़की ने उस पर कुछ ऐसा जादू किया कि वह उसकी ख़ातिर यह जुर्म करने पर तैयार हो गया—उसने उसके लिए एक अलहदा कमरा चुना। किसी नर्स को उसके अंदर जाने की इजाज़त न थी, इसलिए कि वह उस लड़की के राज़ को खोलना नहीं चाहता था।

गर्भपात बहुत ही तकलीफ़देह होता है—जब उसने दवाइयाँ वगैरह देकर वह काम कर दिया तो शोलापुर की वह मरियल-सी लड़की, जिसने आख़िर अपना नाम बता दिया था, बेहोश हो गयी—जब वह होश में आयी तो कमज़ोरी का यह आलम था कि वह अपने हाथ से पानी भी नहीं पी सकती थी।

वह चाहती थी कि जल्द घर वापस चली जाये, मगर डॉक्टर उसे कैसे इजाज़त दे सकता था, जबकि वह चलने-फिरने के क़ाबिल ही नहीं थी—उसने मिस ललिता खटमेकर से कहा, 'तुम्हें कम-अज-कम दो महीने आराम करना पड़ेगा...मैं तुम्हारे बाप को लिख

दूँगा कि तुम जिस सहेली के पास आयी थीं, वहाँ अचानक बीमार हो गयी थीं और अब मेरे हस्पताल में तुम्हारा इलाज हो रहा है, चिंता की कोई बात नहीं।'

ललिता मान गयी।

वह दो महीने डॉक्टर शिरोडकर की देख-रेख में रही—जब रुख़्सत का वक़्त आया तो उसने महसूस किया कि वह गड़बड़ फिर पैदा हो गयी है। उसने डॉक्टर शिरोडकर को इससे आगाह किया।

डॉक्टर मुस्कराया, 'फ़िक्र की कोई बात नहीं...मैं तुमसे आज ही शादी कर लूँगा।'

❑

महताब ख़ाँ

शाम को मैं घर में बैठा अपनी बच्चियों के साथ खेल रहा था कि मेरे दोस्त ताहिर साहब बड़ी अफ़रा-तफ़री में आये।

कमरे में दाख़िल होते ही अपने मेटल पीस पर से मेरा फाउंटेन पैन उठाकर मेरे हाथ में थमाया और कहा, 'हस्पताल के किसी डॉक्टर के नाम चिट लिख दीजिये।'

मुझे कुछ पूछने की फुर्सत भी न दी गयी—मैंने एक डॉक्टर के नाम पत्र लिखना शुरू कर दिया।

मज़मून ताहिर साहब ने लिखवाया, जिसका मतलब यह था कि पत्रवाहक ख़तरनाक तौर पर बीमार है, इसलिए इसे फ़ौरन हस्पताल में दाख़िल कर लिया जाये। मुझसे जो लिखवाया गया, मैंने लिख दिया।

थोड़ी देर के बाद ताहिर साहब फिर तशरीफ़ लाये।

मुझे चिंता थी कि जिस मरीज़ की मैंने सिफ़ारिश की थी, वह हस्पताल में दाख़िल हो सका है या नहीं, लेकिन वह बड़े निश्चिंत थे—मेरे बार-बार पूछने पर उन्होंने कहा, 'जहन्नुम में जायें...मैंने आपकी चिट उसके परिजनों को दे दी है।'

यह सुनकर मैं ख़ामोश हो गया, लेकिन थोड़ी देर के बाद मैंने उनसे पूछा, 'यह महताब ख़ाँ कौन हैं जिनको हस्पताल में दाख़िल कराने के लिए आप इतने बेताब थे?'

ताहिर साहब मुस्कराये, 'अव्वल दर्जे का हरामी है।'

अगर महताब ख़ाँ तीसरे दर्जे का हरामी भी होता तो क्या फ़र्क़ पड़ता, लेकिन मुझे उससे फ़ौरन दिलचस्पी पैदा हो गयी, चुनांचे मैंने ताहिर साहब से पूछा, 'उसे रोग क्या है?'

उन्होंने जवाब दिया, 'इश्क़!'

इसके बाद उन्होंने अलग ढंग से बातूनी होकर महताब ख़ाँ के इश्क़ की दास्तां बयान करनी शुरू कर दी।

आपने बताया कि महताब ख़ाँ की उम्र अट्ठारह-उन्नीस बरस के करीब है।

जैसा कि उसका नाम ज़ाहिर करता है, वह पठान है, काफी हट्टा-कट्टा। चौबुर्जी के क़रीब उसके बड़े भाई की चाय की दुकान है, जहाँ उससे काम लेने की कोशिश की जाती है।

ताहिर साहब ने उस नौजवान के संबंध में बताया, 'मंटो साहब, यह शख़्स अजीबो-ग़रीब है...मिज़ाज इस कदर आशिखाना है कि मैं बयान नहीं कर सकता...हर वक़्त अपने भाई के होटल के चूल्हे में पँखे से कोयले सुलगाता रहता है, मगर बाज़ार में हर आने-जानेवाली लड़की को ऐसी नज़रों से देखता है, जैसे वह उस पर अगर उसी वक़्त नहीं तो थोड़े अरसे में ज़रूर आशिक हो जायेगी और बहुत मुमकिन है, वह उसके इश्क़ में घर जाकर ख़ुदकुशी भी कर ले...'

इस प्रस्तावना के बाद ताहिर साहब ने मुझे बताया कि महताब ख़ाँ होटल से बाहर लोगों के लिए चाय ले जाया करता था–एक दिन उसे स्कूल की एक टीचर ने, जो फ़िज़ीकल इंस्ट्रक्टर थी और होटल के पास ही रहती थी, चाय की ट्रे लाने के लिए कहा गया–उसके वहाँ पहुँचते ही वह उस लड़की पर आशिक हो गया।

लेकिन महताब ख़ाँ का बयान ज़ुदा है–उसने ताहिर साहब और उनके दोस्तों से ठेठ पठानी लहज़े में कहा था, 'ख़ूवह जन जो स्कूल में पढ़ाती है, मुझे देखते ही गरम हो गयी...ख़ूअम ख़ूबसूरत है, जवान है...देखो अब क्या होता है...जान के लाले पड़ जायेंगे।'

महताब ख़ाँ की जान के लाले पड़े–वह यूँ कि उसने अपने भाई के होटल के गल्ले से पचास रुपये उड़ा लिये और किसी और होटल में बड़े ठाट से बैठकर अपने दोस्तों को यह बात सुनाई, 'मिस मुराद (यह उस लड़की का नाम है) बहुत बड़ी पीले रंग की मोटर में अनार कली से गुज़र रही थी और वह एक दुकान पर खड़ा नुस्वार ले रहा था कि मिस मुराद ने ऐन उसके क़रीब अपनी मोटर रुकवाई, फिर बाहर निकलकर सरे-बाज़ार उससे हाथ मिलाया और अपने पर्स से पचास रुपये निकालकर उसको दिये और यह जा, वह जा।' महताब ख़ाँ का बयान था कि जब मिस मुराद ने उससे हाथ मिलाया था, उस वक़्त वह मुहब्बत के जज़्बे से थर-थर काँप रही थी।

उसी रात जब महताब ख़ाँ चोरी के पचास रुपये कुछ तो होटलों में और बाक़ी के हीरा मंडी में ख़र्च कर चुका था, उसके बड़े भाई ने जाने किस जगह उसकी गर्दन नापी और ऐसे ज़ोर से नापी कि वह दो दिन तक बिलबिलाता रहा, लेकिन उसने किसी पर यह ज़ाहिर न किया (हालाँकि हक़ीक़त का इल्म हर आने-जानेवाले को था) कि उसने रुपये चुराये थे–वह बराबर यही कहता रहा कि उसकी जवानी और उसके हुस्न से प्रभावित होकर मिस मुराद उसे रुपये देती रहती हैं।

दूसरी मर्तबा उसने साथ वाले दुकानदार के सौ रुपये चुराये और अनार कली के एक होटल में बैठकर अपने दोस्तों से कहा कि मिस मुराद ने उसे यह रक़म ऐश करने के लिए दी है। महताब ख़ाँ के दोस्त बहुत ख़ुश हुए, लेकिन वह दूसरे ही रोज़

पकड़ा गया और चंद रोज़ हवालात में रहा–मुकदमा चला; चूँकि सुबूत कोई न था, इसलिए बरी हो गया।

इस हादसे के बाद उसका मिस मुराद से इश्क़ और ज़्यादा बढ़ गया, बल्कि यूँ कहिये कि अब वह अपनी रिवायती आशिखाना उन्मुक्तता छोड़कर मिस मुराद को हर वक़्त याद करने लगा–चूल्हा सुलगाते वक़्त, या सुबह को झाड़ू देते वक़्त वह मिस मुराद का नाम लेता, 'ख़ू मिस मुराद, तू ही हमारी मुराद पूरी करेगी।'

अब उसने रुपये-पैसे की चोरी बंद कर दी, लेकिन मक्खन की चोरी शुरू कर दी। हर रोज़ वह अपने भाई के होटल से कम-अज़-कम मक्खन की दो टिकियाँ उड़ा लेता। आस-पास के जो और होटल थे, उनसे भी वह सिर्फ़ मक्खन चुराता और खाता–हर रोज़ इस कदर मक्खन खाने का यह असर हुआ कि महताब ख़ाँ अच्छा-ख़ासा डेरी फार्म बन गया।

उसके बदन से, उसके मुँह से, उसके लिबास से मक्खन की बू आने लगी–वह अपनी सेहत बना रहा था–उसका कहना था कि हर औरत सेहत और जवानी पर मरती है–लेकिन ताहिर साहब का कहना है कि हर मक्खनचोर कृष्ण कन्हैया नहीं हो सकता–महताब ख़ाँ की आँखें वैसी की वैसी चुंधी थीं।

अब कुछ मिस मुराद के संबंध में सुन लीजिये।

ताहिर साहब ने जब मिस मुराद के परिवार के बारे में इधर-उधर पूछताछ की तो उन्हें मालूम हुआ कि मिस मुराद की माँ भंगन है और अभी तक कोठे कमाती है; दूसरे अल्फाज में लोगों का मल-मूत्र उठाती है। चूँकि वह और उसका खाविंद ईसाई हो गये थे, इसलिए उनकी लड़की मिस मुराद ने थोड़ी-सी तालीम हासिल की और एक स्कूल में फ़िज़ीकल इंस्ट्रक्टर हो गयी–मिस मुराद सुंदर थी, इसलिए उसके कई चाहनेवाले पैदा हो गये जो उसकी तमाम सुविधाओं का ख़याल रखते थे।

महताब ख़ाँ उसके इश्क़ में बुरी तरह गिरफ़्तार था–वह होटल में कोयले जलाता और आहें भरता–इसके बावजूद जब वह अपने यार-दोस्तों से बातें करता तो बड़े फ़ख्र से इस बात का ऐलान करता कि मिस मुराद उस पर बहुत बुरी तरह मरती है।

जैसा कि आप जानते हैं, हक़ीक़त इसके विपरीत थी–मिस मुराद, जो बेशुमार आशिकों के दरमियान घिरी रहती थी, को महताब ख़ाँ की मौजूदगी का इल्म ही क्या हो सकता था। इसके अलावा उस बेचारे की हक़ीक़त ही क्या थी।

एक दिन महताब ख़ाँ चाय की ट्रे लेकर मिस मुराद के यहाँ गया–जिस जगह वह रहती थी, वहाँ छोटा-सा एक बाग़ था। उस बाग़ में लौकाट के वृक्ष थे–महताब ख़ाँ को यह फल बेहद पसंद था, मालूम नहीं, क्यों–जब वह ट्रे लेकर अंदर गया तो वहाँ मिस मुराद के दोस्त बैठे लौकाट खा रहे थे–मिस मुराद ने महताब ख़ाँ को लौकाटों के चार-पाँच दाने शायद इसलिए दिये कि मौसम का पहला मेवा था–वह बहुत खुश हुआ।

जब वह वापस होटल आया तो उसका बड़ा भाई भी लौकाट खा रहा था, जो मिस मुराद की दी हुई लौकाटों के मुकाबले में ज़्यादा बड़ी और रसीली थीं, लेकिन वह यह बात नहीं मानता था—उसकी बड़े भाई से क़रीब-क़रीब बहस हो गयी। उसके बड़े भाई ने ताव में आकर कहा, 'अगर तुम्हें अपनी मिस मुराद की लौकाट पसंद हैं, और जैसा कि तुम कहते हो, वह तुम पर मरती है तो जाओ और एक बूटा वहाँ से ले आओ और होटल के सामने लगा दो।'

रात भर महताब ख़ाँ ग़ायब रहा।

उसके दोस्तों का ख़याल था कि उसे मिस मुराद ने बुला लिया होगा, या फिर उसके लिए पचास रुपये भेज दिये होंगे और वह कहीं अय्याशी कर रहा होगा—मगर सुबह सड़क पर आने-जाने वाले यह देखकर हैरान हो गये कि उसके भाई के होटल के साथ, जहाँ एक गड़ा हुआ करता था, वहाँ लौकाट का एक दरख़्त लगा हुआ है। वह दरख़्त महताब ख़ाँ ने रात-रात में वहाँ से, जहाँ मिस मुराद रहती थी, उखाड़ा था—मालूम नहीं, कितनी मशक्कत करनी पड़ी होगी उसे—मगर अपने दोस्तों से उसने यही कहा कि मिस मुराद ने उसे वह पेड़ ख़ुद अपने हाथों से दिया है, इसलिए कि मिस मुराद उस पर सौ जान से फ़िदा है।

वह पेड़ चंद दिनों के अंदर-अंदर मुरझा गया, लेकिन उसकी चर्चा बहुत दिनों तक रही।

ताहिर साहब का यह कहना है कि वह महताब ख़ाँ के इस मदारीपने से ख़ासे प्रभावित हुए थे—लेकिन जब उन्होंने अपनी रिवायती ज़ुल्म पसंदी से काम लेते हुए महताब ख़ाँ से कहा था, 'तुम बकवास करते हो...जरा आईने में अपनी शक्ल देखो... मिस मुराद तुम्हें कभी मुँह नहीं लगा सकती ...' तो महताब ख़ाँ ने अपना मक्खन खाया हुआ सीना तानकर जवाब दिया था, 'ख़ू तुम कैसा बात करता है... ख़ू तुमने वह फ़िल्म नहीं देखा...'परछाई' नहीं 'परछाई'... ख़ू उसमें एक ख़ूबसूरत लड़की एक अंधे से मुहब्बत करती है...अम अंधा नहीं है...आँखें थोड़ी-सी ख़राब हैं, पर इससे क्या हुआ...मिस मुराद अम से मुहब्बत करता है...'

जैसा कि ताहिर साहब का कहना है, यार लोगों की मेहरबानी या नामेहरबानी से मिस मुराद तक आख़िर यह बात पहुँच गयी कि महताब ख़ाँ, जिसकी आँख में फोले हैं, उससे बेपनाह इश्क़ कर रहा है—इसकी प्रतिक्रिया आशा के विपरीत यह हुई कि वह अपना मकान छोड़कर कहीं और चली गयी, इसलिए कि वह नहीं चाहती थी, उसके दूसरे चाहने वाले, जो महताब ख़ाँ के मुकाबले में आँखों के नहीं, अक्ल के अंधे थे, उसके यहाँ आना-जाना छोड़ दें।

जब महताब ख़ाँ को मालूम हुआ कि मिस मुराद चली गयी है तो उसको इस कदर सदमा हुआ कि उस रोज़ उसने होटल में जितनी मक्खन की टिकियाँ मौजूद थीं, सबकी-सब खा लीं।

इसके बाद उसका ग़म जब और बढ़ा तो मक्खन खाने की मात्रा और बढ़ गयी—नतीजा इसका यह हुआ कि उसकी तोंद बढ़ गयी—वह बड़ा आलसी हो गया—चूल्हे में कोयले सुलगाते-सुलगाते वह ऊँघने लगता। कभी-कभी ऐसी बातें करना शुरू कर देता कि लोगों को यह एहसास होता, वह विक्षिप्त हो गया है।

ताहिर साहब का यह कहना है कि उसे हुआ-हुवाया कुछ भी नहीं था। कश्मीरियों की ज़बान में वह महज़ 'डॉम' लगाता था।

जब कुछ दिन गुज़रे तो उसने शे'र कहने शुरू कर दिये—वे शे'र उसकी अपनी रचना नहीं होते थे। बस वह इधर-उधर से फ़िल्मी गानों के बोल तोड़-मरोड़कर गुनगुना देता कि सुननेवालों पर यह साफ़ हो जाये कि वह उन्माद की हालत तक पहुँच चुका है, या बहुत जल्द पहुँचने वाला है।

उसका एक शे'र, जो ताहिर साहब को याद था, उन्होंने मुझे सुनाया:

दो दिलों को यह दुनिया जीने ही नहीं देती?
मेरी फटी सलवार को सीने ही नहीं देती।

उसकी सलवार, जो काफ़ी घेरदार थी, यूँ तो हमेशा फटी रहती थी, पर जब से उसकी मिस मुराद आँखों से ओझल हुई थी, बिलकुल लीर-लीर हो गयी थी—लेकिन उसकी मक्खनखोरी दिन-ब-दिन बढ़ती गयी थी और उसका चेहरा और ज़्यादा सुर्ख़ हो गया था।

एक दिन ताहिर साहब ने महताब ख़ाँ से कहा, 'तुम्हारी रगों में इतना ख़ून जमा हो गया है, क्यों नहीं चंद औंस ब्लड बैंक में दे आते।'

वह फ़ौरन मान गया।

डॉक्टरों ने उसका ख़ून लिया जो बड़ा सेहतमंद था—इसके बाद वह एक मर्तबा और हस्पताल गया—उसका ख़ून लेने के लिए सब डॉक्टर हर वक़्त तैयार रहते थे। एक मर्तबा उसे ख़ासतौर पर बुलाया गया कि उसके ताज़ा-ताज़ा ख़ून की ज़रूरत थी।

जब वह हस्पताल पहुँचा तो उसे मालूम हुआ कि एक मरीज़ के लिए उसके ख़ून की ज़रूरत है—उसे कोई रोग नहीं था।

जब उसे फ़ीमेल वार्ड में ले जाया गया और उसका ख़ून मरीज़ के अंदर दाख़िल करने का प्रबंध किया गया तो उसने बराबर के बिस्तर पर देखा कि मिस मुराद नीम बेहोशी की हालत में पड़ी हुई है।

महताब ख़ाँ को महसूस हुआ कि शायद उसे चाय मँगवाने के लिए बुलाया गया है।

उसका हाथ पकड़कर उसे बिस्तर पर लिटाया गया और उसके ख़ून के कई औंस मिस मुराद के जिस्म में दाख़िल किये गये।

चंद लम्हों के बाद वह किसी क़िस्म की दुर्बलता महसूस किये बग़ैर उठा और कहने लगा, 'ख़ू यह अमारा बहन है... अम चला।'

❑

हाफ़िज़ हसन दीन

हाफ़िज़ हसन दीन, जो दोनों आँखों से अंधा था, जफ़रशाह के घर चला आया। जफ़रशाह का पटियाला का एक दोस्त रमज़ान अली था जिसने उससे हाफ़िज़ हसन दीन का परिचय कराया था।

वह हाफ़िज़ साहब से मिलकर बहुत ख़ुश हुआ। गो उनकी आँखें देखती नहीं थीं, मगर जफ़रशाह ने यूँ महसूस किया कि उसको एक नयी रोशनी मिल गयी है।

जफ़रशाह अंधविश्वासी था। उसको पीरों-फ़क़ीरों से बड़ी आस्था थी। जब हाफ़िज़ हसन दीन उसके यहाँ चला आया तो उसने उसको अपने फ्लैट के नीचे मोटर गैराज में, जिसको वह व्हाइट हाउस कहा करता था, ठहरा लिया।

जफ़रशाह सैयद था, मगर उसको ऐसा महसूस होता था कि वह शुद्ध आत्मा नहीं है, चुनांचे उसने हाफ़िज़ हसन दीन की ख़िदमत में गुज़ारिश की कि वह उसकी तकमील (पूर्णता) कर दे।

हाफ़िज़ साहब ने थोड़ी देर अपनी बेनूर आँखें घुमाकर उसको जवाब दिया : 'बेटा, तू पूरा सैयद बनना चाहता है तो ग़ौसे आज़म जीलानी से इजाज़त लेनी पड़ेगी।'

'तो आप कृपया इजाज़त ले लीजिये।'

हाफ़िज़ साहब ने फिर अपनी बेनूर आँखें घुमाई, 'उनके हुज़ूर तो फ़रिश्तों पर जलते हैं।'

जफ़रशाह को बड़ी नाउम्मीदी हुई, 'आप अंतर्यामी हैं...कोई समाधान तो होगा।'

हाफ़िज़ साहब ने अपने सिर को हलकी-सी जुंबिश दी, 'हाँ...चिल्ला काटना (तंत्र अनुष्ठान) पड़ेगा मुझे।'

'अगर आपको जहमत न हो तो अपने इस ख़ादिम के लिए चिल्ला काट लीजिये।'

'सोचूँगा।'

हाफ़िज़ हसन दीन एक महीने तक सोचता रहा।

इस दौरान में जफ़रशाह ने उसकी सेवा-सत्कार में कोई कसर बाक़ी न रखी—हाफ़िज़ साहब के लिए वह सुबह उठते ही डेढ़ पाव बादाम तोड़ता, उनके मग़ज़ निकाल के सदाई तैयार करता; दोपहर को एक सेर गोश्त भुनवा के उनकी खिदमत में पेश करता; शाम को उन्हें मलाई मिली हुई चाय पिलाता; रात तो एक मुर्ग़ मुसल्लम हाज़िर करता।

ख़ातिर-तवाज़ो का यह सिलसिला चलता रहा।

आख़िर हाफ़िज़ हसन दीन ने जफ़रशाह से कहा, 'अब मुझे आवाज़ें आनी शुरू हो गयी हैं।'

जफ़रशाह से पूछा, 'कैसी आवाज़ें महोदय?'

'तुम्हारे बारे में।'

'क्या कहती हैं?'

'तुम ऐसी बातों के बारे में मत पूछा करो।'

'माफ़ी चाहता हूँ।'

हाफ़िज़ साहब ने टटोल-टटोलकर मुर्ग़ की एक टाँग उठाई और उसे दाँतों से काटते हुए कहा, 'तुम असल में अविश्वासी हो...आज़माना चाहते हो तो किसी कुएँ पर चलो।'

जफ़रशाह थरथरा गया, 'हुज़ूर, मैं आपको आज़माना नहीं चाहता...आपका हर लफ़्ज़ सत्यता से लबरेज़ है।'

हाफ़िज़ साहब ने सिर को ज़ोर से जुंबिश दी, 'नहीं...हम चाहते हैं कि तुम हमें आज़माओ...खाना खा लें तो हमें किसी कुएँ पर ले चलो।

'वहाँ क्या होगा महोदय?'

'मेरा जिन्न आवाज़ देगा और वह कुआँ पानी से लबालब भर जायेगा और तुम्हारे पाँव गीले हो जायेंगे...डरोगे तो नहीं?'

जफ़रशाह डर गया था—हाफ़िज़ हसन दीन जिस लहज़े में बातें कर रहा था, बड़ा भयावह था।

जफ़रशाह ने अपने ख़ौफ़ पर काबू पाकर हाफ़िज़ साहब से कहा, 'जी नहीं...आपकी पवित्र उपस्थिति मेरे साथ होगी तो डर का सवाल ही पैदा नहीं होता।'

जब सारा मुर्ग़ ख़त्म हो गया तो हाफ़िज़ साहब ने जफ़रशाह से कहा, 'मेरे हाथ धुलवा और मुझे किसी कुएँ पर ले चलो।'

जफ़रशाह ने उसके हाथ धुलवाये, तौलिए से पोंछे और उसे एक कुएँ पर ले गया जो शहर से काफ़ी दूर था।

हाफ़िज़ हसन दीन चादर लपेटकर कुएँ की मुँडेर के पास बैठ गया—जफ़रशाह भी साथ ही बैठने लगा था कि हाफ़िज़ साहब ने चिल्लाकर कहा, 'पाँच-छह क़दम

पीछे हट जाओ...मैं पढ़नेवाला हूँ...कुएँ का पानी लबालब भर जायेगा और तुम डर जाओगे।'

जफ़रशाह डर के दस कदम पीछे हट गया।

हाफ़िज़ साहब ने पढ़ना शुरू कर दिया।

हाफ़िज़ साहब ने कुएँ पर आने से पहले जफ़रशाह से कहा था कि दो सेर चावल, डेढ़ सेर शक्कर और पाव भर काली मिर्चों की ज़रूरत होगी जो उनका जिन्न खायेगा–वे तमाम चीज़ें हाफ़िज़ साहब की चादर में बँधी हुई थीं।

देर तक हाफ़िज़ हसन दीन, मालूम नहीं, किस ज़बान में क्या पढ़ता रहा, मगर उसके जिन्न की कोई आवाज़ न आयी और न ही कुएँ का पानी ऊपर चढ़ा। उसने चावल, शक्कर और मिर्च कुएँ में फेंक दीं, फिर भी कुछ न हुआ।

चंद लम्हात पूरी जड़ता छायी रही–फिर हाफ़िज़ हसन दीन पर उन्माद की-सी कैफ़ियत छा गयी और वह बुलन्द आवाज़ में बोला, 'जफ़रशाह से अभी पाँच सौ रुपये लो!'

जफ़रशाह ने पाँच सौ रुपये हाफ़िज़ साहब की ख़िदमत में पेश कर दिये। हाफ़िज़ साहब ने रुपये अपनी जेब में डालकर बड़े क्रोध में कहा, 'जफ़रशाह, तू यह रुपये देकर समझता है कि तूने मुझ पर कोई एहसान किया है...'

जफ़रशाह ने विनयपूर्वक कहा, 'नहीं हुज़ूर, मैंने तो आपके आदेश का पालन किया है।'

हाफ़िज़ हसन दीन का लहज़ा जरा नर्म हो गया, 'देखो, सर्दियों का मौसम है...हमें एक धुस्से की ज़रूरत है।'

'चलिये, अभी ख़रीद लेते हैं।'

'दो घोड़े (मार्का) की टेरीकोट की कमीज़ और एक पंप शू।'

जफ़रशाह ने गुलामों की तरह कहा, 'हुज़ूर, आपके हुक्म की तामील हो जायेगी!'

हाफ़िज़ साहब के हुक्म का पालन हो गया–धुस्सा, टेरीकोट की कमीज़ और पंप शू खरीदकर उनके हवाले कर दिये गये–जफ़रशाह खुश था कि उसने एक पहुँचे हुए बंदे की ख़िदमत की है।

एक दिन हाफ़िज़ साहब व्हाइट हाउस में सो रहे थे कि अचानक बड़बड़ाने लगे।

इत्तिफ़ाक़ से जफ़रशाह मौजूद था–वह कुर्सी पर बैठा हुआ था और उसकी आँख लगने ही वाली थी कि वह चौंक गया।

हाफ़िज़ साहब कह रहे थे, 'हुक्म हुआ है...अभी-अभी हुक्म हुआ है ...हाफ़िज़ हसन दीन, तुम दरिया-ए-रावी पर जाओ और वहाँ चिल्ला काटो ...चिल्ला काटो, चिल्ला काटो (तंत्र अनुष्ठान करो)... वहाँ तुम अपने जिन्न से बात कर सकोगे...'

जफ़रशाह टैक्सी में हाफ़िज़ साहब को दरिया-ए-रावी पर ले गया।

दरिया-ए-रावी पर हाफ़िज़ हसन दीन छियालीस घंटे तक, मालूम नहीं, क्या कुछ पढ़ता रहा—इसके बाद उसने ऐसी आवाज़ में, जो उसकी अपनी नहीं थी, ख़ुद अपने आपसे कहा, 'जफ़रशाह से तीन सौ रुपये और लो...'

जफ़रशाह ने तीन सौ रुपये दे दिये।

हाफ़िज़ हसन दीन ने अपनी बेनूर आँखें घुमाई जिनमें ख़ुशी की झलक नज़र आ सकती थी और कहा, 'हमसे जो कुछ कहा जाता है, वह हमें करना पड़ता है...पहले के पाँच सौ और तीन सौ यह...कुल आठ सौ हुए...गाँव के डाकखाने में हमारे बारह सौ रुपये जमा हैं...तुम कुछ फ़िक्र न करो, हम तुम्हें आठ सौ रुपये अदा कर देंगे...इन आठ सौ रुपयों का तो हम कुछ भी नहीं कर सकते, जब तक कि हमसे कुछ कहा नहीं जाता...'

जफ़रशाह बहुत प्रभावित हुआ, 'जी नहीं...अदाइगी की क्या ज़रूरत है...आपकी ख़िदमत मेरा फ़र्ज़ है।'

जफ़रशाह बहुत दिनों तक हाफ़िज़ हसन दीन की ख़िदमत करता रहा—और हाफ़िज़ हसन दीन ने जफ़रशाह की उस ख़िदमत के एवज़ चालीस दिन का तंत्र अनुष्ठान किया।

अब जफ़रशाह ने कई मर्तबा महसूस किया कि वह पूरा सैयद बन गया है और उसकी शुद्धि हो गयी है, मगर फिर उसको मायूसी होती क्योंकि वह अपने में कोई फ़र्क़ न देखता—उसकी संतुष्टि नहीं होती थी।

उसने समझा कि शायद उसने हाफ़िज़ साहब की ख़िदमत पूरी तरह अदा नहीं की है जिसकी वजह से उसकी इच्छा पूर्ति नहीं हुई। चुनांचे उसने हाफ़िज़ साहब की ख़िदमत में दिन-रात एक कर दिये।

एक दिन उसने हाफ़िज़ साहब से कहा, 'पीर साहब, मेरे हाल पर करम फ़रमाइये...मेरी मुराद कभी पूरी होगी या नहीं?'

हाफ़िज़ हसन दीन ने बड़े पीराना अन्दाज़ में जवाब दिया, 'होगी, ज़रूर होगी...हम इतने चिल्ले काट चुके हैं...ऐसा मालूम होता है कि अल्लाह ताला तुमसे नाराज़ हैं...तुमने ज़रूर अपनी ज़िंदगी में कोई गुनाह किया होगा।'

जफ़रशाह ने कुछ देर सोचा, 'हुजूर, मैंने ऐसा कोई गुनाह नहीं किया जो...'

हाफ़िज़ साहब ने उसकी बात काटकर कहा, 'नहीं, ज़रूर किया होगा...ज़रा सोचो।'

जफ़रशाह ने फिर कुछ देर सोचा, 'एक मर्तबा मैंने अपने वालिद साहब के बटुवे से आठ आने चुराये थे।'

'यह कोई इतना बड़ा गुनाह नहीं...और सोचो...कभी तुमने किसी लड़की को बुरी निगाहों से देखा था?'

जफ़रशाह ने हिचकिचाहट के बाद जवाब दिया, 'हाँ पीरो-मुर्शिद...सिर्फ़ एक मर्तबा।'

'कौन थी वह लड़की?'

'जी, मेरे चचा की।'

'कहाँ रहती है?'

'जी, इसी घर में।'

हाफ़िज़ साहब ने हुक्म दिया, 'बुलाओ उसको...क्या तुम उससे शादी करना चाहते हो?'

'जी हाँ...हमारी मँगनी क़रीब-क़रीब तय हो चुकी है।'

हाफ़िज़ साहब ने बड़े क्रोधित लहज़े में कहा, 'जफ़रशाह, बुलाओ उसको ...तुमने मुझसे पहले ही यह बात कह दी होती तो मुझे बेकार इतना वक़्त जाया न करना पड़ता।'

जफ़रशाह दुविधा में पड़ गया—न वह हाफ़िज़ साहब का हुक्म टाल सकता था और न ही अपनी होने वाली मंगेतर से यह कह सकता था कि वह हाफ़िज़ साहब से मिले। भरे दिल से वह ऊपर गया।

बिलकीस बैठी नॉविल पढ़ रही थी—जफ़रशाह को देखकर वह जरा सिमटी और फिर उसने कहा, 'आप आज मेरे कमरे में कैसे आ गये?'

जफ़रशाह ने दबे-दबे लहज़े में जवाब दिया, 'वह जो हाफ़िज़ साहब आये हुए है ना।'

बिलकीस ने नॉविल एक तरफ रख दिया, 'हाँ-हाँ...मैंने उन्हें कई मर्तबा देखा है.. .क्या बात है?'

'बात यह है कि वह तुमसे मिलना चाहते हैं।'

बिलकीस ने हैरत का इज़हार किया, 'लेकिन उनकी तो आँखें नहीं हैं...और वह मुझसे क्यों मिलना चाहते हैं।'

'वह तुमसे चंद बातें करना चाहते हैं...बड़े अंतर्यामी बुजुर्ग हैं...उनकी बरकत से, मुमकिन है, हम दोनों का भला हो जाये।'

बिलकीस मुस्कराई, 'मालूम नहीं, आप इतने अंधविश्वासी...क्यों हैं...चलिये...वह तो देख नहीं सकते, उनसे क्या पर्दा...'

जफ़रशाह के साथ बिलकीस नीचे व्हाइट हाउस में आ गयी। हाफ़िज़ हसन दीन बैठा चिलग़ोज़े खा रहा था—जब उसने क़दमों की चाप सुनी तो बोला, 'आ गये जफ़रशाह!' जफ़रशाह ने ससम्मान जवाब दिया, 'जी हाँ हुज़ूर!'

'लड़की आयी है?'

'जी हाँ!'

हाफ़िज़ साहब ने अपनी बेनूर आँखों से बिलकीस को देखने की कोशिश की और कहा, 'बैठ जाओ मेरे सामने।'

बिलकीस सामने कुर्सी पर बैठ गयी।

हाफ़िज़ साहब ने जफ़रशाह से कहा, 'अब तुम्हारी मुराद पूरी होगी...हम इस लड़की को मंत्र बतायेंगे...इंशाअल्लाह सब काम ठीक हो जायेंगे।'

जफ़रशाह बहुत ख़ुश हुआ–उसने फलों की प्लेट बिलकीस की तरफ़ बढ़ाते हुए कहा, 'हाफ़िज़ साहब, मालूम नहीं, कितनी देर लगायें...इनकी ख़िदमत करना न भूलना।'

हाफ़िज़ साहब ने कहा, 'देखो, हम तुमसे बहुत ख़ुश हैं...आज हमारी तबियत चाहती है कि तुम्हें भी ख़ुश कर दें...जाओ बाज़ार से चार तोले नौशादर, एक तोले चूना, दस तोले गंधक और एक मिट्टी का बर्तन ले आओ।'

जफ़रशाह भागा-भागा बाज़ार गया और तमाम चींजें ख़रीदकर ले आया। जब वह अपने व्हाइट हाउस में पहुँचा तो उसने देखा कि किवाड़ खुले हुए हैं और अंदर कोई भी नहीं है।

वह ऊपर गया तो उसे मालूम हुआ कि बिलकीस भी नहीं है।

❑

फ़ोजा हराम दा

टी हाउस में हरामियों की बातें शुरू हुई तो यह सिलसिला बहुत देर तक ज़ारी रहा। हर एक ने कम-अज़-कम एक हरामी के बारे में अपने विचार बयान किये, जिससे उसको अपनी ज़िंदगी में वास्ता पड़ चुका था–कोई जालंधर का था, कोई सियालकोट का; कोई लुधियाना का और कोई लाहौर का; मगर सबके–सब स्कूल या कॉलेज की ज़िंदगी के बारे में थे।

मेह्र फ़िरोज़ साहब सबसे आख़िर में बोले, 'अमृतसर में शायद ही कोई ऐसा आदमी हो जो फ़ोजे हराम दे के नाम से नावाक़िफ़ हो। यूँ तो उस शहर में और भी कई हरामज़ादे थे मगर उसके पल्ले के नहीं थे। वह नंबर एक हरामज़ादा था। स्कूल में उसने तमाम मास्टरों की नाक में दम कर रखा था। हेडमास्टर, जिसको देखते ही बड़े-बड़े शैतान लड़कों का पेशाब निकल जाता था, फ़ोजे से बहुत घबराता था, इसलिए कि उस पर उनके मशहूर डंडे का कोई असर ही नहीं होता था; यही वजह है कि उन्होंने तंग आकर उसको मारना छोड़ दिया था...'

'यह दसवीं क्लास की बात है...एक दिन यार लोगों ने उससे कहा, 'देखो फ़ोजे, अगर तुम कपड़े उतारकर नंग-धड़ंग स्कूल का एक चक्कर लगाओ तो हम तुम्हें एक रुपया देंगे...' फ़ोजे ने रुपया लेकर कान में उड़सा, कपड़े उतारकर बस्ते में बाँधे और सबके सामने नंग-धड़ंग चलना शुरू कर दिया। वह जिस क्लास के पास से गुज़रता, वह हैरत की मूर्ति बन जाती ...चलते-चलते वह हेडमास्टर साहब के दफ़्तर के पास पहुँच गया। उसने चिक उठाई और गड़ाप से अंदर दाख़िल हो गया। मालूम नहीं, क्या हुआ कि हेडमास्टर साहब सख़्त बौख़लाये हुए बाहर निकले और उन्होंने चपरासी को बुलाकर उससे कहा: 'जाओ, भाग के फ़ोजे के घर जाओ और उसके कपड़े ले आओ...कहता है, मस्जिद के सिकाबे में नहा रहा था कि कोई चोर उसके कपड़े उठाकर ले गया...'

'धार्मिक शिक्षा के मास्टर मौलवी पोटेटो थे...मालूम नहीं, उन्हें पोटेटो किस कारण से कहते थे क्योंकि आलुओं के तो दाढ़ी नहीं होती...उनसे फ़ोजा जरा दबता था...एक दिन ऐसा हुआ कि अंजुमन (संस्था) में मेंबरों के सामने, जो स्कूल चलाते थे, मौलवी

साहब ने ग़लती से फ़ोजे से एक आयत का तरजुमा पूछ लिया। चाहिए तो यह था कि वह ख़ामोश रहता मगर फिर फ़ोजा हराम दा पहचाना कैसे जाता। उसके मुँह में जो आया, उसने ऊल-जलूल बक दिया। मौलवी पोटेटो के पसीने छूट गये। मेंबरों के जाते ही उन्होंने अपना डंडा उठाया और फ़ोजे को वह चार चोट की मार मारी कि वह बिलबिला उठा मगर फिर भी बड़े अदब से कहता रहा, 'मौलवी साहब, मेरा कोई क़ुसूर नहीं...मुझे कलमा ठीक से नहीं आता और आपने एक पूरी आयत का मतलब पूछ लिया...' मारने से भी मौलवी पोटेटो साहब का जी हलका न हुआ। वह फ़ोजे के बाप के पास गये और उनसे शिकायत की। फ़ोजे के बाप ने उनकी सब बातें सुनीं और बड़े दुखी लहज़े में कहा, 'मौलवी साहब, मैं उससे ख़ुद तंग आ गया हूँ। मेरी समझ में नहीं आता कि उसका सुधार कैसे हो सकता है...अभी कल की बात है। मैं पाख़ाने गया तो उसने बाहर से कुंडी चढ़ा दी। मैं अंदर से बहुत गरजा और उसे बेशुमार गालियाँ दीं। वह यही कहता रहा कि अगर मैं अठन्नी देने का वादा करूँगा तो दरवाज़ा खुलेगा और अगर वादा करके फिर जाऊँगा तो वह अगली मर्तबा कुंडी में ताला भी डाल देगा...लाचार होकर पहले वादा करना पड़ा, फिर अठन्नी देनी पड़ी। अब बताइये, मैं ऐसे अयोग्य लड़के का क्या करूँ...'

'अल्लाह ही बेहतर जानता था कि उसका क्या होगा...पढ़ता-बढ़ता ख़ाक भी नहीं था...इंटरेंस के इम्तिहान हुए तो सबको यक़ीन था कि बहुत बुरी तरह फेल होगा, मगर नतीजा निकला तो सबसे ज़्यादा नंबर उसी के थे। वह चाहता था कि कॉलेज में दाख़िल हो, मगर उसके बाप की यह ख़्वाहिश थी कि वह कोई हुनर सीखे। नतीजा यह निकला कि वह दो बरस तक आवारा फिरता रहा...इस दौरान में उसने जो हरामज़दगियाँ कीं, उनकी फ़ेहरिस्त बहुत लम्बी है...'

'तंग आकर उसके बाप ने अंततः उसे कॉलेज में दाख़िल करा दिया। पहले ही दिन उसने यह शरारत की कि मैथमेटिक्स के प्रोफ़ेसर की साइकिल उठाकर एक दरख़्त की सबसे ऊँची टहनी पर लटका दी। सब हैरान कि साइकिल वहाँ पहुँची क्योंकर, मगर वे लड़के, जो स्कूल में फ़ोजे के साथ पढ़ चुके थे, अच्छी तरह जानते थे कि यह कारस्तानी फ़ोजे के सिवा और किसी की नहीं हो सकती। उस एक शरारत ही से उसका पूरे कॉलेज से परिचय हो गया...'

'स्कूल में उसकी सरगर्मियों का मैदान सीमित था। कॉलेज में यह मैदान बहुत व्यापक हो गया.. पढ़ाई में, खेलों में, मुशायरों और परिचर्चाओं में, क़यामत की शरारतों में, हर जगह फ़ोजे का नाम रोशन था और थोड़े ही दिनों में उसका नाम इतना रोशन हुआ कि सारे शहर में उसके गुंडेपने की धाक बैठ गयी और वह बड़े धाकड़ बदमाशों के कान काटने लगा...'

'उसका क़द नाटा था मगर बदन कसरती था। उसका विशेष प्रहार बहुत मशहूर था। वह ऐसे ज़ोर से सामने वाले के सीने में या पेट में अपने सिर से टक्कर मारता कि सामने वाले के सारे वजूद में भूकंप आ जाता...,

'एफ.ए. के दूसरे साल में उसने मज़ाक में प्रिंसिपल की नयी मोटर के पेट्रोल टैंक में चार आने की शक्कर डाल दी जिसने कार का सारा इंजन ख़राब कर दिया। प्रिंसिपल को किसी-न-किसी तरीक़े से मालूम हो गया कि यह ख़तरनाक शरारत फ़ोजे की है, मगर हैरत है कि उन्होंने उसको माफ़ कर दिया। बाद में मालूम हुआ कि फ़ोजे को उनके बहुत से राज़ मालूम थे...'

'यह वह ज़माना था, जब कांग्रेस का बहुत ज़ोर था...अंग्रेज़ों के ख़िलाफ़ खुल्लम-खुल्ला जलसे होते थे। हुकूमत का तख़्ता उलटने की कई नाकाम साज़िशें हो चुकी थीं। गिरफ़्तारियों की भरमार थी। सब जेल बाग़ियों से भरे थे। आये दिन रेल की पटरियाँ उखाड़ी जाती थीं। बम बनाये जा रहे थे। पिस्तौल बरामद होते थे। ग़रज़ कि एक हंगामा बरपा था जिसमें स्कूलों और कॉलेजों के छात्र भी शामिल थे...'

'फ़ोजा सियासी आदमी बिलकुल नहीं था...मेरा ख़याल है, उसको यह भी मालूम नहीं था कि महात्मा गांधी कौन हैं, लेकिन जब अचानक एक रोज़ उसे पुलिस ने गिरफ़्तार कर लिया और वह भी एक साज़िश के सिलसिले में, तो सबको बड़ी हैरत हुई...'

'इससे पहले कई साज़िशें पकड़ी जा चुकी थीं, सांडर्स के क़त्ल के सिलसिले में भगत सिंह और दत्त को फाँसी हो चुकी थी। इसलिए यह नया मामला भी कुछ संगीन ही मालूम होता था...इल्ज़ाम यह था कि अनेक कॉलेजों के लड़कों ने मिलकर एक ख़ुफिया जमात बनायी है जिसका मक़सद ब्रिटिश सरकार की सल्तनत का तख़्ता उलटना है...'

'कुछ लड़कों ने कॉलेज की लेबोरेट्री से पिकरिक एसिड चुराया था जो बम बनाने के काम आता है...फ़ोजे के बारे में संदेह था कि वह उस चोरी में भागीदार था और उसको तमाम ख़ुफिया बातों की जानकारी थी...'

'उसके साथ कॉलेज के दो और लड़के भी पकड़े गये थे। उनमें एक, मशहूर बैरिस्टर का लड़का था और दूसरा रईसज़ादा। दोनों डॉक्टरी जाँच के मुताबिक मरीज़ थे, इसलिए पुलिस की मार-पीट से बच गये...शामत ग़रीब फ़ोजे हराम दे की आयी। थाने में उसको उल्टा लटका-लटकाकर पीटा गया। बर्फ की सिलों पर खड़ा किया गया। ग़रज कि हर क़िस्म की शारीरिक यातना उसे पहुँचाई गयी कि वह राज़ की बातें उगल दे, मगर वह भी कुत्ते की एक हड्डी था, टस से मस न हुआ, बल्कि थाने में भी कमबख़्त अपनी शरारतों से बाज़ न आया...'

'एक मर्तबा जब वह मार बर्दाश्त न कर सका तो उसने थानेदार से हाथ रोक लेने की दरख़्वास्त की और वादा किया कि वह सब कुछ बता देगा...वह बिलकुल निढाल था, इसलिए उसने गर्म-गर्म दूध और जलेबियाँ माँगी। जब उसकी तबियत कदरे-बहाल हुई तो थानेदार ने काग़ज़-कलम सँभाला और उससे कहा, 'अब बताओ...' फ़ोजे ने अपने मार खाये हुए शरीरांगों का जायजा अंगड़ाई लेकर लिया और जवाब दिया, 'अब क्या बताऊँ ताकत आ गयी है...चढ़ा दो फिर मुझे टकटकी पर...' '

‘ऐसे और भी कई क़िस्से हैं जो मुझे याद नहीं रहे, मगर यह क़िस्सा बहुत आनन्ददायक है...मलिक हफ़ीज़, जो हमारा सहपाठी था, उसकी ज़बान से आप सुनते तो और ही मज़ा आता...’

‘एक दिन पुलिस के दो सिपाही फ़ोजे को अदालत में पेश करने के लिए ले जा रहे थे कि कचहरी में उसकी नज़र मलिक हफ़ीज़ पर पड़ गयी जो किसी काम से वहाँ आया था...मलिक हफ़ीज़ को देखते ही फ़ोजा पुकारा, ‘अस्सलाम अलैकुम हफ़ीज़ साहिब...’ मलिक हफ़ीज़ चौंका। फ़ोजा हथकड़ियों में उसके सामने खड़ा मुस्करा रहा था, ‘मलिक साहब, बहुत उदास हो गया हूँ...जी चाहता है, आप भी आ जायें मेरे पास...बस मेरा नाम ले देना ही काफ़ी है...’

‘मलिक हफ़ीज़ ने जब फ़ोजे की बात सुनी तो उसकी जान निकल गई ...फ़ोजे ने मलिक हफ़ीज़ को ढाढ़स दी, ‘घबराओ नहीं मलिक, मैं तो मज़ाक कर रहा हूँ...वैसे मेरे लायक कोई ख़िदमत हो तो बताओ...’ अब आप ही बताइये कि फ़ोजा किस लायक था। मलिक हफ़ीज़ घबरा रहा था और कन्नी कतरा के भागने ही वाला था कि फ़ोजे ने कहा, ‘भई और तो हमसे कुछ हो नहीं सकता, कहो तो तुम्हारे बदबूदार कुएँ की गार निकलवा दें’...’

‘मलिक हफ़ीज़ ही आपको बता सकता है कि फ़ोजे को उस कुएँ से कितनी नफ़रत थी...उस कुएँ के पानी से ऐसी दुर्गंध आती थी जैसी मरे हुए चूहों से आती है...मालूम नहीं, लोग उसे साफ़ क्यों नहीं कराते थे...’

‘एक हफ़्ते के बाद, जैसा कि मलिक हफ़ीज़ का बयान है, वह बाहर नहाने के लिए निकला तो क्या देखता है कि दो-तीन कर्मी कुएँ की गंदगी निकालने में व्यस्त हैं...मलिक हफ़ीज़ बहुत हैरान हुआ कि माजरा क्या है। कर्मियों को बुलाया किसने है...पड़ोसियों का ख़याल था कि बड़े मलिक साहब को बैठे-बैठे ख़याल आ गया होगा कि चलो कुएँ की सफ़ाई हो जाये, लोग भी क्या याद रखेंगे...लेकिन पड़ोसियों को जब यह मालूम हुआ कि छोटे मलिक को इस बारे में कुछ इल्म नहीं और यह कि बड़े मलिक साहब तो शिकार पर गये हुए हैं तो उन्हें भी हैरत हुई...पुलिस के बेवर्दी सिपाहियों से पूछा गया तो मालूम हुआ कि वह फ़ोजे हराम दे की निशानदेही पर कुएँ में से बम निकलवा रहे हैं...’

‘बहुत देर तक गंदगी निकलती रही। पानी साफ़-शफ़्फ़ाफ़ हो गया, मगर बम तो क्या, एक छोटा-सा पटाखा भी बरामद न हुआ। पुलिस बहुत भिन्नाई। चुनांचे फ़ोजे से पूछताछ हुई। उसने मुस्कराकर थानेदार से कहा, ‘भोले बादशाहो, हमें तो अपने यार का कुआँ साफ़ कराना था, सो हमने करा लिया...’

‘बड़ी ख़ूबसूरत शरारत थी, मगर पुलिस ने फ़ोजे को वह मारा, वह मारा कि मार-मारकर अधमुआ कर दिया...और फिर एक दिन यह ख़बर आयी कि फ़ोजा सरकारी गवाह बन गया है। उसने वादा कर लिया है कि वह सब कुछ बक देगा...’

'कहते हैं, उस पर बड़ी ला'न-ता'न हुई...उसके दोस्त मलिक हफ़ीज़ ने भी, जो हुकूमत से बहुत डरता था, उसको बहुत गालियाँ दीं, 'हरामज़ादा डर के मारे गद्दार बन गया है...मालूम नहीं, अब किस-किसको फँसायेगा...'

'बात असल में यह थी कि वह मार खा-खाकर थक गया था। जेल में उसको किसी से मिलने नहीं दिया जाता था। पौष्टिक भोजन खाने को दिया जाता था, मगर सोने नहीं दिया जाता था। कमबख़्त को नींद बहुत प्यारी थी, इसलिए तंग आकर उसने सच्चे दिल से वादा कर लिया कि वह बम बनाने की साज़िश के कुल हालात बता देगा।'

'रखा तो उसे जेल ही में गया, मगर अब उस पर कोई सख़्ती न थी। कई दिन तो उसने आराम किया कि उसके शरीर के अंग ढीले हो चुके थे...अच्छी खुराक मिली और बदन पर मालिशें हुई तो वह बयान लिखवाने के क़ाबिल हो गया।' 'सुबह लस्सी के ये दो बड़े गिलास पीकर वह अपनी दास्तान शुरू कर देता। थोड़ी देर के बाद नाश्ता आता तो उससे फ़ारिग होकर वह पंद्रह-बीस मिनट आराम करता और फिर कड़ी-से-कड़ी मिलाकर अपना बयान ज़ारी रखता...'

'आप मुहम्मद हुसैन स्टेनोग्राफर से पूछिये, जिसने फ़ोजे का बयान टाइप किया था...उसका कहना है कि फ़ोजे हरामदे ने पूरा एक महीना लिया और वह सारा जाल खोल के रख दिया जो साजिशियों ने मुल्क के इस कोने से उस कोने तक बिछाया हुआ था और भी अधिक बिछाने का इरादा रखते थे। उसने सैकड़ों आदमियों के नाम लिये और ऐसी हज़ारों जगहों का पता बताया जहाँ साज़िशी, लुक-छुप के मिलते थे और हुकूमत का तख़्ता उलटने की तरकीबें सोचते थे।'

'वह बयान, मुहम्मद हुसैन स्टेनोग्राफर का कहना है, फुल स्केप के ढाई सौ सफ़्हों पर फैला हुआ है...जब फ़ोजे का बयान ख़त्म हुआ तो पुलिस ने उसे सामने रखकर प्लान बनाया। चुनांचे फ़ौरन नयी गिरफ़्तारियाँ अमल में आईं और एक बार फिर फ़ोजे को गालियाँ दी जाने लगीं।'

अख़बारों ने भी दबी ज़बान में फ़ोजे के ख़िलाफ़ काफ़ी ज़हर उगला...अधिकतर जनता सरकार के ख़िलाफ़ थी, इसलिए फ़ोजे की गद्दारी की हर जगह निंदा होने लगी।'

'फ़ोजा, जेल में था जहाँ उसकी ख़ूब ख़ातिर-तवाज़ो हो रही थी...वह बड़ी तुर्रेवाली कलफ़ लगी पगड़ी सिर पर बाँधे, दो घोड़े मार्का बोसकी की कमीज़ और लट्ठे की घेरदार सलवार पहने वह जेल में यूँ टहलता था जैसे कोई अफ़सर मुआइना कर रहा हो।'

'जब सारी गिरफ़्तारियाँ अमल में आ गयीं और पुलिस ने अपनी कार्रवाई मुकम्मल कर ली तो साज़िश का यह महत्त्वपूर्ण केस अदालत में पेश हुआ। लोगों की भीड़ जमा थी।'

'पुलिस की हिफ़ाज़त में जब फ़ोजा प्रकट हुआ तो गुस्से से भरे नारे बुलंद हुए, फ़ोजा हराम दा, मुर्दाबाद...फ़ोजा हराम दा, मुर्दाबाद...' हुजूम बहुत उत्तेजित था और ख़तरा था कि फ़ोजे पर टूट न पड़े, इसलिए पुलिस को लाठीचार्ज करना पड़ा जिसके कारण कई आदमी जख़्मी हुए।'

'अदालत में मुकद्दमा पेश हुआ...जब फ़ोजे से पूछा गया कि वह उस बयान के बारे में क्या कहना चाहता है जो उसने पुलिस को दिया था तो वह साफ़ मुकर गया, 'जनाब, मैंने कोई बयान-वयान नहीं दिया है...इन लोगों ने ख़ुद ही एक पुलंदा-सा तैयार किया था और ज़बर्दस्ती मुझसे दस्तख़त करवा लिये थे...' यह सुनकर इंस्पेक्टर पुलिस के, बकौल फ़ोजे, हाथ-पाँव फूल गये। और जब यह ख़बर अख़बारों में छपी तो सब चकरा गये कि फ़ोजे हराम दे ने यह क्या नया चक्कर चलाया है।'

'चक्कर नया ही था, क्योंकि अदालत में उसने एक नया बयान लिखवाना शुरू कर दिया जो पहले बयान से बिलकुल भिन्न था...नया बयान क़रीब-क़रीब पंद्रह दिन में ख़त्म हुआ, और जब ख़त्म हुआ तो फुल स्केप के एक सौ अट्ठावन सफ़हे काले हो चुके थे...फ़ोजे का कहना है कि उस नये बयान से जो हालत पुलिसवालों की हुई, नाक़ाबिले-बयान (अवर्णनीय) है...पुलिस ने जो इमारत खड़ी की थी, कमबख़्त ने उसकी एक-एक ईंट उखाड़ के रख दी...'

'सारा केस चौपट हो गया...नतीजा यह निकला कि उस साज़िश में जितने लोग गिरफ़्तार हुए थे, उनमें से अकसर बरी हो गये।'

'दो को तीन-तीन बरस की और पाँच को छह-छह महीनों की सज़ाये-कैद हुई।'

जो लोग यह क़िस्सा मेह्र फ़िरोज़ साहब से सुन रहे थे, उनमें से एक ने पूछा, 'और फ़ोजे को?'

मेह्र फ़िरोज़ साहब ने कहा, 'फ़ोजे को क्या होना था...वह तो वादा माफ़ यानी सरकारी गवाह था।'

सबने फ़ोजे की कुशाग्र बुद्धि को सराहा कि उसने पुलिस को किस सफ़ाई से गच्चा दिया।

एक ने, जिसके दिलो-दिमाग़ को फ़ोजे हराम दे की शख़्सियत ने बहुत ज़्यादा प्रभ‌ावित किया था, मेह्र फ़िरोज़ साहब से पूछा, 'फ़ोजा आजकल कहाँ है?'

'यहीं लाहौर में है...आढ़त की दुकान करता है।'

इतने में बैरा बिल लेकर आया और मेह्र फ़िरोज़ साहब के सामने रख दिया, क्योंकि चाय वगैरह का ऑर्डर उन्होंने दिया था।

फोजे की शख़्सियत से प्रभावित साहब ने बिल देखा और उनका बढ़ता हुआ हाथ रुक गया, इसलिए कि रकम ज़्यादा थी। चुनांचे वह ऐसे ही मेह्‌र फ़िरोज़ से मुख़ातिब हुए, 'आपके इस फ़ोजे से कभी मिलना चाहिए।'

मेह्‌र फ़िरोज़ उठे, 'आप उससे मिल चुके हैं...यह ख़ाकसार ही फ़ोजा हराम दा है...बिल आप अदा कर दीजियेगा... अस्सलाम अलैकुम' यह कहकर वह तेज़ी से बाहर निकल गये।'

❑

अनार कली

नाम उसका सलीम था मगर उसके यार दोस्त उसे शहज़ादा सलीम कहते थे। शायद इसलिए कि उसकी क़द-कठी मुग़लई थी। ख़ूबसूरत था। चाल-ढाल से दंभ टपकता था।

उसका बाप पी.डब्ल्यू.डी. के दफ़्तर में मुलाज़िम था। तनख़्वाह ज़्यादा-से-ज़्यादा दो सौ रुपये होगी, मगर बड़े ठाट से रहता। ज़ाहिर है कि रिश्वत खाता था। यही वजह है कि सलीम अच्छे-से-अच्छा कपड़ा पहनता। जेब ख़र्च भी उसको काफ़ी मिलता था, इसलिए कि वह अपने माँ-बाप का इकलौता लड़का था।

बहुत बन-ठन के रहता। उसके पास कई सूट, कई कमीज़ें थीं, जो बदल-बदल के पहनता। शू कम-अज़-कम बीस के क़रीब होंगे। जब कॉलेज में था तो कई लड़कियाँ उस पर जान छिड़कती थीं—मगर वह लापरवाही बरतता। आख़िर उसकी आँख एक शोखो शंग लड़की, जिसका नाम सीमा था, से लड़ गयी। सलीम ने उससे प्रेम-व्यवहार पैदा करना चाहा। उसे यक़ीन था कि वह उसका प्रेम हासिल कर लेगा, नहीं, वह तो यह तक समझता था कि सीमा उसके क़दमों में गिर पड़ेगी और उसकी अहसानमंद होगी कि उसने मुहब्बत की निगाहों से उसे देखा।

एक दिन कॉलेज में सलीम ने सीमा से पहली बार कहा, 'आप किताबों का इतना बोझ उठाये हुए हैं—लाइये मुझे दे दीजिये—मेरा ताँगा बाहर मौजूद है, आपको और इस बोझ को घर तक पहुँचा दूँगा।'

सीमा ने अपनी भारी भरकम किताबें बग़ल में दाबते हुए बड़े ख़ुश्क लहज़े में जवाब दिया, 'आपकी मदद की मुझे कोई ज़रूरत नहीं—बहरहाल शुक्रिया अदा किये देती हूँ।'

शहज़ादा सलीम को अपनी ज़िंदगी का सबसे बड़ा सदमा पहुँचा-चंद लम्हात के लिए वह अपनी झेंप मिटाता रहा। इसके बाद उसने सीमा से कहा, 'औरत को मर्द के सहारे की ज़रूरत होती है—मुझे हैरत है कि आपने मेरी पेशकश को क्यों ठुकरा दिया।'

सीमा का लहज़ा और ज़्यादा खुश्क हो गया, 'औरतों को मर्द के सहारे की ज़रूरत होगी—मगर फ़िलहाल मुझे ऐसी कोई ज़रूरत महसूस नहीं होती—आपकी पेशकश का शुक्रिया मैं अदा कर चुकी हूँ—इससे ज़्यादा आप और क्या चाहते हैं।'

यह कहकर सीमा चली गयी। शहज़ादा सलीम जो अनार कली के ख़्वाब देख रहा था, आँखें झपकाता रह गया। उसने बहुत बुरी तरह शिकस्त खाईं थी।

इससे पहले उसकी ज़िंदगी में कई लड़कियाँ आ चुकी थीं, जो उसके इशारे पर चलती थीं...मगर यह सीमा क्या समझती है अपने को! इसमें कोई शक नहीं कि ख़ूबसूरत है। जितनी लड़कियाँ मैंने अब तक देखी हैं उनमें सबसे ज़्यादा हसीन है, मगर मुझे ठुकरा देना...यह बहुत बड़ी ज़्यादती है...मैं ज़रूर इससे बदला लूँगा...चाहे कुछ भी हो जाये।

शहज़ादा सलीम ने उससे बदला लेने की कई स्कीमें बनायीं, मगर सफल न हुई। उसने यहाँ तक सोचा कि उसकी नाक काट डाले। वह यह जुर्म कर बैठता, मगर उसे सीमा के चेहरे पर यह नाक बहुत पसंद थी। कोई बड़े-से- बड़ा चित्रकार भी ऐसी नाक की कल्पना नहीं कर सकता था।

सलीम तो अपने इरादों में क़ामयाब न हुआ, मगर तक़दीर ने उसकी मदद की। उसकी माँ ने उसके लिए रिश्ता ढूँढ़ना शुरू किया। निगाह आख़िर सीमा पर पड़ी, जो उसकी सहेली की सहेली की लड़की थी।

बात पक्की हो गयी, मगर सलीम ने इनकार कर दिया। इस पर उसके माँ-बाप बहुत नाराज़ हुए। घर में दस-बारह रोज़ तक हंगामा मचा रहा।

सलीम के पिता ज़रा सख़्त तबियत के थे उन्होंने उससे कहा, 'देखो तुम्हें, हमारा फैसला कुबूल करना होगा।'

सलीम हठधर्मी था जवाब में यह कहा, 'आपका फैसला कोई हाईकोर्ट का फैसला नहीं...फिर मैंने क्या जुर्म किया है जिसका आप फैसला सुना रहे हैं।'

उसके पिता को यह सुनकर तैश आ गया, 'तुम्हारा यह जुर्म है कि तुम अवज्ञाकारी हो...अपने माँ-बाप का कहना नहीं मानते। मैं तुमसे संबंध विच्छेद कर लूँगा।'

सलीम का जोश थोड़ा ठंडा हो गया, 'लेकिन अब्बा जान, शादी मेरी मर्ज़ी के मुताबिक तो होनी चाहिए।'

'बताओ तुम्हारी मर्ज़ी क्या है।'

'अगर आप ठंडे दिल से सुनें तो मैं अर्ज करूँ।'

'मेरा दिल काफ़ी ठंडा है—तुम्हें जो कुछ कहना है फौरन कह डालो...मैं ज़्यादा देर इंतज़ार नहीं कर सकता।'

सलीम ने रुक-रुक कर कहा, 'मुझे...मुझे...एक लड़की से मुहब्बत है।'

उसका बाप गरजा, 'किस लड़की से?'

सलीम थोड़ी देर हिचकिचाया, 'एक लड़की है।'

'कौन है वह? क्या नाम है उसका?'

'सीमा...मेरे साथ कॉलेज में पढ़ती है।'

'मियाँ इफ़्तिख़ारुद्दीन की लड़की?'

'जी हाँ, उसका नाम सीमा इफ़्तिख़ार है...मेरा ख़याल है वही है।'

उसके पिता बेतहाशा हँसने लगे, 'ख़याल के बच्चे...तुम्हारी शादी इसी लड़की से क़रार पायी है...क्या वह तुम्हें पसंद करती है?'

सलीम बौखला-सा गया...यह सिलसिला कैसे हुआ उसकी समझ में नहीं आता था। कहीं उसका बाप झूठ तो नहीं बोल रहा है?...सलीम से जो सवाल किया गया था उसका जवाब उसके पिता को नहीं मिला था। चुनांचे उन्होंने कड़ककर पूछा, 'मुझे बताओ क्या सीमा तुम्हें पसंद करती है।'

सलीम ने कहा, 'जी नहीं।'

'तुमने यह कैसे जाना?'

'उससे...उससे एक बार मैंने दूसरे शब्दों में...मुहब्बत का इज़हार किया...लेकिन उसने मुझे...'

'तुम्हें ध्यान देने योग्य न समझा।'

'जी हाँ...बड़ी बेरुख़ी बरती।'

सलीम के पिता ने अपने गंजे सर को थोड़ी देर के लिए खुजलाया और कहा, 'तो फिर यह रिश्ता नहीं होना चाहिए...मैं तुम्हारी माँ से कहता हूँ कि वह लड़कीवालों से कह दे कि लड़का रजामंद नहीं!'

सलीम एकदम जज़्बाती हो गया, 'नहीं अब्बाजान...ऐसा न कीजियेगा। शादी हो जाये तो सब ठीक हो जायेगा। मैं उससे मुहब्बत करता हूँ। और किसी की मुहब्बत अकारत नहीं जाती...लेकिन आप उन लोगों को...मेरा मतलब है सीमा को यह पता न लगने दीजिये कि उसका ब्याह मुझसे हो रहा है, जिससे वह बेरुख़ी और उपेक्षा का इज़हार कर चुकी है।'

उसके बाप ने अपने गंजे सर पर हाथ फेरा, 'मैं इसके बारे में सोचूँगा।'

यह कहकर वह चले गये कि उन्हें एक ठेकेदार से रिश्वत वसूल करनी थी। अपने बेटे की शादी के ख़र्चों के सिलसिले में।

शहज़ादा सलीम जब रात को पलँग पर सोने के लिए लेटा तो उसे अनार की कलियाँ ही कलियाँ नज़र आयीं। सारी रात वह इनके ख़्वाब देखता रहा।

घोड़े पर सवार बाग़ में आया है...शाहाना लिबास पहने। सीढ़ियों से उतरकर बाग़ के एक मार्ग पर जा रहा है...क्या देखता है कि सीमा अनार के बूटे की सबसे ऊँची शाख़ से एक कच्ची कली तोड़ने की कोशिश कर रही है...उसकी भारी भरकम किताबें ज़मीन

पर बिखरी पड़ी हैं...जुल्फ़ें उलझी हुई हैं। और वह उचक-उचककर उस शाख़ तक अपना हाथ पहुँचाने की कोशिश कर रही है मगर हर बार नाकाम रहती है।

वह उसकी तरफ़ बढ़ा। अनार की झाड़ी के पीछे छुपकर उसने उस शाख़ को पकड़ा और झुका दिया। सीमा ने कली तोड़ ली जिसके लिए वह इतनी कोशिश कर रही थी...लेकिन फ़ौरन उसे इस बात का अहसास हुआ कि वह शाख़ नीचे कैसे झुक गयी।

वह अभी यह सोच ही रही थी कि शहज़ादा सलीम, उसके पास पहुँच गया। सीमा घबरा गयी, लेकिन सँभलकर उसने अपनी किताबें बग़ल में दाब लीं, अनार कली अपने जूड़े में उड़स ली और यह खुश्क अल्फ़ाज़ कहकर वहाँ से चली गयी, 'आपकी मदद की मुझे कोई ज़रूरत नहीं थी...बहरहाल शुक्रिया अदा किये देती हूँ।'

तमाम रात वह इसी क़िस्म के ख़्वाब देखता रहा। सीमा, उसकी भारी भरकम किताबें, अनार की कलियाँ और शादी की धूमधाम।

शादी हो गयी। शहज़ादा सलीम को इस समारोह में अपनी कली की एक झलक भी नहीं दिख पाई थी। वह उस लम्हे के लिए तड़प रहा था जब सीमा उसके आग़ोश में होगी। वह उसके इतने बोसे लेगा कि वह तंग आकर रोना शुरू कर देगी।

सलीम को रोने वाली लड़कियाँ बहुत पसंद थीं। उसका यह फ़लसफ़ा (दर्शन) था कि औरत जब रो रही हो तो बहुत हसीन हो जाती है। उसके आँसू शबनम (ओस) के कतरों की तरह होते हैं, जो मर्द के जज़्बात के फूलों पर टपकते हैं। इससे उन्हें ऐसी राहत ऐसी फ़रहत मिलती है, जो और किसी वक़्त नसीब नहीं हो सकती।

रात के दस बजे दुल्हन को उसके कमरे में दाख़िल कर दिया। सलीम को भी इजाज़त मिल गई कि वह उसके कमरे में जा सकता है। लड़कियों की छेड़छाड़ और दीगर रस्में सब ख़त्म हो गयी थीं। वह कमरे के अंदर दाख़िल हुआ।

फूलों से सजी हुई मसहरी पर दुल्हन घूँघट काढे रेशम की गठरी-सी बनी बैठी थी। शहज़ादा सलीम ने ख़ास प्रबंध कराया था कि फूल, अनार की कलियाँ हों...वह धड़कते हुए दिल के साथ मसहरी की तरफ़ बढ़ा और दुल्हन के पास बैठ गया।

काफ़ी देर तक वह अपनी बीवी से कोई बात न कर सका...उसको ऐसा महसूस होता था कि उसकी बग़ल में किताबें होंगी, जिनको वह उठाने नहीं देगी। आख़िर उसने बड़ी ज़ुर्रत से काम लिया और उससे कहा, 'सीमा...'

यह नाम लेते ही उसकी ज़बान खुश्क हो गयी। लेकिन उसने फिर साहस किया और अपनी दुल्हन के चेहरे से घूँघट उठा दिया और भौंचक्का रह गया...यह सीमा नहीं थी, कोई और ही लड़की थी...अनार की सारी कलियाँ उसको ऐसा महसूस हुआ कि मुरझा गयी हैं।

❑

परी

कश्मीरी गेट दिल्ली के एक फ्लैट में अनवर की मुलाकात परवेज से हुई। वो कतअ'न मुतअस्सिर न हुआ। परवेज निहायत ही बेजान चीज थी। अनवर ने जब उसकी तरफ देखा और उसको आदाब अ'र्ज कहा तो उसने सोचा, "ये क्या है, औरत है या मूली?"

परवेज इतनी सफेद थी कि उसकी सफेदी बेजान सी हो गई थी जिस तरह मूली ठंडी होती है, उस तरह उसका सफेद रंग भी ठंडा था। कमर में हल्का सा खम था जैसा कि अक्सर मूलियों में होता है। अनवर ने जब उसको देखा तो उसने सब्ज दुपट्टा ओढ़ा हुआ था। ग़ालिबन यही वजह है कि उसको परवेज हूबहू मूली नजर आई जिसके साथ सब्ज पत्ते लगे हों।

अनवर से हाथ मिला कर परवेज अपने नन्हे से कुत्ते को गोद में लेकर कुर्सी पर बैठ गई। उसके सुर्खी लगे होंठों पर जो उसके सफेद ठंडे चेहरे पर एक दहकता हुआ अंगारा सा लगते थे। जईफ सी मुस्कुराहट पैदा हुई। कुत्ते के बालों में अपनी लंबी लंबी उँगलियों से कंघी करते हुए उसने दीवार के साथ लटकती हुई अनवर के दोस्त जमील की तस्वीर की तरफ देखते हुए कहा, "आपसे मिल कर बहुत खुशी हुई।"

अनवर को उसके साथ मिल कर कतअ'न खुशी नहीं हुई थी। रंज भी नहीं हुआ। अगर वो सोचता तो यकीनी तौर पर अपने सही रद्द-ए-अ'मल को बयान न कर सका। दरअसल परवेज से मिल कर वो फैसला नहीं कर सका था कि वो एक लड़की से मिला है या उसकी मुलाकात किसी लड़के से हुई है। या सर्दियों में क्रिकेट के मैच देखते हुए उसने एक मूली खरीद ली है।

अनवर ने उसकी तरफ गौर से देखा। उकी आँखें खूबसूरत थीं। बस एक सिर्फ़ यही चीज थी जिसके मुतअ'ल्लिक तारीफी अलफाज में कुछ कहा जा सकता था। इन आँखों के इलावा परवेज के जिस्म के हर हिस्से पर नुक्ताचीनी हो सकती थी। बाहें बहुत पतली थीं, जो छोटी आस्तीनों वाली कमीज में से बहुत ही यख आलूद अंदाज में बाहर को निकली हुई थीं। अगर उसके सर पर सब्ज दुपट्टा न होता तो अनवर ने यकीनन उसको फ्रिजडियर समझा होता जिसका रंग आम तौर पर उकता देने वाला सफेद होता है।

उसके होंठों पर जीते जीते लहू जैसी सुर्ख़ी बहुत खिल रही थी। बर्फ के साथ आग का क्या जोड़? उस की छोटी आस्तीनों वाली कमीज सफेद कमबरक की थी। शलवार सफेद लट्ठे की थी। सैंडल भी सफेद थे। इस तमाम सफेदी पर उसका सब्ज दुपट्टा इतना इन्कलाब अंगेज नहीं था। मगर उसके सुर्ख़ी लगे होंठ एक अ'जीब सा हंगामाखेज तजाद बन कर उसके चेहरे के साथ चिमटे हुए थे।

सहन में जब वो चंद कदम चल कर जमील की तरफ अपने नन्हे से कुत्ते को देखती हुई बढ़ी थी तो अनवर ने महसूस किया था कि ये औरत जो कि आ रही है औरत नहीं तरकारी है। उससे हाथ मिलाते वक्त उसे ऐसा लगा था जैसे उसका हाथ किसी लाश ने पकड़ लिया है। मगर जब उसने बातें शुरू कीं तो वो ठंडी गिरफ्त जो उसके हाथ के साथ चिपकी हुई थी कुछ गर्म होने लगी।

वो आवारा ख़याल थी। उसकी बातें सबकी सब बेजोड़ थीं। मौसम का जिक्र करते करते वो अपने दर्जी की तरफ लुढ़क गई। दर्जी की बात अभी अधूरी ही थी कि उसको अपने कुत्ते की छींकों का ख़याल आ गया। कुत्ते ने छींका तो उसने अपने खाविंद के मुतअ'ल्लिक ये कहना शुरू कर दिया, "वो बिलकुल मेरा ख़याल नहीं रखते। देखिए अभी तक दफ्तर से नहीं आए।"

अनवर के लिए परवेज और उसका खाविंद दोनों बिलकुल नए थे। वो परवेज को जानता था न उसके खाविंद को। गुफ्तुगू के दौरान में सिर्फ़ उसको इस कदर मालूम हुआ कि परवेज का खाविंद जमील का पड़ोसी है और एक्सपोर्ट-इम्पोर्ट का काम करता है। अलबत्ता उसने ये जरूर महसूस किया कि परवेज गुफ्तगू के आगाज से गुफ्तगू के इख्तिताम तक उसको ऐसी नजरों से देखती थी जिनमें जिंसी बुलावा था। अनवर को हैरत थी कि एक ठंडी मूली में ये बुलावा कैसे हो सकता है।

वो उठ कर जाने लगी तो उसने गोद से अपने नन्हे कुत्ते को उतारा और उससे कहा, "चलो, टीनी चलें।" फिर मिसेज जमील से जेगर वूल के बारे में कुछ पूछ कर अपने सुर्ख होंठों पर छिदरी सी मुस्कुराहट पैदा करके अनवर की तरफ हाथ बढ़ा कर उसने कहा, "मेरे हज्बेंड से मिल कर आपको बहुत खुशी होगी।"

एक बार फिर अनवर ने फ्रिजडीटर में अपना हाथ धोया और सोचा, "मुझे इसके हज्बेंड से मिल कर क्या खुशी होगी। जब कि ये खुद उससे नाखुश है... उसने कहा था कि वो मेरा बिलकुल ख़याल नहीं रखते।"

देर तक वो जमील और उसकी बीवी से बातें करता रहा कि शायद उनमें से कोई परवेज के मुतअ'ल्लिक बात करेगा और उसको उस औरत के बारे में कुछ मा'लूमात हासिल होंगी जिसको उस ने ठंडी मूली समझा था, मगर कोई ऐसी बात न हुई, जो परवेज की शख्सियत पर रोशनी डालती। जेगर वूल का जिक्र आया तो मिसेज जमील ने सिर्फ़ इतना कहा, "परी का टेस्ट रंगों के बारे में बहुत अच्छा है।"

"परवेज... परी।" अनवर ने सोचा, "कितनी गलत तखफीफ है ये खस्ता सी रीढ़ की हड्डी वाली औरत जिसका रंग उकता देने वाली हद तक सफेद है... उसको परी कहा जाये, क्या ये कोह-ए-काफ की तौहीन नहीं?"

जब परवेज के मुतअ'ल्लिक और कोई बात न हुई तो अनवर ने जमील से रुखसत चाही, "अच्छा भाई मैं चलता हूँ।" फिर वो मिसेज जमील से मुखातिब हुआ, "भाभी, आपकी परी बड़ी दिलचस्प चीज है।"

मिसेज जमील मुस्कुराई, "क्यों?"

अनवर ने यूँही कह दिया था। मिसेज जमील ने क्यों कहा तो उसको कोई जवाब न सूझा। थोड़े से तवक्कुफ के बाद वो मुस्कुराया, "क्या आपके नजदीक वो दिलचस्प नहीं? कौन हैं ये मोहतरमा?"

मिसेज जमील ने कोई जवाब न दिया। जमील ने उसकी तरफ देखा तो उसने नजरें झुका लीं। जमील मुस्कुरा कर उठा और अनवर के कांधे को दबा कर उसने गटक कर कहा, "चलो तुम्हें बताता हूँ कौन हैं ये मोहतरमा... बड़ी वाजिब-ए-ता'जीम हस्ती हैं।"

"आपको तो बस कोई मौका मिलना चाहिए।" मिसेज जमील के लहजे में झुँझलाहट थी।

जमील हँसा, "क्या मैं गलत कहता हूँ कि परी वाजिब-ए-ता'जीम हस्ती नहीं?"

"मैं नहीं जानती।" ये कह कर मिसेज जमील उठी और अंदर कमरे में चली गई। जमील ने फिर अनवर का कंधा दबाया और उससे मुस्कुराते हुए कहा, "बैठ जाओ... तुम्हारी भाभी ने हमें परी के मुतअ'ल्लिक बातें करने का मौका दे दिया है।"

अनवर बैठ गया। जमील ने सिगरेट सुलगाया और उससे पूछा, "तुम्हें परी में क्या दिलचस्पी नजर आई?"

अनवर ने कुछ देर अपने दिमाग को कुरेदा, "दिलचस्पी? मैं कुछ नहीं कह सकता, मेरा ख़याल है उस का गैर दिलचस्प होना ही शायद दिलचस्पी का बाइ'स है।"

जमील ने चुटकी बजा कर सिगरेट की राख झाड़ी, "लफ्जों का उलट फेर नहीं चलेगा... साफ साफ बताओ, तुम्हें उसमें क्या दिलचस्पी नजर आई?"

अनवर को ये जिरह पसंद न आई, "मुझे जो कुछ कहना था, मैंने कह दिया है।"

जमील हँसा, फिर एक दम संजीदा हो कर उसने सामने कमरे की तरफ देखा और दबी जबान में कहा, "बड़ी खतरनाक औरत है अनवर।"

अनवर ने हैरत से पूछा, "क्या मतलब?"

"मतलब ये कि मोहतरमा दो आदमियों का खून करा चुकी हैं।"

अनवर की आँखों के सामने मअ'न परवेज का सफेद रंग आ गया। मुस्कुरा कर कहने लगा, "इसके बावजूद लहू की एक छींट भी नहीं इसमें?"

लेकिन फौरन ही उसको मुआ'मले की संगीनी का ख़याल आया तो उसने संजीदा हो कर जमील से पूछा, "क्या कहा तुमने? दो आदमियों का खून?"

अनवर ने चुटकी बजा कर सिगरेट की राख झाड़ी, "जी हाँ... एक कैप्टन था। दूसरा सर बहाउद्दीन का लड़का।"

"कौन सर बहाउद्दीन?"

"अमां वही... जो एग्रीकल्चरल डिपार्टमेंट में खुदा मालूम क्या थे?"

अनवर को कुछ पता न चला। बहाउद्दीन को छोड़कर उसने जमील से पूछा, "कैसे खून हुआ उन दोनों का?"

"जैसे हुआ करता है। कॉलेज में कैप्टन साहिब से परी का याराना था। शादी करके जब वो बंबई गई तो वहाँ सर बहाउद्दीन के लड़के से राह-ओ-रस्म पैदा हो गई। इत्तफाक से ट्रेनिंग के सिलसिले में कप्तान साहिब वहाँ पहुंचे। पुराने तअ'ल्लुकात कायम करना चाहे तो सर बहाउद्दीन के लड़के आड़े आए। एक पार्टी में दोनों की चख हुई। दूसरे रोज कप्तान साहब ने पिस्तौल दाग दिया। रकीब वहीं ढेर हो गए। परी को बहुत अफसोस हुआ।

सर बहाउद्दीन के लड़के की मौत के गम में उसने कई दिन सोग में काटे। जब कप्तान साहब को फाँसी हुई तो लोग कहते हैं, उसकी आँखों ने हजारहा आँसू बहाए... इसके बाद एक नौजवान पारसी उसके दाम-ए-मोहब्बत में गिरफ्तार हो गया। वस्ल की रात जब उसे पता चला कि उसकी महबूबा शादीशुदा है तो उसने अपने बाप की डिस्पेंसरी से जहर लेकर रखा लिया"

अनवर ने कहा, "ये तो तीन खून हुए।"

जमील मुस्कराया, "नौजवान पारसी खुशकस्मित था, उसके बाप ने उसे मौत के मुँह से बचा लिया।"

"बड़ी अ'जीब-ओ-गरीब औरत है।" ये कह कर अनवर सोचने लगा कि परवेज जिसमें कशिश नाम को भी नहीं कैसे इन हंगामों का बाइ'स हुई। कप्तान ने उसमें क्या देखा। सर बहाउद्दीन के लड़के को इस में क्या चीज नजर आई? और उस नौजवान पारसी ने इस ढीली ढाली औरत में क्या दिलकशी देखी?

अनवर ने परवेज को तसव्वुर में नंगा करके देखा। ढीली ढाली हड्डियों का एक ढाँचा जिस पर सफेद सफेद गोश्त मंढा हुआ था। खून के बगैर कूल्हे दुबले-पतले लड़के के कूल्हों जैसे थे। रीढ़ की हड्डी में कोई दम नहीं था। ऐसा मालूम था कि अगर उसके सर पर हाथ रख कर किसी ने दबाया तो वो दो नीम हो जाएगी। बाल कटे हुए थे जो हाईड्रोजन पराक्साइड के इस्तेमाल से अपना कुदरती रंग खो चुके थे... क्या था उसके सरापा में? एक फकत उसकी आँखें कुछ गनीमत थीं।

अनवर ने सोचा, "सिर्फ़ आँखें कौन चाटता फिरता है, कोई बात होनी चाहिए... लेकिन हैरत है कि इस ठंडी मूली ने इतने बड़े हंगामे पैदा किए। मुझसे तो जब इसने हाथ मिलाया था तो मैंने ख़याल किया था कि मुझे बदबूदार डकारें आनी शुरू हो जाएँगी... कुछ समझ में नहीं आता, लेकिन कुछ न कुछ है जरूर इस परी में।"

जमील ने उसे बताया कि रावलपिंडी में परवेज के कॉलेज के रोमांस मशहूर हैं। उस जमाने में इसके बयक वक़्त तीन-तीन, चार-चार लड़कों से रुमान चलते थे। छः लड़के इसी के बाइ'स कॉलेज बदर हुए। एक को बीमार होकर सेनेटोरियम में दाखिल होना पड़ा।

अनवर की हैरत बढ़ गई। उसने जमील से पूछा, "कौन है इसका खाविंद? और खुद किसकी लड़की है?"

जमील ने जवाब दिया, "बहुत बड़े बाप की... किसी जमाने में अहमदाबाद हाईकोर्ट के चीफ जस्टिस थे, आज-कल रिटायर्ड हैं... खाविंद इसका हिंदू है।"

"हिंदू?"

"नहीं, अब ईसाई हो चुका है?"

"क्या करता है?"

"मेरा ख़याल है शुरू में इसका जिक्र आया था कि एक्सपोर्ट-इम्पोर्ट का काम करता है।"

अनवर को याद आगया, "हाँ, हाँ कुछ ऐसी बात हुई थी... शायद भाबी जान ने बताया था?"

जमील और अनवर थोड़ी देर खामोश रहे। जमील ने सिगरेट सुलगाया और इधर उधर देख कर कि उसकी बीवी न सुन रही हो। अनवर का कांधा दबा कर सरगोशी में कहा, "तुम परी से जरूर मिलो... देखना क्या होता है?"

अनवर ने खुद से पूछा मगर जमील से कहा, "क्या होगा?"

जमील के होंठों में एक शरीर सी मुस्कुराहट पैदा हुई, "वही होगा, जो मंजूर-ए-खुदा होगा।" फिर उस ने आवाज दबा कर कहा, "कल शाम चाय वहीं पियेंगे। उसका खाविंद रात को आता है।"

प्रोग्राम तय हो गया। परवेज के मुतअ'ल्लिक इतनी बातें सुन कर उसके दिमाग में खुदबुद सी हो रही है। वो बार बार सोचता था, "मुलाकात पर क्या होगा... कोई गैरमामूली चीज वकूअ पजीर होगी... हो सकता है जमील ने मजाक किया हो... हो सकता है, जमील ने जो कुछ भी उसके बारे में कहा सर-ता-पा गलत हो। लेकिन फिर उसे ख़याल आता, जमील को ख्वाह मख्वाह झूठ बोलने की क्या जरूरत थी।"

दूसरे रोज शाम को जमील और वो दोनों परी के हाँ आ गए। वो गुस्लखाने में नहा रही थी। नौकर ने उनको बड़े कमरे में बिठा दिया। अनवर वोग की वर्क गरदानी करने लगा। दफअ'तन जमील उठा, "मैं सिगरेट भूल आया... अभी आता हूँ।" ये कह कर वह चला गया।

अनवर 'वोग' में छपी हुई एक तस्वीर देख रहा था कि उसे कमरे में किसी और की मौजूदगी का एहसास हुआ। नजरें उठा कर उसने देखा तो परवेज थी। अनवर सिटपिटा गया। उसने सफेद पाजामा पहना हुआ था जो जा बजा गीला था। मलमल का कुर्ता उसके

पानी से तर बदन के साथ चिपका हुआ था। मुस्कुरा कर उसने अनवर से कहा, "आप बड़े इन्हिमाक से तस्वीरें देख रहे थे।"

पर्चा छोड़कर अनवर उठा। उसने कुछ कहना चाहा, मगर परवेज उसके पास आ गई। पर्चा उठा कर उस ने एक हाथ से अपने कटे हुए बालों को एक तरफ किया और मुस्कुरा कर कहा, "मुझे मालूम है कि आप आए हैं तो मैं ऐसे ही चली आई।" ये कह कर उसने अपने मलमल के गीले कुरते को देखा। जिसमें दो काले धब्बे साफ दिखाई दे रहे थे। फिर उसने अनवर का हाथ पकड़ा, "चलिए, अंदर चलें।"

अनवर मिनमिनाया, "जमील... जमील भी साथ था मेरे... सिगरेट भूल आया था, लेने गया है।"

परवेज ने अनवर को खींचा, "वो आजाएगा... चलिए।"

अनवर को जाना ही पड़ा। जिस कमरे में वो दाखलि हुए उसमें कोई कुर्सी नहीं थी। दो स्प्रिंगों वाले सागवानी पलंग थे। एक ड्रेसिंग टेबल थी। उसके साथ एक स्टूल पड़ा था। परी उस स्टूल पर बैठ गई और एक पलंग की तरफ इशारा कर के अनवर से कहा, "बैठिए।"

अनवर हिचकिचाते हुए बैठ गया। उसने चाहा कि जमील आजाए क्योंकि उसे बेहद उलझन होरही थी। परवेज के गीले कुरते के साथ चिमटे हुए दो काले धब्बे उसको दो अंधी आँखें लगते थे जो उसके सीने को घूर घूर कर देख रही हैं।

अनवर ने उठ कर जाना चाहा, "मेरा ख़याल है, मैं जमील को बुला लाऊं।" मगर वो उसके साथ पलंग पर बैठ गई।

ड्रेसिंग टेबल पर रखे हुए फ्रेम की तरफ इशारा करके उसने अनवर से कहा, "ये मेरे हस्बेंड हैं...बहुत जालिम आदमी है जमील साहब।"

अनवर मिनमिनाया, "आप मजाक करती हैं।"

"जी नहीं, मेरे और इसके मिजाज में जमीन-ओ-आसमान का फर्क है। असल में शादी से पहले मुझे देख लेना चाहिए था कि वो समझता है कि नहीं... जिस चीज का मुझे शौक हो उसे बिलकुल पसंद नहीं होती। आप बताईए..." ये कहती हुई ओट लगा कर पलंग पर औंधी लेट गई, "इस तरह लेटने में क्या हर्ज है।"

अनवर एक कोने में सरक गया। उसे कोई जवाब न सूझा। उसने सिर्फ़ इतना सोचा, "इसका दरमियानी हिस्सा कितना गैर निस्वानी है।"

परवेज औंधी लेटी रही, "आपने जवाब नहीं दिया मुझे... बताईए इस तरह लेटने में क्या हर्ज है?"

अनवर का हलक सूखने लगा, "कोई हर्ज नहीं।"

"लेकिन उसको नापसंद है... खुदा मालूम क्यों?" ये कह कर परवेज ने गर्दन टेढ़ी करके अनवर की तरफ देखा। "आदमी इस तरह लेटते तो मालूम हुआ है तैर रहा है। मैं लेटूं तो ऊपर बड़ा तकिया रख लिया करती हूँ। जरा उठाईए न वो तकिया और मेरे ऊपर रख दीजिए।"

अनवर का हलक बिलकुल खुश्क हो गया। उसकी समझ में नहीं आया क्या करे। उठने लगा तो परवेज ने अपनी पतली टाँग से उसको रोका, "बैठ जाईए ना।"

"जी मैं जमील..."

वो मुस्कराई, "जमील बेवकूफ़ है, एक दिन मुझसे बातें कर रहा था। मैंने उससे कहा, अपने खाविंद के सिवा मेरा और किसी से वो तअ'ल्लुक नहीं रहा जो एक मर्द और औरत में होता है तो वो हँसने लगा, मुझे तो वैसे भी उसके तअ'ल्लुक से नफरत है... जरा तकिया उठा कर रख दीजिए न मेरे ऊपर!"

अनवर इसी बहाने उठा। तकिया दूसरे कोने में पड़ा था। उसे उठाया और परवेज के दरमियानी हिस्सा पर जोकि बहुत ही गैर निस्वानी था रख दिया।

परवेज मुस्कराई, "शुक्रिया, बैठिए अब बातें करें।"

"जी नहीं... आप तकिए से बातें करें, मैं चला।" ये कह कर अनवर पसीना पोंछता बाहर निकल गया।

❑

क़ब्ज़

नए लिखे हुए मुकालमे का कागज मेरे हाथ में था। ऐक्टर और डायरेक्टर कैमरे के पास सामने खड़े थे। शूटिंग में अभी कुछ देर थी। इस लिए कि स्टूडियो के साथ वाला साबुन का कारखाना चल रहा था। हर रोज इस कारखाने के शोर की बदौलत हमारे सेठ साहब का काफी नुकसान होता था। क्योंकि शूटिंग के दौरान में जब इका ईकी उस कारखाने की कोई मशीन चलना शुरू हो जाती। तो कई कई हजार फुट फिल्म का टुकड़ा बेकार हो जाता और हमें नए सिरे से कई सीनों की दुबारा शूटिंग करना पड़ती।

डायरेक्टर साहब हीरो और हीरोइन के दरमियान कैमरे के पास खड़े सिगरेट पी रहे थे और मैं सुस्ताने की खातिर कुर्सी पर टाँगों समेत बैठा था। वो यूँ कि मेरी दोनों टाँगें कुर्सी की नशिस्त पर थीं और मेरा बोझ नशिस्त की बजाय उन पर था। मेरी इस आदत पर बहुत लोगों को एतराज है मगर ये वाकिया है कि मुझे असली आराम सिर्फ़ इसी तरीके पर बैठने से मिलता है।

नेना जिस की दोनों आँखें भैंगी थीं डायरेक्टर साहब के पास आया और कहने लगा। “साहब, वो बोलता है कि थोड़ा काम बाकी रह गया है फिर शोर बंद हो जाएगा।”

ये रोजमर्रा की बात थी जिस का मतलब ये था कि अभी आध घंटे तक कारखाने में साबुन कटते और उन पर ठप्पे लगते रहेंगे। चुनांचे डायरेक्टर साहब हीरो और हीरोइन समेत स्टूडियो से बाहर चले गए। में वहीं कुर्सी पर बैठा रहा।

सकफी लैम्प की नाकाफी रोशनी में सीट पर जो चीजें पड़ीं थीं उन का दरमियानी फासला असली फासले पर कुछ ज्यादा दिखाई दे रहा था। और गेरवे रंग के थ्री प्लाईवुड के तख्ते जो दीवारों की सूरत में खड़े थे पस्तकद दिखाई देते थे। मैं इस तबदीली पर गौर कर रहा था कि पास ही से आवाज आई “अस्सलामु अलैकुम।” मैंने जवाब दिया “वाअलैकुम अस्सलाम” और मुड़ कर देखा तो मुझे एक नई सूरत नजर आई। मेरी आँखों में “तुम कौन हो?” का सवाल तैरने लगा। आदमी होशियार था, फौरन कहने लगा। “जनाब मैं आज ही आप की कंपनी में दाखिल हुआ हूँ...।

मेरा नाम अबदुर्रहमान है। खास दिल्ली शहर का रहने वाला हूँ...। आपका वतन भी तो शायद दिल्ली ही है।"

"मैंने कहा। जी नहीं... मैं पंजाब का बाशिंदा हूँ।"

अबदुर्रहमान ने जेब से ऐनक निकाली। "माफ फरमाईएगा, चूँकि डायरेक्टर साहब ने ऐनक उतार देने का हुक्म दिया था इस लिए... "

इस दौरान में उस ने ऐनक बड़ी सफाई से कानों में अटका ली और मेरी तरफ पसंदीदा निगाहों से देखना शुरू कर दिया। "वल्लाह मैं तो यही समझा था कि आप दिल्ली के हैं, यानी आप की जबान में कतअन पंजाबीयत नहीं ... माशा अल्लाह क्या मुकालमा लिखा है... कलम तोड़ दिया है वल्लाह... ये स्टोरी भी तो आप ही ने लिखी है?"

अबदुर्रहमान ने जब ये बातें कीं तो उस का कद भी मेरी नजर में थ्री प्लाईवुड के तख्तों की तरह पस्त हो गया। मैंने रूखेपन के साथ कहा। "जी नहीं।"

वो और ज़्यादा लचकीला हो गया। "अजब जमाना है साहब, जो अहलीयतों के मालिक हैं उन को कोई पूछता ही नहीं... ये बंबई शहर भी तो मेरी समझ में बिलकुल नहीं आया। अजब ऊटपटांग जबान बोलते हैं यहां के लोग, पंद्रह दिन मुझे यहाँ आए हुए हो गए हैं मगर क्या अर्ज करूं सख्त परेशान हो गया हूँ। आज आप से मुलाकात हो गई...।" इस के बाद उस ने अपने हाथ मलकर उस रोगन की मरोड़ीयाँ बनाना शुरू कर दीं जो चेहरे पर लगाते वक़्त उसके हाथों पर रह गया था।

मैंने जवाब में सिर्फ़ "जी हाँ" कर दिया और खामोश हो गया।

थोड़ी देर के बाद मैंने कागज खोला और रवारवी में लिखे हुए मुकालमों पर नजरसानी शुरू करदी। चंद गलतियाँ थीं जिन को दुरुस्त करने के लिए मैंने अपना कलम निकाला। अबदुर्रहमान अभी तक मेरे पास खड़ा था। मुझे उस के खड़े होने के अंदाज से ऐसा महसूस हुआ जैसे वो कुछ कहना चाहता है। चुनांचे मैंने पूछा। "फरमाईए।"

उस ने बड़ी लजाजत के साथ कहा। "मैं एक बात अर्ज करूं।"

"बड़े शौक से।"

"आप इस तरह टाँगें ऊपर करके न बैठा करें।"

"क्यों?"

उस ने झुक कर कहा "बात ये है कि इस तरह बैठने से क़ब्ज़ हो जाया करता है।"

"क़ब्ज़?" मेरी हैरत की कोई इंतिहा न रही। "क़ब्ज़ कैसे हो सकता है।"

ये कह कर मेरे जी में आई कि उस से कहूं "मियाँ होश की दवा लो। घास तो नहीं खा गए... मुझे इस तरह बैठते बीस बरस हो गए... आज क्या तुम्हारे कहने से मुझे

क़ब्ज़ हो जाएगा।" मगर ये सोच कर चुप हो गया कि बात बढ़ जाएगी और मुझे बेकार की मगज दर्दी करना पड़ेगी।

वो मुस्कराया। ऐनक के शीशों के पीछे उस की आँखों के आस पास का गोश्त सिकुड़ गया। "आप ने मजाक समझा है हालाँकि सही बात यही है कि टाँगें जोड़ कर पेट के साथ लगा कर बैठने से मेदे की हालत खराब हो जाती है। मैंने तो अपनी नाचीज राय पेश की है। मानें न मानें ये आपको इख़्तियार है।"

मैं अजब मुश्किल में फँस गया। उस को अब मैं क्या जवाब देता। क़ब्ज़ ... यानी क़ब्ज़ हो जाएगा। बीस बरस के दौरान में मुझे क़ब्ज़ न हुआ लेकिन आज इस मसखरे के कहने से मुझे क़ब्ज़ हो जाएगा। क़ब्ज़ खाने पीने से होता है न कि कुर्सी या कोच पर बैठने से। जिस तरह मैं कुर्सी पर बैठता हूँ इस से तो आदमी को राहत होती है। दूसरों को न सही लेकिन मुझे तो इस से आराम मिलता है और ये सच्ची बात है कि मुझे टाँगें जोड़ कर सीने के साथ लगा देने से एक खास कस्मि की फर्हत हासिल होती है। स्टूडियो में आम तौर पर शूटिंग के दौरान में खड़ा रहना पड़ता है जिस से आदमी थक जाता है। दूसरे नामालूम किस तरीके से अपनी थकन दूर करते हैं मगर मैं तो इसी तरीके से दूर करता हूँ। किसी के कहने पर मैं अपनी ये आदत कभी नहीं छोड़ सकता। ख़्वाह क़ब्ज़ के बजाय मुझे सरसाम हो जाये। ये जिद नहीं, दरअसल बात ये है कि कुर्सी पर इस तरह बैठने का अंदाज मेरी आदत नहीं बल्कि मेरे जिस्म का एक जायज मुतालिबा है।

जैसा कि मैं इस से पहले अर्ज कर चुका हूँ अक्सर लोगों को मेरे इस तरह बैठने के अंदाज पर एतराज रहा है। इस एतराज की वजह न मैंने उन लोगों से कभी पूछी है और न उन्हों ने कभी खुद बताई है। एतराज की वजह ख़्वाह कुछ भी हो मैं इस मुआमले में अच्छी तरह दलील सुनने के लिए भी तैय्यार नहीं। कोई आदमी मुझे काइल नहीं कर सकता।

जब अबदुर्रहमान ने मुझ पर नुक्ता चीनी की तो मैं भुन्ना गया और उस का यूँ शुक्रिया अदा किया जैसे कोई ये कहे। "लानत हो तुम पर।"

इस शुक्रिया की रसीद के तौर पर उस ने अपने मोटे होंठों पर मैली सी मुस्कराहट पैदा की और खामोश हो गया। इतने में डायरेक्टर हीरो और हीरोइन आगए और शूटिंग शुरू हो गई। मैंने खुदा का शुक्र अदा किया कि चलो इसी बहाने से अबदुर्रहमान के क़ब्ज़ से नजात हासिल हुई।

उस की पहली मुलाकात पर जेल की बातें मेरे दिमाग़ में आईं।

1 ये एक्स्ट्रा जो कंपनी में नया भर्ती हुआ है बहुत बड़ा चुगद है।

2 ये एक्स्ट्रा जो कंपनी में नया भर्ती हुआ है सख्त बद-तमीज है।

3 ये एक्स्ट्रा जो कंपनी ने नया भर्ती किया है प्रलय दर्जा का मग़ज-चाट है।

4 ये एक्स्ट्रा जो कंपनी में नया दाखिल हुआ है मुझे इस से बेहद नफरत पैदा हो गई है।

अगर मुझे किसी शख्स से नफरत पैदा हो जाये तो इस का मतलब ये है कि उस की जिंदगी कुछ अर्से के लिए ज़्यादा मुतहर्रिक हो जाएगी। मैं नफरत करने के मुआमले में काफी महारत रखता हूँ। आप पूछेंगे भला नफरत में महारत की क्या जरूरत है। लेकिन मैं आप से कहूँगा कि हर काम करने के लिए एक खास सलीके की जरूरत होती है और नफरत में चूँकि शिद्दत ज़्यादा है इस लिए इस के आमिल का माहिर होना अशद जरूरी है। मोहब्बत एक आम चीज है। हजरत आदम से लेकर मास्टर निसार तक सब मोहब्बत करते आए हैं मगर नफरत बहुत कम लोगों ने की है और जिन्हों ने की है इन में से अक्सर को इस का सलीका नहीं आया। नफरत मोहब्बत के मुकाबले में बहुत ज़्यादा लतीफ और शफ्फाफ है। मोहब्बत में मिठास है जो अगर ज़्यादा देर तक कायम रहे तो दिल का जायका खराब हो जाता है। मगर नफरत में एक ऐसी तुर्शी है जो दिल का कवाम दुरसत रखती है।

मैं तो इस बात का काइल हूँ कि नफरत इस तरीके से करना चाहिए कि उस में मोहब्बत करने का मजा मिले। शैतान से नफरत करने का जो सबक हमें मजहब ने सिखाया है मुझे इस से सौ फीसदी इत्तिफाक है। ये एक ऐसी नफरत है जो शैतान की शान के खिलाफ नहीं। अगर दुनिया में शैतान नाम की कोई हस्ती मौजूद है तो वो यकीनन इस नफरत से जो कि उस के चारों तरफ फैली हुई है खुश होती होगी और सच्च पूछिए तो ये आलमगीर नफरत ही शैतान की जिंदगी का सबूत है। अगर हमें इस से निहायत ही भोंडे तरीके पर नफरत करना सिखाया जाता तो दुनिया एक बहुत बड़ी हस्ती के तसव्वुर से खाली होती।

मैंने अबदुर्रहमान से नफरत करना शुरू करदी जिस का नतीजा ये हुआ, कि मेरी और उस की दोनों की जिंदगी में हरकत पैदा हो गई। स्टूडियो में और स्टूडियो के बाहर जहाँ कहीं उस से मेरी मुलाकात होती मैं उस की खैरीयत दरयाफ्त करता और उस से देर तक बातें करता रहता।

अबदुर्रहमान का कद मुतवस्सित है और बदन गठा हुआ। जब वो नेकर पहन कर आता तो उस की बे-बाल पिंडलियों का गोश्त फुटबाल के नए कौर के चमड़े की तरह चमकता है। नाक मोटी जिस की कोठी उभरी हुई है। चेहरे के खुतूत मंगोली हैं। माथा चौड़ा जिस पर गहरे जख्म का निशान है। उस को देख कर ऐसा मालूम होता है कि किसी शैतान लड़के ने अपने डिस्क की लक्कड़ी में चाकू से छोटा सा गढ़ा बना दिया है। पेट सख्त और उभरा हो। हाफिज-ए-कुरआन है। चुनांचे बात बात में आयतों के हवाले

देता है। कंपनी के दूसरे एक्स्ट्रा उस की इस आदत को पसंद नहीं करते। इस लिए कि उन्हें एहतिराम के बाइस चुप हो जाना पड़ता है।

डायरेक्टर साहब को जब मेरी जबानी मालूम हुआ कि अबदुर्रहमान साफ जबान बोलता है और गलती नहीं करता तो उन्हों ने उसे ज़रूरत से ज़्यादा इस्तिमाल करना शुरू कर दिया। एक ही फिल्म में उसे दस मुख़्तलिफ आदमियों के भेस में लाया गया। सफैद पोशाक पहना कर उसे होटल में बीरा बना कर खड़ा कर दिया गया। सर पर लंबे लंबे बाल लगा कर और चिमटा हाथ में दे कर एक जगह उस को साधू बनाया गया। चपड़ासी की जरूरत महसूस हुई तो उस के चेहरे पर गोंद से लंबी दाढ़ी चिपका दी गई। रेलवे प्लेटफार्म पर बड़ी मूंछें लगा कर उस को टिकट चौकर बना दिया गया... ये सब मेरी बदौलत हुआ, इस लिए कि मुझे उस से नफरत पैदा हो गई थी।

अबदुर्रहमान खुश था कि चंद ही दिनों में वो इतना मकबूल हो गया और मैं खुश था कि दूसरे एक्स्ट्रा इस से हसद करने लगे हैं, मैंने मौका देख कर सेठ से सिफ़ारिश की, चुनांचे तीसरे महीने उस की तनख़्वाह में दस रुपय का इजाफा भी हो गया। इस का ये नतीजा हुआ कि कंपनी के पच्चीस एक्स्ट्राओं की आँखों में वो खार बन के खटकने लगा। लुत्फ ये है कि अबदुर्रहमान को इस बात की मुतलक खबर न थी कि मेरी वजह से उस की तनख़्वाह में इजाफा हुआ है और मेरी सिफ़ारिशों के बाइस कंपनी के दूसरे डायरेक्टर उस से काम लेने लगे हैं।

फिल्म कंपनी में काम करने के इलावा मैं वहाँ के एक मुकामी हफ्तावार अखबार को भी एडिट करता हुँ। एक रोज मैंने अपना अखबार अबदुर्रहमान के हाथ में देखा। जब वो मेरे करीब आया तो मुस्करा कर उस ने पर्चे की वर्क गरदानी शुरू करदी। "मुंशी साहब... ये रिसाला आप ही... "

मैंने फौरन ही जवाब दिया। "जी हाँ।"

"माशा अल्लाह, कितना खूबसूरत पर्चा निकालते हैं आप... कल रात इत्तिफाक से ये मेरे हाथ आगया... बहुत दिलचस्प है, अब मैं हर हफ्ते खरीदा करूँगा।"

ये उस ने इस अंदाज में कहा जैसे मुझ पर बड़ा एहसान कर रहा है। मैंने उस का शुक्रिया अदा कर दिया, चुनांचे बात खत्म हो गई।

कुछ दिनों के बाद जबकि मैं स्टूडियो के बाहर नीम के पेड़ तले एक टूटी हुई कुर्सी पर बैठा अपने अखबार के लिए एक कालम लिख रहा था। अबदुर्रहमान आया और बड़े अदब के साथ एक तरफ खड़ा हो गया। मैंने उसकी तरफ देखा और पूछा "फरमाईए।"

"आप फारिग हो जाएँ तो मैं... "

"मैं फारिग हूँ... फरमाईए आपको क्या कहना है।"

इस के जवाब उस ने एक रंगीन लिफाफा को खोला और अपनी तस्वीर मेरी तरफ बढ़ा दी। तस्वीर हाथ में लेते ही जब मेरी नजर उस पर पड़ी तो मुझे बे-इख़्तियार हँसी आगई। ये हँसी चूँकि बे-इख़्तियार आई थी। इस लिए मैं उसे रोक न सका। बाद में जब मुझे इस बात का एहसास हुआ कि अबदुर्रहमान को ये नागवार मालूम हुई होगी तो मैंने कहा। "अबदुर्रहमान साहब इत्तिफाक देखिए मैं सुबह से परेशान था कि टाईटल पेच के बाद का सफा कैसे पुर होगा। दो तस्वीरों के ब्लॉक मिल गए थे। मगर एक की कमी थी... उस वक़्त भी में यही सोच रहा था कि आप ने अपना फोटो मेरी तरफ बढ़ा दिया... बहुत अच्छा फोटो है। ब्लॉक भी इस का खूब बनेगा।"

अबदुर्रहमान ने अपने मोटे होंठ अंदर की तरफ सुकेड़ लिए। "आप की बड़ी इनायत है... तू ... तो क्या ये तस्वीर छप जाएगी?"

मैंने तस्वीर को एक नजर और देखा और मुस्कुरा कर कहा। "क्यों नहीं। इस हफ्ते ही के लिए तो मैं ये कह रहा था।"

इस पर अबदुर्रहमान ने दुबारा शुक्रिया अदा किया। "पर्चे में तस्वीर के साथ एक छोटा सा नोट निकल जाये तो मैं और भी ममनून हूँगा ... जैसा आप मुनासिब ख़याल फरमाएँ ... तू ... तो ... माफ कीजिए। मैं आप के काम में मुखिल हो रहा हूँ।"

ये कह कर वो अपने हाथ आहिस्ता आहिस्ता मलता हुआ चला गया।

मैंने अब तस्वीर को गौर से देखा। आड़ी मांग निकली हुई थी, एक हाथ में बंबई की भारी भरकम डायरेक्टरी थी जिस पर छपे हुए हुरूफ बता रहे थे कि सन सोला की ये किताब फोटोग्राफर ने अपने ग्राहकों को तालीम याफता दिखाने के लिए एक या दो आने में खरीदी होगी। दूसरे हाथ में जो ऊपर को उठा हुआ था एक बहुत बड़ा पाइप था। इस पाइप की टोंटी अबदुर्रहमान ने इस अंदाज से अपने मुँह की तरफ बढ़ाई थी कि मालूम होता था चाय का पियाला पकड़े है। लबों पर चाय का घूँट पीते वक़्त जो एक खफीफ सा इर्तिआश पैदा हुआ करता है वो तस्वीर में उस के होंठों पर जमा हुआ दिखाई देता था। आँखें कैमरे की तरफ देखने के बाइस खुल गई थीं, नाक के नथुने थोड़े फूल गए थे। सीने में उभार पैदा करने की कोशिश रायगां नहीं गई थी। क्योंकि वो अच्छा खासा कार्टून बन गया था। याद रहे कि अबदुर्रहमान अंग्रेजी लिखना पढ़ना बिलकुल नहीं जानता और तंबाकू से परहेज करता है।

मैंने अपनी गिरह से दाम खर्च करके उस के फोटो का ब्लॉक बनवाया और वाअदे के मुताबिक एक तारीफी नोट के साथ पर्चे में छपवा दिया।

दूसरे रोज दस बजे के करीब मैं कंपनी के गलीज रेस्तराँ में बैठा कड़वी चाय पी रहा था कि अबदुर्रहमान ताजा पर्चा जिस में उसकी तस्वीर छपी थी। हाथ में लिए दाखिल हुआ और आदाब अर्ज करके मेरी कुर्सी के पास खड़ा हो गया। उस के होंठ अंदर की

तरफ सिमट रहे थे, आँखों के आस पास का गोश्त सिकुड़ रहा था। जिस का मतलब ये था कि वो ममनून होरहा है। बगल में पर्चा दबा कर उस ने हाथ भी मलने शुरू कर दिए। शुक्रिये के कई फिकरे उस ने दिल ही दिल में बनाए होंगे। मगर ना मौजूं समझ कर उन्हें मंसूख कर दिया होगा। जब मैंने उसे इस उधेड़बुन में देखा तो मातम पुर्सी के अंदाज में इस से कहा। "तस्वीर छप गई आप की?... नोट भी पढ़ लिया आप ने?"

"जी हाँ... आप... की बड़ी नवाजिश है।"

एक दम मेरे सीने में दर्द की टीस उठी मेरा रंग पीला पड़ गया। ये दर्द बहुत पुराना है। जिस के दौरे मुझे अक्सर पड़ते रहते हैं। मैं इस के दफीअए के लिए सैंकड़ों इलाज कर चुका हूँ। मगर ला-हासिल चाय पीते पीते ये दर्द एक दम उठा और सारे सीने में फैल गया। अबदुर्रहमान ने मेरी तरफ गौर से देखा और घबराए हुए लहजा में कहा। "आपके दुश्मनों की तबीयत नासाज मालूम होती है।"

मैं उस वक़्त ऐसे मूड में था कि दुश्मनों को भी इस मूजी मर्ज का शिकार होते न देख सकता, चुनांचे मैंने बड़े रूखेपन के साथ कहा। "कुछ नहीं, मैं बिलकुल ठीक हूँ।"

"जी नहीं, आप की तबीयत नासाज़ है...वो सख्त घबरा गया। मैं... मैं... मैं आप की क्या खिदमत कर सकता हूँ?"

"मैं बिलकुल ठीक हूँ, आप मुतलक फिक्र न करें... सीने में मामूली सा दर्द है, अभी ठीक हो जाएगा।"

"सीने में दर्द है..." ये कह कर वो थोड़ी देर के लिए सोच में पड़ गया। "सीने में दर्द है तो... तो इस का ये मतलब है कि आप को क़ब्ज़ है और क़ब्ज़... "

करीब था कि मैं भुन्ना कर उस को दो तीन गालियाँ सुना दूँ मगर मैं ने जब्त से काम लिया। "आप... हद करते हैं। आप... सीने के दर्द से क़ब्ज़ का क्या तअल्लुक?"

"जी नहीं... क़ब्ज़ हो तो एक सौ एक बीमारी पैदा हो जाती है और सीने का दर्द तो यकीनन क़ब्ज़ ही का नतीजा है...आपकी आँखों की जरदी साफ जाहिर करती है कि आपको पुराना क़ब्ज़ है और जनाब क़ब्ज़ का ये मतलब नहीं कि आप को एक दो रोज तक इजाबत न हो। जी नहीं, आप जिस को बा-फरागत इजाबत समझते हैं मुम्किन है वो क़ब्ज़ हो... सीना और पेट तो फिर बिलकुल पास पास हैं। क़ब्ज़ से तो सर में दर्द शुरू हो जाता है... मेरा ख़याल है कि आप... दरअसल आपकी कमजोरी का बाइस भी यही क़ब्ज़ है।"

अबदुर्रहमान चंद लम्हात के लिए बिलकुल खामोश हो गया। लेकिन फौरन ही उस ने अपने लहज़ा में ज़्यादा चिकनाहट पैदा करके कहा। "आप ने कई डाक्टरों का इलाज क्या होगा... एक मामूली सा इलाज मेरा भी देखिए ... खुदा के हुक्म से ये मर्ज बिलकुल दूर हो जाएगा।"

मैंने पूछा। "कौन सा मर्ज?"

अबदुर्रहमान ने जोर जोर से हाथ मले "यही... यही, क़ब्ज़!"

लाहौल वला, इस बेवकूफ से किस ने कह दिया कि मुझे क़ब्ज़ है, सिर्फ़ मेरे सीने में दर्द है जोकि बहुत पुराना है और सब डाक्टरों की मुत्तफिका राय है कि इस का बाइस आसाब की कमजोरी है। मगर यह नीम हकीम खतरा जान बराबर कहे जा रहा है कि मुझे क़ब्ज़ है, क़ब्ज़ है, क़ब्ज़ है, कहीं ऐसा न हो मैं इस के सर पर गुस्से में आकर चाय का पियाला दे मारूं। अजब नामाकूल आदमी है, अपनी तबाबत का पिटारा खोल बैठा है और किसी की सुनता ही नहीं।

गुस्से के बाइस मैं बिलकुल खामोश हो गया। इस खामोशी का अबदुर्रहमान ने फायदा उठाया और क़ब्ज़ का इलाज बताना शुरू कर दिया। खुदा मालूम इस ने क्या क्या कुछ कहा...

"बात ये है कि पेट में आप के सुद्दे पड़ गए हैं। आप को रोज इजाबत तो हो जाती है मगर ये सुद्दे बाहर नहीं निकलते। मेदे का फेअल चूँकि दुरुस्त नहीं रहा इस लिए अंतड़ियों में खुश्की पैदा हो गई है। रतूबत यानी वो लेसदार माद्दा जो फुज्ले को नीचे फिसलने में मदद देता है आपके अंदर बहुत कम रह गया है। इस लिए मेरा ख़याल है कि रफअ-ए-हाजत के वक़्त आप को ज़रूरत से ज़्यादा जोर लगाना पड़ता होगा। क़ब्ज़ खोलने के लिए आम तौर पर जो अंग्रेजी मुस्हिल दवाएँ बाजार में बिकती हैं बजाय फायदे के नुकसान पहुँचाती हैं। इस लिए कि उन से आदत पड़ जाती है और जब आदत पड़ जाये तो आप ख़याल फरमाईए कि हर रोज पाख़ाना लाने के लिए आप को तीन आने खर्च करने पड़ेंगे... यूनानी दवाएँ अव्वल तो हम लोगों के मिज़ाज के मुवाफिक होती हैं दूसरे..."

मैंने तंग आकर उस से कहा। "आप चाय पियेंगे?" और उस का जवाब सुने बगैर होटल वाले को आर्डर दिया "गुलाब, इन के लिए एक डबल चाय लाओ।"

चाय फौरन ही आगई, अबदुर्रहमान कुर्सी घसीट कर बैठा तो मैं उठ खड़ा हुआ "माफ कीजीएगा, मुझे डायरेक्टर साहब के साथ एक सीन के मुतअल्लिक बातचीत करना है... फिर कभी गुफ्तुगू होगी।"

ये सब कुछ इस कदर जल्दी में हुआ कि क़ब्ज़ की बाकी दास्तान अबदुर्रहमान की जबान पर मुंजमिद हो गई और मैं रेस्तराँ से बाहर निकल गया। दर्द शुरू होने के बाइस मेरी तबीयत खराब हो गई थी, उस की बातों ने उस की तकद्दुर में और भी इजाफा कर दिया। मेरी समझ में नहीं आता था कि वो क्यों इस बात पर मूसिर है कि मुझे क़ब्ज़ है। मेरी सेहत देख कर वो कह सकता था कि मैं मदकूक हूँ जैसा कि आम लोग मेरे

मुतअल्लिक कहते आए हैं। वो ये कह सकता था कि मुझे सिल है। मेरी अंतड़ियों में वर्म है। मेरे मेदे में रसूली है, मेरे दाँत खराब हैं। मुझे गठिया है मगर बार बार उस का इस बात पर जोर देना क्या मानी रखता था कि मुझे क़ब्ज़ हो रहा है यानी अगर मुझे वाकई क़ब्ज़ था तो इस का एहसास मुझे पहले होना चाहिए था न कि हाफिज अबदुर्रहमान को?... कुछ समझ में नहीं आता था कि वो ख्वाह-मख्वाह मुझे क़ब्ज़ का बीमार क्यों बना रहा था।

होटल से निकल कर मैं डायरेक्टर साहब के कमरे में चला गया। वो कुर्सी पर बैठे हीरो, विलेन और तीन चार एक्सटरेसों के साथ गप्पें हाँक रहे थे। आउट डोर शूटिंग चूँकि बादलों के बाइस मुल्तवी कर दी गई थी। इस लिए सब को छुट्टी थी। मुझे जब हीरो के पास बैठे तीन चार मिनट गुजर गए तो मालूम हुआ कि हाफिज अबदुर्रहमान की बातें हो रही हैं। में हमातन गोश हो गया। एक एक्स्ट्रा ने इस के खिलाफ काफी जहर उगला। दूसरे ने उस की मुख्तलिफ आदात का मुजहका उड़ाया। तीसरे ने उस के मुकालमा अदा करने की नकल उतारी। हीरो को हाफिज अबदुर्रहमान के खिलाफ ये शिकायत थी कि वो उस की बोल चाल में जबान की गलतियाँ निकालता रहता है, विलेन ने डायरेक्टर साहब से कहा। "बड़ा वाहीयात आदमी है साहब, कल एक आदमी से कह रहा था कि मेरा ऐक्टिंग बिलकुल फुजूल है। आप उस को एक बार जरा डाँट पिला दीजीए"

डायरेक्टर साहब मुस्कुरा कर कहने लगे "तुम सब को उस के खिलाफ शिकायत है मगर उसे मेरे खिलाफ एक जबरदस्त शिकायत है।"

तीन चार आदमीयों ने इकट्ठे पूछा। "वो क्या।"

डायरेक्टर साहब ने पहली मुस्कराहट को तवील बना कर कहा "वो कहता है कि मुझे दाइमी क़ब्ज़ है जिस के इलाज की तरफ मैंने कभी गौर नहीं किया। मैं उस को कई बार यकीन दिला चुका हूँ कि मुझे क़ब्ज़ वब्ज नहीं है लेकिन वो मानता ही नहीं, अभी तक इस बात पर अड़ा हुआ है कि मुझे क़ब्ज़ है। कई इलाज भी मुझे बता चुका है। मैं समझता हूँ कि वो मुझे इस तरह ममनून करना चाहता है।"

मैंने पूछा। "वो कैसे?"

"ये कहने से कि मुझे क़ब्ज़ है और फिर उस का इलाज बताने से... वो मुझे ममनून ही तो करना चाहता है वर्ना फिर इस का क्या मतलब हो सकता है? बात दरअसल ये है कि उसे सिर्फ़ इसी मर्ज का ईलाज मालूम है यानी उस के पास चंद ऐसी दवाएँ मौजूद हैं। जिन से क़ब्ज़ दूर हो सकता है। चूँकि मुझे वो खासतौर पर ममनून करना चाहता है इस लिए हरवक्त इस ताक में रहता है कि जूंही मुझे क़ब्ज़ हो वो फौरन इलाज शुरू करके मुझे ठीक करदे...आदमी दिलचस्प है।"

सारी बात मेरी समझ में आगई और मैंने जोर जोर से हँसना शुरू कर दिया। "डाय. रेक्टर साहब... आप के इलावा हाफिज साहब की नजर-ए-इनायत खाकसार पर भी है... मैंने कल उन का फोटो अपने पर्चे में छपवाया है। इस एहसान का बदला उतारने के लिए अभी अभी होटल में उन्होंने मुझे यकीन दिलाने की कोशिश की कि मुझे जबरदस्त क़ब्ज़ हो रहा है... खुदा का शुक्र है कि मैं उन के इस हमले से बच गया इस लिए कि मुझे क़ब्ज़ नहीं है।"

इस गुफ्तगू के चौथे रोज मुझे क़ब्ज़ हो गया, ये क़ब्ज़ अभी तक जारी है यानी उस को पूरे दो महीने हो गए हैं। मैं कई पेटेंट दवाएँ इस्तिमाल कर चुका हूँ। मगर अभी तक इस से नजात हासिल नहीं हुई। अब मैं सोचता हूँ कि हाफिज अबदुर्रहमान को अपनी ख़्वाहिश पूरी करने का एक मौका दे ही दूँ। क्या हर्ज है?... मुझे उस से मोहब्बत तो है नहीं।

❑

मिस्टर हमीदा

रशीद ने पहली मर्तबा उसको बस स्टैंड पर देखा, जहां वो शेड के नीचे खड़ी बस का इंतिज़ार कर रही थी। रशीद ने जब उसे देखा तो वो एक लहज़े के लिए हैरत में गुम हो गया। इससे क़ब्ल उसने कोई ऐसी लड़की नहीं देखी थी जिसके चेहरे पर मर्दों की मानिंद दाढ़ी और मूँछें हों।

पहले रशीद ने सोचा कि शायद उसकी निगाहों ने गलती की है। औरत के चेहरे पर बाल कैसे उग सकते हैं। पर जब उसने गौर से देखा तो उस लड़की ने बाकायदा शेव कर रखी थी और सुरमई गुबार उसके गालों और होंठों पर मौजूद था।

रशीद ने समझा कि शायद हिजड़ा हो, मगर नहीं, वो हिजड़ा नहीं थी। इसलिए कि उसमें हिजड़ों की सी मस्नूई निस्वानियत के कोई आसार नहीं थे। वो मुक़म्मल औरत थी, नाक नक्शा बहुत अच्छा था, कूल्हे चौड़े चकले, कमर पतली, सीना जवानी से भरपूर, बाजू सुडौल, गरजे कि उसके जिस्म का हर अ'जो अपनी जगह पर निस्वानियत का उम्दा नमूना था।

एक सिर्फ़ उसकी दाढ़ी और मूँछों ने सब कुछ गारत कर दिया था। रशीद सोचने लगा, कुदरत की ये क्या सितम ज़रीफी है कि एक अच्छी भली नौजवान खूबसूरत लड़की को बदनुमा बना दिया।

रशीद के दिमाग़ में कई ख़याल ऊपर तले आए और वो बौखला गया। वो सोचता था, "क्या उस लड़की की जिंदगी अजीरन हो के नहीं रह गई!"

"सुबह उठ कर जब उसे उस्तरा पकड़ कर शेव करना पड़ती होगी तो उसे क्या महसूस होता होगा, क्या उस वक़्त उसके जी में झुँझला कर इंतिक़ामी ख़्वाहिश पैदा न होती होगी कि वो घस-खुदे की तरह अपने गाल और होंठ छील डाले।"

"एक औरत के लिए ये कितना बड़ा अ'जाब है कि खार पुश्त की मानिंद उसके गालों पर दूसरे रोज नुकीले बाल उग आएँ।"

"अगर मर्दों के मानिंद औरतों के भी दाढ़ी मूँछ आगई तो कोई हर्ज नहीं था, पर यहाँ अजल से औरतें उन बालों से बेनियाज़ ही रही हैं।"

"जहाँ तक मैं समझता हूँ, औरतों के चेहरे पर बालों का होना कोई मा'यूब चीज नहीं, लेकिन मुसीबत तो ये है कि हम लोग ये देखने के आदी नहीं।"

"सिन्फ-ए-नाजुक, आखिर सिन्फ-ए-नाजुक है... इसमें शक नहीं, उस लड़की में निस्वानियत के तमाम जौहर मौजूद हैं, फिर ये दाढ़ी मूँछ किस लिए उग आई है? नजर बट्टू के तौर पर... उसकी कोई तशरीह-ओ-तौजीह तो होनी चाहिए, बेकार में एक खूबसूरत शय को भोंडा बना दिया, ये कहाँ की शराफत है!"

"अब ऐसी लड़की से शादी कौन करेगा जो हर रोज सुबह-सवेरे उठ कर, उस्तरा हाथ में पकड़ कर शेव कर रही हो।"

"ये लड़की मूँछें न मूँडे और उन्हें बढ़ा ले तो क्या उससे खौफ नहीं आएगा, आप बेहोश न हों, लेकिन चंद लम्हात के लिए आपके होश-ओ-हवास ज़रूर जवाब दे जाऐंगे। आप अपने होंठों पर उँगलियां फेरेंगे, जहाँ मूँछें मुँडी होंगी, मगर आपकी सिन्फ-ए-मुक़ाबिल अपनी मूँछों को ताव दे रही होगी। "

बस आ गई, वो लड़की उसमें सवार हो कर चली गई। रशीद को भी उसी बस से जाना था लेकिन वो अपने ख़्यालों में इस कदर गर्क था कि उसको बस की आमद का पता चला न उसके जाने का।

थोड़ी देर के बाद जब वो लड़की को एक नजर और देखने के लिए पलटा तो वो मौजूद नहीं थी। उस का जेहन इस कदर मुज्तरिब था कि उसने अपना काम मुल्तवी कर दिया और घर चला आया। अपने कमरे में बिस्तर पर लेट कर उसने मजीद सोच बिचार शुरू कर दी।

उसको उस लड़की पर बहुत तरस आ रहा था... बार-बार कुदरत की बेरहमी पर ला'नतें भेजता था कि उसने क्यों निस्वानियत के इतने अच्छे और खूबसूरत नमूने को खुद ही बना कर उसपर स्याही का लेप कर दिया, आखिर इसमें क्या मस्लिहत थी? अब इस शक्ल में उससे शादी कौन करेगा? कुदरत ने क्या उसके लिए कोई ऐसा मर्द पैदा कर रखा है जो उसे कबूल कर लेगा, लेकिन वो सोचता कि कुदरत इतनी दूर अंदेश नहीं हो सकती...

उसकी बहन आई, दोपहर हो चुकी थी...। उसने रशीद से कहा,"भाई जान, चलिए खाना खा लीजिए।"

रशीद ने उसकी तरफ गौर से देखा और उसको यूँ महसूस हुआ कि उसके चेहरे पर भी बाल हैं, "सलीमा। "

"जी..."

"कुछ नहीं, लेकिन नहीं ठहरो... क्या तुम्हारी मूँछें हैं?"

सलीमा झेंप गई।

"जी हाँ, बाल उगते हैं।"

रशीद ने उससे पूछा, "तो...। मेरा मतलब है, तुम्हें उलझन नहीं होती उन बालों से?"

सलीमा ने और ज़्यादा झेंप कर जवाब दिया, "होती है भाई जान!"

"तो उन्हें तुम कैसे साफ करती हो, ब्लेड से!"

"जी नहीं, एक चीज है जिसे बेबी टच कहते हैं, उसको थोड़ी देर होंठों पर घिसना पड़ता है।"

"तो बाल उड़ जाते हैं!"

"उड़ते वुड़ते खाक भी नहीं, दूसरे तीसरे रोज फिर नमूदार हो जाते हैं, बड़ी मुसीबत है। बाज' औकात तो आँखों में आँसू आ जाते हैं।"

"वो क्यों?"

सलीमा ने दर्दनाक लहज़ा में जवाब दिया, "तकलीफ होती है बहुत, जब बाल उखड़ते हैं तो छींकें आती हैं और छींकों के साथ आँखों में पानी उतर आता है। मालूम नहीं अल्लाह मियाँ मुझे किन गुनाहों की सज़ा दे रहा है।"

रशीद ने थोड़े तवक्कुफ के बाद अपनी बहन से पूछा, "तुम्हारी किसी और सहेली की भी दाढ़ी और मूँछें हैं?"

"मूँछें तो कई लड़कियों की देखी हैं, पर दाढ़ी मैंने कभी किसी औरत के चेहरे पर नहीं देखी। एक दो बाल ठोढ़ी पर देखने में आए हैं जो वो मोचने या हाथ से उखाड़ फेंकती हैं। ये आपने कैसी गुफ्तगू आज शुरू कर दी, चलिए खाना खा लीजिए।"

रशीद ने कुछ देर सोचा।

"नहीं, मैं आज खाना नहीं खाऊँगा। मेरा मे'दा ठीक नहीं है।" रशीद को यूँ महसूस होता था कि उसने बालों की पुडिंग खाई है जो हज़्म होने में ही नहीं आती, उसके सारे जिस्म पर तेज तेज नुकीले बाल यूँ रेंग रहे थे जैसे खारदार च्यूँटियाँ।

जब सलीमा चली गई तो रशीद ने फिर सोचना शुरू कर दिया, लेकिन सोचने से क्या हो सकता था। उस लड़की के चेहरे के बाल तो दूर नहीं हो सकते थे। इस अमर का रशीद को कामिल यकीन था लेकिन फिर भी वो सोचे चला जा रहा था, जैसे वो कोई बहुत बड़ा मुअ'म्मा हल कर रहा है।

रशीद को दाखिले की दरख़्वास्त देना थी, उसने बी.ए का इम्तिहान रावलपिंडी से पास किया था। अब वो चाहता था कि लाहौर में किसी कॉलेज में दाखिल हो जाये और एम.ए. की डिग्री हासिल कर के आ'ला ता'लीम के लिए इंग्लिस्तान चला जाये, जहाँ उसके वालिद प्रिवी कौंसिल में प्रैक्टिस करते थे।

उस रोज मूँछों और दाढ़ी वाली लड़की के बाइ'स न जा सका। दूसरे रोज वो बस के बजाये ताँगे में गया। उसने चूँकि बी.ए. का इम्तिहान बड़े अच्छे नंबरों पर पास किया था इसलिए उसे दाखिले में कोई दिक्कत महसूस न हुई।

वो दाढ़ी मूँछों वाली लड़की अब रशीद के दिल-ओ-दिमाग़ से करीब करीब मह्व हो चुकी थी, लेकिन एक दिन उसने उसको कॉलेज में देखा, लड़के उसका मजाक उड़ा रहे थे।

एक ने आवाजा कसा, "मिस्टर हमीदा..."

दूसरे ने कहा, "एक टिकट में दो मजे हैं...। औरत की औरत और मर्द का मर्द।"

तीसरे ने कहकहा लगाया, "अ'जाइब घर में रखना चाहिए था ऐसी शख्सियत को..."

और वो बेचारी खफीफ हो रही थी, उसकी पेशानी पसीने से तर थी।

रशीद को उस पर बहुत तरस आया, उसके जी में आई कि आगे बढ़ कर उन तमाम लड़कों का सर फोड़ दे जो उसका मजाक उड़ा रहे थे। मगर वो किसी मस्लिहत की बिना पर खामोश रहा।

जब लड़के चले गए और उस लड़की ने अपने दुपट्टे से आँखों में उमडे हुए आँसू खुश्क किए तो वो जुरअत से काम लेकर उसके पास गया और बड़े मुलायम लहज़े में उससे मुखातिब हुआ, "आप यहाँ किस क्लास में पढ़ती हैं?"

उसने तंग आकर कहा, "क्या आप भी मेरा मजाक उड़ाने आए हैं?"

रशीद ने अपना लहज़ा और मुलायम कर दिया, "जी नहीं, आप मुझे अपना दोस्त यकीन कीजिए।"

उसने, जिसका नाम हमीदा था, नफरत की निगाहों से रशीद को देखा, "मुझे किसी दोस्त की जरूरत नहीं।"

"ये आपकी ज़्यादती है... हर शख्स को दोस्त और हमदर्द की जरूरत होती है। मैं इस वक़्त मुनासिब नहीं समझता कि आपके मुज़्तरिब दिमाग को अपनी बातों से और ज़्यादा मुज़्तरिब कर दूँ, वैसे मैं आपसे फिर दरख़्वास्त करता हूँ कि आप मुझे अपना दोस्त यकीन कीजिए।"

ये कह कर रशीद चला गया।

इस के बाद मुतअ'द्दिद मर्तबा उसने हमीदा को देखा जो बी.ए. में पढ़ती थी। सारे कॉलेज में उसकी दाढ़ी मूँछों के चर्चे थे, लेकिन ऐसा मालूम होता था जैसे वो लड़कों की आवाज-बाजी की आदी हो चुकी है। मेरा ख़याल है कि अब उसने ये महसूस करना शुरू कर दिया था कि उसके चेहरे पर कोई बाल नहीं है।

वो होस्टल में रहती थी। एक दफा वो शदीद तौर पर बीमार हो गई। दस पंद्रह दिन तक बिस्तर में लेटना पड़ा। रशीद ने कई बार इरादा किया कि वो उसकी बीमार पुर्सी के लिए जाये मगर उसको ये खतरा लाहक था कि वो मुश्तइल हो जाएगी क्योंकि उसे किसी की हमदर्दी पसंद न थी।

वो चाहती थी कि उसकी कश्ती, टूटी फूटी, जैसी भी है उसे उसके सिवा और कोई खेने वाला न हो, लेकिन एक दिन मजबूर हो कर उसने चपरासी के हाथ एक रुक्का रशीद के नाम भेजा, जिसमें ये चंद अलफाज मर्कूम थे:

"रशीद साहिब!

मैं बीमार हूँ, क्या आप चंद लम्हात के लिए मेरे कमरे में तशरीफ ला सकते हैं। मम्नून-ओ-मुतशक्कुर हूँगी।

हमीदा"

रशीद ये रुक्का मिलते ही होस्टल में गया, बड़ी मुश्किलों से हमीदा का कमरा तलाश किया। अंदर दाखिल हुआ तो उसने पहले ये समझा कि कोई मर्द जिसने कई दिनों से शेव नहीं की...। कम्बल ओढ़े लेटा है, मगर उसने अपना रद्द-ए-अ'मल जाहिर न होने दिया।

चारपाई के साथ ही कुर्सी पड़ी थी, रशीद उस पर बैठ गया।

हमीदा मुस्कराई।

"मैंने आपको इसलिए तकलीफ दी है कि मुझे बुखार के बाइ'स बहुत नकाहत हो गई है और शेव नहीं कर सकी, क्या आप मेरे लिए ये जहमत बर्दाश्त कर सकेंगे?"

रशीद ने कमरे में इधर उधर देखा, शेव का सामान खिड़की की सिल पर मौजूद था।

कैंटीन से गर्म पानी ला कर उसने हमीदा के चेहरे के बाल नर्म किए, साबुन मला। अच्छी तरह झाग पैदा की और फिर पाँच मिनट के अंदर अंदर शेव बना डाली।

फिर तौलिये से उसका चेहरा खुश्क किया और शेव का सामान साफ करने के बाद वहीं रख दिया जहाँ से उसने उठाया था।

हमीदा ने अपना नहीफ हाथ गालों पर फेरा और फिर रशीद से कहा, "शुक्रिया..."

अब दोनों एक दूसरे के दोस्त हो गए।

रशीद ने एम.ए. और हमीदा ने बी.ए. पास कर लिया। रशीद को फौरन बहुत अच्छी मुलाजमत मिल गई।

अब वो एक नहीं रोजाना दो शेव बनाता था।

❑

तयक़्क़ुन[1]

उधर से मुसलमान और इधर से हिंदू अभी तक आ-जा रहे थे। कैंप के कैंप भरे पड़े थे, जिनमें तिल धरने के लिए वाक़यी कोई जगह नहीं थी लेकिन इसके बावजूद लोग उनमें ठूँसे जा रहे थे। गल्ला नाकाफ़ी है। हिफ़्ज़ानेसेहत का कोई इंतज़ाम नहीं बीमारियाँ फैल रही हैं। इसका होश किसको था। अजब अफ़रा-तफ़री और तफ़रीत (अव्यवस्था) का आलम था।

सन् 48 का आग़ाज़ था, ग़ालिबन मार्च का महीना। इधर और उधर दोनों तरफ़ रज़ाकारों (स्वयंसेवकों) के ज़रिये से 'मग़विया' (अपहृत) औरतों और बच्चों की बरआमदगी का मुस्तह्सन (शुभ) काम शुरू हो चुका था। सैकड़ों मर्द, औरतें, लड़के और लड़कियाँ इस कार-ए-खैर में हिस्सा ले रही थीं। मैं जब उनको सरगम-ए-अमल देखता तो मुझे बड़ी मसर्रत (ख़ुशी) हासिल होती। यानी ख़ुद इनसान इन्सान की बुराइयों के आसार मिटाने की कोशिश में मसरूफ़ था। जो इस्मतें लुट चुकी थीं, उनको मज़ीद लूट-खसोट से बचाना चाहता था। किसलिए?...इसलिए कि उसका दामन मज़ीद धब्बों और दाग़ों से आलूदा न हो? इसलिए कि वह जल्दी-जल्दी अपने ख़ून से लिथड़ी हुई उँगलियाँ चाट लें और हम अपने हम-जिन्सों के साथ दस्तरख़्वान पर बैठकर रोटी खाएँ? इसलिए कि वे इंसानियत का सूई-धागा लेकर, जब तक दूसरे आँखें बंद किए हैं, इस्मतों के चाक रफ़ू कर दें।

कुछ समझ में नहीं आता था...लेकिन उन रज़ाकारों की जद्दो-जहद कोशिश फिर भी क़ाबिल-ए-क़द्र मालूम होती थी।

उनको सैकड़ों दुश्वारियों का सामना करना पड़ता था। हज़ारों झमेले थे जो उन्हें उठाने पड़ते थे। क्योंकि जिन्होंने औरतें और लड़कियाँ उड़ाई थीं, सीमाबवार (अस्थिर) थे, आज इधर कल उधर, अभी इस मुहल्ले में अभी उस मुहल्ले में और फिर आस-पास के आदमी भी उनकी मदद नहीं करते थे।

अजीब-अजीब दास्तानें सुनने में आती थीं...एक अफ़सर ने मुझे बताया कि सहारनपुर में दो लड़कियों ने पाकिस्तान में अपने वालिदैन के पास जाने से इनकार कर दिया। दूसरे

---

1 विश्वास

ने बताया कि जब जालंधर में ज़बरदस्ती हमने एक लड़की को निकाला तो क़ाबिज़ के सारे ख़ानदान ने उसे यूँ अलविदा कही जैसे वह उनकी बहू है और किसी दूर-दराज़ सफ़र पर जा रही है...कई लड़कियों ने रास्ते में वालिदैन के ख़ौफ़ से ख़ुदकुशी कर ली। कुछ सदमों की ताब न लाकर पागल हो चुकी थीं, कुछ ऐसी भी थीं जिनको शराब की लत पड़ चुकी थी। उनको प्यास लगती तो पानी की बजाय शराब माँगती और गंदी-गंदी गालियाँ बकतीं।

मैं उन बरामद की हुई लड़कियों और औरतों के बारे में सोचता तो मेरे ज़ेहन में सिर्फ़ फूले हुए पेट उभरते...इन पेटों का क्या होगा? इनमें जो कुछ भरा है इसका मालिक कौन है? पाकिस्तान या हिन्दुस्तान?

और वो नौ महीनों की बारबरदारी...उसकी उजरत पाकिस्तान अदा करेगा या हिन्दुस्तान? क्या यह सब ज़ालिम फ़ितरत या बहीखाते में दर्ज होगा?...मगर क्या इसमें कोई पन्ना ख़ाली रह गया?

दर-आमदा औरतें आ रही थीं, बर-आमदा औरतें जा रही थीं।...इन्हें अगवा कब किया गया है?...अगवा तो एक बड़ा रोमांटिक कार्य है। जिसमें मर्द और औरतें दोनों शरीक होते हैं। यह तो एक ऐसी खाई है जिसको फाँदने से पहले दोनों रूहों के सारे तार झनझना उठते हैं, लेकिन यह अगवा कैसा है कि एक निहत्थी को पकड़कर कोठरी में क़ैद कर लिया।

लेकिन वह जमाना ऐसा था कि मंतिक (समझ) इस्तिदलाल (तर्क) और फ़लसफ़ा बेकार चीज़ें थीं...उन दिनों जिस तरह गर्मियों में भी दरवाज़े और खिड़कियाँ बंद करके सोते थे, उसी तरह मैंने अपने दिल-ओ-दिमाग़ की भी सब खिड़कियाँ- दरवाज़े बंद कर दिए थे। हालाँकि उन्हें खुला रखने की ज़्यादा ज़रूरत उसी वक़्त थी। लेकिन मैं क्या करता। मुझे कुछ सूझता नहीं था।

दर-आमदा (आगत) औरतें आ रही थीं, बर-आमदा (निर्गत) औरतें जा रही थीं।

यह दर-आमद और बर-आमद जारी थी...तमाम व्यापारिक खुसूसियात के साथ।

और सहाफ़ी (पत्रकार), अफ़साना-निगार और शायर अपने क़लम उठाए शिकार में मसरूफ़ थे...लेकिन अफ़सानों और नज़्मों का एक सैलाब था जो उमड़ा चला आ रहा था। क़लमों के क़दम उखड़-उखड़ जाते थे। इतने सैट थे कि सब बौखला गये थे।

'और वह चली गई, अपनी मौहूम तलाश में...'

'मैंने सोचा एक तलाश और फिर मौहूम...लेकिन पगली को क्यों इतना यक़ीन था कि उसकी बेटी पर कोई कृपाण नहीं उठा सकता। कोई तेज़ धार या छुरा उसकी गर्दन की तरफ़ नहीं बढ़ सकता। क्या वह अमर थी या उसकी ममता अमर थी...ममता तो खैर अमर होती है। फिर क्या वह अपनी ममता ढूँढ़ रही थी...क्या उसने उसे कहीं खो दिया...?'

'तीसरे फेरे पर फिर मैंने उसे देखा। अब वह बिलकुल चीथड़ों में थी, क़रीब-क़रीब नंगी, मैंने उसे कपड़े दिए। लेकिन उसने क़ुबूल न किए। मैंने उससे कहा, 'माई मैं सच कहता हूँ, तेरी लड़की पटियाला ही में क़त्ल कर दी गई थी।'

'उसने फिर उसी फ़ौलादी तयक़्क़ुन के साथ कहा, 'तू झूठ कहता है।'

मैंने उससे अपनी बात मनवाने की ख़ातिर कहा, 'नहीं, मैं सच कहता हूँ, काफ़ी रो-पीट लिया है तुमने...चलो मेरे साथ मैं तुमको पाकिस्तान ले चलूँगा।'

'उसने मेरी बात न सुनी और बड़बड़ाने लगी। बड़बड़ाते-बड़बड़ाते वह एकदम चौंकी, अब उसके लहज़े में तयक़्क़ुन फ़ौलाद से भी ज़्यादा ठोस था। 'नहीं मेरी बेटी को कोई क़त्ल नहीं कर सकता।'

'मैंने पूछा, 'क्यों?'

बुढ़िया ने हौले-हौले कहा, 'वह ख़ूबसूरत है...इतनी ख़ूबसूरत कि उसे कोई क़त्ल नहीं कर सकता...उसे तमाचा तक नहीं मार सकता।'

'मैं सोचने लगा, 'क्या वह वाक़यी इतनी ख़ूबसूरत थी...? हर माँ की आँखों में उसकी औलाद चंदे आफ़ताब-ओ-चंदे माहताब होती है...लेकिन हो सकता है कि वह लड़की वाक़यी ख़ूबसूरत हो...मगर इस तूफ़ान में कौन-सी ख़ूबसूरती है जो इनसान के खुरदरे हाथों से बची है...हो सकता है पगली उस ख़याल-ए- ख़ाम (भ्रम) को धोखा दे रही है...फ़रार के लाखों रास्ते हैं...दुःख एक ऐसा चौक है जो अपने गिर्द लाखों बल्कि करोड़ों सड़कों का जाल बुन देता है...'

'बॉर्डर के उस पार कई फेरे हुए हर बार मैंने उस पगली को देखा। अब वह हड्डियों का ढाँचा रह गयी थी। बीनाई कमज़ोर हो चुकी थी। रास्ता टटोलकर चलती थी। मगर उसकी तलाश जारी थी बड़ी शद्द-ओ-मद (गहनता) से। उसका यक़ीन उसी तरह दृढ़ था कि उसकी बेटी जिंदा है, इसलिए कि उसे कोई मार नहीं सकता।'

'...बहिन ने मुझसे कहा कि 'इस औरत से मग़ज़मारी फ़िजूल है। इसका दिमाग़ चल चुका है। बेहतर यही है कि तुम इसे पाकिस्तान ले जाओ और पागलख़ाने में दाख़िल करा दो।'

'मैंने मुनासिब न समझा कि मैं इसकी मौहूम तलाश जो उसकी ज़िंदगी का वाहिद (एकमात्र) सहारा थी, मैं उससे छीन लूँ। मैं उसे एक विस्तृत पागलख़ाने से, जिसमें वह मीलों की मुसाफ़त तय करके अपने पाँव के आबलों (छालों) की प्यास बुझा सकती थी, उठाकर एक मुख़्तसर सी चहारदीवारी में क़ैद कराना नहीं चाहता था।'

'आख़िरी बार मैंने उसे अमृतसर में देखा। उसकी बदहाली का यह आलम था कि मेरी आँखों में आँसू आ गये। मैंने फैसला कर लिया कि मैं उसे पाकिस्तान ले जाऊँगा और पागलख़ाने में दाख़िल करा दूँगा।'

'वह फ़रीद के चौक में खड़ी अपनी नीम अंधी आँखों से इधर-उधर देख रही थी। चौक में काफ़ी चहलपहल थी। मैं बहिन के साथ एक दुकान पर बैठा एक अपहृत लड़की के मुताल्लिक़ बातचीत कर रहा था जिसके मुताल्लिक़ हमें यह ख़बर मिली थी कि वह बाज़ार सहबोनियाँ में एक हिंदू बनिए के घर मौजूद है। यह गुफ़्तगू ख़त्म हुई तो मैं उठा कि उस पगली से झूठ-सच कहकर उसे पाकिस्तान जाने के लिए आमादा करूँ कि एक जोड़ा उधर से गुज़रा...औरत ने घूँघट काढ़ा हुआ था...छोटा-सा घूँघट। उसके साथ एक सिक्ख नौजवान था। बड़ा छैल-छबीला, बड़ा तंदुरुस्त और तीखे नैन-नक्श वाला...'

'जब ये दोनों उस पगली के पास से गुज़रे तो नौजवान एकदम ठिठक गया दो क़दम पीछे हटकर औरत का हाथ पकड़ लिया, कुछ इस अचानक तौर पर कि लड़की ने अपना छोटा-सा घूँघट उठाया। लड़के की धुली हुई चादर के चौखटे में मुझे एक ऐसा गुलाबी चेहरा नज़र आया, जिसका हुस्न बयान करने में मेरी ज़ुबान आजिज़ है।'

'मैं उनके बिलकुल पास था। सिक्ख नौजवान ने उस हुस्न-ओ-जमाल की देवी से उस पगली की तरफ़ इशारा करते हुए सरगोशी से कहा, 'तुम्हारी माँ।'

लड़की ने एक लहज़े के लिए पगली की तरफ़ देखा और घूँघट ओढ़ लिया और सिक्ख नौजवान का बाजू पकड़कर भिंचे हुए लहज़े में कहा, 'चलो।'

और वे दोनों सड़क से उधर ज़रा हटकर तेज़ी से आगे निकल गये...पगली चिल्लाई, 'भागभरी-भागभरी।'

'वह बहुत बेचैन थी मैंने पास जाकर पूछा, 'क्या बात है माई?'

'वह काँप रही थी, 'मैंने उसको देखा है...मैंने उसको देखा है।'

'मैंने पूछा, 'किसे?'

'उसके माथे के नीचे दो गड़ों में उसकी आँखों के बेनूर डले मुतहर्रिक (गतिमान) थे...'अपनी बेटी को...भागभरी को।'

मैंने फिर उससे कहा, 'वह मर-खप चुकी है माई।'

उसने चीखकर कहा, 'तुम झूठ कहते हो।'

'मैंने इस बार उसको पूरा यक़ीन दिलाने की ख़ातिर कहा, 'मैं ख़ुदा की कसम खाकर कहता हूँ, वह मर चुकी है।'

'यह सुनते ही वह पगली चौक में ढेर हो गई।'

❑

राजो

सन् इकतीस के शुरू होने में सिर्फ़ रात के चंद बर्फाए हुए घंटे बाक़ी थे। वह लिहाफ़ में सर्दी की शिद्दत के बायस काँप रहा था। वह पतलून और कोट समेत लेटा हुआ था, लेकिन इसके बावजूद सर्दी की लहरें उसकी हड्डियों तक पहुँच रही थीं।

वह उठ खड़ा हुआ और उसने अपने कमरे की सब्ज़ रोशनी में, जो सर्दी में इजाफ़ा कर रही थी, ज़ोर-ज़ोर से टहलना शुरू कर दिया कि उसका दौराने-ख़ून तेज़ हो जाये।

थोड़ी देर यूँ चलने-फिरने के बाद जब उसके जिस्म के अंदर थोड़ी-सी हरारत पैदा हो गई तो वह आरामकुर्सी पर बैठ गया और सिगरेट सुलगाकर अपने दिमाग़ को टटोलने लगा—उसका दिमाग़ चूँकि बिलकुल ख़ाली था, इसलिए उसकी सुनने की क्षमता बहुत तेज़ हो गई थी।

कमरे की सारी खिड़कियाँ बंद थीं, मगर वह बाहर गली में हवा की मद्धम से मद्धम गुनगुनाहट भी बड़ी आसानी से सुन रहा था।

उसी गुनगुनाहट में उसे इनसानी आवाज़ें सुनाई दी—एक दबी-दबी-सी चीख दिसंबर की आख़िरी रात की ख़ामोशी में चाबुक के औल की तरह उभरी और फिर किसी की अनुरोध भरी आवाज़ लरज़ी।

वह उठ खड़ा हुआ और उसने खिड़की की दर्ज़ (दरार) में से बाहर की तरफ़ देखा।

वही, वही लड़की, सौदागरों की नौकरानी म्युनिसिपैलिटी की लालटेन के नीचे खड़ी थी, सिर्फ़ एक सफ़ेद बनियान पहने—लालटेन की रोशनी में यूँ मालूम हो रहा था कि उसके बदन पर बर्फ की एक पतली-सी तह जम गई है।

बनियान के नीचे लड़की की बदनुमा छातियाँ नारियलों की मानिंद लटक रही थीं और वह इस अन्दाज़ में खड़ी थी, गोया अभी-अभी कुश्ती से फ़ारिग़ हुई है। लड़की को ऐसी हालत में देखकर उसके कलात्मक जज़्बात को धचका-सा लगा।

इतने में किसी मर्द की भिंची-भिंची-सी आवाज़ उसको सुनाई दी, ख़ुदा के लिए अंदर चली आओ...कोई देख लेगा तो आफ़त ही आ जायेगी।' आवाज़ सौदागर बच्चे की थी जिसे वह पहचानता था।

वहशी बिल्ली की तरह लड़की ने गुर्राकर जवाब दिया, 'मैं नहीं आऊँगी ...बस एक बार जो कह दिया कि नहीं आऊँगी।'

सौदागर बच्चे ने इल्तिजा के तौर पर लड़की से कहा, 'ख़ुदा के लिए ऊँचा न बोलो राजो, कोई सुन लेगा।'

'तो उसका नाम राजो है,' उसने मन-ही-मन में कहा।

राजो ने अपनी लंबी चुटिया को झटका देकर सौदागर बच्चे से कहा, 'सुन ले, सारी दुनिया सुन ले, ख़ुदा करे सारी दुनिया सुन ले...अगर तुम मुझे अपने कमरे के अंदर आने के लिए कहोगे तो मैं ख़ुद मुहल्ले भर को जगाकर सब कुछ कह दूँगी।'

राजो उसे नज़र आ रही थी मगर सौदागर बच्चा, जिससे वह मुख़ातिब थी उसकी नज़रों से ओझल था।

उसने एक लंबी और गहरी साँस लेकर फिर खिड़की की बड़ी दर्ज़ (दरार) से राजो को देखा और उसके बदन पर झुरझुरी-सी तारी हो गई—अगर राजो सारी की सारी नंगी होती तो शायद उसकी कलात्मक भावनाओं को ठेस न पहुँचती। राजो के जिस्म के जो हिस्से नंगे थे, उसके जिस्म के छिपे हिस्सों को स्पष्ट कर रहे थे।

राजो म्युनिसिपैलिटी की लालटेन के नीचे खड़ी थी और वह महसूस कर रहा था कि औरत के मुताल्लिक़ उसके जज़्बात अपने कपड़े उतार रहे हैं।

राजो की ग़ैर बेडौल बाँहें, जो कँधों तक नंगी थीं, नफ़रतअंगेज़ तौर पर लटक रही थीं, मर्दाना बनियान और गले में से उसकी नीम पुख़्त डबलरोटी—जैसी मोटी और नर्म छातियाँ कुछ इस अन्दाज़ से बाहर झाँक रही थीं गोया सब्ज़ी-तरकारी की टूटी हुई टोकरी में से गोश्त के टुकड़े दिखाई दे रहे हों; हद से ज़्यादा इस्तेमालशुदा घिसी हुई पतली बनियान का निचला घेरा ख़ुद-ब-ख़ुद ऊपर को उठ गया था और राजो की नाभि का गड्ढ़ा उसके खमीरे आटे—जैसे फूले हुए पेट पर यूँ दिखाई दे रहा था, जैसे किसी ने उँगली चुभो दी हो।

वह नज़ारा देखकर उसके दिमाग़ का ज़ायका ख़राब हो गया—उसने चाहा कि खिड़की से हटकर अपने बिस्तर पर लेट जाये और सब कुछ भूल-भालकर सो जाये लेकिन जाने क्यों वह दर्ज़ पर आँख जमाए खड़ा रहा।

राजो को उस हालत में देखकर उसके दिल में नफ़रत पैदा हो गई थी और शायद वह उसी नफ़रत की वजह से राजो में दिलचस्पी ले रहा था।

सबसे छोटे सौदागर बच्चे ने, जिसकी उम्र तीस बरस के लगभग होगी, एक बार फिर इल्तिजाइया लहज़े में राजो से कहा, राजो, ख़ुदा के लिए अंदर चली आओ...मैं तुमसे

वादा करता हूँ कि फिर कभी तुम्हें नहीं सताऊँगा...लो अब मान जाओ...तुम्हारी बग़ल में वकीलों का मकान है; उनमें से किसी ने देख या सुन लिया तो बड़ी बदनामी होगी।'

राजो ख़ामोश रही, फिर थोड़ी देर के बाद बोली, 'मुझे मेरे कपड़े ला दो...बस अब मैं तुम्हारे घर में नहीं रहूँगी...तंग आ गयी हूँ...मैं कल से वकीलों के यहाँ नौकरी कर लूँगी...अब अगर तुमने मुझसे कुछ और कहा तो ख़ुदा कसम, शोर मचाना शुरू कर दूँगी...चुपचाप मेरे कपड़े ला दो।'

सौदागर बच्चे ने कहा, 'लेकिन तुम रात कहाँ काटोगी?'

राजो ने जवाब दिया, 'जहन्नुम में...तुम्हें इससे क्या...जाओ, अपनी बीवी की बग़ल गरम करो, मैं कहीं-न-कहीं सो जाऊँगी। राजो की आँखों में आँसू आ गये—वह सचमुच रो रही थी।

दर्ज़ पर से आँख हटाकर वह पास पड़ी हुई कुर्सी पर बैठ गया और सोचने लगा।

राजो की आँखों में आँसू देखकर उसे अजीब क़िस्म का सदमा हुआ था; उस सदमे के साथ वह नफ़रत भी लिपटी हुई थी जो राजो को उस हालत में देखकर उसके दिल में पैदा हुई थी—मगर निहायत नर्मदिल होने के बायस वह पिघल-सा गया। राजो की खिलाड़ी आँखों में, जो शीशे के मर्तबान में चमकदार मछलियों की तरह सदा चमकती रहती थीं, आँसू देखकर उसका जी चाहा कि उन्हें थपकाकर दिलासा दे। राजो की जवानी के चार क़ीमती साल सौदागर भाइयों ने मामूली चटाई की तरह इस्तेमाल किए थे। इन बरसों में तीनों सौदागर भाइयों के नली-क़दम कुछ इस तरह हो गये थे कि उनमें से किसी को भी इस बात का ख़ौफ़ नहीं रहा था कि कोई उनके पैरों के निशान पहचान लेगा—और राजो के मुताल्लिक़ भी यही कहा जा सकता है कि न उसने अपने क़दमों के निशान देखे थे, न दूसरों के। राजो को तो बस चलते जाने की धुन थी, किसी भी तरफ़।

पर अब शायद राजो ने मुड़ के देखा था—मुड़ के राजो ने क्या देखा था जो उसकी आँखों में आँसू आ गये—वह नहीं जानता था।

बाहर सन् तीस की आख़िरी रात दम तोड़ रही थी और अंदर कमरे में उसका दिल धड़क रहा था।

क्या राजो सौदागर भाइयों के मकान के अंदर चली गई है?

क्या वह सबसे छोटे सौदागर बच्चे का कहा मान गई है?

मगर वह झगड़ी किस बात पर है?

ज़रूर उसके और सौदागर बच्चे के दरमियान, जिसका नाम महमूद है, किसी बात पर झगड़ा हुआ है—तभी तो वह दिसंबर की ख़ून जमा देनेवाली आख़िरी रात में सिर्फ़ एक बनियान और सलवार पहने घर से बाहर निकल आई है और वापस अंदर जाने का नाम तक नहीं ले रही है।

वह सोच रहा था और महसूस कर रहा था कि उसे राजो के काँपते हुए नथुने नज़र आ रहे हैं।

वह जानता था कि राजो को दुखी देखकर उसके एक नामालूम जज़्बे को तस्कीन मिली है, लेकिन उसके दिल में रहम के जज़्बात भी पैदा हुए हैं।

किसी औरत से उसने कभी हमदर्दी का इज़हार नहीं किया था; शायद इसीलिए वह राजो को दुखी देखना चाहता था कि वह उससे अपनी हमदर्दी का इज़हार कर सके।

उसे यक़ीन था कि अगर वह राजो के क़रीब होना चाहेगा तो वह जंगली घोड़ी की तरह बिदकेगी नहीं।

राजो 'ग़िलाफ' चढ़ी औरत नहीं थी; वह जैसी भी थी, दूर से नज़र आ जाती थी; उसकी भद्दी और मोटी हँसी, जो अकसर उसके मटमैले होंठों पर बच्चों के टूटे हुए घरौंदे की मानिंद नज़र आती थी, असली हँसी थी–और अब जबकि उसकी भँवरे जैसी मुतहर्रिक आँखों ने आँसू उगल दिए थे तो उनमें कोई बनावटीपन नहीं रहा था।

राजो को वह, उसका नाम जाने बिना, एक मुद्दत से जानता था–उसकी आँखों के सामने राजो के चेहरे के तमाम ख़ुतूत तब्दील हुए थे और वह ग़ैर महसूस तरीक़े से लड़की से औरत बनने की तरफ़ बढ़ी थी। यही वजह है कि वह तीन सौदागर भाइयों को हुजूम नहीं समझती थी।

उसे यह हुजूम पसंद नहीं था, इसलिए कि वह एक औरत के साथ सिर्फ़ एक मर्द मुनसलिक (जुड़े) देखने का क़ायल था–और यूँ उसे राजो के मामले में पसंदीदगी और नापसंदीदगी के दरमियान रुक जाना पड़ता था।

सन् इकतीस की पहली सुबह वह आई।

वह लिहाफ़ ओढ़े लेटा हुआ था और जाग रहा था।

उसने कमरा साफ़ किए जाने की आवाज़ सुनी तो समझा कि जमादार जल्दी आ गया है–उसने लिहाफ़ के अंदर ही से कहा, 'जमादार, गर्द मत उड़ाना।'

एक निसवानी (जनाना) आवाज़ उसको सुनाई दी, 'जी मैं...जी मैं तो...' उसने लिहाफ़ उलट दिया-राजो सामने खड़ी थी।

वह बहुत मुतहैयिर (चकित) हुआ–चंद लम्हात वह राजो को देखता रहा, फिर उसने कहा, 'तुम यहाँ कैसे आ गई हो?'

राजो ने झाड़ू अपने कँधे पर रखी और जवाब दिया, 'मैं आज सुबह ही यहाँ आयी हूँ...सौदागरों की नौकरी मैंने छोड़ दी है।'

उसकी समझ में न आया कि क्या कहे। आख़िर उसने इतना कहा, 'अच्छा किया...! अब क्या तुमने हमारे यहाँ नौकरी कर ली है?'

'जी हाँ!' राजो ने जवाब दिया।

यकायक उसने महसूस किया कि उसको राजो से सख़्त नफ़रत है और उसको बड़ी उलझन महसूस हुई—रात का तमाशा उसकी आँखों के सामने था मुझे इससे नफ़रत है, इस कदर नफ़रत कि मैं चाहता हूँ, यह मेरी नज़रों के सामने न आये...मैं नहीं चाहता कि मेरे घर में इसका किसी क़िस्म का दखल हो...

वह कुछ समझ न पा रहा था—हालाँकि बात सिर्फ़ इतनी थी कि उसकी वालिदा (माँ) बहुत रहमदिल थीं और उन्हें एक नौकरानी की ज़रूरत थी और उन्होंने राजो को नौकरी पर रख लिया था।

राजो आती—सुबह नाश्ता लेकर आती; फिर शेव का सामान लेकर आती; दोपहर का खाना पेश करती।

उसको राजो की सब बातें बहुत नागवार गुज़रती—वह नहीं चाहता था कि राजो उसके लिए वह सब करे।

एक दिन उसने तंग आकर राजो से कहा, 'देखो राजो, मुझे तुम्हारी हमदर्दियाँ पसंद नहीं...मैं अपना काम ख़ुद कर सकता हूँ...तुम मेहरबानी करके तकलीफ़ न किया करो।'

राजो ने बड़ी मतानत (शालीनता) से कहा, 'सरकार, मुझे कोई तकलीफ़ नहीं होती. ..मैं तो आपकी बाँदी हूँ।'

वह झेंप-सा गया, 'ठीक है, ठीक है...तुम नौकरानी हो, बस इस बात का ख़याल रखो।'

राजो ने तिपाई का कपड़ा ठीक करते हुए कहा, 'जी, मुझे हर चीज़ का ख़याल है...मुझे इस बात का भी ख़याल है कि आप मुझे अच्छी नज़रों से नहीं देखते।'

वह लुटपुट गया, 'मैं...मैं तुम्हें अच्छी नज़रों से नहीं देखता, यह तुमने यह तुमने कैसे जाना?'

राजो मुस्कराई, 'हुज़ूर, आप अमीर आदमी हैं...आपको हम ग़रीबों के दुख-दर्द का कोई अहसास नहीं हो सकता।'

उसको राजो से और ज़्यादा नफ़रत हो गई—वह समझने लगा कि यह लड़की, जो उसके घर में उसकी वालिदा की नर्म तबीयत की वजह से आ गई है, बहुत वाहियात है।

और राजो थी कि बड़ी बाकायदगी से घर का काम करती कि नुक्स निकालने का सवाल ही पैदा न होता।

जब उसकी शादी का सवाल उठा तो वह बहुत बेचैन हुआ। वह इतनी जल्दी शादी नहीं करना चाहता था—उसने अपने वालिदैन से साफ़ लफ़्ज़ों में कह दिया, 'मुझे यह झंझट अभी नहीं चाहिए।'

उसके वालिदैन (माता-पिता) ने बहुत ज़ोर दिया कि वह शादी कर ले, मगर वह न माना—लड़की पसंद नहीं आई थी।

एक दिन वह घर से ग़ायब हो गया-राजो भी।

दूसरे दिन मालूम हुआ कि वे मियाँ-बीवी बन चुके हैं। ❑

ख़त और उसका जवाब

मंटो भाई,

तस्लीमात! मेरा नाम आपके लिए बिलकुल नया होगा। मैं कोई बहुत बड़ी अदीबा नहीं हूँ। बस कभी-कभार अफ़साना लिख लेती हूँ और पढ़कर फाड़ फेंकती हूँ। लेकिन अच्छे अदब को समझने की कोशिश ज़रूर करती हूँ और मैं समझती हूँ कि इस कोशिश में कामयाब हूँ। मैं और अच्छे अदीबों के साथ आपके अफ़साने भी बड़ी दिलचस्पी से पढ़ती हूँ। आपसे मुझे हर बार नये विषय की उम्मीद रही और आपने दर-हक़ीक़त हर बार नया मौज़ूअ पेश किया। लेकिन जो मौज़ूअ मेरे ज़ेहन में है वह कोई अफ़साना-निगार पेश न कर सका। यहाँ तक कि सआदत हसन 'मंटो' द्वारा भी नफ़सीयात मनोविज्ञान और जिंसीयत (सेक्स) का इमाम तस्लीम किया जाता है।

हो सकता है वह मौज़ूअ आप की कहानियों के मौज़ूआत की क़तार में हो और किसी वक़्त भी आप उसे अपनी कहानी के लिए चुन लें। लेकिन फिर सोचती हूँ कि हो सकता है, सआदत हसन 'मंटो' जैसा बेरहम अफ़साना-निगार भी उस मौज़ूअ से चश्मपोशी कर जाये। इसलिए कि उस मौज़ूअ को नंगा करने से सारी क़ौम नंगी होती है और शायद 'मंटो' क़ौम को नंगा देख नहीं सकता।

आपकी अदीमुल फ़ुर्सती (व्यस्तता) के पेश-ए-नज़र मैं इस ख़त को उलझाना नहीं चाहती और साफ़ अल्फ़ाज में कह देना चाहती हूँ कि वह मौज़ूअ है, 'हमारे माहौल के मर्दों का कमउम्र लड़कों के साथ नाजायज़ ताल्लुक।' मुख़्तसर अल्फ़ाज (शब्दों) में आप कोई भी सलाह ले सकते हैं।

मेरा अभिप्राय यही था...मैं बहुत अरसे से सोच रही थी कि इस बारे में आपको ख़त लिखूँ और आख़िर जुर्रत कर ली। सिवाय 'मंटो' के और कोई इस मौज़ूअ को बेनक़ाब नहीं कर सकता। अगर मेरी क़लम में ज़ोर होता तो मैंने कभी की कहानी लिखी होती।

अस्सलाम!

आपकी बहिन (मैं यहाँ असल नाम नहीं दे रही) नुजहत शीरीं बी.ए.।

जब मुझे यह ख़त मिला तो मैं सोचने लगा कि यह लड़की कौन है? मैं कहाँ का मनोवैज्ञानिक और यौन-विशेषज्ञ हूँ कि उसने मुझसे रुजू किया।

'जब यह ख़त मिला तो इत्तिफ़ाक़ से मेरे एक दोस्त जो ज्योतिष और हस्तरेखा में शग़फ़ रखते हैं और इसके अलावा रमल और जफ़र (एस्ट्रोलॉजी) के भी तालिब इल्म हैं, मैंने उन्हें यह ख़त पढ़ने के लिए दिया और कहा वारिसी साहब! मैंने इसके बारे में जो राय क़ायम की है वह महफ़ूज़ है।'

मेरे एक और दोस्त जिनका नाम दोस्त मुहम्मद है। उनसे मैं अपनी राय बयान कर चुका था।

वारिसी साहब ने यह ख़त पढ़ा और अपने मख़सूस अन्दाज़ में मुस्करा के कहा, 'यह औरत अगर वाक़यी औरत है और शादीशुदा है...जो कि होना चाहिए तो उसके ख़ाविंद को इग्लामबाज़ी (गुदामैमुन) का शौक़ है।'

मैंने दोस्त मुहम्मद से यही कहा था। अपनी बीवी से भी। मगर वे मानते नहीं थे। मेरी बहुत-सी बातें लोग नहीं मानते। मैं पैगम्बर नहीं हूँ, कोई वली भी नहीं लेकिन अपनी इस्तिताअत के मुताबिक़ लोगों को समझने की कोशिश ज़रूर करता हूँ।

मैंने भी वही नतीजा निकाला था जो मेरे दोस्त वारिसी साहब ने निकाला... मैंने उनसे और दोस्त मुहम्मद से मशविरा किया कि मैं उस औरत के ख़त का क्या जवाब दूँ।

वारिसी साहब ने कहा, 'मंटो साहब—आप हमसे पूछते हैं? ऐसे ख़तों का जवाब देना आप ही का काम है।'

मैंने उनसे कहा, 'वारिसी साहब, मेरे लिए यह बहुत मुश्किल है। मैं कोई डॉक्टर, हकीम नहीं। मैं तो साफ़-साफ़ लफ़्ज़ों में जो कुछ मुझे कहना होगा, लिख दूँगा।'

उन्होंने कहा, 'तो लिख दो।'

'औरत ज़ात है—कैसे लिखूँ?'

'जब वह लिखती है कि मर्दों का कमउम्र लड़कों के साथ ग़ैरफ़ित्री ताल्लुक़ होता है—तो आप क्यों उसके जवाब में ऐसे ही अल्फ़ाज़ में मुनासिब जवाब नहीं देते।'

मैंने उनसे कहा, 'मुझे ऐसे मुनासिब अल्फ़ाज़ नहीं मिलते जिनमें उसका जवाब लिख सकूँ।'

और यह हक़ीक़त है कि मैं ख़ुद को आजिज़ समझ रहा था...लेकिन दोस्त मुहम्मद ने कहा, 'मंटो साहब आप तकल्लुफ़ से काम ले रहे हैं। क़लम पकड़िए और जवाबी ख़त लिख डालिए।'

मैंने कलम पकड़ा और लिखना शुरू कर दिया-

'ख़ातून-ए-मोहतरम!

मैं आपको अपनी बहिन बनाने के लिए तैयार नहीं। इसलिए कि मुझपर बहुत से फ़रायज़ आयद हो जायेंगे। आप मेरे लिए ख़ातून-ए-मोहतरम ही रहेंगी। इसलिए कि यह रिश्ता ज़्यादा उचित है।

मुझे औरतों से डर लगता है। हो सकता है कि आप किसी मर्द वेश में औरत बनी हों। लेकिन मैं आपकी बात पर एतबार करके आपको एक औरत मानता हूँ।

आपके ख़त से जो कुछ मैंने समझा है—वह मैं अर्ज़ किए देता हूँ। मैं यक़ीनन बहुत बेरहम अफ़साना-निगार (कहानीकार) हूँ—मेरे सामने लाखों मौज़ूआत (विषय) पड़े हैं और जब तक मैं ज़िंदा हूँ पड़े रहेंगे। सड़क के हर पत्थर पर एक अफ़साना अंकित होता है। लेकिन मैं क्या करूँ। अगर किसी ख़ास जीते-जागते मौज़ूअ पर लिखूँ तो मुक़दमे का ख़ौफ़ होता है।

आपको शायद मालूम हो कि मुझ पर अब तक छह मुक़दमे चल चुके हैं—इसी सिलसिले में—मेरी समझ में नहीं आता कि मैं क़ुसूरवार कैसे क़रार दिया जाता हूँ। जबकि मैंने अपनी ज़िंदगी में एक भी गाली किसी को नहीं दी। किसी की माँ-बहिन की तरफ़ बुरी नज़रों से नहीं देखा—बैर यह मेरा और क़ानून का आपस का झगड़ा है। आपको इससे क्या वास्ता।

मैं यक़ीनन बेरहम अफ़साना-निगार हूँ। (जिन मायनों में आपने 'बेरहम' इस्तेमाल किया है) आपने जिस ख़दशे (आशंका) का इज़हार किया है कि मैं शायद आपके पेश-ए-नज़र मौज़ूअ को नज़रअंदाज़ कर जाऊँ तो यह गलत है।

मैं अल्लामा इक़बाल मरहूम के इस क़ौल का क़ायल हूँ कि—

अगर रूबाही हयात अंदर खतर जी

मैंने तो अपनी सारी ज़िंदगी इस शे'र की तौलीद (जन्म) से पहले ख़तरों में गुज़ारी है और अब भी गुज़ार रहा हूँ।

जो मौज़ूअ आपके ज़ेहन में है, कोई नया नहीं है—उस पर इस्मत चुगताई अपने मशहूर अफ़साने लिहाफ़ में लिख चुकी हैं कि एक औरत के ख़ाविंद को इग्लामबाज़ी की आदत थी। उसका रद्द-ए-अमल यह हुआ कि उस औरत ने दूसरी औरतों से हम-जिन्सी (समलैंगिकता) शुरू कर दी।

जहाँ मर्दों में हम जिंसीयत है, वहाँ औरतों में भी है। मैं आपको एक ज़िंदा मिसाल पेश करता हूँ—बेगम पारा (फ़िल्म एक्ट्रेस) को तो आप जानती होंगी। उसका ताल्लुक़ परोत्तमदास गुप्ता से है।

आप लिखती हैं हमारे माहौल के मर्दों का कमउम्र लड़कों से ग़ैरफ़ित्री ताल्लुक...।

मैं आपसे अर्ज़ करूँ, जहाँ तक मैं समझता हूँ, कोई चीज़ ग़ैरफ़ित्री नहीं होती। इनसान की फ़ितरत में बुरे-से-बुरा और अच्छे-से-अच्छा फ़े'ल (कृत्य) मौजूद है। इसलिए यह

कहना नादुरुस्त है कि इनसान का फलां फ़े'ल ग़ैरफ़ित्री है—इनसान कभी फ़ितरत के ख़िलाफ़ जा ही नहीं सकता। जो उसकी फ़ितरत है, वह उसी के अंदर रहकर तमाम अच्छाइयाँ और बुराइयाँ करता है।

मुझे मालूम नहीं, आप शादीशुदा हैं या कुँवारी—लेकिन मुझे ऐसा महसूस होता है कि आपको कोई तल्ख़ तजुर्बा हुआ है, जिसकी बिना पर आपने मुझे यह ख़त लिखा।

समलैंगिकता आज से नहीं, हज़ारों साल से कायम है। लेकिन आजकल उसका रुझान क़रीब-क़रीब ग़ायब होता जा रहा है। इसकी वजह यह है कि औरतें मैदान-ए-अमल में आ गई हैं।

जब समलैंगिकता ज़ोरों पर थी तो उस वक़्त औरतें आसानी से दस्तयाब नहीं होती थीं। मर्द भटकते-भटकते बकौल आपके कमउम्र लड़कों से ग़ैरफ़ित्री ताल्लुक़ात क़ायम कर लेते थे—मगर अब यह रुझान बहुत हद तक कम हो गया है।

आप औरत हैं—इसलिए आपको मालूम नहीं कि यह कमउम्र लौंडे अब आपके रक़ीब (प्रतिपक्षी) नहीं रहे—मैं आपसे एक और बात कहूँ। जिस चीज़ की तलब हो, वही मंडी में आती है—पहले तलब छोकरों की थी, अब छोकरियों की है।

आप यक़ीनन जानती होंगी कि आजकल हव्वा की बेटियाँ ताँगे में सवार शिकार में मसरूफ़ होती हैं।

मैं आपको और बात बताऊँ—एक जमाना था (आज से बीस-बाईस बरस पहले) जब लाहौर में एक सिक्ख लड़का टेनी सिंह होता था...बड़ा खूबसूरत...उसके सामने किसी भी हसीन लड़की के नक्श मंद पड़ जाते।

उसने लाहौर में एक क़यामत बरपा कर रखी थी—उसके आशिक ने उसको एक मोटर कार ले दी ताकि उसे गवर्नमेंट कॉलेज जाने और घर तक आने में कोई तकलीफ़ न हो।

मैं अब आपको कितने क़िस्से सुनाऊँ—अमृतसर में (जहाँ का मैं रहने वाला हूँ) मेरा एक हिन्दू दोस्त हैं—अच्छी शक्ल-ओ-सूरत का था। हम दोनों बैठक में बातें कर रहे थे जो अंदर गली में थी। उसने एकाएक मुझसे चौंककर कहा, 'यार बाहर बहुत शोर हो रहा है—चलो।'

मैं कानों से ज़रा बहरा हूँ...मुझे शोर-वोर कुछ सुनाई नहीं दे रहा था। बहरहाल, मैं उसके साथ हो लिया...हम बाहर निकले तो बाज़ार की तमाम दुकानें बंद थीं। ऐसा मालूम होता था कि कांग्रेस की किसी तहरीक (आंदोलन) के बायस हड़ताल हो गई है।

चंद गुंडे हाथ में हॉकियाँ लिये फिर रहे थे...वे हमारे पास आये। एक गुंडे को मैंने पहचान लिया...बड़ा ख़तरनाक था। उसने बड़ी नर्मी से मेरे हिंदू दोस्त मनोहर से कहा, 'बाऊ जी, आप अंदर चले जायें ऐसा न हो कि आपको कोई नुक़सान पहुँच जाये।'

मनोहर और मैं वापस घर चले आये। मैंने उससे पूछा कि, 'यह क़िस्सा क्या है' तो उसने मुझे बताया कि दो आदमी उससे इश्क़ करते हैं—बड़ा स्पष्टवादी था—एक पड़गू के मुहल्ले का था, दूसरा फ़रीद के चौक का—मनोहर पड़गू से राज़ी था। इसलिए उन दोनों में लड़ाई हुई और नौबत यहाँ तक पहुँची कि शाम तक ग्यारह आदमी जख़्मी होकर अस्पताल में थे और मनोहर बिलकुल ठीक-ठाक था। अब मुझे आपसे यह कहना है—बल्कि पूछना है कि आपने मर्दों का कमउम्र लड़कों से ग़ैरफ़ित्री ताल्लुक़ कैसे जाना?

जैसा कि मैंने और मेरे दोस्त वारिसी साहब ने सोचा है उसकी वजह सिर्फ़ यही हो सकती है कि आपका शौहर ऐसा शग़ल करता होगा—आप मुझे उसके बारे में ज़रूर लिखिएगा। मैं यह भी नहीं जानता कि आप शादीशुदा हैं—हो सकता है, कोई और बात हो। देखिए, मैं आपसे एक बात अर्ज़ करूँ—क़रीब-क़रीब हर लड़का अपनी जवानी के दिनों में ऐसी हरकतें करता है—हो सकता है आपने अपने लड़के के बारे में ही लिखा हो—उसे सचेत कर देना काफ़ी है—या उसकी शादी कर देनी चाहिए। क्योंकि हर आदत पककर तबीयत बन जाती है—और यह एक ख़ौफ़नाक चीज़ है।

जिन्स (सेक्स) का अहसास सिर्फ़ बालिग आदमियों में ही नहीं, छोटे-छोटे बच्चों में भी होता है—मैं उसके बारे में कुछ ज़्यादा नहीं कह सकता इसलिए कि उर्दू ज़ुबान इसकी इजाज़त नहीं देती।

आपने जो मुझे चैलेंज दिया है, क़ुबूल है-मैं अरसे से सोच रहा था कि जो मौज़ूअ आपने बताया है, उस पर कोई अफ़साना लिखूँ। अब यक़ीनन लिखूँगा। चाहे एक मुक़दमा और चल जाये।

आप मुझे अपने मुताल्लिक़ (बारे में) तफ़सील (विस्तार) से लिखिए, ताकि मैं कोई अन्दाज़ा कर सकूँ।

ख़ाकसार

सआदत हसन 'मंटो'।

❑

मिसेज़ गुल

मैंने जब उस औरत को पहली मर्तबा देखा तो मुझे ऐसा महसूस हुआ कि मैंने नींबू निचोड़नेवाला खटका देखा है। बहुत दुबली-पतली, लेकिन बला की तेज़। उसका सारा जिस्म, सिवाय आँखों के, इंतिहाई ग़ैर निस्वानी (स्त्रियोचित खूबियों से रहित) था।

उसकी आँखें बड़ी-बड़ी और सुरमई थीं, जिनमें शरारत, दग़ाबाजी, और फ़रेबकारी कूट-कूट के भरी हुई थी—मेरी और उसकी मुलाकात ऊँची सोसाइटी की एक ख़ातून (महिला) के घर में हुई, जो पचपन बरस की उम्र में एक जवाँ मर्द से शादी के मरहले (चरण) तय कर रही थीं।

इस ख़ातून से, जिसको मैं अपनी और आपकी सहूलियत की ख़ातिर मिसेज़ गुल कहूँगा, मेरे बड़े बेतकल्लुफ़ मरासिम (संबंध) थे। मुझे उनकी सारी ख़ामियों का इल्म था और उन्हें मेरी चंद ख़ामियों का। बहरहाल हम दोनों एक-दूसरे से मिलते और घंटों बातें करते रहते। मुझमें उन्हें सिर्फ़ इतनी दिलचस्पी थी कि उन्हें अफ़साने पढ़ने का शौक़ था, और मेरे लिखे हुए अफ़साने उनको ख़ास तौर पर पसंद आते थे।

मैंने जब उस औरत को, जो सिर्फ़ अपनी आँखों की वजह से औरत कहलाए जाने की हक़दार थी, मिसेज़ गुल के फ्लैट में देखा तो मुझे यह डर महसूस हुआ कि वह मेरी ज़िंदगी का सारा रस एक-दो बातों ही में निचोड़ लेगी। लेकिन थोड़े अरसे के बाद यह ख़ौफ़ दूर हो गया और मैंने उससे बातें शुरू कर दीं।

मिसेज़ गुल के मुताल्लिक़ मेरे जो ख़यालात पहले थे, सो अब भी हैं। मुझे मालूम था कि वह तीन शादियाँ करने के बाद चौथी शादी ज़रूर करेंगी। उसके बाद शायद पाँचवीं भी करें, अगर उम्र ने उनसे वफ़ा की। मगर मुझे उस औरत का, जिसका मैं ऊपर ज़िक्र कर चुका हूँ, उनसे कोई रिश्ता समझ में न आ सका।

मैं अब उस औरत का नाम भी आपको बता दूँ...मिसेज़ गुल ने उसे 'रज़िया' कहकर के पुकारा था—उसका लिबास आम नौकरानियों का—सा नहीं था, लेकिन मुझे बाद में मालूम हुआ कि मिसेज़ गुल के मुज़ारों की कोई बहू-बेटी है, जो उनकी ख़िदमत के

लिए कभी-कभार आ जाया करती है—यह ख़िदमत क्या थी, इसके मुताल्लिक़ मुझे पहले कोई इल्म नहीं था।

रज़िया की आमद से पहले मिसेज़ गुल के यहाँ बारह-तेरह बरस की एक लड़की जमीला रहती थी। उन दिनों उन्होंने एक प्रोफ़ेसर साहब से शादी कर रखी थी। यह प्रोफ़ेसर साहब जवान थे। कम-अज-कम मिसेज़ गुल से उम्र में पच्चीस बरस छोटे। वे जमीला को 'बिटिया' कहते थे और उससे बड़ा प्यार करते थे।

यह लड़की बड़ी प्यारी थी। रज़िया की तरह दुबली-पतली, मगर उसके जिस्म का कोई हिस्सा ग़ैर निस्वानी नहीं था। उसको देखकर यह मालूम होता कि यह बहुत जल्द, मालूम नहीं इतनी जल्दी क्यों, जवान औरत में तब्दील होने की तैयारियाँ कर रही है।

प्रोफ़ेसर साहब उसको अकसर अपने पास बुलाते, और हर दूसरे-तीसरे काम पर इनाम के तौर पर उसकी पेशानी चूमते और उसको शाबाशियाँ देते। मिसेज़ गुल बहुत ख़ुश होतीं, इसलिए कि यह लड़की उनकी पाली हुई थी।

मैं बीमार हो गया। दो महीने मरी (एक पहाड़ी पर्यटन स्थल) में गुज़ारकर जब वापस आया तो मालूम हुआ कि जमीला ग़ायब है। शायद वह मिसेज़ गुल की ज़मीनों पर वापस चली गई थी—लेकिन दो बरस के बाद मैंने उसे एक होटल में देखा, जहाँ वह चंद ऐशपरस्तों के साथ शराब पी रही थी।

उस वक़्त उसको देखकर मैंने महसूस किया कि उसने अपनी बलूग़त, नीम बलूग़त (अर्धवयस्कता) कहना ज़्यादा मुनासिब होगा, का ज़माना बड़ी अफ़रा-तफ़री में तय किया है, जैसे किसी मुहाज़िर (शरणार्थी) का फ़सादात के दौरान में हिन्दुस्तान से पाकिस्तान का सफ़र।

मैंने उससे कोई बात न की, इसलिए कि जिनके साथ वह बैठी थी, वे मेरी जान-पहचान के नहीं थे। न मैंने इसका ज़िक्र मिसेज़ गुल से किया, क्योंकि वह जमीला की इस हैरतनाक मुसीबत पर कोई रोशनी न डालतीं।

बात रज़िया की हो रही थी, लेकिन जमीला का ज़िक्र यों ही आ गया, शायद इसलिए कि इसके बग़ैर मिसेज़ गुल के किरदार की पृष्ठभूमि पूरी न होती।

रज़िया से जब मैंने बातें शुरू कीं तो उसका लबो-लहज़ा उसकी आँखों के मानिंद तेज़, फरेबकार और बेसबब रंज आश्ना दुश्मन था—मुझे बिलकुल कोफ़्त न हुई, इसलिए कि हर नयी चीज़ मेरे लिए दिलचस्पी का बायस होती है।

आमतौर पर मैं किसी औरत से भी, चाहे वह कमतरीन हो, बेतकल्लुफ़ नहीं होता, लेकिन रज़िया की आँखों ने मुझे मजबूर कर दिया कि मैं भी उससे चंद शरारत भरी बातें कहूँ।

ख़ुदा मालूम मैंने उससे क्या बात कही कि उसने मुझसे पूछा, 'आप कौन हैं?'

मैंने, जो कि शरारत पर तुला बैठा था, मिसेज़ गुल की मौजूदगी में कहा, 'आपका होनेवाला शौहर।'

वह एक लम्हे के लिए भन्ना गई, मगर फ़ौरन सँभलकर मुझसे मुख़ातिब हुई, 'मेरा कोई शौहर अब तक ज़िंदा नहीं रहा।'

मैंने कहा, 'कोई हर्ज़ नहीं...ख़ाकसार काफ़ी अरसे तक ज़िंदा रहने का वादा करता है, बशर्ते कि आपको कोई उज़्र न हो।'

मिसेज़ गुल ने ये चोटें पसंद कीं और एक झुर्रियोंवाला क़हक़हा बुलंद किया, 'सआदत, तुम कैसी बातें करते हो।'

मैंने जवाबन मिसेज़ गुल से कहा, 'मुझे आपकी यह ख़ादिम भा गयी है...मैं चाहता हूँ कि इसका क़ीमा बना के कोफ़्ते बनाऊँ, जिनमें काली मिर्च, धनिया और पुदीना ख़ूब रचा हो...'

मेरी बात काट दी गई। रज़िया उचककर बोली, 'जनाब, मैं ख़ुद बड़ी ततैया मिर्च हूँ...ये कोफ़्ते आपको हज़म नहीं होंगे। फ़साद मचा देंगे आपके मेदे के अंदर।'

मिसेज़ गुल ने एक और झुर्रियोंवाला क़हक़हा बुलंद किया, 'सआदत, तुम बड़े शरारती हो, लेकिन यह रज़िया भी किसी तरह तुमसे कम नहीं।'

मुझे चूँकि रज़िया की बात का जवाब देना था, इसलिए मैंने मिसेज़ गुल के उस जुमले की तरफ कोई तवज्जोह न दी और कहा, 'रज़िया, मेरा मेदा तुम–जैसी मिर्चों का बहुत देर का आदी है।'

यह सुनकर रज़िया ख़ामोश हो गयी। मालूम नहीं, क्यों उसने मुझे अपनी धोई हुई, मगर सुरमई आँखों से कुछ ऐसे देखा कि एक लम्हे के लिए मुझे यूँ महसूस हुआ कि मेरी सारी ज़िंदगी धोबनों के यहाँ चली गई है।

मालूम नहीं क्यों, लेकिन उसको पहली मर्तबा देखते ही मेरे दिल में ख़्वाहिश पैदा हुई थी कि मैं उसे, जो एक छोटा-सा कंकड़ थी, सड़कें कूटनेवाला इंजन बनकर ऐसा दबाऊँ कि वह चकनाचूर हो जाये, बल्कि उसका सफ़ूफ़ (चूर्ण) बन जाये–या मैं उसके सारे वजूद को इस तरह तोड़-मरोड़ूँ और फिर इस भौंडे तरीके पर जोड़ कि वह किसी कदर निस्वानियत (औरतपन) अख़्तियार कर ले। मगर यह ख़्वाहिश सिर्फ़ उस वक़्त पैदा होती, जब मैं उसे देखता। इसके बाद यह ग़ायब हो जाती।

इनसान की ख़्वाहिशें बिलकुल बुलबुलों की तरह होती हैं, जो मालूम नहीं क्यों पैदा होते हैं और क्यों फटकर हवा में तहलील (विलीन) हो जाते हैं।

मुझे रज़िया पर तरस भी आता था, इसलिए कि उसकी आँखों में ज्वाला दहकती रहती थी, और इसके मुकाबले में उसका जिस्म आतिश-फ़िशाँ (ज्वालामुखी) पहाड़ नहीं था–वह हड्डियों का ढाँचा थी, और उन हड्डियों को चबाने के लिए! कुत्तों के दाँतों की ज़रूरत थी।

एक दिन उससे मेरी मुलाकात मिसेज़ गुल के फ्लैट के बाहर हुई, जबकि मैं अंदर जा रहा था—वह हमारे मुहल्ले की जवान भंगन के साथ खड़ी बातें कर रही थी।

मैं जब वहाँ से गुज़रने लगा तो शरारत के तौर पर मैंने उसकी शरीर आँखों में अपनी आँखें मालूम नहीं, मेरी आँखें किस क़िस्म की हैं—डालकर बड़े आशिकाना अन्दाज़ में पूछा, 'कहो बादशाओ, क्या हो रहा है?'

भंगन की गोद में उसका पहलोठी का लड़का था। उसकी तरफ़ देखकर रज़िया ने मुझसे कहा, 'कोई चीज़ खाने के लिए माँगता है।'

मैंने उससे कहा, 'चंद बोटियाँ तुम्हारे जिस्म पर अभी तक मौजूद हैं दे दो इसे।'

मैंने पहली बार उसके धोए दीदों में दुख की अजीबो-ग़रीब क़िस्म की झलक देखी, जिसे मैं समझ न सका।

मिसेज़ गुल के यहाँ उन दिनों, जैसा कि मैं बयान कर चुका हूँ, एक नये नौजवान का आना-जाना था, इसलिए कि वह प्रोफ़ेसर साहब से तलाक ले चुकी थीं और नयी शादी के मरहले (चरण) तय कर रही थीं—ये साहब रेलवे में मुलाज़िम थे और इनका नाम शफ़ीक़ुल्लाह था। मिसेज़ गुल के बयान के मुताबिक आपको दमे की शिकायत थी, इसलिए वह हर वक़्त उनके इलाज-तीमारदारी में मसरूफ़ रहतीं। कभी उनको टिकिया देतीं, कभी इंजेक्शन लगवाने के लिए डॉक्टर के पास ले जातीं, और कभी उनके गले में दवाई लगाई जाती।

जहाँ तक मैं समझता हूँ, वे इस बीमारी में गिरफ़्तार नहीं थे। हो सकता है कि उनको कभी नज़ला-ज़ुकाम हुआ हो, या शायद खाँसी भी आई हो, लेकिन यह मिसेज़ गुल का कमाल था कि वे ग़रीब यक़ीन कर बैठे थे कि उनको दमे की बीमारी है। एक दिन मैंने उनसे कहा, 'हज़रत, आपको यह मर्ज़ तो बहुत अच्छा लगा इसलिए कि इस बात की ज़मानत है कि आप कभी मर नहीं सकते।'

यह सुनकर वे हैरान हो गये, 'आप कैसे कहते हैं कि यह मर्ज़ अच्छा है?'

मैंने जवाब दिया, 'डॉक्टरों का यह कहना है कि दमे का मरीज़ मरने का नाम ही नहीं लेता...मैं नहीं बता सकता, क्यों...आप डॉक्टरों से मशविरा कर सकते हैं।'

रज़िया मौजूद थी। उसने शरीर कनखियों से मुझे बहुत घूर के देखा। फिर उसकी निगाहें अपनी स्वामिनी मिसेज़ गुल की तरफ़ मुड़ी और उससे कुछ भी न कह सकीं।

शफ़ीक़ुल्लाह निरे-खरे चुग़द (उल्लू) बने बैठे थे। उन्होंने एक मर्तबा जख़्मी आँखों से रज़िया की तरफ़ देखा और वह कुड़क मुर्गी की तरह एक तरफ़ दुबक के बैठ गई। मैंने महसूस किया कि वह पहले से कहीं ज़्यादा दुबली हो गई है, लेकिन उसकी आँखें बड़ी मुतहर्रिक थीं। उनमें सुरमे की क़ुदरती तहरीर ज़्यादा गहरी हो गई थी।

शफ़ीक़ुल्लाह भी दिन-ब-दिन ज़र्द होते गये। उनको दमे के इलाज के लिए दवाएँ बराबर मिल रही थीं। एक दिन मैंने मिसेज़ गुल के हाथ से कैप्सूल की बोतल ली और

चुपके से एक कैप्सूल निकालकर अपने पास रख लिया। शाम को अपने जाननेवाले एक डॉक्टर को दिखाया तो उसने एक घंटे के बाद, जाँच-परख करने के बाद बतलाया कि वह दवा दमे-वमे के लिए नहीं है, बल्कि कोई नशा आवर दवा है, यानी मारफ़ीन (अफ़ीम का सत) है।

मैंने दूसरे रोज़ शफ़ीक़ुल्लाह से, उस वक़्त जबकि वह मिसेज़ गुल से वही मचल लेकर पानी के साथ निगल रहे थे, कहा, 'यह आप क्या खाते हैं?'

उन्होंने जवाब दिया, 'दमे की दवा है।'

'यह तो मारफ़ीन है।'

मिसेज़ गुल के हाथ से पानी का गिलास, जो उन्होंने शफ़ीक़ुल्लाह के हाथ से वापस ले लिया था, गिरते-गिरते बचा। झुर्रियों भरे चेहरे से गुस्से में उन्होंने मेरी तरफ़ देखकर कहा, 'क्या कह रहे हो सआदत?'

मैं उनसे मुख़ातिब न हुआ और शफ़ीक़ुल्लाह से अपना सिलसिला-ए-कलाम जारी रखते हुए मैंने कहा, 'जनाब यह मारफ़ीन है...आपको अगर इसकी आदत हो गई तो मुसीबत पड़ जायेगी।'

शफ़ीक़ुल्लाह ने बड़ी हैरत से पूछा, 'मैं आपका मतलब नहीं समझा?'

मिसेज़ गुल के तेवरों से मुझे मालूम हुआ कि वे नाराज़ हो गई हैं और मेरी यह गुफ़्तगू उन्हें पसंद नहीं। रज़िया ख़ामोश एक कोने में मिसेज़ गुल के लिए हुक्का तैयार कर रही थी, लेकिन उसके कान हमारी गुफ़्तगू के साथ चिपके हुए थे, ऐसे कान जो बड़ी नाख़ुशगवार मौसीक़ी (संगीत) को सुनने के लिए मजबूर हों।

मिसेज़ गुल ने इस दौरान बड़ी तेज़ी से चार इलायचियाँ दाँतों के नीचे एक के बाद दूसरी दबाई और उन्हें बड़ी बेरहमी से चबाते हुए मुझसे कहा, 'सआदत, तुम कभी-कभी बड़ी बेहूदा बातें किया करते हो...ये कैप्सूल मारफ़ीन के कैसे हो सकते हैं?'

मैं ख़ामोश रहा। बाद में मुझे मालूम हुआ कि मारफ़ीन का इंजेक्शन दिया जाता है। मेरे डॉक्टर दोस्त की जाँच-परख ग़लत थी। वह कोई और दवा थी, लेकिन थी नशा आवर।

मैं फिर बीमार हुआ और रावलपिंडी के अस्पताल में दाख़िल हो गया। जब सेहत में कुछ सुधार हुआ तो मैंने इधर-उधर घूमना शुरू कर दिया। एक दिन मुझे मालूम हुआ कि एक आदमी शफ़ीक़ुल्लाह की हालत बहुत नाज़ुक है। मैं उसके वार्ड में पहुँचा मगर वे, वे शफ़ीक़ुल्लाह नहीं थे, जिन्हें मैं जानता था। उसने धतूरा खाया हुआ था।

चंद रोज़ के बाद इत्तफ़ाक़न मुझे एक और वार्ड में जाना पड़ा, जहाँ मेरा एक दोस्त यरकान (पीलिया) में जकड़ा था। मैं जब उस वार्ड में दाख़िल हुआ तो मैंने देखा कि एक बिस्तर के इर्द-गिर्द कई डॉक्टर जमा हैं। क़रीब गया तो मुझे मालूम हुआ कि मर रहा मरीज शफ़ीक़ुल्लाह है।

उन्होंने मुझे अपनी बुझती हुई आँखों से देखा और बड़ी कमज़ोर आवाज़ में कहा, 'सआदत साहब, जरा मेरे पास आइए...मैं आपसे कुछ कहना चाहता हूँ।'

मैंने अपने क़रीब-क़रीब बहरे कान उनकी आवाज़ सुनने के लिए तैयार कर दिए। वे कह रहे थे 'मैं...मैं मर रहा हूँ...आपसे एक बात कहना चाहता हूँ...हर...हर एक को ख़बरदार कर दीजिए कि वह मिसेज़ गुल से बचा रहे...बड़ी ख़तरनाक औरत है...'

इसके बाद वह चंद लम्हात के लिए ख़ामोश हो गये। डॉक्टर नहीं चाहते थे कि वे कोई बात करें, लेकिन वे बोलते रहे। चुनांचे उन्होंने बड़ी मुश्किल से ये अल्फ़ाज़ अदा किए, 'रज़िया मर गई है...बेचारी रज़िया...उस ग़रीब के सुपुर्द यही काम था कि वह आहिस्ता-आहिस्ता मरे...मिसेज़....मिसेज़ गुल उससे वही काम लेती थी, जो आदमी कोयलों से लेता है, मगर वह उनकी आग से दूसरों को गर्मी पहुँचाती थी, ताकि...'

वह अपना जुमला मुकम्मल न कर सके।

❑

मौजदीन

रात की तारीकी में सेंट्रल जेल के दो वार्डन बंदूक लिये चार क़ैदियों को दरिया की तरफ़ लिये जा रहे थे, जिनके हाथ में कुदाल और बेलचे थे। पुल पर पहुँचकर उन्होंने साथ के सिपाही से डिबिया लेकर लालटेन जलाई और तेज़-तेज़ क़दम बढ़ाते दरिया के किनारे जा रहे थे।

किनारे पर पहुँचकर उन्होंने बारहदरी की बग़ल में कुदालें और बेलचे फेंके और लालटेन की मद्धिम रोशनी में इस तरह तलाश शुरू की, जैसे वे किसी दबे ख़ज़ाने की खोज में आये हैं। एक क़ैदी ने लालटेन थामे वार्डन को दारोगा जी के नाम से मुख़ातिब करते हुए कहा, 'दारोगा जी! यह जगह मुझे पसंद है। अगर हुक्म हो तो ख़ुदाई शुरू कर दें।'

'देखना ज़मीन नीचे से पथरीली न हो वरना सारी रात ख़ुदाई में गुज़र जायेगी। कमबख़्त को मरना रात ही को था,' वार्डन ने आदेशपरक और बेज़ारी के लहज़े में कहा।

क़ैदियों ने कुदालें और बेलचे उठाए और खोदना शुरू किया। वार्डन बेज़ारी के मूड में बैठे सिगरेट पी रहे थे। क़ैदी ज़मीन खोदने में दिल-ओ-जान से लगे थे। धीरे-धीरे ज़मीन पर खुदी हुई, मिट्टी का ढेर लग गया और वार्डन ने क़रीब आकर क़ब्र का मुआयना किया। ज़मीन चूँकि पथरीली नहीं थी, इसलिए वह बड़े इत्मीनान के साथ क़रीब ही एक पत्थर पर बैठा सिगरेट पीने लगा, जिसे सुलगाने के लिए उसने लालटेन मँगाई।

ख़ुदाई क़रीब-क़रीब ख़त्म हो चुकी थी। वार्डन दो क़ैदियों को लिये जेल की तरफ़ चला गया और बीस मिनट के बाद कंबल में लिपटी हुई क़ैदी की लाश लेकर वापस आया।

दूसरा वार्डन जब तक सिलें जमा करा के लाया था।

एक क़ैदी जो क़त्ल के जुर्म की पादाश में सज़ा काट रहा था। वह कुदालें और बेलचे उठाए क़ब्र के सिरहाने चंद क़दम हटकर खड़ा हो गया।

वार्डन ने बहुत ही बरहम लहज़े में उसकी तरफ़ देखकर कहा,

'ओ उल्लू के पट्ठे अपने अब्बा को क़ब्र में उतारने में उनकी मदद कर।'

क़ैदी ने दबे लहज़े में कहा, 'दरोगा जी! लालटेन पकड़ता हूँ...मैं नहीं चाहता कि उस मासूम और बेगुनाह को एक क़ातिल के हाथ छू जायें।'

वार्डन यह सुनकर गरजा, 'बेगुनाह के बच्चे जासूस को मासूम कहता है।'

कातिल ने कहा, 'दरोगा जी। मैं क़ातिल हूँ...यही अहसास मुझे उस क़ैदी की लाश छूने से रोकता है।'

'जासूस' दफ़नाया जा चुका था...क़ैदी और वार्डन जा चुके थे। सुबह आठ बजे पुलिस की मौजूदगी में डिप्टी कमिश्नर क़ब्र पर आया। जेल के अफ़सरों के बयानात लिये गये और डिप्टी कमिश्नर साहब अदालत तशरीफ़ ले गये।

पेशी की पहली मस्त जो उठाई गई, उस पर 'सरकार बनाम मौजदीन' लिखा था।

अर्दली ने अदालत के कमरे से बाहर निकलकर बुलंद आवाज़ में तीन मर्तबा पुकारा, बल्कि यूँ कहिए कि ललकारा, 'सरकार बनाम मौजदीन...मौज दी...मौजदीन है?' लेकिन यह आवाज़ बदकिस्मती से उस 'जासूस' क़ैदी की क़ब्र तक न पहुँच सकी या अगर पहुँची भी हो तो वह तामील के लिए न आया। शायद यह समझकर कि वह अब डिप्टी कमिश्नर के क़ानून की पहुँच से बहुत दूर जा चुका है। उस जगह जहाँ कोई और क़ानून चलता है। जहाँ डिप्टी कमिश्नर के समन की भी तामील नहीं हो सकती।

आरोपी चूँकि ग़ैरहाज़िर था, इसलिए डिप्टी कमिश्नर साहब बहादुर ने ग़ैरहाज़िर-मुलज़िम कार्यवाही यक-तरफा के लिए मस्त उठाई और रीडर से जुर्म की नौइयत दरियाफ़्त की।

'जासूसी,' मुंशी ने नंबर की कार्यवाही लिखते हुए कहा...

'मुलज़िम रात को सेंट्रल जेल में मौत हो चुका है। मस्त दाख़िल-ए-दफ़्तर कर दी जाये,' डिप्टी कमिश्नर ने हुक्म दिया।

'जासूस' की सेंट्रल जेल में मौत की ख़बर शहर भर में इसलिए मशहूर हो गई कि जिले के डिप्टी कमिश्नर और पुलिस के अफ़सरों ने उसकी नमाज़-ए-जनाज़ा पढ़ी। आज़ाद कश्मीर हुकूमत के नेक सीरत अफ़सरों की हर तरफ़ से दाद-ओ-तहसीन दी जा रही थी। मुझे जब इस घटना का इल्म हुआ तो मुझे एक महीना पहले की एक शाम याद आई, जबकि मैं राजधानी के एक होटल में बैठा डाकगाड़ी का इंतज़ार कर रहा था। जिसके जरिये से मेरे मरम्मतशुदा जूते रावलपिंडी से आने वाले थे। गाड़ी आने में देर हुई। मैं क़रीब-क़रीब उठने ही वाला था कि एक गहरे साँवले रंग के आदमी ने जिसकी उम्र तीस बरस के लगभग थी, मुझे अपनी तरफ आकर्षित किया।

'आप बूत टेम से बैठा किसी का इंतज़ार करता है?' उसने मुस्कुराते हुए पूछा।

'भई अजीब मुसीबत है। जूता फट जाये मुज़फ़्फ़राबाद में, तो मरम्मत के लिए रावलपिंडी भेजना पड़ता है या अगर कोई ड्राइवर मेहरबान हो तो उसी के हाथ भेज देते

हैं। आज मैं अपने मरम्मतशुदा जूतों के इंतज़ार में तीन घंटे से बैठा हूँ और कमबख़्त डाकगाड़ी भी आज ही लेट हुई है। ख़ैर कल सही।'

मैं यह कहकर उठने लगा तो उसने मुझे चंद मिनट और इंतज़ार करने के लिए कहा। मैं उस अजनबी सूरत को देखता रहा जिसकी आँखों में बेचैनी थी और जिसके होंठ कुछ कहने के लिए बेताब थे।

वह बीड़ी पर बीड़ी पिए जा रहा था और मेरे सामनेवाली कुर्सी पर बैठा बार-बार बाहर खुले में देखता था। मैं डाकगाड़ी के इंतज़ार में हर एक हॉर्न पर कान धरता, वक़्त गुज़ारने के लिए मैंने उससे पूछा, 'आप यहाँ क्या कर रहे हैं?'

'हम बैठा है,' उसने इंतहाई सादगी से जवाब दिया।

'नहीं, मेरा मतलब है यहाँ आपका क्या कारोबार है।'

'कारोबार कुछ नहीं करता कश्मीर देखने का शौक था, चला आया।'

'आप कहाँ से आये हैं?'

'लाहौर से। लेकिन मैं पूर्वी पाकिस्तान का हूँ, लाहौर में दीनयात की तालीम लेता हूँ।'

मुझे गुफ़्तगू के दौरान उसने बताया कि वह जिस संस्था में पढ़ता है, धर्मार्थ संस्था है, जहाँ के अधिकारी रसीद बुक छापकर छात्रों को चंदे की उगाही के लिए दूसरे शहरों में भेज देते हैं। वह चूँकि कम उम्र बच्चा न था। इसलिए उसको बड़ी मुश्किलों के बाद 'सफ़ीर' (प्रतिनिधि) बनकर आज़ाद कश्मीर में चंदा जमा करने की इजाज़त मिल गई। उसकी बातों में सादगी थी। महज़ कश्मीर देखने के शौक़ में उसने 'महारत' हासिल की थी। उसने यह भी बता दिया कि यतीमखानों के नाम पर 'भिखमंगों' का नाम संस्थाओं ने 'सफ़ीर' रखा है। जमाशुदा चंदा उनकी जेबों में जाता है। और 'सफ़ीर' का गुज़ारा चढ़ावे की देगों या मुहल्लेवालों की ख़ैरात पर होता है। दीनयात की तालीम मस्जिद में दी जाती है।

मुझे उसकी बातें सुनकर बहुत दुख हुआ। वाक़यी वह हमदर्दी के क़ाबिल था। उसने मुझे बताया कि वह उस शहर में नया है और किसी मस्जिद का पता भी नहीं जानता, जहाँ वह रात बसर कर सके। मैंने मस्जिद का पता दिया और उसके लिए रोटी मँगवाई। वह चूँकि भूखा था, उसने निःसंकोच बजाय रोटी के सादा चावल के लिए बैरे से कहा।

'हम लाहौर की मस्जिद में भी लोगों का दिया खाता है। इसलिए इधर भी हमने इनकार नहीं किया,' उसने इंतहाई सादगी से कहा।

वह खाना खा चुका था। मुझसे इजाज़त लेकर उसने जेब से लिखने के लिए पैंसिल और काग़ज़ निकाला और अपने घरवालों को बांगला ज़ुबान में ख़त लिखने लगा। मैं जब तक फ़रमायशी गाने सुनता रहा। ख़त लिखने के बाद उसने मुझसे माफ़ी माँगी और कहा, 'मैंने घरवालों को लिखा कि मैं आज़ाद कश्मीर आया हूँ और अब यहीं रहूँगा। अगर

पाकिस्तान ने हिन्दूस्तान के ख़िलाफ़ जिहाद शुरू किया तो मैं भी उसमें हिस्सा लूँगा और कश्मीर को आज़ाद कराऊँगा।'

मैंने जवाब में हिन्दी मक़बूज़ा कश्मीर की ख़ूबसूरती का ज़िक्र किया। कश्मीरी मुसलमानों पर भारतीय ज़ुल्म व दमन बयान किया, जिससे वह और ज़्यादा प्रभावित हुआ।

'फिर हम लाहौर वापस नहीं जायेगा। कल उनको भी ख़त लिखेगा। जिहाद शुरू होने तक इधर ही पान-बीड़ी की छाबड़ी लगाएगा,' उसने फैसलाकुन लहज़े में कहा।

इतनी देर में डाकगाड़ी आई और मैं वहीं से उठकर लॉरियों के अड्डे की तरफ़ गया और वह मेरे बताए हुए रास्ते से मस्जिद की तरफ़ गया। अपने जूते ड्राइवर से लेकर जब मैं घर की तरफ़ जा रहा था तो रास्ते में सी.आई.डी. के हेड कांस्टेबल ने मुझे आवाज़ दी जो मेरा परिचित था। मैंने रस्मी तौर पर उसकी ख़ैरियत पूछी। वह संदेह भरी नज़रों से मुझे देख रहा था।

रस्मी बातों के बाद उसने मुझे उस 'काले आदमी' के बारे में पूछा कि वह कौन है जो आपके साथ होटल में बैठा था।

मैंने मुख़्तसरन कहा, 'भई बंगाली है, आज़ाद कश्मीर देखने का शौक़ था, चला आया। नाम मौजदीन है और आज रात जामा मस्जिद में गुज़ारने के लिए गया है।'

'लेकिन वह तो होटल में बैठा कुछ अजीबो-ग़रीब ज़ुबान में ख़त लिख रहा था। मुझे उस पर कुछ शुबह भी हुआ,' हेड कांस्टेबल ने राज़दाराना लहज़े में कहा।

'वह विचित्र भाषा नहीं। उसकी मातृभाषा बांगला है। हाँ, तुम्हारे लिए अजनबी है।'

इतने में मेरा मकान क़रीब आया और मैं ख़ुदा हाफ़िज़ कहकर घर चला गया। मुझे यह मालूम न था कि सी.आई.डी. वालों को दिन की कारगुज़ारी की रिपोर्ट दूसरे रोज़ सुबह-सवेरे दफ़्तर में देनी पड़ती है और अगर रिपोर्ट न दी गई तो जवाब तलबी होती है।

हेड कांस्टेबल साहब भी दिन की कारगुज़ारी में कुछ-न-कुछ दिखाना चाहते थे। इसलिए उन्होंने घर जाकर हुकूमत के 'मुख्यालय' में एक गैर मुल्की 'जासूस' आदमी की रिपोर्ट इस तरह दी कि दूसरे रोज़ मौजदीन पान फ़रोशी के लिए चूना-कत्था ख़रीदता हुआ गिरफ़्तार किया गया। पान, चूना, कत्था वगैरह भी उसकी जासूसी की एक कड़ी बन गये और सी.आई.डी. वालों ने मज़ीद रिपोर्ट दे दी कि 'जासूस' चूँकि पान खाने का आदी है, इसलिए यह स्टॉक ख़रीदकर हमारी फ़ौजों की पिकटों की पोज़ीशन देखने पहाड़ी इलाकों में जा रहा है।

मौजदीन का चालान हुआ। डिप्टी कमिश्नर साहब बहादुर ने इल्ज़ामात की संगीनी के तहत 'जासूस' को पन्द्रह दिन के रिमांड पर पुलिस के हवाले कर दिया। जहाँ से वह स्पेशल स्टाफ़ में मुंतक़िल हुआ। पन्द्रह दिन की मीआद गुज़र जाने पर डिप्टी कमिश्नर साहब ने मज़ीद एक हफ़्ते के रिमांड पर उसको ज्यूडीशियल (सेंट्रल जेल) भेज दिया। वह

हफ़्ता भी गुज़र गया और 'जासूस' हथकड़ियाँ पहने डिप्टो कमिश्नर साहब की अदालत में पेश किया गया। जहाँ वह ज़ार-ओ-कतार रोया। गिड़गिड़ाया, मिन्नत समाजत की, लेकिन डिप्टी कमिश्नर साहब ने मज़ीद एक हफ़्ते का रिमांड देकर सेंट्रल जेल भेज दिया।

सेंट्रल जेल में उसकी आख़िरी रात थी जबकि वह एक खंभे से बँधा रो रहा था। वही क़ातिल क़ैदी जिसने उसको दफ़नाते वक़्त छूने से इनकार किया, उसके क़रीब आया और पूछा–

'जासूस! तुम हर रोज़ क्यों रोते हो। यह जगह बाहरवालों की बनिस्बत बहुत अच्छी है। यहाँ झूठ नहीं, मक्र नहीं, बेईमानी नहीं। रोटी मिलती है। इसके मुकाबले में बाहर देखो कौन लोग हैं जिन्होंने तुम जैसे बेगुनाह को भी यहाँ भेजा, जो इक़तिदार (सत्ता) के लिए एक का नहीं हज़ारों का ख़ून बहाते हैं, जो दिनदहाड़े डाके डालते हैं जो अपने निजी फ़ायदे के लिए वह काम भी करते हैं जो शैतान भी करने से गुरेज़ करता है। मुझे देखो मैंने क़त्ल किया है महज़ एक बेबस औरत के नामूस (मर्यादा) के तहफ़्फ़ुज़ के लिए। बहरहाल, मुझे तुमसे हमदर्दी है। अगर तुम बाहर जाकर ख़ुश हो तो ख़ुदा तुम्हें आज़ाद कराएगा।'

मौजदीन ने क़ैदी की बातें सुनीं और बिलकुल ख़ामोश बैठा रहा।

'सुना है बंगाली जादू जानते हैं। तुम भी जादू के ज़ोर से बाहर जाओ,' क़ैदी ने मौजदीन को बहलाने के लिए मज़ाक में कहा...

'हाँ, मैं इस क़ैद से रिहाई का जादू जानता हूँ। मैं आज ही यहाँ से भाग जाऊँगा, बहुत दूर, जहाँ से दुनिया की कोई ताकत मुझे वापस नहीं ला सकती।'

इतने में खाने की घंटी बजी। क़ैदी अपनी थाली लिये दाल-रोटी लेने गया। आधे घंटे के बाद अचानक जेल की घंटी बजनी शुरू हुई और लगातार बजती रही...दारोगा-ए-जेल कई वार्डनों के साथ जेल के अहाते में दाख़िल हुआ और 'जासूस' के गले से रस्सी का फंदा खोला जो उसने ख़ुदकुशी के लिए इस्तेमाल किया था। 'जासूस' भाग चुका था। उसको रिहाई मिल गई थी...'बंगाल का जादू' काम आया था।

मौजदीन की लाश के इर्द-गिर्द क़ैदियों का हुजूम था। दरोगा-ए-जेल ने चंद एक क़ैदियों को वहाँ ठहरने का हुक्म दे दिया और बाक़ी सारे क़ैदी बैरकों में चले गये। मौजदीन के चेहरे पर अब भी मुस्कराहट थी। वह उस कानून पर मुस्कुरा रहा था, जिसने उसको जासूस बनाकर महबूस (बंधित) किया था।

❑

बीमार

अजीब बात है कि जब भी किसी लड़की या औरत ने मुझे ख़त लिखा है 'भाई' से मुख़ातिब किया, और बे-रब्त तहरीर में इस बात का ज़रूर ज़िक्र किया कि वह शदीद तौर पर बीमार है; मेरी तसानीफ़ (रचनाओं) की तारीफ़ें कीं; ज़मीनो-आसमान के क़ुलाबे मिला दिए।

मेरी समझ में नहीं आता था कि ये लड़कियाँ और औरतें, जो मुझे ख़त लिखती हैं, बीमार क्यों होती हैं–शायद इसलिए कि मैं ख़ुद अक्सर बीमार रहता हूँ। या कोई और वजह होगी, जो इसके सिवा और कोई नहीं हो सकती कि वे मेरी हमदर्दी चाहती हैं।

मैं ऐसी लड़कियों और औरतों के ख़तों का अमूमन जवाब नहीं दिया करता, लेकिन बाज औकात दे भी दिया करता हूँ...आख़िर इनसान हूँ। ख़त अगर बहुत ही दर्दनाक हो तो उसका जवाब देना इनसानी फ़र्ज़ में शामिल हो जाता है।

पिछले दिनों मुझे एक ख़त मौसूल हुआ, जो काफ़ी लंबा था–उसमें भी एक ख़ातून ने, जिसका नाम मैं ज़ाहिर करना नहीं चाहता, यह लिखा था कि वह मेरी तहीरों की शैदाई है; वह एक अरसे से बीमार है; उसका ख़ाविंद भी स्थायी रूप से मरीज़ है–और उसने अपना ख़याल ज़ाहिर किया था कि जो बीमारी उसे लगी है उसके ख़ाविंद की वजह से है।

मैंने उस ख़त का जवाब न दिया–लेकिन उसकी तरफ़ से दूसरा ख़त आया, जिसमें यह गिला था कि मैंने उसके पहले ख़त की रसीद तक नहीं भेजी है–चुनांचे मुझे मजबूरन उसको ख़त लिखना पड़ा, मगर बड़ी एहतियात के साथ।

मैंने अपने ख़त में उससे हमदर्दी का इज़हार किया–उसने लिखा था कि वह और भी ज़्यादा अलील हो गई है और मरने के क़रीब है–यह पढ़कर मैं बहुत मुतास्सिर (प्रभावित) हुआ था। चुनांचे उसी के मातहत (कारण) मैंने बड़े जज़्बाती अन्दाज़ में उसे ख़त लिखा और उसको यह समझाने की कोशिश की कि ज़िंदगी ज़िंदा रहने के लिए है; ज़िंदगी से मायूस हो जाना मौत है; अगर वह ख़ुद में इतनी क़ुव्वते-इरादी (इच्छाशक्ति) पैदा कर ले तो उसकी बीमारी का नामोनिशान तक न रहेगा–और कि मैं ख़ुद पिछले

दिनों मौत के मुँह में था; सब डॉक्टर जवाब दे चुके थे, लेकिन मैंने मौत का ख़याल भी न किया था; नतीजा इसका यह निकला था कि डॉक्टर हैरत में गुम हो के रह गये थे और मैं अस्पताल से बाहर निकल आया था।

मैंने उसको यह भी लिखा कि क़ुव्वते-इरादी ही एक ऐसी चीज़ है, जो हर नामुमकिन चीज़ को मुमकिन बना देती है; वह अगर बीमार है तो ख़ुद को यह यक़ीन दिलाए कि नहीं, वह बीमार नहीं, अच्छी-भली तंदुरुस्त है।

मेरे ख़त के जवाब में उसने जो कुछ लिखा, उससे मैंने यह नतीजा अख़्ज़ा किया कि उस पर मेरी नसीहत का कोई असर नहीं हुआ है।

उसका ख़त बड़ा तवील (लंबा) था, पाँच पृष्ठों पर आधारित–उसका तर्क और उसका फ़लसफ़ा (दर्शन) अजीब क़िस्म का था। वह इस बात पर अड़ी थी कि ख़ुदा को यह मंज़ूर नहीं कि वह ज़्यादा देर तक इस दुनिया में ज़िंदा रहे–इसके अलावा उसने यह भी लिखा था कि मैं अपनी ताज़ा किताबें उसे भेज दूँ।

मैंने दो नयी किताबें उसको भेज दीं।

उनकी रसीद आ गई–बहुत-बहुत शुक्रिया अदा किया गया था, और मेरी तारीफ़ें ही तारीफ़ें थीं।

मुझे बड़ी कोफ़्त हुई-जो किताबें मैंने उसको भेजी थीं, मेरी नज़र में उनकी वक़्त नहीं थी, इसलिए कि वह सिर्फ़ हर रोज़ कुछ कमाने के लिए लिखी गयी थीं–चुनांचे मैंने उसे लिखा, 'तुमने मेरी इन दो किताबों की जो इतनी तारीफ़ की है, ग़लत है। ये किताबें महज़ बकवास हैं...तुम मेरी पुरानी किताबें पढ़ो। उनमें तुम पूरी तरह मुझे जलवागर पाओगी।'

मैंने इस ख़त में अफ़सानानवीसी (कथा लेखन) के फ़न पर भी बहुत कुछ लिख दिया–बाद में मुझे अफ़सोस हुआ कि मैंने यह झक क्यों मारी। अगर लिखना ही था तो किसी रिसाले या परचे के लिए लिखता; यह क्या कि एक औरत को, जिसे मैं जानता भी नहीं इतना तवील (लंबा) और पुर-मग़ज़ ख़त लिख दिया।

बहरहाल, जब लिख दिया तो उसे पोस्ट करना ही था।

उसका जवाब तीसरे रोज़ आ गया–अब के मुझे 'प्यारे भाई जान' से मुख़ातिब किया गया था–उसने मेरी पुरानी तस्नीफात मँगवा ली थीं और उन्हें पढ़ रही थी, लेकिन उसकी बीमारी रोज़-ब-रोज़ बढ़ रही थी–उसने मुझसे पूछा था कि वह किसी हकीम का इलाज क्यों न कराए, क्योंकि वह डॉक्टरों से बिलकुल नाउम्मीद हो चुकी है।

मैंने उसे जवाब में लिखा, 'इलाज तुम किसी से भी कराओ, चाहे वह डॉक्टर हो या हकीम, लेकिन याद रखो, सबसे अच्छा मुआलिज (चिकित्सक) ख़ुद आदमी आप होता है...अगर तुम अपनी ज़ेहनी परेशानियाँ दूर कर दो तो चंद रोज़ में तंदुरुस्त हो जाओगी!'

मैंने इस मौज़ूअ (विषय) पर एक लैक्चर भी उसको लिखकर भेजा–एक महीने के बाद उसकी रसीद पहुँची, जिसमें यह लिखा था कि उसने मेरी नसीहत पर अमल किया,

लेकिन ख़ातिरख़्वाह नतीजा बरामद न हुआ, और यह कि वह मुझसे मिलने आ रही है—वह दो-तीन रोज़ में हैदराबाद से बंबई पहुँच जाएगी और चंद रोज़ मेरे यहाँ ठहरेगी।

मैं बहुत परेशान हुआ—छड़ा छटाँक था। एक फ्लैट में रहता था, जिसमें दो कमरे थे—मैंने सोचा, 'अगर यह मोहतरमा आ गई तो मैं एक कमरा उनको दे दूँगा; उसमें वह चंद दिन गुज़ारना चाहें तो गुज़ार लें; इलाज का बंदोबस्त भी हो जायेगा,' इसलिए कि बंबई का एक बहुत बड़ा हकीम मेरा बड़ा मेहरबान था।

छह रोज़ तक, आप यह समझिए कि मैं सूली पर लटका रहा—अख़बारवाले ने दरवाज़े पर दस्तक दी तो मैंने यह समझा कि वह मोहतरमा तशरीफ़ ले आयी हैं। बावर्चीखाने में नौकर ने अगर किसी बर्तन पर राख मलनी शुरू की तो मेरा दिल धक्-धक् करने लगा कि शायद वह आवाज़ मोहतरमा के सैंडिलों की है।

सातवें रोज़ सुबह मैंने इत्मीनान से टाइम्स ऑफ इंडिया पढ़ा, इसलिए कि मुझे यक़ीन हो गया कि अब वह नहीं आयेगी।

मैं हिन्दू-मुस्लिम फ़सादात की ख़बरें पढ़ रहा था कि दरवाज़े पर दस्तक हुई—मैं समझा कि दूधवाला है। चुनांचे मैंने नौकर को आवाज़ दी, 'रहीम, देखो कौन है?'

रहीम चाय बना रहा था—वह उबलती हुई केतली को वहीं चूल्हे पर छोड़कर बाहर निकला और उसने दरवाज़ा खोला—थोड़ी देर के बाद वह मेरे कमरे में आया और उसने मुझसे मुख़ातिब होकर कहा, 'एक औरत आयी है।'

मैं हैरतज़दा हो गया, 'औरत!'

'जी हाँ...एक औरत बाहर खड़ी है...वह आपसे मिलना चाहती है।'

मैं समझ गया कि वह औरत वही होगी—बीमार, जो मुझे ख़त लिखती रही है—चुनांचे मैंने रहीम से कहा, 'उसको अंदर ले आओ और बड़े कमरे में बिठा दो, और कह दो कि साहब अभी आते हैं।'

'जी अच्छा,' कहकर रहीम चला गया।

मैंने अख़बार एक तरफ़ रख दिया और सोचने लगा कि वह औरत किस किस्म की होगी—दिक़ (टी.बी.) की मारी हुई या मफ़्लूज (अपाहिज)। मेरे पास क्यों आई है—नहीं, मुझसे मिलने आयी है—ग़ालिबन किसी डॉक्टर से अपना इलाज कराने आई है।

मैं उठा और गुस्लख़ाने में चला गया—वहाँ देर तक नहाता रहा और सोचता रहा कि वह औरत, जो मुझको इतने लंबे-चौड़े ख़त लिखती रही है और जिसको कोई ख़तरनाक बीमारी चिमटी हुई है, किस शक्ल-सूरत की होगी।

बेशुमार शक्लें मेरे तसव्वुर (कल्पना) में आईं। पहले मैंने सोचा, 'अपाहिज़ होगी और मुझे उसको कुछ देना पड़ेगा।' यह महज़ इत्तिफ़ाक़ की बात है कि जिस दिन वह आई, उस दिन तीन तारीख़ थी, और इधर-उधर का बिल अदा करने के बाद तनख़्वाह

के तीन सौ रुपये मेरे पास बच गये थे। इसलिए मेरी परेशानी में इजाफ़ा न हुआ–मैंने नहाते-नहाते यह फैसला कर लिया कि अगर उसे मदद की ज़रूरत होगी तो मैं उसे एक सौ रुपये दे दूँगा।

फ़ौरन मुझे ख़याल आया कि शायद उसको दिक़ हो और मुझे उसको अस्पताल में दाख़िल कराना पड़े–दाख़िला कोई मुश्किल नहीं था, इसलिए कि मेरे कई डॉक्टर दोस्त जे.जे. अस्पताल में काम करते थे; मैं उनमें से किसी एक से भी कह देता कि उस माज़ूर (लाचार) औरत को दाख़िल कर लें तो वह कभी इनकार न करते।

मैं काफ़ी देर तक नहाता रहा और उस औरत के मुताल्लिक़ सोचता रहा। औरतों से मिलते हुए मुझे बड़ी उलझन महसूस होती थी। यही वजह है कि मैंने एक जगह निकाह तो कर लिया था, लेकिन पिछले डेढ़ वर्ष से सोच रहा था कि अगर उसे अपने घर ले आऊँगा तो क्या होगा? जो होना होता, वह तो ख़ैर हो ही जाता, मगर सबसे बड़ा मसला, जो मुझे परेशान किए हुए था, यह था कि मैं, जिसने सारी ज़िंदगी में किसी औरत की क़ुर्बत (समीपता) हासिल नहीं की, अपनी बीवी से किस तरह पेश आता।

अब एक औरत साथ वाले कमरे में बैठी मेरा इंतज़ार कर रही थी और मैं डोंगे-पे-डोंगे पानी भरकर अपने बदन पर बेकार डाल रहा था–मैं असल में ख़ुद को उस औरत से मुलाकात करने के लिए तैयार कर रहा था।

काफ़ी देर नहाने के बाद मैं गुस्लख़ाने से बाहर निकला। कमरे में जाकर कपड़े तब्दील किए, बालों में तेल लगाया, कंघी की और फिर सोचते-सोचते पलंग पर लेट गया।

चंद लम्हात के बाद रहीम आया और उसने मुझसे कहा, 'वह औरत पूछती है कि आप कब फ़ारिग़ होंगे?'

मैंने रहीम से कहा, 'उनसे कह दो, बस पाँच मिनट में आते हैं, कपड़े तब्दील कर रहे हैं।'

रहीम 'जी अच्छा,' कहकर चला गया।

मैंने सोचा, 'अब और ज़्यादा सोचना फ़िज़ूल है; चलो अब उससे मिल ही लो; इतनी ख़तो-किताबत होती रही है, और फिर वह इतनी दूर से मिलने आई है; बीमार है; इनसानी शराफ़त का तक़ाज़ा है कि उसकी ख़ातिरदारी और दिलजोई की जाये।'

मैंने पलंग पर से उठकर स्लीपर पहने और दूसरे कमरे में जहाँ वह औरत थी दाख़िल हुआ–वह बुर्क़ा पहने हुए थी–मैं सलाम करके एक तरफ बैठ गया।

मुझे उसके बुर्क़े के स्याह नक़ाब में सिर्फ़ उसकी नाक दिखाई दी, जो काफ़ी तीखी थी–मैं बहुत उलझन महसूस कर रहा था कि उससे क्या कहूँ– बहरहाल मैंने गुफ़्तगू का आग़ाज किया, 'मुझे बहुत अफ़सोस है कि आपको इतनी देर इंतज़ार करना पड़ा...दरअसल मैं अपनी आदत की वजह से...'

उस औरत ने मेरी बात काटकर कहा, 'जी कोई बात नहीं...आप ख़्वाहमख़्वाह तकल्लुफ़ कर रहे हैं...मैं तो इंतज़ार की आदी हो चुकी हूँ।'

मेरी समझ में कुछ न आया कि मैं क्या कहूँ–बस जो लफ़्ज़ ज़ुबान पर आये, मैंने उगल दिये, 'आप किसका इंतज़ार करती रही हैं?'

उसने अपने चेहरे से नक़ाब थोड़ा-सा उठाया, इसलिए कि वह अपने नन्हे-से रुमाल से अपने आँसू पोंछना चाहती थी–आँसू पोंछने के बाद उसने मुझसे पूछा, 'आपने क्या कहा था मुझसे?'

उसकी ठोड़ी बड़ी प्यारी थी, जैसे बनारसी आम की कैरी–जब उसकी नक़ाब उठी थी तो मैंने उसकी एक झलक देख ली थी।

मैं उसके सवाल का जवाब न दे सका, इसलिए कि मैं उसकी ठोड़ी में गुम हो गया था–आख़िर उसे ही बोलना पड़ा, 'आपने पूछा था, मैं किसका इंतज़ार करती रही हूँ...जवाब सुनना चाहते हैं आप?'

'जी हाँ...फ़रमाइए...लेकिन देखिए, कोई ऐसी बात न हो जिससे क़ुनूतियत (निराशा) का इज़हार हो।'

उस औरत ने अपनी नक़ाब पलट दी–मुझे ऐसा महसूस हुआ कि काली बदलियों में चाँद निकल आया है।

उसने नीची निगाहों से मुझसे कहा, 'जानते हैं आप, मैं कौन हूँ?'

मैंने जवाब दिया, 'जी नहीं।'

उसने कहा, 'मैं आपकी बीवी हूँ, जिससे आपने आज से डेढ़ वर्ष पहले निकाह किया था...मैं आपको लिखती रही हूँ कि मैं बीमार हूँ...मैं बीमार नहीं हूँ...लेकिन अगर आपने इस तरह मुझे इंतज़ार में रखा तो मैं यक़ीनन बीमार हो जाऊँगी और मर भी जाऊँगी...'

मैं दूसरे रोज़ ही उसको घर ले आया, बड़े ठाट से–अब मैं बहुत ख़ुश हूँ।

यह वाक़िया मुझे मेरे एक दोस्त ने, जो अफ़सानानिगार और शायर है, सुनाया था, जिसे मैंने अपने अन्दाज़ में रक़म (लिपिबद्ध) किया है।

❑

एक भाई, एक वाइज़

गाने लिखनेवाला 'अज़ीम' गोविंदपुरी जब ए.बी.सी. प्रोडक्शंस में मुलाज़िम हुआ तो उसने फ़ौरन अपने दोस्त म्यूज़िक डायरेक्टर भटसावे के मुताल्लिक़ सोचा जो मराठा था। 'अज़ीम' के साथ कई फ़िल्मों में काम कर चुका था। वह उसकी क्षमताओं को जानता था। स्टंट फ़िल्मों में आदमी अपने जौहर क्या दिखा सकता है, बेचारा गुमनामी के गोशे में पड़ा था।

अत: 'अज़ीम' ने अपने सेठ से बात की, कुछ इस अन्दाज़ में की कि उसने भटसावे को बुलाया और उसके साथ एक फ़िल्म का कॉन्ट्रेक्ट तीन हज़ार रुपयों में कर लिया। कॉन्ट्रेक्ट पर दस्तख़त करते ही उसे पाँच सौ रुपये मिले, जो उसने अपने कर्ज़ख़्वाहों को अदा कर दिए। 'अज़ीम' गोविंदपुरी का वह बड़ा शुक्रगुज़ार था। चाहता था कि उसकी कोई ख़िदमत करे मगर उसने सोचा कि आदमी बेहद शरीफ़ है और बेग़र्ज़। कोई बात नहीं अगले महीने सही। क्योंकि हर माह उसे पाँच सौ रुपये कॉन्ट्रेक्ट के मिलते थे। उसने 'अजीम' से कुछ न कहा, दोनों अपने-अपने काम में मशगूल थे।

'अज़ीम' ने दस गाने लिखे। जिनमें से सेठ ने चार पसंद किए। भटसावे ने मौसीक़ी (संगीत) के लिहाज़ से सिर्फ़ दो। उनकी उसने 'अज़ीम' के सहयोग से धुनें तैयार कीं जो बहुत पसंद की गई।

पन्द्रह-बीस रोज़ तक रिहर्सलें होती रहीं। फ़िल्म का पहला गाना कोरस था। उसके लिए कम-से-कम दस ग़वैया लड़कियाँ दरकार थीं। प्रोडक्शन मैनेजर से कहा गया। मगर जब वह इंतज़ाम न कर सका तो भटसावे ने मिस माला को बुलाया। जिसकी अच्छी आवाज़ थी। उसके अलावा वह पाँच-छह और लड़कियों को जानती थी, जो सुर में गा लेती थीं। मिस माला खांडेकर जैसा कि उसके नाम से ज़ाहिर है, कोल्हापुर की मराठा थी। दूसरों के मुकाबले में उसका उर्दू का तलफ़्फ़ुज (उच्चारण) ज़्यादा साफ़ था। उसको यह ज़ुबान बोलने का शौक़ था। उम्र की ज़्यादा बड़ी नहीं थी, लेकिन उसके चेहरे का हर ख़द-ओ-खाल अपनी जगह पर पुख़्ता। बातें भी इस अन्दाज़ में करती कि मालूम होती अच्छी ख़ासी उम्र की है। ज़िंदगी के उतार-चढ़ाव से बा-ख़बर है। स्टूडियो के हर कारकुन को भाई जान कहती और हर आने-जाने वाले से बहुत जल्द घुल-मिल जाती थी।

उसको जब भटसावे ने बुलाया तो वह बहुत ख़ुश हुई। उसके ज़िम्मे यह काम अर्द किया गया कि वह फ़ौरन कोरस के लिए दस गाने वाली लड़कियाँ मुहैया करा दे। वह दूसरे रोज़ ही बारह लड़कियाँ ले आई। भटसावे ने उनका टेस्ट लिया। सात काम की निकलीं, बाक़ी रुख़्सत कर दी गईं। उसने सोचा कि चलो ठीक है सात ही काफ़ी हैं। जगताप साउंड रिकॉर्डिस्ट से मशविरा किया। उसने कहा, 'मैं सब ठीक कर लूँगा। ऐसी रिकॉर्डिंग करूँगा कि लोगों को ऐसा मालूम होगा कि बीस लड़कियाँ गा रही हैं।'

जगताप अपने फ़न को समझता था, चुनांचे उसने रिकॉर्डिंग के लिए साउंड प्रूफ़ कमरे की बजाय साज़िंदों और गानेवालियों को एक ऐसे कमरे में बैठाया, जिसकी दीवारें सख़्त थीं, जिन पर ऐसा कोई ग़िलाफ़ चढ़ा हुआ नहीं था कि आवाज़ दब जाये। फ़िल्म 'बेवफ़ा' का मुहूर्त उसी कोरस से हुआ। सैकड़ों आदमी आये। उनमें बड़े-बड़े फ़िल्मी सेठ और डिस्ट्रीब्यूटर्स थे। ए.बी.सी. प्रोडक्शंस के मालिक ने बड़ा एहतिमाम किया हुआ था।

पहले गाने की दो-चार रिहर्सलें हुईं। मिस माला खांडेकर ने भटसावे के साथ पूरा सहयोग किया। सात लड़कियों को अलग-अलग आगाह किया कि ख़बरदार रहें और कोई बाधा पैदा न होने दें। भटसावे पहली ही रिहर्सल से मुत्मइन था। लेकिन उसने मज़ीद इत्मीनान की ख़ातिर चंद और रिहर्सलें कराईं। उसके बाद जगताप से कहा कि वह अपना इत्मीनान कर ले। उसने जब साउंड ट्रेक में यह कोरस पहली बार हेड फोन लगाकर सुना, तो उसने ख़ुश होकर बहुत ऊँचा 'ओके' कह दिया। हर साज़ और हर आवाज़ अपने सही क़याम पर थी।

मेहमानों के लिए माइक्रोफोन का इंतज़ाम कर दिया गया था। रिकॉर्डिंग शुरू हुई तो उसे ऑन कर दिया गया। भटसावे की आवाज़ भोंपू से निकली, 'सॉन्ग नंबर, टेक फ़र्स्ट रेडी, वन.टू.।'

और कोरस शुरू हो गया।

बहुत अच्छी कम्पोज़ीशन थी। सात लड़कियों में से किसी एक ने भी कहीं ग़लत सुर न लगाया। मेहमान बहुत महज़ूज़ (आनंदित) हुए। सेठ, जो मौसीक़ी क्या होती है? उससे भी कत्अन ना-आश्ना था, बहुत ख़ुश हुआ। इसलिए कि सारे मेहमान उस कोरस की तारीफ़ कर रहे थे। भटसावे ने साज़िंदों और गानेवालियों को शाबाशियाँ दीं। ख़ास तौर पर उसने मिस माला का शुक्रिया अदा किया। जिसने उसको इतनी जल्दी गानेवालियों फ़राहम कर दीं। इसके बाद वह जगताप साउंड रिकॉर्डिस्ट से गले मिल रहा था कि ए.बी.सी. प्रोडक्शंस के मालिक सेठ रंछोड़ दास का आदमी आया कि वह उसे बुला रहे हैं, 'अज़ीम' गोविंदपुरी को भी।

दोनों भागे, स्टूडियो के उस सिरे पर गये, जहाँ महफ़िल जमी थी। सेठ साहब ने सब मेहमानों के सामने एक सौ रुपये का सब्ज़ नोट इनाम के तौर पर पहले भटसावे को

दिया फिर दूसरा 'अज़ीम' गोविंदपुरी को। वह मुख़्तसर-सा बागीचा जिसमें मेहमान बैठे थे, तालियों की आवाज़ से गूँज उठा।

जब मुहूर्त की यह महफ़िल बरख़्वास्त हुई तो भटसावे ने 'अजीम' से कहा, 'माल पानी है, चलो आउट डोर चलें।'

'अज़ीम' उसका मतलब न समझा, 'आउट डोर कहाँ?'

भटसावे मुस्कराया, 'माजे मलगे (मेरे लड़के) मौज शौक़ (मौज-मस्ती) करने जायेंगे। सौ रुपया तुम्हारे पास है सौ हमारे पास...चलो।'

'अज़ीम' समझ गया, लेकिन वह उसके 'मौज-मस्ती' से डरता था, उसकी बीवी थी, दो छोटे-छोटे बच्चे भी। उसने कभी अय्याशी नहीं की थी। मगर इस वक़्त वह ख़ुश था। उसने अपने दिल से कहा, 'चलो रे...देखेंगे क्या होता है?'

भटसावे ने फ़ौरन टैक्सी मँगवाई। दोनों उसमें बैठे और ग्रांट रोड पहुँचे। 'अज़ीम' ने पूछा, 'हम कहाँ जा रहे हैं, भटसावे?'

वह मुस्कराया, 'अपनी मौसी के घर।'

और जब वह अपनी मौसी के घर पहुँचा तो वह मिस माला खांडेकर का घर था। वह उन दोनों से बड़े तपाक के साथ मिली, उन्हें अंदर अपने कमरे में ले गयी। होटल से चाय मँगवा कर पिलाई। भटसावे ने उससे चाय पीने के बाद कहा, 'हम मौज-मस्ती के लिए निकले हैं, तुम्हारे पास तुम हमारा कोई बंदोबस्त करो।'

माला समझ गई। वह भटसावे की अहसानमंद थी। इसलिए उसने फ़ौरन मराठी ज़ुबान में कहा, जिसका यह मतलब था कि मैं हर ख़िदमत के लिए तैयार हूँ।

दरअसल भटसावे 'अज़ीम' को ख़ुश करना चाहता था। इसलिए कि उसने उसको मुलाज़िमत दिलवाई थी। चुनांचे भटसावे ने मिस माला से कहा कि वह एक लड़की मुहैया करा दे।

मिस माला ने अपना मेकअप जल्दी-जल्दी ठीक किया और तैयार हो गई, सब टैक्सी में बैठे। पहले मिस माला प्ले बैक सिंगर शांता करुणा किरन के घर गयी। मगर वह किसी और के साथ बाहर जा चुकी थी। फिर वह अंसवया के यहाँ गई, मगर वह उस क़ाबिल नहीं थी कि उनके साथ ऐसी मुहिम पर जा सके।

मिस माला को बहुत अफ़सोस था कि उसे दो जगह नाउम्मीदी का सामना करना पड़ा। लेकिन उसको उम्मीद थी कि मामला हो जायेगा। चुनांचे टैक्सी गोल पैठा की तरफ़ चली। वहाँ कृष्णा थी। पन्द्रह-सोलह बरस की गुज़राती लड़की, बड़ी नर्म-ओ-नाज़ुक सुर में गाती थी। माला उसके घर में दाख़िल हुई और चंद लम्हात के बाद उसको साथ लिये बाहर निकल आई। भटसावे को उसने हाथ जोड़ के नमस्कार किया और 'अज़ीम' को भी। माला ने ठेठ दलालों के से अन्दाज़ में 'अज़ीम' को आँख मारी और गोया ख़ामोश ज़ुबान में उससे कहा, 'यह आपके लिए है।'

भटसावे ने उस पर निगाहों ही निगाहों में 'साद' कर दिया। 'कृष्णा' 'अज़ीम' गोविंदपुरी के पास बैठ गयी। चूँकि उसको माला ने सब कुछ बता दिया था। इसलिए वह उससे चुहलें करने लगी। 'अज़ीम' लड़कियों का-सा हिजाब महसूस कर रहा था। भटसावे को उसकी तबियत का इल्म था। इसलिए उसने टैक्सी एक बार के सामने ठहराई, सिर्फ़ 'अज़ीम' को अपने साथ अंदर ले गया।

नगमा-निगार (गीतकार) ने सिर्फ़ एक-दो बार पी थी, वह भी कारोबारी सिलसिले में। यह भी कारोबारी सिलसिला था। चुनांचे उसने भटसावे के इसार पर दो पैग रम के पिये और उसको नशा हो गया। भटसावे ने एक बोतल ख़रीद के अपने साथ रख ली। अब वे फिर टैक्सी में थे।

'अज़ीम' को बाद में मालूम हुआ कि भटसावे प्ले बैक सिंगर कृष्णा की माँ से यह कह आया था कि जो कोरस दिन में लिया गया था, उसके जितने टेक थे सब ख़राब निकले हैं। इसलिए रात को फिर रिकॉर्डिंग होगी। उसकी माँ वैसे कृष्णा को बाहर जाने की इजाज़त कभी न देती। मगर जब भटसावे ने कहा कि उसे और रुपये मिलेंगे तो उसने अपनी बेटी से कहा कि जल्दी जाओ और फ़ारिग़ होकर सीधा यहाँ आओ। वहाँ स्टूडियो में न बैठी रहना।

टैक्सी वर्ली पहुँची, यानी साहिल-ए-समुद्र के पास। यह वह जगह थी जहाँ ऐशपरस्त किसी-न-किसी औरत को बग़ल में दबाए आया करते। एक पहाड़ी-सी थी, मालूम नहीं मस्नूई (कृत्रिम) या कुदरती...उस पर चढ़ते...वह काफ़ी वसी-ओ-अरीज़ सतह-ए-मुरतफा (विस्तृत एवं विहंगम) क़िस्म की जगह थी।

उसमें लंबे फ़ासलों पर बैचें रखी हुई थीं, जिन पर सिर्फ़ एक-एक जोड़ा बैठता। सबके दरमियान अनलिखा समझौता था कि वे एक-दूसरे के मामले में विघ्न न डालेंगे। भटसावे ने जो कि 'अज़ीम' की दावत करना चाहता था वर्ली की पहाड़ी पर कृष्णा को उसके सुपुर्द कर दिया और ख़ुद माला के साथ टहलता-टहलता एक तरफ़ चला गया।

'अज़ीम' और भटसावे में डेढ़ सौ गज का फ़ासला होगा। 'अज़ीम' जिसने गैर औरत के दरमियान हज़ारों मील का फ़ासला महसूस किया था, ने जब कृष्णा को अपने साथ लगे देखा तो उसका ईमान मुतज़लज़ल (शिथिल) हो गया। कृष्णा ठेठ मराठा लड़की थी, साँवली-सलोनी, बड़ी मजबूत, शदीद तौर पर जवान और उसमें वे तमाम दावतें थीं जो किसी खुलकर खेलने वाली में हो सकती हैं। 'अज़ीम' चूँकि नशे में था, इसलिए वह अपनी बीवी को भूल गया और उसके दिल में ख़्वाहिश पैदा हुई कि कृष्णा को थोड़े अर्से के लिए बीवी बना ले।

उसके दिमाग़ में मुख़्तलिफ शरारतें पैदा हो रही थीं। कुछ रम के बायस और कुछ कृष्णा की क़ुरबत (समीपता) की वजह से। आमतौर पर वह बहुत संजीदा रहता था। बड़ा कम-गो (अल्पभाषी)। लेकिन इस वक़्त उसने कृष्णा के गुदगुदी की। उसको कई

लतीफ़े अपनी टूटी-फूटी गुज़राती में सुनाएँ। फिर जाने उसे क्या ख़याल आया कि ज़ोर से भटसावे को आवाज़ दी और कहा, 'पुलिस आ रही है। पुलिस आ रही है।'

भटसावे माला के साथ आया। 'अज़ीम' को मोटी-सी गाली दी और हँसने लगा। वह समझ गया था कि 'अज़ीम' ने उससे मज़ाक किया है। लेकिन उसने सोचा, 'बेहतर यही है किसी होटल में चलें, जहाँ पुलिस का ख़तरा न हो।' चारों उठ रहे थे कि पीली पगड़ी वाला नमूदार हुआ। उसने ठेठ सिपाहियाना अन्दाज़ में पूछा, 'तुम लोग रात के ग्यारह बजे यहाँ क्या कर रहा है? मालूम नहीं, दस बजे के बाद यहाँ बैठना ठीक नहीं है, क़ानून है।'

'अज़ीम' ने संतरी से कहा, 'जनाब अपन फ़िल्म का आदमी है। यह छोकरी, उसने कृष्णा की तरफ़ देखा, यह भी फ़िल्म में काम करती है। हम लोग किसी बुरे ख़याल से यहाँ नहीं आये। यहाँ पास ही जो स्टूडियो है, उसमें काम करते हैं। थक जाते हैं तो यहाँ चले आते हैं कि थोड़ी-सी तफ़रीह हो गयी। बारह बजे हमारी शूटिंग फिर शुरू होने वाली है।'

पीली पगड़ी वाला मुत्मइन हो गया, फिर वह भटसावे से मुख़ातिब हुआ, 'तुम इधर क्यों बैठा है।'

भटसावे पहले घबराया, लेकिन फ़ौरन सँभलकर उसने माला का हाथ अपने हाथ में लिया और संतरी से कहा, 'यह हमारा बाइक है, हमारी टैक्सी नीचे खड़ी है।'

थोड़ी-सी और गुफ़्तगू हुई और चारों की ख़लासी हो गयी। इसके बाद उन्होंने टैक्सी में बैठकर सोचा कि किस होटल में चलें। 'अज़ीम' को ऐसे होटलों के बारे में कोई इल्म नहीं था, जहाँ आदमी चंद घंटों के लिए किसी ग़ैर औरत के साथ ख़लवत (एकांत) इख़्तियार कर सके। भटसावे ने बेकार उससे मशविरा किया। चुनांचे उसको फ़ौरन डोक यार्ड का सी देव होटल याद आया और उसने टैक्सीवाले से कहा कि वहाँ ले चलो। सी देव होटल में भटसावे ने दो कमरे लिये। एक में 'अज़ीम' और कृष्णा चले गये, दूसरे में भटसावे और मिस माला खांडेकर। कृष्णा बदस्तुर मुजस्मम (साक्षात) दावत थी, लेकिन 'अजीम' जिसने दो पैग और पी लिये थे, फ़लसफ़ी (दार्शनिक) रंग इख़्तियार कर गया था। उसने कृष्णा को गौर से देखा और सोचा कि इतनी कम उम्र की लड़की ने गुनाह का यह भयानक रास्ता क्यों इख़्तियार किया? ख़ून की कमी के बायस उसमें इतनी तपिश क्यों है? कब तक यह नर्म-ओ-नाज़ुक लड़की जो गोश्त नहीं खाती अपना गोश्त-पोस्त बेचती रहेगी? 'अज़ीम' को उस पर बड़ा तरस आया। अतः उसने वाइज़ (उपदेशक) बनकर उससे कहना शुरू किया 'कृष्णा पाप की ज़िंदगी से हट जाओ ख़ुदा के लिए। उस रास्ते से जिस पर कि तुम चल रही हो, अपने क़दम हटा लो, यह तुम्हें ऐसी गहरी खाई में ले जायेगा, जहाँ से तुम निकल नहीं सकोगी। इस्मत फ़रोशी इनसान का बदतरीन फ़े'ल है। यह रात अपनी ज़िंदगी की रोशन रात समझो, इसलिए कि मैंने तुम्हें नेक-ओ-बद समझा दिया है।'

कृष्णा ने इसका जो मतलब समझा वह यह था कि 'अज़ीम' उससे मुहब्बत कर रहा है। अतः वह उसके साथ लिपट गई और 'अज़ीम' अपने पाप व पुण्य का मसला भूल गया।

बाद में वह बड़ा शर्मिंदा हुआ। कमरे से बाहर निकला तो भटसावे बरामदे में टहल रहा था। कुछ इस अन्दाज़ से जैसे उसको बर्रे के पूरे छत्ते ने काट लिया है और डंक उसके जिस्म में चुभो दिए हैं। 'अज़ीम' को देखकर वह रुक गया, मुत्मइन (संतुष्ट) कृष्णा की तरफ़ एक निगाह डाली और पेच-ओ-ताब खाकर 'अज़ीम' से कहा, 'वह साली चली गयी।'

अजीम जो अपनी शर्मिंदगी में डूबा था, चौंका, 'कौन?'

'वही माला।'

'क्यों?'

भटसावे के लहज़े में अजीबो-ग़रीब एहतिजाज (प्रतिरोध) था। 'हम उसको इतना वक़्त चूमते रहे। जब बोला कि आओ, तो साली कहने लगी, 'तुम हमारा भाई है। हमने किसी से शादी कर ली है और बाहर निकल गई कि वह साला घर में आ गया होगा।'

❑

ख़ुदफ़रेब

हम न्यू पैरेस स्टोर के प्राइवेट कमरे मैं बैठे थे। बाहर टेलीफोन की घंटी बजी तो उसका मालिक ग़यास उठकर दौड़ा। मेरे साथ मसूद बैठा था। उससे कुछ दूर हटकर जलील दाँतों से अपनी छोटी-छोटी उँगलियों के नाख़ून काट रहा था। उसके कान बड़े गौर से ग़यास की बातें सुन रहे थे, वह टेलीफोन पर किसी से कह रहा था...

'तुम झूठ बोलती हो...अच्छा ख़ैर आज देख लेंगे...लो, यह क्या, तुम्हारे लिए तो हमारी जान हाज़िर है...अच्छा तो ठीक पाँच बजे...ख़ुदा हाफ़िज...क्या कहा? भई कह तो दिया कि तुम्हें मिल जायेगी...'

जलील ने मेरी तरफ़ देखा, 'मंटो साहब ऐश करता है ये ग़यास।'

मैं जवाब में मुस्करा दिया।

जलील उँगलियों के नाख़ून अब तेज़ी से काटने लगा, 'कई लड़कियों के साथ उसका टाँका भिड़ा हुआ है...मैं तो सोचता हूँ एक स्टोर खोल लूँ...लेडीज़ स्टोर ख़ामख़्वाह प्रेस के चक्कर में पड़ा हूँ...औरत का साया तक भी वहाँ नहीं आता। सारा दिन गड़गड़ाहटें सुनो। उल्लू के पट्ठे क़िस्म के ग्राहकों से मग़ज़-मारी करो...यह ज़िंदगी है?'

मैं फिर मुस्करा दिया। इतने में ग़यास आ गया। जलील ने ज़ोर से उसकी हिप पर धप्पा मारा और कहा, 'सुना, कौन थी यह जिसके लिए तू अपनी जान हाज़िर कर रहा था।'

ग़यास बैठ गया और कहने लगा, 'मंटो साहब के सामने ऐसी बातें न किया करो।'

जलील ने अपनी ऐनक के मोटे शीशों में से घूरकर ग़यास की तरफ़ देखा और कहा, 'मंटो साहब को सब मालूम है...तुम बताओ कौन थी?'

ग़यास ने अपनी नीले शीशे वाली ऐनक उतारकर उसकी कमानी ठीक करनी शुरू की, 'एक नई है...परसों आई थी टेलीफोन करने, किसी से हँस-हँस के बातें कर रही थी। फोन कर चुकी तो मैंने उससे कहा, 'जनाब फ़ीस अदा कीजिए।' यह सुनकर मुस्कराने लगी। पर्स में हाथ डालकर उसने दस रुपये का नोट निकाला और कहा, 'हाज़िर है' एक घंटे तक यहाँ बैठी रही, जाते हुए दस रूमाल ले गयी।'

मसूद जो बिलकुल ख़ामोश बैठा ग़ालिबन अपनी बेकारी के मुताल्लिक़ सोच रहा था। उठा, 'बकवास है...महज़ खुदफ़रेबी है।' यह कहकर उसने मुझे सलाम किया और चला गया।

ग़यास अपनी बातों से बहुत ख़ुश था। मसूद जब अचानक बोला तो उसका चेहरा किसी कदर मुरझा गया। जलील थोड़ी देर के बाद ग़यास से मुख़ातिब हुआ, 'क्या माँग रही थी?'

ग़यास चौंका, 'क्या कहा?'

जलील ने फिर पूछा, 'क्या माँग रही थी?'

ग़यास ने कुछ रुकने के बाद कहा, 'ब्रजर्स'

जलील की आँखें ऐनक के मोटे शीशों के पीछे से चमकीं, 'साइज़ क्या है?'

ग़यास ने जवाब दिया, 'थर्टी फ़ोर।'

जलील मुझसे मुख़ातिब हुआ, 'मंटो साहब यह क्या बात है, अँगिया देखते ही मेरे अंदर हैजान-सा (अशांति) पैदा हो जाता है।'

मैंने मुस्कराकर उससे कहा, 'आपकी क़ुब्वत-ए-मुतख़्यला (कल्पना-शक्ति)बहुत तेज़ है।'

जलील कुछ न समझा और न वह समझना चाहता था। उसके दिमाग़ में खुदबुद हो रही थी। वह उस लड़की के मुताल्लिक़ बातें करना चाहता था जिसके साथ ग़यास ने टेलीफोन पर बातें की थीं। चुनांचे मेरा जवाब सुनकर उसने ग़यास से कहा, 'यार हमसे भी मिलाओ उसे।'

ग़यास ने कमानी ठीक करके ऐनक लगा ली, 'कभी यहाँ आयेगी तो मिल लेना।'

'कुछ नहीं यार, तुम हमेशा यही ग़च्चा देते रहते हो...पिछले दिनों जब वह यहाँ आई थी...क्या नाम था उसका? जमीला मैंने आगे बढ़कर उससे बात करनी चाही, तो तुमने हाथ जोड़कर मुझे मना कर दिया...मैं उसे खा तो न जाता,' यह कहकर जलील ने ऐनक के मोटे शीशों के पीछे अपनी आँखें सिकोड़ लीं।

जलील और ग़यास दोनों में बचपना था। दोनों हर वक़्त लड़कियों के मुताल्लिक़ सोचते रहते थे। ख़ूबसूरत, मोटी, दुबली लड़कियों के मुताल्लिक़ ...ताँगे में बैठी हुई लड़कियों के मुताल्लिक़...पैदल चलती और साइकिल सवार लड़कियों के मुताल्लिक़। जलील इस मामले में ग़यास से बाजी ले गया था। दफ़्तर से किसी ज़रूरी काम पर मोटर में निकलता। रास्ते में कोई ताँगे में बैठी या मोटर में सवार लड़की नज़र आ जाती तो उसके पीछे...अपनी मोटर लगा देता। यह उसका महबूबतरीन शग़ल था, लेकिन उसने कभी बदतमीजी न की थी। छेड़छाड़ से उसे डर लगता था। जहाँ तक गुफ़्तार (चरित्र) का ताल्लुक़ है, उसे ग़ाज़ी कहना चाहिए। बड़े-बड़े मज़बूत किले सर कर चुका था।

प्राइवेट कमरे में जब बाहर स्टोर से कोई निस्वानी (जनाना) आवाज़ आती तो ग़यास उछल पड़ता और पर्दा हटाकर एकदम बाहर निकल जाता। मर्द ग्राहकों से उसे कोई दिलचस्पी नहीं थी। उनसे उसका मुलाज़िम निपटता था।

दोनों अपने काम में होशियार थे। स्टोर किस तरह चलाया जाता है, उसको क्योंकर मक़्बूल (सर्वप्रिय) बनाया जाता है; इसका ग़यास को बड़ा अच्छा सलीका था। इसी तरह जलील को प्रेस के तमाम शो'बो (विभागों) पर महारत हासिल थी। लेकिन फ़ुर्सत के औकात में वे सिर्फ़ लड़कियों के मुताल्लिक़ सोचते थे। ख़याली और असली लड़कियों के मुताल्लिक।

स्टोर में किसी दिन जब कोई भी लड़की न आती तो ग़यास उदास हो जाता। यह उदासी वह जलील से टेलीफोन पर उन लड़कियों के मुताल्लिक़ बातें करके दूर करता जो बकौल उसके जाल में फँसी हुई थीं। जलील उसे अपने क़िस्से सुनाता। दोनों कुछ देर बातें करते। स्टोर में कोई ग्राहक आता या उधर प्रेस में किसी को जलील की ज़रूरत होती, तो यह दिलचस्प सिलसिला, गुफ़्तगू टूट जाती।

इस लिहाज़ से 'न्यू पैरेस स्टोर' बड़ी दिलचस्प जगह थी। जलील दिन में दो-तीन मर्तबा ज़रूर आता। प्रेस से किसी काम के लिए निकलता तो चंद मिनटों ही के लिए स्टोर से हो आता। ग़यास से किसी लड़की के बारे में छेड़छाड़ करता और उँगली में मोटर की चाभी घुमाता चला जाता।

जलील को ग़यास से यह गिला था कि वह 'अपनी लड़कियों' के मुताल्लिक़ इंतिहाई राज़दारी से काम लेता है उनका नाम तक नहीं बताता। छुप-छुप कर उनसे मिलता है, उनको तोहफ़े देता है और अकेले-अकेले ऐश करता है। यही गिला ग़यास को जलील से था। लेकिन दोनों के दोस्ताना ताल्लुक़ात वैसे-के-वैसे क़ायम थे।

एक रोज़ स्टोर में एक स्याह बुर्क़ेवाली औरत आयी। नक़ाब उलटा हुआ था। चेहरा पसीने से सराबोर था, आते ही स्टूल पर बैठ गई। ग़यास जब उसकी तरफ बढ़ा तो उसने बुर्क़े से पसीना पोंछकर उससे कहा, 'पानी पिलाइए एक गिलास।' ग़यास ने फ़ौरन नौकर को भेजा कि एक ठंडा लेमन ले आये। औरत ने छत के रुके हुए पंखों को देखा और ग़यास से पूछा, 'पंखा क्यों नहीं चलाते आप?'

ग़यास ने सिर के ऊपर देखकर विवशता दिखाते हुए, 'दोनों खराब हो गये हैं। मालूम नहीं क्या हुआ...मैंने आदमी भेजा हुआ है।'

औरत स्टूल पर से उठी, 'मैं तो यहाँ एक मिनट नहीं बैठ सकती, 'यह कहकर वह शो-केसों को देखने लगी, 'आदमी ख़ाक शॉपिंग कर सकता है दोज़ख़ में।'

ग़यास ने अटक-अटककर कहा, 'मुझे अफ़सोस है...आप...आप अंदर तशरीफ़ ले चलिए...जिस चीज़ की आपको ज़रूरत होगी मैं लाकर दूँगा।'

ग़यास तेज़ क़दमी से आगे बढ़ा। पर्दा हटाया और उस औरत से कहा, 'तशरीफ़ लाइए।'

औरत अंदर कमरे में दाख़िल हो गयी और एक कुर्सी पर बैठ गई। ग़यास ने पर्दा छोड़ दिया। दोनों मेरी नज़रों से ओझल हो गये। चंद लम्हात के बाद ग़यास निकला। मेरे पास आकर उसने हौले से कहा, 'मंटो साहब क्या ख़याल है आपका इस लड़की के बारे में?'

मैं मुस्करा दिया।

ग़यास ने एक खाने से नयी क़िस्म की कुछ लिपिस्टक निकालीं और अंदर कमरे में ले गया। इतने में जलील की मोटर का होने बजा और वह उँगली पर चाभी घुमाता नमूदार हुआ। आते ही उसने पुकारा, 'ग़यास, आओ भई, सुनो, वह कल वाला मामला मैंने सब ठीक कर दिया है,' फिर उसने मेरी तरफ देखा, 'ओह! मंटो साहब, आदाब अर्ज़...ग़यास कहाँ है?'

मैंने जवाब दिया, 'अंदर कमरे में!'

'वह मैंने सब ठीक कर दिया मंटो साहब...अभी-अभी पेट्रोल पंप के पास मिली, पैदल जा रही थी। मैंने मोटर रोकी और कहा, 'जनाब यह मोटर आख़िर किस मर्ज़ की दवा है।' उसे छोड़कर आ रहा हूँ...' फिर उसने कमरे के पर्दे की तरफ मुँह करके आवाज़ दी...'ग़यास बाहर निकल बे।'

जलील ने उँगली पर ज़ोर से चाभी घुमाई 'मसरूफ़ (व्यस्त) है...। अब उसने अंदर मसरूफ़ होना शुरू कर दिया है,' कहकर उसने आगे बढ़कर पर्दा उठाया। एकदम उसके जैसे ब्रेक-सा लग गया। पर्दा उसके हाथ से छूट गया। 'सॉरी,' कहकर वह उल्टे क़दम वापस आया और घबराए हुए लहज़े में उसने मुझसे पूछा, 'मंटो साहब कौन है?'

मैंने सवाल किया, 'कहाँ कौन?'

'यह...यह जो अंदर बैठी होंठों पर लिपस्टिक लगा रही है।'

मैंने जवाब दिया, 'मालूम नहीं ग्राहक है।'

जलील ने ऐनक के मोटे शीशों के पीछे आँखें सिकोड़ी और पर्दे की तरफ़ देखने लगा। ग़यास बाहर निकला। जलील से 'हैलो जलील,' कहा और आईना उठा कर वापस कमरे में चला गया। दोनों दफ़ा जब पर्दा उठा तो जलील को उस औरत की हलकी-सी झलक नज़र आयी। मेरी तरफ़ मुड़कर उसने कहा, 'ऐश करता है पट्ठा,' फिर इज़तिराब (बेचैनी) की हालत में इधर-उधर टहलने लगा। थोड़ी देर के बाद पर्दा उठा। औरत होंठों को चूसती हुई निकली। जलील की निगाहों ने उसको स्टोर के बाहर तक पहुँचाया। फिर उसने पलटकर कमरे का रुख किया। ग़यास बाहर निकला रूमाल से होंठ साफ़ करता। दोनों एक-दूसरे से क़रीब-क़रीब टकरा गये। जलील ने तेज़ लहज़े में उससे पूछा, 'यह क्या क़िस्सा था भई?'

ग़यास मुस्कराया, 'कुछ नहीं,' यह कहकर उसने रूमाल से होंठ साफ़ किए।

जलील ने ग़यास के चुटकी भरी, 'कौन थी?'

'यार तुम ऐसी बातें न पूछा करो,' ग़यास ने अपना रूमाल हवा में लहराया। जलील ने छीन लिया, ग़यास ने झपट्टा मारकर वापस लेना चाहा।

जलील पैंतरा बदलकर एक तरफ हट गया। रूमाल खोलकर उसने गौर से देखा जगह-जगह सुर्ख़ निशान थे। ऐनक के मोटे शीशों के पीछे अपनी आँखें सिकोड़कर उसने ग़यास को पूरा, 'यह बात है।'

ग़यास ऐसा चोर बन गया, जिसको किसी ने चोरी करते हुए पकड़ लिया है, 'जाने दो यार इधर लाओ रूमाल।'

जलील ने रूमाल वापस कर दिया, 'बताओ तो सही कौन थी?'

इतने में नौकर लैमन लेकर आ गया। ग़यास ने उसको इतनी देर लगाने पर झिड़का, 'कोई मेहमान आये तो तुम हमेशा ऐसा ही किया करते हो।'

जलील ने ग़यास से पूछा, 'यह लैमन उसी के लिए मँगवाया गया था।'

'हाँ यार...इतनी देर में आया है कमबख़्त...दिल में कहती होगी प्यासा ही भेज दिया,' ग़यास ने रूमाल जेब में रख लिया।

जलील ने शो-केस पर से लैमन का गिलास उठाया और गटागट पी गया, 'हमारी प्यास तो बुझ गई...लेकिन यार बताओ ना थी कौन? पहली ही मुलाकात में तुमने हाथ साफ़ कर लिया।'

ग़यास ने रूमाल निकालकर अपने होंठ साफ़ किए और आँखें चमकाकर कहा, 'चिमट ही गयी...मैंने कहा देखो ठीक नहीं...दुकान है...ज़बर्दस्ती मेरे होंठों का चुम्मा ले गई।'

एकदम मसूद की आवाज़ आयी, 'सब बकवास है...महज़ खुदफ़रेबी (अपने आपको धोखा देना) है।'

ग़यास चौक पड़ा। मसूद स्टोर के बाहर खड़ा था। उसने मुझे सलाम किया और चल दिया। जलील फ़ौरन ही ग़यास से मुखातिब हुआ, छोड़ो यार, तुम यह बताओ फिर क्या हुआ? यार चीज़ अच्छी थी क्या नाम है?'

ग़यास ने जवाब न दिया। मसूद की आवाज़ के अचानक हमले से वह बौखला-सा गया था। जलील को एकदम याद आया कि वह तो एक बहुत ही ज़रूरी काम पर निकला है। उँगली पर चाभी घुमाकर उसने ग़यास से कहा, 'लड़की के मुताल्लिक़ फिर पूछूँगा...अच्छा मंटो साहब अस्सलाम अलैकुम,' और चला गया।

मैंने मुस्कराकर ग़यास से पूछा, 'ग़यास साहब इतनी जल्दी पहली ही मुलाकात में आपने...'

ग़यास झेंप गया। मेरी बात काटकर उसने कहा, 'छोड़िए मंटो साहब...आप हमारे बुजुर्ग हैं...चलिए अंदर बैठें। यहाँ गर्मी है।'

हम अंदर कमरे की तरफ़ चलने लगे तो स्टोर के बाहर जलील की मोटर रुकी। उसने ज़ोर-ज़ोर से हॉर्न बजाया। ग़यास न गया तो वह ख़ुद दौड़ा अंदर आया। ग़यास बाहर आओ बस स्टैंड के पास एक बड़ी ख़ूबसूरत लड़की खड़ी है...'

ग़यास उसके साथ चला गया। मैं मुस्कराने लगा।

इस दौरान जलील ने बड़ी मुश्किलों से अपने बाप को राज़ी करके एक क्रिश्चियन लड़की मुलाज़िम रख ली। उसको वह अपनी स्टेनो कहता था। कई बार मोटर में उसको अपने साथ लाया, लेकिन उसको मोटर ही में बिठाए रखा। ग़यास को इस बात का बहुत गुस्सा था। एक बार उस स्टेनो के सामने ग़यास ने जलील से मज़ाक किया तो वह बहुत सिटपिटाया, उसके कान की लवें सुर्ख हो गई। नज़रें झुका कर उसने गाड़ी स्टार्ट की और यह जा वह जा।

बक़ौल जलील के यह स्टेनो शुरू-शुरू में तो बड़ी रिज़र्व रही। लेकिन आख़िर उससे खुल ही गई। 'बस अब चंद दिनों में ही मामला पटा समझो।'

ग़यास अब ज़्यादातर जलील से उस स्टेनो की बातें करता। जलील उससे उस लड़की के मुताल्लिक़ पूछता जिसने चिमटकर उसको चूम लिया था तो ग़यास अमूमन यह कहता, 'कल उसका टेलीफोन आया। पूछने लगी आऊँ...मैंने कहा यहाँ नहीं। तुम वक़्त निकालो तो मैं किसी और जगह का इंतज़ाम कर लूँगा।'

जलील उससे पूछता, 'क्या कहा उसने?'

ग़यास जवाब देता, 'तुम अपनी स्टेनो की सुनाओ।'

स्टेनो की बातें शुरू हो जाती।

एक दिन मैं और ग़यास दोनों जलील की प्रेस गये। मुझे अपनी किताब के कवर के डिज़ाइन के बारे में दरियाफ़्त करना था। दफ़्तर में स्टेनो एक कोने में बैठी थी लेकिन जलील नहीं था। स्टेनो से पूछा तो मालूम हुआ कि वह अभी-अभी बाहर निकला है। मैंने नौकर को भेजा कि उसको हमारी आमद की इत्तिला दे। थोड़ी ही देर के बाद जलील आ गया। चिक उठाकर उसने मुझे सलाम किया और ग़यास से कहा–"इधर आओ ग़यास।"

हम दोनों बाहर निकले। ग़यास को एक कोने में ले जाकर जलील ने उछलकर ग़यास से कहा–"मैदान मार लिया...अभी-अभी तुम्हारे आने से थोड़ी देर पहले," यह कहकर वह रुक गया और मुझसे मुख़ातिब हुआ, "माफ़ कीजियेगा मंटो साहब," फिर उसने ग़यास को ज़ोर से अपने साथ भींच लिया, 'बस मैंने आज उसको पकड़ लिया... बिलकुल उसी तरह...और उसी जगह...उस ट्रेडल के पास।'

ग़यास ने पूछा–"किसे?"

जलील झुँझला गया, "अबे अपनी स्टेनो को...ख़सम ख़ुदा की मज़ा आ गया...यह देखो।" उसने अपना रूमाल पतलून की जेब से निकालकर हवा में लहराया...उस पर सुर्ख़ी के धब्बे थे।

एकदम मसूद की आवाज़ आयी, 'बकवास है...महज़ ख़ुदफ़रेबी है।'

जलील और ग़यास चौंक उठे...मैं मुस्कराया। ट्रेडल पर सुर्ख़ रोग़न की पतली-सी हमवार (समतल) तह फैली हुई थी। एक जगह पोंछने की वजह से कुछ लाइनें पड़ गई थीं।

❑

फ़ोभा बाई

हैदराबाद से शहाब आया तो उसने बॉम्बे सेंट्रल स्टेशन के प्लेटफ़ॉर्म पर पहला क़दम रखते ही हनीफ़ से कहा, "देखो भाई, आज शाम को वह मामला ज़रूर होगा वरना याद रखो मैं वापस चला जाऊँगा।"

हनीफ़ को मालूम था कि 'वह मामला' क्या है। चुनांचे शाम को उसने टैक्सी ली। शहाब को साथ लिया। ग्रांट रोड के नाके पर एक दलाल को बुलाया और उससे कहा, "मेरे दोस्त हैदराबाद से आये हैं। उनके लिए एक अच्छी छोकरी चाहिए।"

दलाल ने अपने कान से अड़सी हुई बीड़ी निकाली और उसको होंठों में दबा कर कहा, "दक्कनी चलेगी?"

हनीफ़ ने शहाब की तरफ़ सवालिया नज़रों से देखा। शहाब ने कहा–"नहीं भाई... मुझे कोई मुसलमान चाहिए।"

"मुसलमान?" दलाल ने बीड़ी को चूसा, "चलिए" और यह कहकर वह टैक्सी की अगली सीट पर बैठ गया। ड्राइवर से उसने कुछ कहा, टैक्सी स्टार्ट हुई और मुख़्तलिफ बाज़ारों से होती हुई फ़ोर्जेट स्ट्रीट के साथ वाली गली में दाख़िल हुई। यह गली एक पहाड़ी पर थी। बहुत ऊँचान थी। ड्राइवर ने गाड़ी को फ़र्स्ट गेयर में डाला। हनीफ़ को ऐसा महसूस हुआ कि रास्ते में टैक्सी रुककर वापस चलना शुरू कर देगी। मगर ऐसा न हुआ। दलाल ने ड्राइवर को ऊँचान के ऐन आख़िरी सिरे पर जहाँ चौक-सा बना था रुकने के लिए कहा।

हनीफ़ कभी उस तरफ़ नहीं आया था। ऊँची पहाड़ी थी जिसके दाएँ तरफ एकदम ढलान थी। जिस बिल्डिंगें में दलाल दाख़िल हुआ उसकी सिर्फ़ दो मंज़िलें थीं। हालाँकि दूसरी तरफ की बिल्डिंगें सब-की-सब चार मंज़िला थीं। हनीफ़ को बाद में मालूम हुआ कि ढलान के बायस उस बिल्डिंग की तीन मंज़िलें नीचे थीं जहाँ लिफ्ट जाती थी।

शहाब और हनीफ़ दोनों ख़ामोश बैठे रहे। उन्होंने कोई बात न की। रास्ते में दलाल ने उस लड़की की बहुत तारीफ़ की थी जिसको लाने वह उस बिल्डिंग में गया था। उसने कहा था–"बड़े अच्छे खानदान की लड़की है। स्पेशल तौर पर आपके लिए निकाल रहा हूँ।"

दोनों सोच रहे थे कि यह लड़की कैसी होगी जो स्पेशल तौर पर निकाली जा रही है।

थोड़ी देर के बाद दलाल नमूदार हुआ। वह अकेला था। ड्राइवर से उसने कहा, "गाड़ी वापस करो" यह कहकर वह अगली सीट पर बैठ गया। गाड़ी एक चक्कर लेकर मुड़ी। तीन-चार बिल्डिंगें छोड़कर दलाल ने ड्राइवर से कहा, 'रोक लो' फिर हनीफ़ से मुख़ातिब हुआ, 'आ रही है...पूछ रही थी 'कैसे आदमी हैं,' मैंने कहा-"नम्बर वन।"

दस-पन्द्रह मिनट के बाद एकदम टैक्सी का दरवाज़ा खुला। और एक औरत हनीफ़ के साथ बैठ गयी। रात का वक़्त था। गली में रोशनी कम थी। इसलिए शहाब और हनीफ़ दोनों उसको अच्छी तरह न देख सके। सीट पर बैठते ही उसने कहा, "चलो।"

टैक्सी तेज़ी से नीचे उतरने लगी।

हनीफ़ के पास कोई ऐसी जगह न थी जहाँ कोई मामला हो सके। अतः जैसा तय पाया था, वे डॉक्टर ख़ान साहब के यहाँ चले गये। वह मिलिट्री हॉस्पिटल में नियुक्त था और उसको वहीं दो कमरे मिले हुए थे। शहाब ने बंबई आते ही उसको फ़ोन कर दिया था कि वह हनीफ़ के साथ रात को उसके पास आयेगा और मामला साथ होगा, चुनांचे टैक्सी मिलिट्री हॉस्पिटल में पहुँची। दलाल सौ रुपया लेकर ग्रांट रोड पर उतर गया।

रास्ते में भी शहाब और हनीफ़ उस औरत को अच्छी तरह न देख सके। कोई ख़ास बातें भी न हुई। शहाब ने जब उससे अपने ठेठ हैदराबादी लहज़े में पूछा, 'आपका इस्म-ए-ग्रामी' तो उस औरत ने कहा-"फ़ोभा बाई।"

"फ़ोभा बाई?" हनीफ़ सोचता रह गया कि यह कैसा नाम है।

डॉक्टर ख़ान उनका इंतज़ार कर रहा था। सबसे पहले शहाब कमरे में दाख़िल हुआ। दोनों गले मिले और एक-दूसरे को ख़ूब गालियाँ दीं।

डॉक्टर ख़ान ने जब एक जवान औरत को दरवाज़े पर देखा तो एकदम ख़ामोश हो गया। "आइये-आइये" उसने अपने सीने पर हाथ रखा। 'डॉक्टर ख़ान...आप?' उसने शहाब की तरफ देखा।

शहाब ने उस औरत की तरफ देखा। औरत ने कहा, 'फ़ोभा बाई'

डॉक्टर ख़ान ने बढ़कर उससे हाथ मिलाया, "आपसे मिलकर बहुत ख़ुशी हुई।"

फ़ोभा बाई मुस्करायी-"मुझे भी ख़ुशी हुई।"

शहाब और हनीफ़ ने एक-दूसरे की तरफ़ देखा, डॉक्टर ख़ान ने दरवाज़ा बंद कर दिया और अपने दोस्तों से कहा-"आप दूसरे कमरे में चले जाइए...मुझे कुछ काम करना है।"

शहाब ने जब फ़ोभा बाई से कहा-"चलिए।" तो उसने डॉक्टर ख़ान का हाथ पकड़ लिया, "नहीं आप भी तफ़रीफ़ (तशरीफ़) लाइए।"

"आप तशरीफ़ ले चलिए, मैं आता हूँ," यह कहकर डॉक्टर ख़ान ने अपना हाथ छुड़ा लिया।

शहाब और हनीफ़ फ़ोभा बाई को अंदर ले गये। थोड़ी देर गुफ़्तगू हुई तो उनको मालूम हुआ कि उसकी ज़ुबान मोटी थी। वह श और स अदा नहीं कर सकती थी। इसके बदले उसके मुँह से फ निकलता था। उसका नाम इस लिहाज़ से शोभा बाई था। लेकिन कुछ देर और बातें करने के बाद उनको पता चला कि शोभा उसका असली नाम नहीं था। वह मुसलमान थी। जयपुर उसका असली वतन था जहाँ से वह चार साल हुए भागकर बंबई चली आयी थी। इससे ज़्यादा उसने अपने हालात न बताए।

मामूली शक्ल-ओ-सूरत थी। आँखें बड़ी नहीं थीं। नाक भी ख़ुश वज़अ थी। बालाई होंठ के ऐन दरमियान एक छोटे-से जख़्म का निशान था। जब वह बात करती तो यह निशान थोड़ा-सा फैल जाता। गले में उसने जड़ाऊ नेकलेस पहना हुआ था। दोनों हाथों में सोने की चूड़ियाँ थीं।

बहुत ही बातूनी औरत थी। बैठते ही उसने इधर-उधर की बातें शुरू कर दीं। हनीफ़ और शहाब सिर्फ़ हूँ-हाँ करते रहे। फिर उसने उनके बारे में पूछना शुरू किया कि वे क्या करते हैं, कहाँ रहते हैं, क्या उम्र है। फ़ादीफ़ुदा हैं या ग़ैर फ़ादीफ़ुदा? हनीफ़ इतना दुबला क्यों है। फ़ाहब ने दो नकली दाँत क्यों लगवाये हैं। गोफ़्तखोरा था तो उसका इलाज डॉक्टर ख़ान से क्यों न कराया। फ़रमाता क्यों है। फ़े'र क्यों नहीं गाता।

शहाब ने उसे कुछ शे'र सुनाए। शोभा ने बड़े ज़ोरों की दाद दी। जब शहाब ने यह शे'र सुनाया...

"खेतों को दे लो पानी अब बह रही है गंगा
कुछ कर लो नौजवानों उठती जवानियाँ हैं"

तो शोभा उछल पड़ी, 'वाह जनाब फ़ाहब वाह...बहुत अच्छा फ़े'र है...उठती जवा. नियाँ हैं। वाह-वा'

इसके बाद शोभा ने बेशुमार शे'र सुनाये, बिलकुल बेजोड़, बेतुके। जिनका सिर था न पैर। शे'र सुनाकर उसने शहाब से कहा, 'फ़ाहब साहब ...मज़ा आया आपको।'

शहाब ने जवाब दिया, 'बहुत।'

शोभा ने शरमाकर कहा, 'ये फ़े'र मेरे थे....मुझे फ़ायरी का बहुत फ़ौक हैं।'

शहाब और हनीफ़ दोनों ने एक-दूसरे की तरफ देखा और मुस्करा दिए...इसके बाद सिर्फ़ एक सही शे'र शोभा ने सुनाया-

'कभी तो मेरे दर्द-ए-दिल की खबर ले
मेरे दर्द से आफना होने वाले'

यह शे'र हनीफ़ कई बार सुन चुका था और शायद पढ़ भी चुका था। मगर शोभा ने कहा, 'हनीफ़ फ़ाहब यह फ़े'र भी मेरा है।'

हनीफ़ ने ख़ूब दाद दी, 'माफ़ाअल्लाह आप तो कमाल करती हैं।'

'शोभा चौंकी, 'माफ़ कीजियेगा, मेरी जुबान में तो कुछ खराबी है लेकिन आपने क्यों माफ़ाअल्लाह के बदले माफ़ाअल्लाह कहा।'

हनीफ़ और शहाब दोनों बेइख़्तियार हँस पड़े। शोभा भी हँसने लगी। इतने में डॉक्टर ख़ान आ गया। उसने अंदर दाख़िल होते ही शोभा से कहा, "क्यों जनाब इतनी हँसी किस बात पर आ रही है?"

ज़्यादा हँसने के बायस शोभा की आँखों में आँसू आ गये थे। उसने रूमाल से उनको पोंछा और डॉक्टर ख़ान से कहा, 'एक बात ऐफ़ी हुई कि हम फ़ब हँफ़ पड़े।' डॉक्टर ख़ान ने भी हँसना शुरू कर दिया।

शोभा ने उससे कहा, 'आइए बैठिए' चारपाई के एक तरफ सरककर उसने डॉक्टर ख़ान का हाथ पकड़ा और उसे अपने पास बिठा लिया।

फिर शे'र-ओ-शायरी शुरू हो गयी। शोभा ने लंबी-लंबी चार बेतुकी ग़ज़लें सुनाईं। सबने दाद दी। शहाब उकता गया...वह मुआमल चाहता था। हनीफ़ उसके बदले हुए तेवर देखकर भाँप गया। चुनांचे उसने शहाब से कहा, 'अच्छा भई मैं रुख़्सत चाहता हूँ। इन्शाअल्लाह कल सुबह मुलाक़ात होगी।'

वह यह कहकर कुर्सी पर से उठा मगर शोभा ने उसका हाथ पकड़ लिया, 'नहीं, आप नहीं जा फ़कते।'

हनीफ़ ने जवाब दिया, 'मैं माज़रत (माफ़ी) चाहता हूँ। बीवी मेरा इंतज़ार कर रही होगी'

'ओह!...लेकिन नहीं। आप थोड़ी देर और ज़रूर बैठें। अभी तो फ़िर्फ़ ग्यारह बजे हैं,' शोभा ने इसरार किया।

शहाब ने एक जम्हाई ली, 'बहुत वक़्त हो गया है।'

शोभा ने मुस्कराकर शहाब की तरफ देखा, 'मैं फ़ारी रात आपके पाफ़ हूँ।'

शहाब का संकोच दूर हो गया।

हनीफ़ थोड़ी देर बैठा, फिर रुख़्सत ली और चला गया...दूसरे रोज़ सुबह नौ बजे क़रीब शहाब आया और रात की बात सुनाने लगा, अजीबो-ग़रीब औरत थी यह शोभा बाई...पेट पर बालिश्त भर ऑपरेशन का निशान था...कहती थी कि वह एक लकड़ीवाले सेठ की दाशिता (रखैल) थी। उसने एक फ़िल्म कंपनी खोल दी थी। उसके चेकों पर दस्तख़्त शोभा ही के होते थे। मोटर थी जो अब तक मौजूद है। नौकर-चाकर थे। लकड़ीवाला सेठ उससे बेहद मुहब्बत करता था। उसके पेट का ऑपरेशन हुआ तो उसने एक हज़ार रुपये यतीमख़ाने को दिये।'

हनीफ़ ने पूछा, 'यह लकड़ीवाला सेठ अब कहाँ है?'

शहाब ने जवाब दिया, "दूसरी दुनिया में टाल खोले बैठा है,"...औरत खूब थी यह शोभा बाई...मैं दूसरे कमरे में सो गया। तो वह डॉक्टर ख़ान के साथ लेट गयी। सुबह पाँच

बजे ख़ान ने उससे कहा कि अब जाओ। शोभा ने कहा–"अच्छा, मैं जाती हूँ, लेकिन ये मेरे ज़ेवर तुम अपने पाफ़ रख लो। मैं अकेली इनके फ़ाथ बाहर नहीं निकलती।' हनीफ़ ने पूछा–"डॉक्टर ने जेवर रख लिये?"

शहाब ने सिर हिलाया, "हाँ...पहले तो उसका ख़याल था कि नकली हैं। मगर दिन की रोशनी में जब उसने देखा तो असली थे।"

"और वह चली गयी।"

"हाँ चली गयी...यह कहकर कि वह किसी रोज़ आकर अपने ज़ेवर वापस ले जायेगी।"

'यह तुमने बड़े अचंभे की बात सुनायी।'

'ख़ुदा की क़सम हक़ीक़त है,' शहाब ने सिगरेट सुलगायी, 'इसीलिए तो मैंने कहा यह फ़ोभा बाई अजीबो-ग़रीब औरत है।'

हनीफ़ ने पूछा–"वैसे कैसी औरत थी?"

शहाब झेंप-सा गया, 'भई मुझे ऐसे मामलों का कुछ पता नहीं...यह तुम ख़ान से पूछना। वह एक्सपर्ट है।'

शाम को दोनों ख़ान से मिले। ज़ेवर उसके पास महफ़ूज़ थे। शोभा लेने नहीं आयी थी। ख़ान ने बताया, 'मेरा ख़याल है शोभा, किसी दिमाग़ी सदमे का शिकार है।'

शहाब ने पूछा–"तुम्हारा मतलब है पागल है?"

ख़ान ने कहा–"नहीं...पागल नहीं है, लेकिन उसका दिमाग़ यक़ीनन नॉर्मल नहीं। बेहद मुख़लिस (निष्ठावान) औरत है। एक लड़का है उसका जयपुर में। उसको बराबर दो सौ रुपये माहवार भेजती है। हर तीसरे महीने उससे मिलने जाती है। जयपुर पहुँचते ही बुर्क़ा ओढ़ लेती है, वहाँ उसे पर्दा करना पड़ता है।'

हनीफ़ ने कहा–"यह तुमने कैसे समझा कि उसका दिमाग नॉर्मल नहीं?"

ख़ान ने जवाब दिया–"भई मेरा ख़याल है...नॉर्मल औरत होती तो अपने डेढ़-दो हज़ार के ज़ेवर एक अजनबी के पास क्यों छोड़ जाती...इसके अलावा मार्फ़िया के इंजेक्शन लेने की आदत है।"

शहाब ने पूछा–"नशा होता है किसी किस्म का?"

खान ने जवाब दिया–"बहुत ही ख़तरनाक क़िस्म का...शराब से भी बदतर।"

"इसकी आदत कैसे पड़ी उसे?" शहाब ने मेज़ पर से पेपर-वेट उठाकर दवात पर रख दिया।

"ऑपरेशन हुआ तो बिगड़ गया। दर्द शिद्दत का था। इसका अहसास कम करने के लिए डॉक्टर मार्फ़िया के इंजेक्शन देते रहे। तक़रीबन दो महीने तक...बस आदत हो गयी।" डॉक्टर ख़ान ने मार्फ़िया और उसके ख़तरनाक असरात पर एक लेक्चर-सा शुरू कर दिया।

एक हफ़्ता हो गया। शोभा न आयी। शहाब वापस हैदराबाद चला गया था। डॉ. ख़ान ज़ेवर लेकर हनीफ़ के पास आया कि चलो दे आयें। दोनों ने ग्रांट के नाके पर उस दलाल को बहुत तलाश किया जो शहाब और हनीफ़ को शोभा के मकान के पास ले गया था, मगर वह न मिला। हनीफ़ को इतना मालूम था कि गली कौन-सी है और बिल्डिंग कौन-सी है...डॉक्टर ख़ान ने कहा–"ठीक है, हम पता लगा लेंगे...ये जेवर मैं अपने पास नहीं रखना चाहता। चोरी हो गये तो क्या करूँगा। वह तो अजीब बेपरवाह औरत है।"

दोनों टैक्सी में वहाँ पहुँच गये। डॉक्टर ख़ान को हनीफ़ ने बिल्डिंग बता दी और कहा, 'मैं नहीं जाऊँगा भाई। तुम तलाश करो उसे।'

डॉक्टर ख़ान अकेला उस बिल्डिंग में दाख़िल हुआ। एक-दो आदमियों से पूछा मगर शोभा का कुछ पता न चला। नीचे से लिफ़्ट ऊपर को आयी तो होटल का छोकरा प्यालियाँ उठाये बाहर निकला। ख़ान ने उससे पूछा तो उसने बताया कि सबसे निचली मंज़िल के आख़िरी फ़्लैट पर चले जाओ। लिफ़्ट के जरिये से ख़ान नीचे पहुँचा। आख़िरी फ़्लैट की घंटी बजायी। थोड़ी देर के बाद एक बुढ़िया औरत ने दरवाज़ा खोला। ख़ान ने उससे पूछा, 'शोभा बाई हैं?'

बुढ़िया ने जवाब दिया, 'हाँ हैं।'

ख़ान ने कहा, 'जाओ उनसे कहो डॉक्टर ख़ान आये हैं।'

अंदर से शोभा की आवाज़ आयी, 'आइये डॉक्टर फ़ाहब आइये।'

डॉक्टर ख़ान अंदर दाख़िल हुआ। छोटा-सा ड्रॉइंगरूम था चमकीले फ़र्नीचर से भरा हुआ। फ़र्श पर कालीन बिछे हुए थे। बुढ़िया दूसरे कमरे में चली गयी। फ़ौरन ही शोभा की आवाज़ आयी, "डॉक्टर फ़ाहब अंदर आ जाइये...मैं बाहर नहीं आ फ़कती।"

डॉक्टर ख़ान दूसरे कमरे में दाख़िल हुआ। शोभा चादर ओढ़े लेटी थी। ख़ान ने उससे पूछा, 'क्या बात है?'

शोभा मुस्कराई, 'कुछ नहीं डॉक्टर फ़ाहब, तेल मालिफ़ करा रही थी।'

डॉक्टर पलंग के पास कुर्सी पर बैठ गया। जेब से रूमाल निकाला जिसमें ज़ेवर बँधे थे, खोलकर उसे पलंग पर रख दिया, "कब तक मैं तुम्हारे इन ज़ेवरों की हिफ़ाज़त करता रहूँगा। तुम ऐसी गयीं कि फिर उधर का रुख़ तक न किया।"

शोभा हँसी, "मुझे बहुत काम थे...लेकिन आपने क्यों तकलीफ़ की। मैं ख़ुद आ के ले जाती।" फिर उसने बुढ़िया से कहा–"चाय मँगाओ, डॉक्टर फ़ाहब के लिए।"

डॉक्टर ने कहा–"नहीं मुझे अब जाना है।"

"कहाँ?"

"अस्पताल।"

"टैक्फ़ी में आये हैं आप?"

"हाँ"

"बाहर खड़ी है।" डॉक्टर ने सिर के इशारे से कहा।

"तो आप चलिये मैं आती हूँ," यह कहकर उसने ज़ेवर तकिये के नीचे रख दिए और रूमाल डॉक्टर ख़ान को दे दिया। डॉक्टर ख़ान हनीफ़ के पास पहुँचा तो उसने पूछा–"मिल गयी?"

डॉक्टर मुस्कराया, "मिल गयी...आ रही है।"

पन्द्रह-बीस मिनट के बाद शोभा ने तेज़ी से टैक्सी का दरवाज़ा खोला और अंदर बैठ गयी।

डॉक्टर ख़ान के कमरे में देर तक फ़िज़ूल क़िस्म की शे'र बाज़ी होती रही। हिज्र-ओ-विसाल और इश्क़-ओ-मुहब्बत के बेशुमार साधारण से अशआर शोभा ने सुनाये और उन्हें अपने नाम से मंसूब किया। डॉक्टर ख़ान और हनीफ़ ने ख़ूब दाद दी। शोभा बहुत ख़ुश हुई और कहने लगी, 'याकूब फ़ेठ घंटों मुझफ़े फ़े'र फ़ुना करते थे।'

याकूब फ़ेठ वह लकड़ीवाला सेठ था जिसने शोभा के लिए एक फ़िल्म कंपनी खोली थी। डॉक्टर ख़ान और हनीफ़ हँस पड़े। शोभा भी हँसने लगी।

डॉक्टर ख़ान और शोभा की दोस्ती हो गयी। शुरू-शुरू में तो वह हफ़्ते में दो बार आती थी। अब क़रीब-क़रीब हर रोज़ आने लगी। रात आती, सुबह-सवेरे चली जाती। शाम को बिला नाग़ा मार्फ़िया का इंजेक्शन लेती। डॉक्टर इंजेक्शन लगाने से पहले उसके बाज़ू पर सुन्न करने वाली दवा लगा देता था। यह ठंडी-ठंडी चीज़ उसे पसंद थी।

तीन महीने गुज़रे तो शोभा जयपुर जाने के लिए तैयार हुई। अपनी मोटर डॉक्टर ख़ान के हवाले कर दी कि वह उसका ध्यान रखे। डॉक्टर उसे स्टेशन पर छोड़ने गया। देर तक गाड़ी में एक-दूसरे से बातें करते रहे। जब गाड़ी चलने लगी तो शोभा ने एकदम डॉक्टर का हाथ पकड़कर कहा, 'मुझे क्यों एकदम ऐफ़ा लगा है कि कुछ होने वाला है।'

डॉक्टर ख़ान ने कहा, 'क्या होने वाला है?'

शोभा के चेहरे से वहशत बरसने लगी, "मालूम नहीं मेरा दिल बैठा जा रहा है।"

डॉक्टर ख़ान ने उसे दम दिलासा दिया। गाड़ी चल दी। दूर तक शोभा का हाथ हिलता रहा।

जयपुर से शोभा के दो ख़त आये जिनसे सिर्फ़ इतना पता चलता था कि वह ख़ैरियत से पहुँच गयी है। जब वापस आयेगी तो उसके लिए बहुत-से तोहफ़े लायेगी। इसके बाद एक कार्ड आया जिसमें लिखा था–"मेरी अँधेरी ज़िंदगी में सिर्फ़ एक दीया था वह कल ख़ुदा ने बुझा दिया...भला हो उसका!'

हनीफ़ ने ये अल्फ़ाज पढ़े तो उसकी आँखों में आँसू आ गये। 'भला हो उसका' में बेपनाह ग़म था।

बहुत अरसा गुज़र गया शोभा का कोई ख़त न आया। पूरा एक बरस बीत गया। डॉक्टर ख़ान को उसका कोई पता न चला। शोभा अपनी मोटर उसके हवाले कर गयी थी। उस बिल्डिंग में गया जिसकी सबसे निचली मंज़िल में वह रहा करती थी। फ़्लैट पर कोई और ही क़ाबिज़ था एक दलाल क़िस्म का आदमी। डॉक्टर ख़ान आख़िर थक-हार कर ख़ामोश हो गया। मोटर उसने एक गैरेज में रखवा दी।

एक दिन हनीफ़ घबराया हुआ अस्पताल आया। उसका चेहरा ज़र्द था। डॉक्टर ख़ान को ड्यूटी से हटाकर वह एक तरफ़ ले गया और उससे कहा, 'मैंने आज शोभा को देखा।'

डॉक्टर ख़ान ने हनीफ़ का बाज़ू पकड़कर एकदम पूछा—"कहाँ?"

"चौपाटी पर...मैं उसे बिलकुल न पहचानता क्योंकि वह महज हड्डियों का ढाँचा थी।"

डॉक्टर ख़ान खोखली आवाज़ में बोला—"हड्डियों का ढाँचा?"

हनीफ़ ने सर्द आह भरी, 'शोभा नहीं थी उसका साया था। आँखें अंदर को धँसी हुई। बाल परेशान और गर्द आलूद। यूँ चलती थी कि अपने आपको घसीट रही है। मेरे पास आयी और कहा—'मुझे पाँच रुपये दो' मैंने उसको न पहचाना। पूछा—'क्या करोगी पाँच रुपये लेकर।' बोली मार्फ़िया का टीका लूँगी,' एकदम मैंने ग़ौर से उसकी तरफ़ देखा...उसके बालाई होंठ पर जख़्म का निशान मौजूद था...मैं चिल्लाया, 'शोभा'...उसने थकी हुई वीरान आँखों से मुझे देखा और पूछा—'कौन हो तुम'...मैंने कहा, 'हनीफ़'...उसने जवाब दिया, 'मैं किसी हनीफ़ को नहीं जानती।' मैंने तुम्हारा ज़िक्र किया कि तुमने उसे बहुत तलाश किया, बहुत ढूँढ़ा। यह सुनकर उसके होंठों पर हल्की-सी मुस्कराहट पैदा हुई और कहने लगी, 'उससे कहना मत ढूँढ़े मुझे। मेरी तरफ़ देखो, मैं इतनी मुद्दत से अपना खोया हुआ लाल ढूँढ़ती फिर रही हूँ...यह ढूँढ़ना बिलकुल बेकार है। कुछ नहीं मिलता...लाओ पाँच रुपये दो मुझे! मैंने उसे पाँच रुपये दिये और कहा—"अपनी मोटर तो ले जाओ डॉक्टर ख़ान से। वह क़हक़हे लगाती हुई चली गयी।"

ख़ान ने पूछा—"कहाँ?"

हनीफ़ ने जबाब दिया, "मालूम नहीं...किसी डॉक्टर के पास गयी होगी।"

डॉक्टर ख़ान ने बहुत तलाश किया मगर शोभा का कुछ पता न चला।

12 जून, 1950

❑

अबजी गुड्डू

"मुझे मत सताइये...ख़ुदा की क़सम मैं आप से कहती हूँ, मुझे मत सताइये।'

"तुम बहुत ज़ुल्म कर रही हो आजकल!"

"जी हाँ बहुत ज़ुल्म कर रही हूँ।"

"यह तो कोई जवाब नहीं।"

"मेरी तरफ़ से साफ़ जवाब है, और यह मैं आपसे कई दफ़ा कह चुकी हूँ।"

"आज मैं कुछ नहीं सुनूँगा।"

"मुझे मत सताइये। ख़ुदा की क़सम, मैं आपसे सच कहती हूँ, मुझे मत सताइये मैं चिल्लाना शुरू कर दूँगी।"

"आहिस्ता बोलो। बच्चियाँ जाग पड़ेगी।"

"आप तो बच्चियों के ढेर लगाना चाहते हैं।"

"तुम हमेशा मुझे यही ताना देती हो।"

"आपको कुछ ख़याल तो होना चाहिए...मैं तंग आ चुकी हूँ।"

"दुरुस्त है...लेकिन..."

'लेकिन वेकिन कुछ नहीं।'

'तुम्हें मेरा कुछ ख़याल नहीं...असल में अब तुम मुझसे मुहब्बत नहीं करतीं...आज से आठ बरस पहले जो बात थी वह अब नहीं रही...तुम्हें अब मेरी जात से कोई दिलचस्पी ही नहीं रही।'

'जी हाँ।'

'वे क्या दिन थे जब हमारी शादी हुई थी। तुम्हें मेरी हर बात का कितना ख़याल रहता था। हम आपस में किस क़दर शीर-ओ-शकर (समीप) थे...मगर अब तुम कभी सोने का बहाना कर देती हो। कभी थकावट का उज्र पेश कर देती हो और कभी दोनों कान बन्द कर लेती हो। कुछ सुनती ही नहीं।'

'मैं कुछ सुनने के लिए तैयार नहीं।'

'तुम ज़ुल्म की आख़िरी हद तक पहुँच गयी हो।'

'मुझे सोने दीजिये।'

'सो जाओ...मगर मैं सारी रात करवटें बदलता रहूँगा...तुम्हारी बला से।'

'आहिस्ता बोलिये...साथ हमसाये (पड़ोसी) भी हैं।'

'हुआ करें।'

'आपको तो कुछ ख़याल ही नहीं...सुनेंगे तो क्या कहेंगे।'

'कहेंगे कि इस ग़रीब आदमी को कैसी बीवी मिली है।'

'ओह हो।'

'आहिस्ता बोलिये...देखो बच्ची जाग पड़ी।'

'अल्लाह-अल्लाह...अल्लाह जी अल्लाह...अल्लाह अल्लाह...अल्लाह जी अल्लाह... सो जाओ बेटे सो जाओ...अल्लाह अल्लाह...अल्लाह जी अल्लाह...ख़ुदा की क़सम आप बहुत तंग करते हैं। दिन भर की थकी-माँदी को सोने तो दीजिये।' 'अल्लाह अल्लाह... अल्लाह जी अल्लाह...अल्लाह अल्लाह...अल्लाह जी अल्लाह...तुम्हें अच्छी तरह सुलाना भी नहीं आता...'

'आपको तो आता है ना...सारा दिन आप घर में रहकर यही तो करते रहते हैं।'

'भई मैं सारा दिन घर में कैसे रह सकता हूँ...जब फ़ुर्सत मिलती है आ जाता हूँ और तुम्हारा हाथ बँटा देता हूँ।'

'मेरा हाथ बँटाने की आपको कोई ज़रूरत नहीं। आप मेहरबानी करके घर से बाहर अपने दोस्तों ही के साथ गुलछर्रे उड़ाया करें।'

'गुलछर्रे?'

'मैं ज़्यादा बातें नहीं करना चाहती।'

'अच्छा देखो, मेरी एक बात का जवाब दो...'

'ख़ुदा के लिए मुझे तंग न कीजिये।'

'कमाल है, मैं कहाँ जाऊँ?'

'जहाँ आपके सींग समाये चले जाइए।'

'लो अब हमारे सींग भी हो गये।'

'आप चुप नहीं करेंगे।'

'नहीं मैं आज बोलता ही रहूँगा। न ख़ुद सोऊँगा न तुम्हें सोने दूँगा।'

'सच कहती हूँ, मैं पागल हो जाऊँगी...लोगों यह कैसा आदमी है...कुछ समझता ही नहीं है...बस हर वक़्त। हर वक़्त...'

'तुम ज़रूर तमाम बच्चियों को जगाकर रहोगी।'

'न पैदा की होतीं इतनी।'

'पैदा करनेवाला मैं तो नहीं हूँ...ये तो अल्लाह की देन है...अल्लाह, अल्लाह...अल्लाह जी, अल्लाह अल्लाह...अल्लाह जी, अल्लाह।'

'बच्ची को अब मैंने जगाया था?'

'मुझे अफ़सोस है।'

'अफ़सोस है, कह दिया...चलो छुट्टी हुई...गला फाड़-फाड़ का चिल्लाये चले जा रहे हैं। पड़ोस का कुछ ख़याल ही नहीं, लोग क्या कहेंगे इसकी कोई परवाह ही नहीं...ख़ुदा की क़सम मैं अनक़रीब (जल्दी ही) दीवानी हो जाऊँगी।'

'दीवाने होंगे तुम्हारे दुश्मन।'

'मेरी जान के दुश्मन तो आप हैं।'

'तो ख़ुदा मुझे दीवाना करे।'

'वह तो आप हैं।'

'मैं दीवाना हूँ, मगर तुम्हारा।'

'अब चोंचले न बघारिये।'

'तुम तो न यूँ मानती हो न वूँ।'

'मैं सोना चाहती हूँ।'

'सो जाओ, मैं पड़ा बकवास करता रहूँगा।'

'यह बकवास क्या बहुत ज़रूरी है।'

'है तो सही...जरा इधर देखो...'

'मैं कहती हूँ, मुझे तंग न कीजिये। मैं रोऊँगी।'

'तुम्हारे दिल में इतनी नफ़रत क्यों पैदा हो गयी...मेरी सारी ज़िंदगी तुम्हारे लिए है। समझ में नहीं आता तुम्हें क्या हो गया मुझसे कोई ख़ता हुई हो तो बता दो।'

'आपकी तीन ख़तायें ये सामने पलंग पर पड़ी हैं।'

'ये तुम्हारे कोसने से कभी ख़त्म नहीं होंगी।'

'आपकी हठ कब ख़त्म होगी?'

'लो बाबा मैं तुमसे कुछ नहीं कहता। सो जाओ...मैं नीचे चला जाता हूँ।'

'कहाँ?'

'जहन्नुम में।'

'यह क्या पागलपन है...नीचे इतने मच्छर हैं। पंखा भी नहीं...सच कहती हूँ, आप बिलकुल पागल हैं...मैं नहीं जाने दूँगी आपको।'

‘मैं यहाँ क्या करूँगा...मच्छर हैं, पंखा है, ठीक है। मैंने ज़िंदगी के बुरे दिन भी गुज़ारे हैं। तन आसान (आरामतलब) नहीं हूँ...सो जाऊँगा सोफ़े पर।’

‘सारा वक़्त जागते रहेंगे।’

‘तुम्हारी बला से।’

‘मैं नहीं जाने दूँगी आपको...बात का बतंगड़ बना देते हैं।’

‘मैं मर नहीं जाऊँगा...मुझे जाने दो।’

‘कैसी बातें मुँह से निकालते हैं।...खबरदार जो आप गये।’

‘मुझे यहाँ नींद नहीं आयेगी।’

‘न आये।’

‘ये अजीब मंतक़ है...मैं कोई लड़-झगड़ कर तो नहीं जा रहा।’

लड़ाई-झगड़ा क्या अभी बाक़ी है...ख़ुदा की क़सम आप कभी-कभी बिलकुल बच्चों की-सी बातें करते हैं। अब यह ख़ब्त सर में समाई है कि मैं नीचे गर्मी और मच्छरों में जाकर सोऊँगा...कोई और होती तो पागल हो जाती।’

‘तुम्हें मेरा बड़ा ख़याल है?’

‘अच्छा बाबा नहीं है...आप चाहते क्या हैं?’

‘अब सीधे रास्ते पर आयी हो।’

‘चलिए हटिए...मैं कोई रास्ता-वास्ता नहीं जानती। मुँह धो के रखिये अपना।’

‘मुँह सुबह धोया जाता है...लो, अब मान जाओ।’

‘तौबा!’

‘साड़ी पर वह बॉर्डर लगकर आ गया?’

‘नहीं!’

‘अजीब उल्लू का पट्ठा दर्ज़ी है...कह रहा था आज ज़रूर पहुँचा देगा।’

‘लेकर आया था, मगर मैंने वापस कर दी...’

‘क्यों?’

‘एक-दो जगह झोल थे।’

‘ओह...अच्छा, मैंने कहा, कल ‘बरसात’ देखने चलेंगे। मैंने पास का बंदोबस्त कर लिया है।’

‘कितने आदमियों का?’

‘दो का...क्यों?’

‘बाजी भी जाना चाहती थीं।’

'हटाओ बाजी को, पहले हम देखेंगे फिर उसको दिखा देंगे पहले हफ़्ते में पास बड़ी मुश्किल से मिलते हैं...चाँदनी रात में तुम्हारा बदन कितना चमक रहा है।'

'मुझे तो इस चाँदनी से नफ़रत है। कमबख़्त आँखों में घुसती है सोने नहीं देती।'

'तुम्हें तो बस हर वक़्त सोने ही की पड़ी रहती है।'

'आपको बच्चियों की देखभाल करनी पड़े तो फिर पता चले। आटे-दाल का भाव मालूम हो जाये। एक के कपड़े बदलो, तो दूसरी के मैले हो जाते है। एक को सुलाओ दूसरी जाग पड़ती है, तीसरी नियामत खाने की ग़ारतगरी में मसरूफ़ होती है।'

'दो नौकर घर में मौजूद हैं।'

'नौकर कुछ नहीं करते।'

'तो उन्हें निकाल बाहर करो।'

'आहिस्ता बोलिये...देखिये छोटी कैसे चौंकी है।'

'माफ़ कर देना...ज़रा हाथ से थपका दो!'

'मझली भी तड़प रही है।'

'पेशाब करा दिया था इसे।'

'जी हाँ!'

'फिर क्या वजह है?'

'गर्मी आज कुछ ज़्यादा है...आप परे हट जाइये।'

'नहीं-नहीं।'

'आख़िर हार मुझे ही माननी पड़ती है।'

'तुम्हारी हार हार नहीं जीत होती है...अल्लाह बेहतर जानता है मुझे तुमसे कितनी मुहब्बत है।'

'अपनी मुहब्बत आप इसी वक़्त जताया करते हैं।'

'लो भई, और क्या सर-ए-बाज़ार तुमसे मुहब्बत किया करूँ...इधर देखो मेरी तरफ़।'

'आप अपनी करके रहेंगे।'

'मेरी जान जो हुई तुम।'

'मैंने कहा हटिये....'

'क्या हुआ?'

'देखते नहीं बड़ी उठकर बैठी हुई है।'

'ओह!'

'सुना नहीं आपने?'

'क्या?'

'कह रही है अबजी गुड्डू!'

हाँ-हाँ सुना है...दे इसे दूध।'

'मैं नीचे भूल आयी हूँ।'

'नीचे?'

हाँ, नियामत खाने में जाइये...ले आइये।'

'ले आऊँ, नीचे से?

'जल्दी जाइये वरना रोना शुरू कर देगी।'

'जाता हूँ।'

'मैंने कहा, सुनिये...आग जलाकर जरा कुनकुना कर दीजिएगा दूध।'

'अच्छा, अच्छा...सुन लिया है!'

❑

ब्लाउज़

कुछ दिनों से मोमिन बहुत बेचैन था। उसका वजूद कच्चे फोड़े-सा बन गया था। काम करते वक़्त, बातें करते वक़्त, यहाँ तक कि सोचते वक़्त भी, उसे अजीब क़िस्म का दर्द महसूस होता था–ऐसा दर्द जिसको वह बयान करना चाहता भी, तो न कर सकता।

कभी-कभी, बैठे-बैठे वह एकदम चौंक पड़ता। धुँधले-धुँधले ख़यालात, जो आम हालतों में बेआवाज़ बुलबुलों की तरह पैदा होकर मिट जाया करते हैं, मोमिन के दिमाग़ में बड़े शोर के साथ पैदा होते और शोर ही के साथ फटते। उसके दिलो-दिमाग़ के नर्म-नाज़ुक पर्दों पर हर वक़्त, जैसे कँटीले पैरों वाली चींटियाँ-सी रेंगती रहती थीं। एक अजीब क़िस्म का खिंचाव उसके अंगों में पैदा हो गया था, जिसकी वजह से उसे बहुत तकलीफ़ होती थी। इसी तकलीफ़ की शिद्दत जब बढ़ जाती तो उसके जी में आता कि अपने आपको एक बड़ी-सी ओखली में डाल दे और किसी से कहे–"मुझे कूटना शुरू कर दो।"

बावर्चीख़ाने में, गर्म मसाला कूटते वक़्त, जब लोहे से लोहा टकराता और धमकों से छत में एक गूँज-सी दौड़ जाती तो मोमिन के नंगे पैरों को यह कँपकँपी बड़ी भली लगती। पैरों से होती हुई यह कँपकँपी, उसकी तनी हुई पिंडलियों और रानों में दौड़ती हुई उसके दिल तक पहुँच जाती, जो तेज़ हवा में रखे हुए दीये की लौ-सा काँपने लगता। मोमिन की उम्र पंद्रह बरस की थी। शायद सोलहवाँ भी लगा हो। उसे अपनी उम्र के बारे में सही अंदाज़ा नहीं था। वह एक सेहतमंद और तंदुरुस्त लड़का था, जिसका बचपन तेज़ी से जवानी के मैदान की तरफ़ भाग रहा था। इस दौड़ ने जिससे मोमिन बिलकुल अनजान था, उसके ख़ून की हर बूँद में सनसनी पैदा कर दी थी। वह उसका मतलब समझने की कोशिश करता, पर नाकाम रहता।

उसके जिस्म में कई तब्दीलियाँ पैदा हो रही थीं। गर्दन, जो पहले पतली थी, अब मोटी हो गई थी। बाँहों के पुट्ठों में ऐंठन-सी पैदा हो गयी थी। कंठ निकल रहा था। छाती पर माँस की तह मोटी हो गयी थी और अब कुछ दिनों से उसकी छातियों में

गोलियाँ-सी पड़ गयी थीं, जगह उभर आयी थी, जैसे किसी ने एक-एक बंटा अंदर दाख़िल कर दिया हो। उन उभारों को हाथ लगाने पर मोमिन को बहुत दर्द महसूस होता था। कभी-कभी, काम करने के दौरान अचानक जब उसका हाथ उन गोलियों से छू जाता तो वह तड़प उठता। कमीज़ के मोटे और खुरदरे कपड़े से भी उसको तकलीफ़देह सरसराहट महसूस होती थी।

गुसलख़ाने में नहाते वक़्त या बावर्चीख़ाने में, जब कोई और मौजूद न हो, मोमिन अपनी कमीज़ के बटन खोलकर उन गोलियों को गौर से देखता, हाथों से मसलता, दर्द होता, टीमें उठतीं। सारा जिस्म फलों से लदे हुए दरख़्तों की तरह, जिसे ज़ोर से हिला दिया गया हो, काँप-काँप जाता, इसके बावजूद, वह दर्द पैदा करने वाले इस खेल में मशगूल रहता। कभी-कभी ज़्यादा दबाने पर, वे गोलियाँ पिचक जातीं और उसके मुँह से एक लेसदार लुआब निकल आता। उसको देखकर, उसका चेहरा कान की लवों तक सुर्ख़ हो जाता। वह यह समझता कि उससे कोई गुनाह हो गया है।

गुनाह और सबाब के बारे में मोमिन की जानकारी बहुत सीमित थी। हर वह काम, जो एक इनसान दूसरे इनसानों के सामने न कर सकता हो, उसके ख़याल के मुताबिक़ गुनाह था। इसीलिए जब शर्म के मारे उसका चेहरा कान की लवों तक सुर्ख़ हो जाता, तो वह झट अपनी कमीज़ के बटन बंद कर लेता और मन में फैसला करता कि आइंदा ऐसी फ़िज़ूल हरकत कभी न करेगा। लेकिन इस इरादे के बावजूद, दूसरे या तीसरे दिन, तन्हाई में वह फिर उस खेल में मशगूल हो जाता।

मोमिन से सब घर वाले ख़ुश थे। बड़ा मेहनती लड़का था। जब हर काम वक़्त पर कर देता था तो किसी को शिकायत का मौका कैसे मिलता? डिप्टी साहब के यहाँ उसे काम करते हुए सिर्फ़ तीन महीने हुए थे, लेकिन इस थोड़े-से अरसे में, उसने घर के हर आदमी को अपने मेहनती मिज़ाज से मुतासिर कर लिया था। छः रुपये महीने पर नौकर हुआ था, पर दूसरे महीने ही उसकी तनख़्वाह में दो रुपये बढ़ा दिए गए थे। वह उस घर में बहुत ख़ुश था, इसलिए कि यहाँ उसकी क़द्र की जाती थी। पर अब कुछ दिनों से वह बेक़रार था। एक अजीब क़िस्म की आवारगी उसके दिमाग़ में पैदा हो गयी थी। उसका जी चाहता था कि सारा दिन, बेमतलब, बाज़ारों में घूमता फिरे या किसी सुनसान जगह पर लेटा रहे।

अब काम में उसका जी न लगता था। लेकिन इस बेदिली के होते हुए भी, वह अपने काम में काहिली नहीं बरतता था। यही वजह थी कि घर में कोई भी, उसकी इस मानसिक उथल-उथल से वाक़िफ़ न था। रज़िया थी, सो वह दिन भर बाजा बजाने, नयी-नयी फ़िल्मी धुनें सीखने और रिसालें पढ़ने में मशगूल रहती थी, उसने कभी मोमिन की निगरानी ही न की थी। शकीला अलबत्ता मोमिन से इधर-उधर के काम लेती थी और कभी-कभी उसे डाँटती भी थी; पर अब कुछ दिनों से वह भी चंद ब्लाउज़ों के

नमूने उतारने में बेतरह मशगूल थी। ये ब्लाउज़ उसकी एक सहेली के थे जिसे नयी-नयी काट के कपड़े पहनने का बेहद शौक़ था। शकीला उससे आठ ब्लाउज़ माँगकर लायी थी और काग़ज़ों पर उसके नमूने उतार रही थी। इसीलिए उसने भी कुछ दिनों में मोमिन की तरफ ध्यान नहीं दिया था।

डिप्टी साहब की बीवी सख़्तगीर औरत नहीं थी। घर में दो नौकर थे। यानी मोमिन के अलावा एक बुढ़िया भी थी, जो ज़्यादातर बावर्चीख़ाने का काम करती थी। मोमिन कभी-कभी उसका हाथ बँटा दिया करता था। डिप्टी साहब की बीवी ने, मुमकिन है, मोमिन की मुस्तैदी में कोई कमी देखी हो, पर उसने मोमिन से इसकी चर्चा नहीं की। और वह इंक़लाब, जिसमें मोमिन का दिल-दिमाग़ और जिस्म गुज़र रहा था, उससे तो डिप्टी साहब की बीवी बिलकुल अनजान थी। चूँकि उसका कोई लड़का नहीं था, इसलिए वह मोमिन के ज़ेहनी और जिस्मानी बदलावों को नहीं समझ सकती थी। फिर मोमिन नौकर था–नौकरों के बारे में कौन सोचता है? बचपन से लेकर बुढ़ापे तक, वे तमाम मंज़िलें, पैदल तय कर जाते हैं और आसपास के आदमियों को खबर तक नहीं होती।

मोमिन का भी बिलकुल यही हाल था। वह कुछ दिनों से मोड़ मुड़ता-मुड़ता, ज़िंदगी के ऐसे रास्ते पर आ निकला था जो ज़्यादा लम्बा तो नहीं था, पर ख़तरों से भरा था। इस रास्ते पर उसके क़दम कभी तेज़-तेज़ थे, कभी धीरे-धीरे। दरअसल, वह जानता नहीं था कि ऐसे रास्तों पर किस तरह चलना चाहिए! उन्हें जल्दी तय कर जाना चाहिए या कुछ वक़्त लेकर, आहिस्ता-आहिस्ता, इधर-उधर की चीज़ों का सहारा लेकर, तय करना चाहिए। मोमिन के नंगे पाँव के नीचे आने वाली जवानी की गोल-गोल, चिकनी बट्टियाँ फिसल रही थीं। वह अपना संतुलन बना नहीं पा रहा था। इसीलिए बेहद बेचैन था। इसी बेचैनी की वजह से कई बार काम करते-करते चौंककर, वह अचानक किसी खूँटी को दोनों हाथों से पकड़ लेता और उसके साथ लटक जाता। फिर उसके मन में इच्छा होती कि टाँगों से पकड़कर उसे कोई इतना खींचे कि वह एक महीन तार बन जाए। ये सब बातें उसके दिमाग़ के किसी ऐसे कोने में पैदा होती थीं कि वह ठीक तौर पर उनका मतलब नहीं समझ सकता था।

अंजाने तौर पर वह चाहता था–कुछ हो...क्या हो? वह कुछ हो। मेज़ पर क़रीने से चुनी हुई प्लेटें, एकदम उछलना शुरू कर दें। केतली पर रखा हुआ ढकना पानी के एक ही उबाल से ऊपर को उड़ जाए। नल की जस्ती नाली पर वह दबाव डाले तो वह दोहरी हो जाए और उसमें से पानी का एक फव्वारा-सा फूट पड़े। उसे एक ऐसी ज़बरदस्त अँगड़ाई आए कि सारे जोड़ अलग-अलग हो जाएँ और उसमें एक ढीलापन पैदा हो जाए–कोई ऐसी बात हो जाए, जो उसने पहले कभी न देखी हो।

मोमिन बहुत बेचैन था।

रज़िया नयी फ़िल्मी धुनें सीखने में मशगूल थी और शकीला काग़ज़ों पर ब्लाउज़ों के नमूने उतार रही थी। जब उसने यह काम ख़त्म कर लिया तो वह नमूना, जो उन सबमें

अच्छा था, सामने रखकर, अपने लिए ऊदी साटन का ब्लाउज़ बनाने लगी। अब रज़िया को भी, अपना बाजा और फ़िल्मी गानों की कापी छोड़कर, उस ओर ध्यान देना पड़ा।

शकीला हर काम बड़े ढंग और चाव से करती थी। जब सीने-पिरोने बैठती, तो उसकी बैठक बड़ी इत्मीनान-भरी होती थी। अपनी छोटी बहन, रज़िया की तरह वह अफ़रा-तफ़री पसंद नहीं करती थी। एक-एक टाँका सोच-समझकर, बड़े इत्मीनान से लगाती थी ताकि भूल की गुंजाइश न रहे। नाप-जोख भी उसकी बहुत सही थी। इसलिए कि पहले काग़ज़ काटकर, फिर कपड़ा काटती थी। यूँ, वक़्त तो ज़्यादा खर्च होता, पर चीज़ बिलकुल फिट तैयार होती।

शकीला भरे-भरे जिस्म की सेहतमंद लड़की थी। हाथ-पाँव गुदगुदे थे। गोश्त-भरी उँगलियों के आख़िर में, हर जोड़ पर एक-एक नन्हा गड़ा था। जब मशीन चलाती थी तो ये नन्हे-नन्हे गढ़े, हाथ की हरकत से कभी ग़ायब हो जाते थे।

शकीला मशीन भी बड़ी इत्मीनान से चलाती थी। आहिस्ता-आहिस्ता, उसकी दो या तीन उँगलियाँ, बड़ी ख़ूबसूरती के साथ मशीन की हत्थी घुमाती थी। कलाई में एक हलका-सा खम पैदा हो जाता था। गर्दन ज़रा उस तरफ़ को झुक जाती थी और बालों की एक लट, जिसे शायद अपने लिए कोई मुस्तक़िल जगह न मिलती थी, नीचे फिसल आती थी। शकीला अपने काम में इतनी मशगूल रहती थी कि उसे हटाने या जमाने की कोशिश ही नहीं करती थी।

जब शकीला, ऊदी साटन सामने फैलाकर, अपनी नाप का ब्लाउज़ काटने लगी तो उसे टेप की ज़रूरत महसूस हुई क्योंकि उसका अपना टेप, घिस-घिसाकर, बिलकुल टुकड़े-टुकड़े हो गया था। लोहे का गज़ मौजूद था, पर उससे कमर और छाती की नाप कैसे ली जा सकती थी, उसके अपने कई ब्लाउज़ मौजूद थे, लेकिन अब चूँकि पहले से कुछ मोटी हो गयी थी, इसीलिए सारी नाप दोबारा लेना चाहती थी।

कमीज़ उतारकर उसने मोमिन को आवाज़ दी। जब वह आया तो उसने कहा–"जाओ मोमिन, दौड़कर छह नंबर से कपड़े का गज़ ले आओ। कहना शकीला बीबी माँगती हैं।"

मोमिन की निगाहें शकीला की सफ़ेद बनियान के साथ टकरायीं। वह कई बार शकीला बीबी को ऐसी बनियानों में देख चुका था। लेकिन आज उसे एक अजीब क़िस्म की झिझक महसूस हुई। उसने अपनी निगाहों का रुख़ दूसरी तरफ़ फेर लिया और घबराहट में कहा, "कैसा गज़ बीबी जी?"

शकीला ने जवाब दिया-"कपडे का गज़! एक गज़ तो यह तुम्हारे सामने पड़ा है, यह लोहे का है। एक दूसरा गज़ भी होता है, कपड़े का। जाओ, छह नंबर में जाओ और दौड़कर उनसे वह गज़ ले आओ। कहना, शकीला बीबी माँगती हैं।"

छह नंबर का फ्लैट बिलकुल क़रीब था। मोमिन फ़ौरन ही कपड़े का गज़ लेकर आ गया। शकीला ने यह गज़ उसके हाथ से ले लिया और कहा–"यहीं ठहर जाओ,

इसे अभी वापस ले जाना।" फिर उसने अपनी बहन रज़िया से कहा–"इन लोगों की कोई चीज़ अपने पास रख ली जाए तो वह बुढ़िया तगादे कर-कर के, परेशान कर देती है।... इधर आओ, यह गज़ लो और यहाँ से मेरी माप लो।"

रज़िया ने शकीला की कमर और सीने का माप लेनी शुरू की तो उनके बीच कई बातें हुईं। मोमिन दरवाज़े की दहलीज़ में खड़ा, तकलीफ़देह ख़ामोशी से, ये बातें सुनता रहा।

"रज़िया, तुम खींचकर माप क्यों नहीं लेतीं, पिछली दफ़ा भी यही हुआ। तुमने माप लिया और मेरे ब्लाउज़ का सत्यानाश हो गया। ऊपर के हिस्से पर अगर कपड़ा फिट न आए तो इधर-उधर बग़लों में झोल पड़ जाते हैं।"

"कहाँ का लूँ, कहाँ का न लूँ! तुम तो अजीब मुसीबत में डाल देती हो। यहाँ की माप लेनी शुरू की थी तो तुमने कहा ज़रा और नीचे से लो...ज़रा छोटा-बड़ा हो गया तो कौन-सी आफ़त आ जाएगी।"

"भई वाह...चीज़ के फिट होने में ही तो सारी ख़ूबसूरती है। सुरैया को देखो, कैसे फिट कपड़े पहनती है। मजाल है, जो कहीं शिकन पड़े। कितने ख़ूबसूरत मालूम होते हैं ऐसे कपड़े..."अब तुम माप लो...।"

यह कहकर शकीला ने साँस के ज़रिये अपना सीना फुलाना शुरू किया। जब अच्छी तरह फूल गया तो साँस रोककर, उसने घुटी-घुटी आवाज़ में कहा–"लो अब जल्दी करो।"

जब शकीला के सीने की हवा निकाली तो मोमिन को ऐसा लगा कि उसके अंदर रबड़ के गुब्बारे फट गए हैं। उसने घबराकर कहा-"गज़ लाइए बीबी जी...दे आऊँ।"

शकीला ने उसे झिड़क दिया-"ज़रा ठहर जाओ।"

यह कहते समय, कपड़े का गज़ उसके नंगे बाज़ू से लिपट गया। जब शकीला ने उतारने की कोशिश की तो मोमिन को उसकी सफ़ेद बगल में, काले-काले बालों का एक गुच्छा नज़र आया। मोमिन की अपनी बगलों में भी ऐसे ही बाल उग रहे थे, पर यह गुच्छा उसे बहुत भला मालूम हुआ। एक सनसनी-सी उसके सारे बदन में दौड़ गई। एक अजीब-सी इच्छा उसके मन में पैदा हुई कि ये काले-काले बाल उसकी मूँछें बन जाएँ–बचपन से वह भुट्टों के काले और सुनहरे बाल निकालकर, अपनी मूँछें बनाया करता था। उसको अपने ऊपरी होंठों पर जमाते समय जो सरसराहट उसे महसूस करती थी, उसी तरह की सरसराहट–इस इच्छा ने उसके ऊपरी होंठ और नाक में पैदा कर दी।

शकीला का बाज़ू अब नीचे झुक गया था और बग़ल छिप गई थी, पर मोमिन अब भी काले-काले बालों का वह गुच्छा देख रहा था। उसकी तसव्वुर में शकीला का बाज़ू, देर तक वैसे ही उठा रहा और उसके काले बाल बग़ल में झाँकते रहे।

थोड़ी देर बाद शकीला ने मोमिन को गज़ दे दिया और कहा–"जाओ, वापस दे आओ। कहना, बहुत-बहुत शुक्रिया अदा किया है।"

मोमिन गज़ वापस देकर, बाहर सहन में बैठ गया। उसके दिलो-दिमाग़ में धुँधले-धुँधले ख़याल पैदा हो रहे थे। देर तक वह उनका मतलब समझने की कोशिश करता रहा। जब कुछ समझ में न आया तो उसने अचानक अपना छोटा-सा ट्रंक खोला, जिसमें ईद के लिए नये कपड़े बनवाकर रखे थे।

जब ट्रंक का ढकना खुला और नये लड़के की बू उसकी नाक तक पहुँची तो उसके मन में ख़्वाहिश हुई कि नहा-धोकर और नये कपड़े पहनकर, वह सीधा शकीला के पास जाए और उसे सलाम करे–उसकी लड़के की सलवार किसी तरह फड़-फड़ करेगी और और उसकी रूमी टोपी...रूमी टोपी का ख़याल आते ही, मोमिन की निगाहों के सामने उसका फुँदना आ गया और फुँदना फ़ौरन ही उन काले बालों के गुच्छे में बदल गया जो उसने शकीला की बग़ल में देखा। उसने कपड़ों के नीचे से अपनी नयी रूमी टोपी निकाली और उसके नर्म और लचकीले फुँदने पर उसने हाथ फेरना शुरू किया ही था कि अंदर से शकीला बीबी की आवाज़ आयी–"मोमिन।"

मोमिन ने टोपी ट्रंक में रखी, ढकना बंद किया और अंदर चला गया, जहाँ शकीला नमूने के मुताबिक़ ऊदी साटन के कई टुकड़े काट चुकी थी। उन चमकीले और फिसल-फिसल जाने वाले टुकड़ों को एक जगह रखकर, वह मोमिन से बोली–"मैंने तुम्हें इतनी आवाज़ें दीं। सो गए थे क्या?"

मोमिन की ज़बान लड़खड़ाने लगी–"नहीं...नहीं, बीबी जी।"

"तो क्या कर रहे थे?"

"कुछ...कुछ भी नहीं।"

"कुछ तो ज़रूर कर रहे होंगे?"

शकीला सवाल किए जा रही थी, पर उसका ध्यान असल में ब्लाउज़ की ओर था, जिसे अब उसे कच्चा करना था।

मोमिन ने खिसियानी हँसी के साथ जवाब दिया–"ट्रंक खोलकर, अपने नये कपड़े देख रहा था।"

शकीला खिल-खिलाकर हँस पड़ी। रज़िया ने भी उसका साथ दिया।

शकीला को हँसते देखकर मोमिन को एक अजीब-सी तस्कीन महसूस हुई और इस तस्कीन ने उसके मन में यह ख़्वाहिश पैदा कि वह कोई ऐसी बेवकूफ़ाना हरकत करे, जिससे शकीला को और हँसने का मौका मिले। इसलिए लड़कियों की तरह झेंपकर और लहज़े में शरमाहट पैदा करके, उसने कहा–"बड़ी बीबी जी से पैसे लेकर मैं रेशमी रूमाल भी लाऊँगा।"

शकीला ने हँसते हुए पूछा, "क्या करोगे उस रूमाल का?"

मोमिन ने झेंपकर जबाव दिया–"गले में बाँध लूँगा, बीबी जी...बड़ा अच्छा लगेगा।"

यह सुनकर शकीला और रज़िया, दोनों देर तक हँसती रही।

"गले में बाँधोगे तो याद रखना, उसी से फाँसी दे दूँगी।" यह कहकर शकीला ने अपनी हँसी दबाने की कोशिश की और रज़िया से कहा,–"कमबख़्त ने मुझे काम ही भुला दिया। रज़िया, मैंने इसे क्यों बुलाया था?

रज़िया जवाब न देकर उस नयी फ़िल्मी धुन को गुनगुनाने लगी, जिसे वह दो दिन से सीख रही थी। इस बीच शकीला को ख़ुद ही याद आ गया कि उसने मोमिन को क्यों बुलाया था–"देखो मोमिन, मैं तुम्हें यह बनियान उतारकर देती हूँ। दवाइयों की दुकान के पास जो एक नयी दुकान खुली है न–वही, जहाँ उस दिन तुम मेरे साथ गए थे। वहाँ जाओ और पूछकर आओ कि ऐसी छह बनियानों का वह क्या लेगा...कहना हम पूरी छह लेंगे, इसलिए कुछ रियायत ज़रूर करे... समझ लिया न?"

मोमिन ने जवाब दिया, "जी हाँ।"

"अब तुम परे हट जाओ।"

मोमिन बाहर निकलकर दरवाज़े की ओट में हो गया। कुछ लम्हों के बाद बनियान उसके पैरों के पास आ गिरी और अंदर से शकीला की आवाज़ आयी–"कहना, हम इसी क़िस्म की, इसी डिज़ाइन की, बिलकुल यही चीज़ लेंगे। फ़र्क़ नहीं होना चाहिए।"

मोमिन ने 'बहुत अच्छा' कहकर, बनियान उठा ली, जो पसीने के कारण कुछ गीली हो रही थी, जैसे उसे किसी ने भाप पर रखकर फ़ौरन हटा लिया हो। बदन की बू भी उसमें बसी हुई थी। मीठी-मीठी गर्मी थी। ये सारी चीज़ें उसको बड़ी भली लगीं।

उस बनियान को, जो बिल्ली के बच्चे की तरह मुलायम थी, वह अपने हाथों से मसलता, बाहर चला गया। जब भाव-ताव पूछकर बाज़ार से लौटा तो शकीला उस ऊदी साटन के ब्लाउज़ की सिलाई शुरू कर चुकी थी, जो मोमिन की रूमी टोपी के फुँदने से कहीं ज़्यादा चमकीला और लचकदार था।

यह ब्लाउज़ शायद ईद के लिए तैयार किया जा रहा था, क्योंकि ईद अब बिलकुल क़रीब आ गयी थी। मोमिन को एक दिन में कई बार बुलाया गया। धागा लाने के लिए, इस्तरी निकालने के लिए, सूई टूट गयी तो नई सूई लाने के लिए! शाम के क़रीब जब शकीला ने बाक़ी काम दूसरे दिन पर उठा दिया तो धागे के टुकड़े और ऊदी साटन की बेकार कतरनें उठाने के लिए भी उसे बुलाया गया।

मोमिन ने अच्छी तरह जगह साफ़ कर दी। बाक़ी सब चीज़ें उठाकर बाहर फेंक दीं, मगर साटन की चमकीली कतरनें अपनी जेब में रख लीं...बिलकुल बेमतलब, क्योंकि उसे मालूम न था कि वह उनका क्या करेगा?

दूसरे दिन उसने जेब से कतरनें निकालीं और अकेले में बैठकर उनके धागे अलग करने लगा। देर तक वह इस खेल में लगा रहा, यहाँ तक कि धागों के छोटे-बड़े टुकड़ों का एक गुच्छा-सा बन गया। उसको हाथ में लेकर वह दबाता रहा, मसलता रहा—लेकिन उसकी कल्पना में शकीला की वही बग़ल थी जिसमें उसने काले-काले बालों का एक छोटा-सा गुच्छा देखा था।

उस दिन भी उसे शकीला ने कई बार बुलाया-ऊदी साटन के ब्लाउज़ की हर शक्ल उसकी निगाहों के सामने आती रही। पहले जब उसे कच्चा किया गया था तो उस पर सफ़ेद धागे के बड़े-बड़े टाँके, जगह-जगह फैले हुए थे। फिर उस पर इस्तरी की गयी, जिससे उसकी सब सिलवटें दूर हो गयीं और चमक भी दूनी हो गयी। इसके बाद, कच्ची हालत में ही शकीला ने उसे पहना, रज़िया को दिखाया। दूसरे कमरे में सिंगार-मेज़ के पास जाकर, आईने में ख़ुद को हर पहलू से अच्छी तरह देखा। जब पूरी तरह इत्मीनान हो गया तो उसे उतारा। जहाँ-तहाँ तंग या खुला था, वहाँ निशान बनाए, उसकी सारी खामियाँ दूर कीं। एक बार फिर पहनकर देखा। जब बिलकुल फिट हो गया तो पक्की सिलाई शुरू की।

इधर साटन का यह ब्लाउज़ सिया जा रहा था, उधर मोमिन के दिमाग़ में अजीबोगरीब ख़याालों के टाँके-से उधड़ रहे थे। जब उसे कमरे में बुलाया जाता और उसकी निगाहें चमकीली साटन के ब्लाउज़ पर पड़ती तो उसका जी चाहता कि वह हाथ से छूकर उसे देखे-सिर्फ़ छूकर ही नहीं, बल्कि उसकी मुलायम और रोयेंदार सतह पर दूर तक हाथ फेरता रहे-अपने खुरदरे हाथ।

उसने उन साटन के टुकड़ों से उसकी कोमलता का अंदाज़ा कर लिया था। धागे, जो उसने उन टुकड़ों से निकाले थे, और भी ज़्यादा मुलायम हो गए थे। जब उसने उसका गुच्छा बनाया तो दबाते वक़्त उसे लगा था कि उनमें रबड़ की-सी लचक भी है। वह जब भी अंदर आकर ब्लाउज़ को देखता, उसका ख़याल फ़ौरन उन बालों की तरफ दौड़ जाता, जो उसने शकीला की बग़ल में देखे थे। काले-काले बाल। मोमिन सोचता था, क्या वे भी इस साटन की ही तरह मुलायम होंगे?

आख़िरकार ब्लाउज़ तैयार हो गया। मोमिन कमरे के फर्श पर गीला कपड़ा फेर रहा था कि शकीला अंदर आयी। कमीज़ उतारकर उसने पलंग पर रखी। उसके नीचे उसी क़िस्म की सफ़ेद बनियान थी, जिसका नमूना लेकर मोमिन भाव पूछने गया था—उसके ऊपर शकीला ने अपने हाथ का सिला हुआ ब्लाउज़ पहना। सामने के हुक लगाए और आईने के सामने खड़ी हो गयी।

मोमिन ने फ़र्श साफ़ करते-करते, आईने की तरफ देखा। ब्लाउज़ में अब जान-सी पड़ गयी थी। एक-दो जगह पर वह इतना चमकता था कि मालूम होता था, साटन का रंग सफ़ेद हो गया है—शकीला की पीठ मोमिन की तरफ थी, जिस पर रीढ़ की हड्डी का

लंबी सुर्री ब्लाउज़ फिट होने के कारण अपनी पूरी गहराई के साथ नुमायाँ थी। मोमिन से रहा न गया, इसलिए उसने कहा, "बीबी जी, आपने दर्जियों को भी मात कर दिया है।"

शकीला अपनी तारीफ़ सुनकर ख़ुश हुई, पर वह रज़िया की राय जानने के लिए बेचैन थी, इसलिए वह सिर्फ़ 'अच्छा है न?' कहकर बाहर दौड़ गयी। मोमिन आईने की तरफ देखता रह गया, जिसमें ब्लाउज़ का काला और चमकीला अक्स देर तक मौजूद रहा।

रात को, जब वह फिर उस कमरे में सुराही रखने के लिए आया तो अपने खूँटी पर लकड़ी के हैंगर में उस ब्लाउज़ को देखा। कमरे में कोई मौजूद नहीं था। चुनाँचे, आगे बढ़कर उसने पहले ध्यान से उसे देखा, फिर डरते-डरते उस पर हाथ फेरा। ऐसा करते हुए उसे यूँ लगा कि कोई उसके जिस्म के मुलायम रोयें पर हौले-हौले बिलकुल हवाई लम्स की तरह हाथ फेर रहा है।

रात को जब वह सोया तो उसने कई ऊटपटाँग सपने देखे–डिप्टी साहब ने उसे पत्थर के कोयलों का एक बड़ा ढेर कूटने को कहा। जब उसने एक कोयला उठाया और उस पर हथौड़े की चोट लगायी तो वह नर्म-नर्म बालों का एक गुच्छा बन गया–ये काली खांड के महीन-महीन तार थे, जिनका गोला बना हुआ था। फिर ये गोले, काले रंग के गुब्बारे बनकर, हवा में उड़ने लगे–बहुत ऊपर जाकर ये फटने लगे।...फिर आँधी आ गयी और मोमिन की रूमी टोपी का फुँदना कहीं ग़ायब हो गया–वह फुँदने की तलाश में निकला–देखी और अनदेखी जगहों में घूमता रहा...नये लट्ठे की बू भी कहीं से आनी शुरू हुई। फिर न जाने क्या हुआ।...एक काली साटन के ब्लाउज़ पर उसका हाथ पड़ा...कुछ देर तक वह किसी धड़कती हुई चीज़ पर अपना हाथ फेरता रहा। फिर एकाएक हड़बड़ाकर उठ बैठा। थोड़ी देर तक वह कुछ समझ न सका कि क्या हो गया है। इसके बाद उसे डर, हैरानी और एक अनोखी टीस का अहसास हुआ। उसकी हालत उस वक़्त अजीबोगरीब थी ...पहले उसे एक तकलीफ़देह गर्मी-सी महसूस हुई। फिर कुछ लम्हों के बाद एक ठंडी-सी लहर उसके जिस्म पर रेंगने लगी।

❑

ऊपर, नीचे और दरमियान

मियाँ साहब : "बहुत देर के बाद आज मिल बैठने का इत्तफ़ाक़ हुआ है।"

बेगम साहिबा : "जी हाँ।"

मियाँ साहब : बहुत पीछे हटता हूँ मगर जाहिल लोगों का ख़याल करके कौम की पेश की हुई ज़िम्मेदारी संभालनी पड़ती है।

बेगम साहिबा : "असल में आप ऐसे मामलों में बहुत नर्मदिल वाले हुए हैं, बिलकुल मेरी तरह।"

मियाँ साहब : "हाँ! मुझे आपकी सोशल ऐक्टिविटीज़ का इल्म होता रहता है। फ़ुर्सत मिले तो कभी अपनी वह तक़रीरें भिजवा दीजिएगा जो पिछले दिनों आपने मुख़्तलिफ़ मौकों पर की है...मैं फ़ुर्सत के औकात में उनका मुतालआ करना चाहता हूँ।"

बेगम साहिबा : "बहुत बेहतर।"

मियाँ साहब : "हाँ बेगम, वह मैंने आपसे उस बात का जिक्र किया था।"

बेगम साहिबा : "किस बात का?"

मियाँ साहब : मेरा ख़याल है, जिक्र नहीं किया...कल इत्तफ़ाक़ से मैं मँझले साहबज़ादे के कमरे में जा निकला, वह 'लेडीज़ चटर्लीज़ लवर' पढ़ रहा था।

बेगम साहिबा : वह रूसवा-ए-ज़माना किताब।

मियाँ साहब : हाँ बेगम!

बेगम साहिबा : आपने क्या किया?

मियाँ साहब : मैंने उससे किताब छीनकर ग़ायब कर दी।

बेगम साहिबा : बहुत अच्छा किया आपने।

मियाँ साहब : अब मैं सोच रहा हूँ कि डॉक्टर से मशविरा कर लूँ और उसकी रोज़ाना गि.ज़ा में तब्दीली करा दूँ।

बेगम साहिबा : बड़ा सही कदम उठाएँगे आप।

मियाँ साहब : मिज़ाज कैसा है आपका?

बेगम साहिबा : ठीक है।

मियाँ साहब : मेरा ख़याल था कि आज आपसे...दरख़्वास्त करूँ।

बेगम साहिबा : ओह! आप बहुत बिगड़ते जा रहे हैं।

मियाँ साहब : यह सब आपकी करिश्मा साजियाँ हैं।

बेगम साहिबा : लेकिन आपकी सेहत?

मियाँ साहब : सेहत? अच्छी है। लेकिन डॉक्टर से मशविरा किए बग़ैर कोई कदम नहीं उठाऊँगा...और आपकी तरफ़ से भी मुझे पूरा इत्मीनान होना चाहिए।

बेगम साहिबा : मैं आज ही मिस सलढाना से पूछूँगी।

मियाँ साहब : और मैं डॉक्टर जलाल से।

बेगम साहिबा : क़ायदे के मुताबिक़ ऐसा ही होना चाहिए।

मियाँ साहब : अगर डॉक्टर जलाल ने इजाज़त दे दी?

बेगम साहिबा : अगर मिस सलढाना ने इजाज़त दे दी...मफ़लर अच्छी तरह लपेट लीजिए। बाहर सर्दी है।

मियाँ साहब : शुक्रिया!

डॉक्टर जलाल : तुमने इजाज़त दे दी?

मिस सलढाना : जी हाँ!

डॉक्टर जलाल : मैंने भी इजाज़त दे दी...हालाँकि शरारत के तौर पर...

मिस सलढाना : हालाँकि शरारत के तौर पर मैं भी चाहती थी कि इजाज़त न दूँ।

डॉक्टर जलाल : लेकिन मुझे तरस आ गया।

मिस सलढाना : मुझे भी।

डॉक्टर जलाल : पूरे एक बरस के बाद वह...

मिस सलढाना : हाँ पूरे एक बरस के बाद।

डॉक्टर जलाल : मेरी उँगलियों के नीचे उसकी नब्ज़ तेज़ हो गई, जब मैंने उसको इजाज़त दी।

मिस सलढाना : उसकी भी यही कैफ़ियत थी।

डॉक्टर जलाल : उसने मुझसे डरते हुए कहा, “ऐसा मालूम होता है, मेरा दिल कमज़ोर हो गया है...आप कार्डियोग्राम लीजिए...।”

मिस सलढाना : उसने भी मुझसे यही कहा।

डॉक्टर जलाल : मैंने उसके टीका लगा दिया।

मिस सलढाना : मैंने भी...सिर्फ़ सादा पानी का।

डॉक्टर जलाल : सादा पानी बेहतरीन चीज़ है।

मिस सलढाना : जलाल! अगर तुम इस बेगम के शौहर होते?

डॉक्टर जलाल : अगर तुम उस मियाँ की बीवी होतीं?

मिस सलढाना : मेरा कैरेक्टर ख़राब हो गया होता।

डॉक्टर जलाल : मेरा जनाज़ा उठ गया होता!

मिस सलढाना : यह भी तुम्हारे कैरेक्टर की ख़राबी कहलाती।

डॉक्टर जलाल : हम जब भी सोसायिटी के इन वस्तुओं को देखने आते हैं, हमारा कैरेक्टर ख़राब हो जाता है।

मिस सलढाना : आज भी होगा?

डॉक्टर जलाल : बहुत ज़्यादा।

मिस सलढाना : मगर मुसीबत है कि उनका लंबे-लंबे वक़्फ़ों के बाद होता है।

बेगम साहिबा : 'लेडीज चटर्लीज़ लवर' यह आपके तकिये के नीचे क्यों रखी हुई है?

मियाँ साहब : मैं देखना चाहता था कि यह किताब कितनी बेहूदा और वाहियात है।

बेगम साहिबा : मैं भी आपके साथ देखूँगी।

मियाँ साहब : मैं जस्ता-जस्ता देखूँगा, पढ़ता जाऊँगा। आप भी सुनती जाइये।

बेगम साहिबा : यह बहुत अच्छा रहेगा।

मियाँ साहब : मैंने मँझले साहबज़ादे की रोज़ाना गि.ज़ा में डॉक्टर के मशविरे से तब्दीलियाँ करा दी हैं

बेगम साहिबा : मुझे यक़ीन था कि आपने इस मामले में ग़फ़लत नहीं बरती होगी।

मियाँ साहब : मैंने अपनी ज़िंदगी में कभी आज का काम कल पर नहीं छोड़ा।

बेगम साहिबा : मैं जानती हूँ...और ख़ासकर आज का काम तो आप कभी...

मियाँ साहब : आपका मिज़ाज कितना शिगुफ़्ता है।

बेगम साहिबा : यह सब आपकी करिश्मा साजियाँ हैं।

मियाँ साहब : मन बहुत ख़ुश हुआ है...अगर आपकी इजाज़त हो तो...

बेगम साहिबा : ठहरिये! क्या आपने दाँत साफ़ किए?

मियाँ साहब : जी हाँ! मैं दाँत साफ़ करके और डेटाल से गरारे करके आया था।

बेगम साहिबा : मैं भी।

मियाँ साहब : असल में हम दोनों एक-दूसरे के लिए बनाए गए थे।

बेगम साहिबा : इसमें क्या शक है।

मियाँ साहब : मैं जस्ता-जस्ता यह बेहूदा किताब पढ़ना शुरू करूँ।

बेगम साहिबा : ठहरिए! ज़रा मेरी नब्ज़ देखिए।

मियाँ साहब : कुछ तेज़ चल रही है...मेरी देखिए।

बेगम साहिबा : आपकी भी तेज़ चल रही है।

मियाँ साहब : वजह?

बेगम साहिबा : दिल की कमज़ोरी।

मियाँ साहब : यही वजह हो सकती है...लेकिन डॉक्टर जलाल ने कहा था, कोई खास बात नहीं।

बेगम साहिबा : मिस सलढाना ने भी यही कहा था।

मियाँ साहब : अच्छी तरह इम्तहान करके उसने इजाज़त दी थी?

बेगम साहिबा : बहुत अच्छी तरह इम्तहान करके इजाज़त दी थी।

मियाँ साहब : तो मेरा ख़याल है, कोई हर्ज नहीं।

बेगम साहिबा : आप बेहतर समझते हैं...ऐसा न हो, आपकी सेहत...

मियाँ साहब : और आपकी सेहत भी...

बेगम साहिबा : अच्छी तरह सोच-समझकर ही क़दम उठाना चाहिए।

मियाँ साहब : मिस सलढाना ने उसका तो बंदोबस्त कर दिया है न?

बेगम साहिबा : किसका...? हाँ-हाँ, उसका तो बंदोबस्त कर दिया है उसने।

मियाँ साहब : यानी उस तरफ से तो पूरा इत्मीनान है।

बेगम साहिबा : जी हाँ।

मियाँ साहब : ज़रा अब देखिए नब्ज़?

बेगम साहिबा : अब तो...ठीक चल रही है...मेरी?

मियाँ साहब : आपकी भी नार्मल है।

बेगम साहिबा : उस बेहूदा किताब का कोई पैरा तो पढ़िए।

मियाँ साहब : बेहतर...नब्ज़ फिर तेज़ हो गई।

बेगम साहिबा : मेरी भी।

मियाँ साहब : नौकरों से जो सामान चाहिए रखवा दिया अपने कमरे में?

बेगम साहिबा : जी हाँ! सब चीज़ें मौजूद हैं।

मियाँ साहब : अगर आपको ज़हमत न हो तो मेरा टेम्परेचर ले लीजिए।

बेगम साहिबा : क्या आप तकलीफ़ नहीं कर सकते...स्टॉप वाच मौजूद है। नब्ज़ की रफ़्तार भी देख लीजिए।

मियाँ साहब : हाँ! यह भी नोट होनी चाहिए।

बेगम साहिबा : सिमलिंग साल्ट कहाँ है?

मियाँ साहब : दूसरी चीज़ों के साथ होना चाहिए।

बेगम साहिबा : जी हाँ! पड़ा है तिपाई पर।

मियाँ साहब : कमरे का टेम्परेचर, मेरा ख़याल है, थोड़ा-सा बढ़ा देना चाहिए।

बेगम साहिबा : मेरा भी यही ख़याल है।

मियाँ साहब : कमज़ोरी ज़्यादा हो गई तो मुझे दवा देना न भूलिएगा!

बेगम साहिबा : मैं कोशिश करूँगी अगर...

मियाँ साहब : हाँ-हाँ...! वरना आप तकलीफ़ न उठाइएगा।

बेगम साहिब : आप यह सफ़ा...यह पूरा सफ़ा पढ़िए।

मियाँ साहब : सुनिए...!

बेगम साहिबा : यह आपको छींक क्यों आई?

मियाँ साहब : मालूम नहीं।

बेगम साहिबा : हैरत है।

मियाँ साहब : मुझे ख़ुद हैरत है।

बेगम साहिबा : ओह... मैंने कमरे का टेम्परेचर बढ़ाने के बजाये घटा दिया...मुआफ़ी चाहता हूँ।

मियाँ साहब : यह अच्छा हुआ कि छींक आ गई और बरवक़्त पता चल गया।

बेगम साहिबा : मुझे बहुत अफ़सोस है।

मियाँ साहब : कोई बात नहीं...बारह क़तरे ब्रांडी इसकी कमी पूरी कर देगी।

बेगम साहिबा : ठहरिये...मुझे डालने दीजिए। आपसे गिनने में ग़लती हो जाया करती है।

मियाँ साहब : यह तो दुरुस्त है। आप डाल दीजिए।

बेगम साहिबा : आहिस्ता-आहिस्ता पीजिए।

मियाँ साहब : इससे ज़्यादा आहिस्ता और क्या होगा?

बेगम साहिबा : तबीयत बहाल हुई?

मियाँ साहब : हो रही है।

बेगम साहिबा : आप थोड़ी देर आराम कर लें।

मियाँ साहब	: हाँ...मैं ख़ुद इसकी ज़रूरत महसूस कर रहा हूँ।
नौकर	: क्या बात है, आज बेगम साहिबा नज़र नहीं आई।
नौकरानी	: तबीयत नासाज़ है उनकी।
नौकर	: मियाँ साहब की तबीयत भी नासाज़ है।
नौकरानी	: हमें मालूम ही था।
नौकर	: हाँ! लेकिन कुछ समझ में नहीं आता।
नौकरानी	: क्या?
नौकर	: यह क़ुदरत का तमाशा...हमें तो आज बिस्तरे-मर्ग पर होना चाहिए था।
नौकरानी	: कैसी बातें मुँह से निकालते हो। बिस्तरे-मर्ग पर हों वह...
नौकर	: न छेड़ो उनके बिस्तरे-मर्ग का ज़िक्र...बड़ा शानदार होगा... ख़ामख़्वाह मेरा जी चाहेगा कि उठाकर अपनी कोठरी में ले जाऊँ।
नौकरानी	: कहाँ चले?
नौकर	: बढ़ई ढूँढ़ने जा रहा हूँ...चारपाई अब बिलकुल जवाब दे चुकी है।
नौकरानी	: हाँ! उससे कहना मज़बूत लकड़ी लगाए।

नया क़ानून

मंगू कोचवान अपने अड्डे में बहुत समझदार माना जाता था। वह पढ़ा-लिखा नहीं था और न ही उसने कभी स्कूल का मुँह देखा था लेकिन इसके बावजूद उसे दुनिया-भर की चीज़ों का इल्म था। अड्डे के वे तमाम कोचवान जिनको यह जानने की इच्छा होती थी कि दुनिया में क्या हो रहा है, उस्ताद मंगू की जानकारी से लाभ उठाते थे।

पिछले दिनों जब उस्ताद मंगू ने अपनी एक सवारी से स्पेन में जंग छिड़ जाने की अफ़वाह सुनी थी तो उसने गामा चौधरी के चौड़े कंधे पर थपकी देकर समझदारीपूर्ण अंदाज़ में भविष्यवाणी की थी–"देख लेना चौधरी, थोड़े ही दिनों में स्पेन में जंग छिड़ जाएगी।"

और जब गामा चौधरी ने उससे पूछा था कि स्पेन कहाँ है तो उस्ताद मंगू ने बड़ी गंभीरता से जवाब दिया था, "विलायत में और कहाँ?" स्पेन में जंग छिड़ी और जब प्रत्येक व्यक्ति को उसका पता चला तो स्टेशन के अड्डे में जितने कोचवान झुंड बनाए हुक्का पी रहे थे, मन ही मन उस्ताद मंगू की महानता को मान रहे थे। और उस्ताद मंगू उस वक़्त माल रोड की चमकीली सतह पर ताँगा चलाते हुए अपनी सवारी से ताजा हिंदू-मुस्लिम झगड़े पर विचारों का आदान-प्रदान कर रहा था।

उस दिन शाम के क़रीब जब वह अड्डे में आया तो उसका चेहरा गैरमामूली तौर पर तमतमाया हुआ था। हुक़्क़े का दौर चलते-चलते जब हिंदू-मुस्लिम झगड़े की बात चली तो उस्ताद मंगू ने सिर पर से खाली पगड़ी उतारी और बग़ल में दबाकर बड़े चिंतित स्वर में कहा–

"यह किसी पीर के शाप का नतीजा है कि आए दिन हिंदुओं और मुसलमानों में चाकू और छुरियाँ चलती रहती हैं, और मैंने अपने बड़ों से सुना है कि अकबर बादशाह ने किसी दरवेश का मन दुखाया था और उस दरवेश ने दुखी होकर यह शाप दिया था–जा, तेरे हिंदुस्तान में हमेशा फ़साद ही होते रहेंगे। और देख लो, जब से अकबर बादशाह का राज खत्म हुआ है हिंदुस्तान में फ़साद पर फ़साद होते रहते हैं।"

यह कहकर उसने ठंडी साँस भरी और फिर हुक़्क़े का दम लगाकर अपनी बात शुरू की–"ये कांग्रेसी हिंदुस्तान को आज़ाद कराना चाहते हैं। मैं कहता हूँ, अगर ये लोग हज़ार साल भी सिर पटकते रहे तो कुछ न होगा। बड़ी से बड़ी बात यह होगी कि अंग्रेज़ चला जाएगा और कोई इटली वाला आ जाएगा या रूस वाला, जिसके विषय में मैंने सुना है कि बहुत शक्तिशाली आदमी है। लेकिन हिंदुस्तान सदा गुलाम रहेगा। हाँ, मैं यह कहना भूल ही गया कि पीर ने यह शाप भी दिया था कि हिंदुस्तान पर हमेशा बाहर के आदमी राज करते रहेंगे।"

उस्ताद मंगू को अंग्रेज़ों से बड़ी घृणा थी और इस घृणा का कारण तो वह यह बताया करता था कि वे उसके हिंदुस्तान पर अपना सिक्का चलाते हैं और तरह-तरह के ज़ुल्म ढाते हैं। मगर घृणा करने का सबसे बड़ा कारण यह था कि छावनी के गोरे उसे बहुत सताया करते थे। वे उसके साथ ऐसा व्यवहार करते थे जैसे वह कोई एक ज़लील कुत्ता है। इसके अलावा उसे उनका रंग भी बिलकुल पसंद न था। जब कभी वह गोरे के सुर्ख़ व सफेद चेहरे को देखता तो उसे मितली-सी आ जाती थी। न मालूम क्यों वह कहा करता था कि उनके लाल झूर्रियों-भरे चेहरे को देखकर मुझे वह लाश याद आ जाती है जिसके जिस्म पर से ऊपर की झिल्ली गल-गलकर झड़ रही हो।

जब किसी शराबी गोरे से उसका झगड़ा हो जाता तो सारा दिन उसका मन अशांत रहता और वह शाम को अड्डे में आकर दम मारकर सिगरेट पीता या हुक़्क़े के कश लगाते हुए किसी गोरे को जी भरकर गाली सुनाया करता।

एक मोटी गाली देने के बाद वह अपने सिर को ढीली पगड़ी समेत झटका देकर कहा करता था–"आग लेने आए थे, अब घर के मालिक ही बन गए हैं। नाक में दम कर रखा है इन बंदरों की औलाद ने। यूँ रौब गाँठते हैं जैसे हम इनके बाबा के नौकर है..." इस पर भी उसका गुस्सा ठंडा नहीं होता था। जब तक उसका कोई साथी उसके पास बैठा रहता वह अपने सोने की आग उगलता रहता।

"शक्ल देखते हो न तुम उसकी–जैसे कोढ़ हो रहा है–बिलकुल मुर्दार। एक धप्पे की मार और गटपट-गटपट यूँ बक रहा था जैसे मार ही डालेगा। तेरी जान की क़सम, पहल जी में आया कि मलऊन की खोपड़ी के पुर्ज़े उड़ा दूँ, लेकिन इस ख़याल से टल गया कि इस मरदूद को मारना अपनी हतक है..." यह कहते-कहते थोड़ी देर के लिए वह ख़ामोश हो जाता और नाक को ख़ाकी कमीज़ की आस्तीन से साफ करने के बाद फिर बडबड़ाते लग जाता।

"क़सम है भगवान की इस लाट साहबों के नाज़ उठाते-उठाते तंग आ चुका हूँ। जब कभी उनका मनहूस चेहरा देखता हूँ, रगों में ख़ून खौलने लग जाता है। कोई नया क़ानून बने तो इन लोगों से नजात मिले। तेरी क़सम, जान में जान आ जाए।"

और जब एक रोज़ उस्ताद मंगू ने कचहरी से अपने ताँगे पर दो सवारियाँ लादीं और उनकी गुफ़्तगू से उसको पता चला कि हिंदुस्तान में जदीद क़ानून लागू होने वाला है तो उसकी ख़ुशी की कोई सीमा न रही।

वे मारवाड़ी जो कचहरी में अपने दीवानी मुक़दमे के सिलसिले में आए थे, घर जाते समय नया क़ानून यानी इंडिया एक्ट के विषय में आपस में बातचीत कर रहे थे–"सुना है कि पहली अप्रैल से हिंदुस्तान में नया क़ानून चलेगा–क्या हर चीज़ बदल जाएगी?"

"हर चीज़ तो नहीं बदलेगी मगर कहते हैं कि बहुत कुछ बदल जाएगा और हिन्दुस्तानियों को आज़ादी मिल जाएगी।"

"क्या ब्याज के विषय में भी कोई नया क़ानून पास होगा?"

इन मारवाड़ियों की बातचीत उस्ताद मंगू के मन में अवर्णनीय ख़ुशी पैदा कर रही थी। वह अपने घोड़े को हमेशा गालियाँ देता था और चाबुक से बुरी तरह पीटा करता था, मगर उस दिन वह बार-बार पीछे मुड़कर मारवाड़ियों की तरफ देखता और अपनी बढ़ी हुई मूँछों के बाल एक अँगुली से बड़ी सफाई के साथ ऊँचे करके घोड़े की पीठ पर बागें ढीली करते हुए बड़े प्यार में कहता–"चल बेटा चल–जरा हवा से बातें करके दिखा दे।"

मारवाड़ियों को उनके ठिकाने पहुँचाकर अपने अनारकली में दीनू हलवाई की दुकान पर आधा सेर दही की लस्सी पीकर एक बड़ी डकार ली और मूँछों को मुँह में दबाकर उनको चूसते हुए ऐसे ही बुलंद आवाज़ में कहा, "हत् तेरी ऐसी की तैसी।"

शाम को जब वह अड्डे पर लौटा तो उसे वहाँ अपनी जान-पहचान का कोई आदमी न मिला। इससे उसके सीने में एक अजीब-सा तूफ़ान उठ खड़ा हुआ। आज वह एक बड़ी ख़बर अपने दोस्तों को सुनाने वाला था-बहुत बड़ी ख़बर, और उस ख़बर को अपने अंदर से बाहर निकालने के लिए वह ख़ुद को बहुत मज़बूर पा रहा था। लेकिन वहाँ कोई था ही नहीं।

आधे घंटे तक वह चाबुक बगल में दबाए स्टेशन के अड्डे की लोहे की छड़ के नीचे बेदिली की हालत में टहलता रहा। उसके दिमाग़ में बड़े अच्छे-अच्छे विचार आ रहे थे। नये क़ानून के लागू होने की ख़बर ने उसको एक नयी दुनिया में लाकर खड़ा कर दिया था। वह उस नये क़ानून के विषय में, जो पहली अप्रैल से हिंदुस्तान में लागू होने वाला था, अपने मस्तिष्क की तमाम बत्तियाँ रोशन करके सोच-विचार कर रहा था। उसके कानों में मारवाड़ी की यह आशंका 'क्या ब्याज के विषय में भी कोई क़ानून पास होगा?' बार-बार गूँज रही थी और उसके तमाम जिस्म में ख़ुशी की लहर दौड़ा रही थी। कई बार अपनी घनी मूँछों के अंदर हँसकर उसने मारवाड़ियों को गाली दी–"गरीबों की खटिया में घुसे हुए खटमल–नया क़ानून उनके लिए खौलता हुआ पानी होगा?"

वह बहुत ख़ुश था। खास तौर पर उस वक़्त उसके मन को बहुत ठंडक पहुँची जब उसे यह ख़याल आता कि गौरों-सफ़ेद चूहों (वह उनको इसी नाम से याद करता था) की थूथनियाँ नये क़ानून के आते ही बिलों में सदा के लिए ग़ायब हो जाएँगी।

जब नत्थू गंजा पगड़ी बग़ल में दबाये अड्डे में दाख़िल हुआ तो उस्ताद मंगू बढ़कर उससे मिला और उसका हाथ अपने हाथ में लेकर ऊँची आवाज़ में कहने लगा, "ला हाथ इधर–ऐसी ख़बर सुनाऊँ कि जी ख़ुश हो जाए-तेरी इस गंजी खोपड़ी पर बाल उग आएँ।"

और यह कहकर मंगू ने बड़े मज़े ले–लेकर नये क़ानून के बारे में अपने दोस्त से बातें शुरू कर दीं। बातचीत के दौरान उसने कई बार नत्थू गंजे के हाथ पर जोर से अपना हाथ मारकर कहा, "तू देखता रह क्या बनता है। यह रूस वाला बादशाह कुछ-न-कुछ ज़रूर करके रहेगा।"

उस्ताद मंगू तत्कालीन सोवियत निज़ाम की साम्यवादी हलचलों के विषय में बहुत कुछ सुन चुका था और उसे वहाँ के नये क़ानून और दूसरी नयी चीजें बहुत पसंद थीं। इसीलिए उसने 'रूस वाले बादशाह' को इंडिया एक्ट यानी नये क़ानून के साथ मिला दिया। और पहली अप्रैल को पुराने निज़ाम में जो नये परिवर्तन पैदा होने वाले थे वह उन्हें 'रूस वाले बादशाह' के प्रभाव का नतीजा समझता था।

कुछ समय से पेशावर और अन्य शहरों में लाल कुर्ती वालों का एक आंदोलन जारी था। उस्ताद मंगू ने इस आंदोलन को अपने मस्तिष्क में 'रूस वाले बादशाह' और फिर नये क़ानून के साथ ख़लत-मलत कर दिया था। इसके अलावा वह जब कभी किसी से सुनता कि फलाँ शहर में इतने बम बनाने वाले पकड़े गए हैं या फलाँ जगह इतने आदमियों पर विद्रोह के जुर्म में मुक़दमा चलाया गया है तो इन तमाम घटनाओं को नये क़ानून की पूर्व कार्रवाई समझता और मन ही मन बहुत ख़ुश होता था।

एक दिन उसके ताँगे में दो बैरिस्टर बैठे नये क़ानून पर बड़े जोर-शोर से समीक्षा कर रहे थे और वह ख़ामोशी से उनकी बातें सुन रहा था। उनमें से एक दूसरे से कह रहा था-

"नये क़ानून का दूसरा भाग फ़ैडरेशन है जो मेरी समझ में अभी तक नहीं आया। ऐसी फ़ैडरेशन संसार के इतिहास में आज तक न सुनी, न देखी गयी है। सियासी नज़रिये से देखने पर भी यह फ़ैडरेशन बिलकुल ग़लत है बल्कि यूँ कहना चाहिए कि यह फ़ैडरेशन है ही नहीं।"

इन बैरिस्टरों के बीच जो बातचीत हुई, चूँकि उसमें ज़्यादातर शब्द अंग्रेज़ी के थे, इससे उस्ताद मंगू उपर्युक्त वाक्यों को किसी तरह समझा और उसने ख़याल किया कि ये लोग हिंदुस्तान में नये क़ानून के आने को बुरा समझते हैं और नहीं चाहते कि इनका वतन आज़ाद हो। चूँकि इस विचार के प्रभावाधीन उसने कई बार इन दो बैरिस्टरों को नफ़रत की नज़र से देखकर मन-ही-मन में कहा, "टोडी बच्चे!"

जब कभी वह किसी को दबी ज़ुबान में 'टोडी बच्चा' कहता तो दिल में यह महसूस करके बड़ा ख़ुश होता था कि उसने इस नाम का सही जगह प्रयोग किया है। और यह कि वह शरीफ़ आदमी और 'टोडी बच्चा' में फ़र्क़ करने की योग्यता रखता है।

इस घटना के तीसरे दिन गवर्नमेंट कालेज के तीन छात्रों को अपने ताँगे में बिठाकर मजंग जा रहा था कि उसने इन तीन लड़कों को आपस में बातें करते सुना-

"नये क़ानून ने मेरी उम्मीदें और बढ़ा दी हैं। अगर साहब असेंबली के मेंबर हो गए तो किसी सरकारी दफ़्तर में नौकरी जरूर मिल जाएगी।"

"वैसे भी बहुत-सी जगहें और निकलेंगी। शायद इसी गड़बड़ी में हमारे हाथ भी कुछ आ जाए।"

"हाँ-हाँ, क्यों नहीं।"

"वे बेकार ग्रेजुएट जो मारे-मारे फिर रहे हैं उनमें कुछ तो कमी होगी।"

इस गुफ़्तगू ने उस्ताद मंगू के दिल में नये क़ानून का महत्त्व और भी बढ़ा दिया और उसको ऐसी चीज़ समझने लगा जो बहुत चमकती हो। 'नया क़ानून...!' और वह दिन में कई बार सोचता-'यानी कोई नई चीज़।' और हर बार उसकी नज़रों के सामने अपने घोड़े का वह नया साज़ आ जाता जो उसने दो वर्ष हुए चौधरी ख़ुदाबख़्श से अच्छी तरह ठोक-बजाकर ख़रीदा था। इस साज़ पर जब वह नया था, जगह-जगह लोहे की निकल चढ़ी हुई कीलें चमकती थीं और जहाँ-जहाँ पीतल का काम था वह तो सोने की तरह दमकता था। इस दृष्टि से भी 'नये क़ानून' का चमक-दमक वाला होना भी जरूरी था।

पहली अप्रैल तक उस्ताद मंगू ने नये क़ानून के ख़िलाफ और उसके हक़ में बहुत कुछ सुना मगर उसके विषय में जो कल्पना वह अपने मन में कायम कर चुका था, बदल न सका। वह समझता था कि पहली अप्रैल को नये क़ानून के आते ही सब मामला साफ हो जाएगा और उसको यक़ीन था कि उसके आने पर जो चीजें नज़र आएँगी उनसे उसकी आँखों को ज़रूर ठंडक पहुँचेगी।

आख़िर मार्च के इकत्तीस दिन खत्म हो गए और अप्रैल के शुरू होने में रात के कुछ ख़ामोश घंटे बाकी रह गए। मौसम सामान्य के प्रतिकूल सर्द था और हवा में ताज़गी थी। पहली अप्रैल को सुबह-सबेरे उस्ताद मंगू उठा और अस्तबल में जाकर ताँगे में घोड़े को जोता और बाहर निकल गया। उसका मन आज गैरमामूली तौर पर ख़ुश था-वह नये क़ानून को देखने वाला था।

उसने सुबह के सर्द धुँधलके में कई तंग और खुले बाज़ारों का चक्कर लगाया, मगर उसे हर चीज़ पुरानी नज़र आई-आसमान की तरह पुरानी। उसकी निगाहें आज खास तौर पर नया रंग देखना चाहती थीं, मगर सिवाय इस कलग़ी के जो रंग-बिरंग के परों से बनी थी और उसके घोड़े के सिर पर जमी हुई थी, और सब चीज़ें पुरानी नज़र आती

थीं। यह नयी कलग़ी उसने नये क़ानून की खुशी में 31 मार्च को चौधरी ख़ुदाबख़्श से साढ़े चौदह आने में ख़रीदी थी।

घोड़े की टापों की आवाज़, काली सड़क और उसके आसपास थोड़ा-थोड़ा फ़ासला छोड़कर लगाए हुए बिजली के खंभे, दुकान के बोर्ड इसके घोड़े के गले में पड़े घुँघरुओं की झनझनाहट, बाज़ार में चलते-फिरते आदमी...इनमें से कौन-सी चीज़ नई थी, ज़ाहिर है कि कोई भी नहीं। लेकिन उस्ताद मंगू मायूस नहीं था।

"अभी बहुत सवेरा है। दुकानें भी तो सबकी सब बंद हैं।" इस ख़याल से उसे संतोष था। इसके अतिरिक्त वह यह भी सोचता था, "हाईकोर्ट में नौ बजे के बाद ही काम शुरू होता है। अब इससे पहले नये क़ानून का क्या नज़र आएगा।"

जब उसका ताँगा गवर्नमेंट कॉलेज के दरवाज़े पर पहुँचा तो कॉलेज के घड़ियाल ने बड़े रौब में नौ बजाए। जो विद्यार्थी कॉलेज के बड़े दरवाज़े से बाहर निकल रहे थे, ख़ुशपोश थे। मगर उस्ताद मंगू को न जाने उनके कपड़े मैले-मैले से क्यों नज़र आए। शायद इसकी वजह यह थी कि उनकी निगाहें आज किसी चमकीले दृश्य को देखने वाली थीं।

ताँगे को दायें हाथ मोड़कर वह थोड़ी देर के बाद फिर अनारकली में था। बाज़ार की आधी दुकानें खुल चुकी थीं और अब लोगों का आवागमन भी बढ़ गया था। हलवाई की दुकानों पर ग्राहकों की खूब भीड़ थी। मनिहारी वालों की नुमाइशी चीज़ें शीशे की अलमारियों में लोगों को देखने के लिए आमंत्रित कर रही थीं और बिजली के तारों पर कई कबूतर आपस में लड़-झगड़ रहे थे। मगर उस्ताद मंगू के लिए इन तमाम चीज़ों में कोई दिलचस्पी न थी। वह नये क़ानून को देखना चाहता था। ठीक उसी तरह जिस तरह वह अपने घोड़े को देख रहा था।

जब उस्ताद मंगू के घर में बच्चा पैदा होने वाला था तो उसने चार-पाँच महीने बड़ी बेक़रारी में गुजारे थे। उसको यक़ीन था कि बच्चा किसी-न-किसी दिन ज़रूर पैदा होगा। मगर वह इंतज़ार की घड़ियाँ नहीं काट सकता था। वह चाहता कि अपने बच्चे को केवल एक नज़र देख ले। उसके बाद वह पैदा होता रहे। चुनांचे इस दुर्दमनीय इच्छा के प्रभावस्वरूप अमन कई बार अपनी बीमार पत्नी के पेट को दबा-दबाकर और उसके ऊपर कान रख-रखकर अपने बच्चे के बारे में जानना चाहा था, मगर नाकाम रहा। एक बार वह इंतज़ार करते-करते इतना तंग आ गया कि अपनी पत्नी पर बरस ही पड़ा था-"तू हर वक़्त मुर्दे की तरह पड़ी रहती है। उठा ज़रा चल-फिर। तेरे अंग में थोड़ी-नयी ताक़त तो आए। यूँ तख़्ता बने रहने से कुछ न हो सकेगा। तू समझती है कि इस तरह लेटे-लेटे बच्चा जन देगी?"

उस्ताद मंगू स्वभाव में ही बहुत जल्दबाज़ था। वह प्रत्येक कारण को व्यावहारिक रूप में देखने का न सिर्फ़ इच्छुक था बल्कि जिज्ञासु भी था। उसकी पत्नी गंगावती

उसकी हर प्रकार की बेक़रारियों को देखकर प्राय: यह कहा करती थी–"अभी कुआँ खोदा नहीं गया और तुम प्यास से बेहाल हो।"

कुछ भी हो, मगर उस्ताद मंगू नये क़ानून के इंतज़ार में इतना बेकरार नहीं था जितना उसे अपने स्वभाव के अनुसार होना चाहिए था। वह आज नये क़ानून को देखने के लिए घर से निकला था। ठीक उसी तरह जैसे गांधी या जवाहरलाल के जुलूस का दृश्य देखने के लिए निकलता था।

लीडरों की महानता का अंदाज़ा उस्ताद मंगू सदा उनके जुलूस के हंगामों और उनके गले में डाले हुए फूलों के हार से किया करता था। अगर कोई लीडर गेंद के फूलों से लदा हो तो उस्ताद मंगू के नज़दीक वह बड़ा आदमी है। और अगर किसी लीडर के जुलूस में भीड़ के कारण दो तीन फ़साद होते-होते रह जाएँ तो उसकी निगाहों में वह और भी बड़ा था। अब नये क़ानून को अपने दिमाग़ की इसी तराज़ू में तौलना चाहता था।

अनारकली से मिलकर वह माल रोड़ की चमकीली सतह पर अपने तांगे को आहि. हस्ता-आहिस्ता चला रहा था कि मोटरों की दुकान के पास उसे छावनी की एक सवारी मिल गई। किराया तय करने के बाद उसने अपने घोड़े को चाबुक दिखाया और दिल में यह ख़याल किया–"चलो यह भी अच्छा हुआ–शायद छावनी ही से उसे नये क़ानून का कुछ पता चल जाए।"

छावनी पहुँचकर उस्ताद मंगू ने सवारी को उसकी मंजिल पर उतार दिया और जेब से सिगरेट निकालकर बायें हाथ की आख़िरी दो अंगुलियों में दबाकर सुलगाया और अगली सीट के गद्दे पर बैठ गया–जब उस्ताद मगूं, को किसी सवारी की तलाश नहीं थी या उसे किसी बीती हुई घटना पर गौर करना होता था तो वह आम तौर पर अगली सीट छोड़कर पिछली सीट पर बड़े संतोष से बैठकर अपने घोड़े की बागें दायें हाथ के गिर्द लपेट लिया करता था। ऐसे मौकों पर उसका घोड़ा थोड़ा-सा हिनहिनाने के बाद बड़ी ध ीमी चाल चलना शुरू कर देता था गोया उसे कुछ देर के लिए भाग-दौड़ से छुट्टी मिल गई हो। घोड़े की चाल और उस्ताद मंगू के मस्तिष्क में विचारो का आवागमन बहुत सुस्त था। जिस तरह घोड़ा धीरे-धीरे क़दम उठा रहा था उसी तरह उस्ताद के दिमाग़ में क़ानून के विषय में नयी कल्पनाएँ प्रवेश कर रही थीं।

वह नये क़ानून की मौजूदगी में म्युनिसिपल कमेटी से ताँगों के नंबर मिलने के तरीक़े पर गौर कर रहा था और इस ध्यान देने योग्य बात को नये क़ानून की रोशनी में देखने की कोशिश कर रहा था। वह इस सोच-विचार में ग़र्क़ था। उसे यूँ मालूम हुआ जैसे किसी सवारी ने उसे बुलाया है। पीछे पलटकर देखने से उसे सड़क के इस तरफ दूर बिजली के खंभे के पास एक 'गोरा' खड़ा दिखाई दिया जो उसे हाथ से बुला रहा था।

जैसा कि बताया जा चुका है, उस्ताद मंगू को गोरों से बेहद नफ़रत थी। जब उसने अपने ताज़ा ग्राहक को गोरे की शक्ल में देखा तो उसके मन में नफ़रत की भावना जाग उठी।

पहले उसके जी में आया कि बिलकुल ध्यान न दे और उसको छोड़कर चला जाए, मगर बाद में उसको ख़याल आया उनके पैसे छोड़ना भी बेवकूफ़ी है। कलग़ी पर जो मुफ्त में साढ़े चौदह आने खर्च कर दिए हैं, उनकी जेब ही से वसूल करने चाहिए। चलो चलते हैं।

खाली सड़क पर बड़ी सफाई से ताँगा मोड़कर उसने घोड़े को चाबुक दिखाया और आँख झपकते वह बिजली के खंभे के पास था। घोड़े की बागें खींचकर उसने ताँगा ठहराया और पिछली सीट पर बैठे-बैठे गोरे से पूछा– "साहब बहादुर, कँहा जाना माँगता है?"

इस सवाल में बहुत अधिक व्यंग्यात्मक ढंग था। साहब बहादुर कहते वक़्त उसका ऊपर का मूँछों भरा होठ नीचे की ओर खिंच गया और पास ही गाल के इस तरफ जो मध्यम-सी लकीर नाक के नथुने से ठोड़ी के ऊपरी हिस्से तक चली आ रही थी, एक झटके के साथ गहरी हो गई, जैसे किसी ने नुकीले चाकू से शीशम की साँवली लकड़ी में धारी डाल दी हो। उसका चेहरा हँस रहा था और अपने अंदर उसने उस 'गोरे' को सीने की आग में जलाकर भस्म कर डाला था।

जब 'गोरे' ने जो बिजली के खंभे की ओट में हवा का रुख बचाकर सिगरेट सुलगा रहा था, मुड़कर तांगे के पायदान की तरफ कदम बढ़ाया तो अचानक उस्ताद मंगू और उसकी निगाहें चार हुई और ऐसा मालूम हुआ कि एक वक़्त आमने-सामने की दो बंदूकों से गोलियाँ ख़ारिज हुई और आपस में टकराकर एक आग का बगूला बनकर ऊपर को उड़ गई।

उस्ताद मंगू जो अपने दायें हाथ से बाग़ के बल खोलकर ताँगे पर से नीचे उतरने वाला था, अपने सामने खड़े 'गोरे' को यूँ देख रहा था जैसे वह उसके अस्तित्व के कण-कण को अपनी निगाहों से चबा रहा है और 'गोरा' कुछ इस तरह अपनी नीली पतलून पर से अनपेक्षित चीज़ें झाड़ रहा है, जैसे वह उस्ताद मंगू के इस हमले से अपने अस्तित्व के कुछ भाग को सुरक्षित रखने का प्रयत्न कर रहा था।

'गोरे' ने सिगरेट का धुआँ निगलते हुए कहा, "जाना माँगता है या फिर गड़बड़ करेगा?"

"वही है।" उसने ये शब्द अपने मुँह के अंदर ही दुहराए और साथ ही उसे पूरा यक़ीन हो गया कि वह 'गोरा' जो उसके सामने खड़ा था, वही है जिससे पिछले वर्ष उसकी झड़प हुई थी। और इस व्यर्थ के झगड़े में, जिसका कारण 'गोरे' के दिमाग़ में चढ़ी हुई शराब थी, उसे विवशतापूर्वक बहुत-सी बातें सहनी पड़ी थी। उस्ताद मंगू ने 'गोरे' का दिमाग़ दुरुस्त कर दिया होता, बल्कि उसके पुर्जे उड़ा दिए होते, मगर वह विशेष क़ारणवश ख़ामोश हो गया था। उसको पता था कि इस प्रकार के झगड़ों में अदालत का नज़ला आम तौर पर कोचवानों पर ही गिरता है।

उस्ताद मंगू ने पिछले वर्ष की लड़ाई और पहली अप्रैल के नये क़ानून पर गौर करते हुए 'गोरे' से कहा–"कहाँ जाना माँगता है?"

उस्ताद मंगू के लहजे में चाबुक जैसी तेजी थी।

'गोरे' ने जवाब दिया–"हीरा मण्डी।"

"किराया पाँच रुपये होगा।" उस्ताद मंगू की मूँछें थरथराईं।

यह सुनकर गोरा हैरान हो गया। वह चिल्लाया, "पाँच रुपये? क्या तुम..."

"पाँच रुपये।" यह कहते हुए उस्ताद मंगू, का दाहिना बालों भरा हाथ भिंचकर एक वजनी घूँसे की शक्ल अख़्तियार कर गया–"क्यों जाते हो, या बेकार बातें बनाओगे?"

उस्ताद मंगू का लहजा ज़्यादा सख़्त हो गया।

'गोरा' पिछले वर्ष की घटना को दृष्टि में रखकर उस्ताद मंगू के सीने की चौड़ाई नज़रअंदाज़ कर चुका था। वह ख़याल कर रहा था कि उसकी खोपड़ी फिर खुजला रही है। इस साहसपूर्ण विचार के प्रभावाधीन वह ताँगे की ओर अकड़कर बढ़ा और अपनी छड़ी से उस्ताद मंगू को ताँगे से नीचे उतरने का इशारा किया। बेंत की यह पालिश की हुई पतली छड़ी उस्ताद मंगू की मोटी रान के साथ दो-तीन बार छुई। उसने खड़े-खड़े ऊपर से छोटे क़द के 'गोरे' को देखा जैसे वह अपनी निगाहों के वजन से ही उसे पीस डालना चाहता है। फिर उसका घूँसा कमान में से तीर की तरह ऊपर को उठा और आँख झपकते ही गोरे की ठुड्डी के नीचे जम गया। धक्का देकर उसने गोरे का पैर हटाया और नीचे उतरकर उसे धड़ाधड़ पीटना शुरू कर दिया।

विस्मित और चकित 'गोरे' ने इधर-उधर सिमटकर उस्ताद मंगू के वजनी घूँसों से बचने की कोशिश की और जब देखा कि उसके विरोधी पर दीवानगी की-सी हालत छाई हुई है और उसकी आँखों में से अंगारे बरस रहे हैं तो उसने ज़ोर-ज़ोर से चिल्लाना शुरू किया। इस चीख व पुकार ने उस्ताद मंगू की बाँहों का काम और भी तेज कर दिया जो 'गोरे' को जी भरकर पीट रहा था और साथ-साथ यह कहता जाता था–"पहली अप्रैल को भी वही अकड़ फूँ...पहली अप्रैल को भी वही अकड़ फूँ...अब हमारा राज है, बच्चा।"

लोग जमा हो गए और पुलिस के दो सिपाहियों ने बड़ी मुश्किल से गोरे को उस्ताद मंगू की पकड़ से छुड़ाया। उस्ताद मंगू दो सिपाहियों के बीच खड़ा था। उसकी चौड़ी छाती फूली हुई साँस के कारण ऊपर-नीचे हो रही थी। मुँह से झाग वह रहा था और अपनी मुस्कराती हुई आँखों से आश्चर्यचकित भीड़ की तरफ देखकर वह अपनी हाँफती हुई आवाज़ में कह रहा था-"वे दिन गुज़र गए जब ख़लील ख़ाँ फाख़्ता उड़ाया करते थे-अब नया क़ानून है, मियाँ–नया क़ानून।

और बेचारा गोरा अपने बिगड़े हुए चेहरे के साथ बेवक़ूफ़ों की तरह कभी उस्ताद मंगू की तरफ देखता था और कभी भीड़ की तरफ।

उस्ताद मंगू को पुलिस के सिपाही थाने ले गए। रास्ते में और थाने के अन्दर कमरे में वह 'नया क़ानून, नया क़ानून' चिल्लाता रहा मगर किसी ने एक न सुनी।

"नया क़ानून, नया क़ानून-क्या बक रहे हो-क़ानून वही पुराना है।"

और उसको हवालात में बंद कर दिया गया। ❑

हतक

दिन-भर की थकी-माँदी वह अभी-अभी अपने बिस्तर पर लेटी थी और लेटते ही सो गई थी। नगरपालिका का सफाई दरोग़ा, जिसे वह सेठ के नाम से पुकारा करती थी-अभी-अभी उसकी हड्डी-पसलियाँ झिंझोड़कर शराब के नशे में चोर-घर वापस गया था–वह रात को यहाँ भी ठहर जाता, मगर उसे अपनी धर्मपत्नी का बहुत ज़्यादा ख़याल था, जो उसे बेहद प्रेम करती थी।

वे रुपये, जो उसने अपने शारीरिक श्रम के बदले उस दरोग़ा से वसूल किए थे, उसकी चुस्त चोली के नीचे से ऊपर को उभरे हुए थे। कभी साँस के उतार-चढ़ाव में चाँदी के ये सिक्के खनखनाने लगते और उसकी खनखनाहट उसके दिल की लयहीन धड़कनों में घुलमिल जाती। ऐसा मालूम होता कि उन सिक्कों की चाँदी पिघलकर उसके दिल के ख़ून में टपक गई है।

उसका सीना अंदर से तप रहा था। यह गर्मी तो कुछ उस ब्रांडी के कारण थी, जिसका अद्धा दरोग़ा अपने साथ लाया था। कुछ इस 'बेबड़ा' का नतीजा थी, जिसका सोडा खत्म होने पर दोनों ने पानी मिलाकर पिया था।

वह सागवान के लंबे-चौड़े पलंग पर औंधे मुँह लेटी थी। उसकी बाँहें, जो कंधों तक नंगी थीं, पलंग की उस काँप की तरह फैली हुई थीं, जो ओस में भीग जाने के कारण पतले काग़ज़ से अलग हो जाए–दायें बाज़ू की बग़ल में शिकन-भरा गोश्त उभरा हुआ था। जो बार-बार मुड़ने के कारण नीली रंगत धारण कर गया था, जैसे नुची हुई मुर्ग़ी की खाल का एक टुकड़ा वहाँ पर रख दिया गया है।

कमरा बहुत छोटा था जिसमें असंख्य चीज़ें अस्त-व्यस्त बिखरी हुई थीं। तीन-चार सूखे-सड़े चप्पल पलंग के नीचे पड़े थे जिनके ऊपर मुँह रखकर एक ख़ारिश वाला कुत्ता सो रहा था और नींद में किसी अदृश्य चीज़ को मुँह चिढ़ा रहा था। उस कुत्ते के बाल जगह-जगह से ख़ारिश के कारण उड़े हुए थे। दूर से यदि कोई उस कुत्ते को देखता तो समझता कि पैर पोंछने वाला पुराना टाट दुहरा करके ज़मीन पर रखा है।

उस तरफ छोटे-से दीवारगीर पर सिंगार का सामान रखा था। गालों पर लगाने की सुर्ख़ी, होंठों की सुर्ख़ बत्ती, पाउडर, कंघी और लोहे की पिन जो वह प्रायः अपने जूड़े

में लगाया करती थी। पास ही एक लंबी खूँटी के साथ हरे तोते का पिंजरा लटक रहा था जो गर्दन को अपनी पीठ के बालों में छुपाए सो रहा था। पिंजरा कच्चे अमरूद के टुकड़ों और गले हुए संतरे के छिलकों से भरा हुआ था। इन बदबूदार टुकड़ों पर छोटे-छोटे काले रंग के मच्छर-पतंगे उड़ रहे थे।

पलंग के पास ही बेंत की एक कुर्सी पड़ी थी, जिसकी पीठ सिर टिकाने के कारण अत्यन्त मैली हो रही थी। इस कुर्सी के दायें हाथ को एक ख़ूबसूरत तिपाई थी जिस पर हिज़ मास्टर्स वायस का पोर्टेबल ग्रामोफोन पड़ा था। इस ग्रामोफोन पर मढ़े हुए काले कपड़े की बहुत बुरी हालत थी। जंग लगी सुइयाँ तिपाई के अलावा कमरे के प्रत्येक कोने में बिखरी हुई थीं। उस तिपाई के ठीक ऊपर दीवार पर चार फ्रेम लटक रहे थे, जिनमें विभिन्न व्यक्तियों की तस्वीरें जड़ी थीं।

इन तस्वीरों से ज़रा उधर हटकर यानी दरवाज़े में दाख़िल होते ही बायीं तरफ की दीवार के कोने में शोख रंग की गणेश जी की तस्वीर थी जो ताज़ा और सूखे हुए फूलों से लदी थी। शायद यह तस्वीर कपड़े के किसी थान से उतारकर फ्रेम में जड़वाई गई थी। इस तस्वीर के साथ छोटे-से दीवारगीर पर जो कि बेहद चिकना हो रहा था तेल की एक प्याली धरी थी जो दिये को रोशन करने के लिए वहाँ रखी गई थी। पास ही दिया पड़ा था जिसकी लौ हवा बंद होने के कारण माथे के तिलक की तरह सीधी खड़ी थी। इस दीवारगीर पर धूप की छोटी-बड़ी मरोड़ियाँ भी पड़ी थीं।

जब वह बोहनी करती थी तो दूर गणेश जी की इस मूर्ति से रुपये छुआकर और फिर अपने माथे से लगाकर उन्हें अपनी चोली में रख लिया करती थी। उसकी छातियाँ चूँकि काफ़ी उभरी हुई थीं, इसलिए वह जितने रुपये भी अपनी चोली में रखती, सुरक्षित पड़े रहते थे। यद्यपि जब कभी-कभी माधो पूने से छुट्टी लेकर आता तो उसे अपने कुछ रुपये पलंग के पाये के नीचे उस छोटे-से गड्डे में छुपाने पड़ते थे जो उसने खास इस काम के लिए खोदा था। माधो से रुपये सुरक्षित रखने का यह तरीका सुगंधी को रामलाल ने बताया था। उसने जब यह सुना था कि माधो पूने से आकर सुगंधी पर भी धावा बोलता है तो कहा था–"उस साले को तूने कब से यार बनाया है-यह बड़ी अनोखी आशिक़ी-माशूक़ी है। साला एक पैसा अपनी जेब से निकालता नहीं और तेरे साथ मज़े उड़ाता रहता है। मज़े अलग रहे। तुझसे कुछ ले भी मरता है। सुगंधी, मुझे कुछ दाल में काला नज़र आता है। इस साले में कोई नई बात ज़रूर है जो तुझे भा गया है। सात साल से यह धंधा कर रहा हूँ। तुम छोकरियों की सारी कमजोरियाँ जानता हूँ।"

यह कहकर रामलाल दलाल ने, जो बंबई शहर के विभिन्न भागों में दस रुपये से लेकर सौ रुपये तक वाली एक सौ बीस छोकरियों का धंधा करता था, सुगंधी को बताया–"साली, अपना धन यूँ न बर्बाद कर। तेरे अंग पर से ये कपड़े उतारकर ले जाएगा वह तेरी माँ का यार! इस पलंग के पाये के नीचे छोटा-सा गड्डा खोदकर इसमें

सारे पैसे दबा दिया कर और जब वह यार आया करे तो उससे कहा कर–'तेरी जान की कसम माधो, आज सुबह से एक धेले का मुँह नहीं देखा। बाहर वाले से कहकर एक कप चाय और एक अफ़लातून बिस्कुट तो मँगा। भूख से मेरे पेट में चूहे दौड़ रहे हैं'–समझी? बहुत नाजुक वक्त आ गया है मेरी जान–इस साली कांग्रेस ने शराब बंद करके बाज़ार बिलकुल मंदा कर दिया है। पर मुझे तो कहीं न कहीं से पीने को मिल ही जाती है। भगवान क़सम, जब तेरे यहाँ रात की खाली की हुई बोतल देखता हूँ और दारू की बास सूँघता हूँ तो जी चाहता है, तेरी जून में चला जाऊँ।"

सुगंधी को अपने जिस्म में सबसे ज़्यादा अपना सीना पसंद था। एक बार जमुना ने उससे कहा था–"नीचे से इन वक्ष के गोलों को बाँधकर रखा कर। अँगिया पहना करेगी तो उनकी दृढ़ता ठीक रहेगी।"

सुगंधी यह सुनकर हँस दी–"जमुना, तू सबको अपनी सरीखी समझती है। दस रुपये में लोग तेरी बोटियाँ नोचकर चले जाते हैं तो तू समझती है कि सबके साथ भी ऐसा ही होता होगा। कोई मुआ लगाए तो ऐसी-वैसी जगह हाथ–अरे हाँ, कल रात की बात तुझे सुनाऊँ। रामलाल रात के दो बजे एक पंजाबी को लाया। रात का तीस रुपया तय हुआ–जब सोने लगा तो मैंने बत्ती बुझा दी-अरे, वह तो डरने लगा। सुनती हो जमुना। तेरी क़सम, अँधेरा होते ही उसका सारा ठाठ किरकिरा हो गया–वह डर गया। मैंने कहा, चलो-चलो, देर क्यों करते हो! तीन बजने वाले हैं। अभी दिन चढ़ आएगा–बोला, रोशनी करो–रोशनी करो। मैंने कहा, यह रोशनी क्या हुआ–बोला, लाइट-लाइट।

"उसकी दबी हुई आवाज़ सुनकर मुझसे हँसी न रुकी, 'भई, मैं तो लाइट न करूँगी।' और यह कहकर मैंने उसकी गोश्तभरी रान की चुटकी ली–तड़पकर उठ बैठा और लाइट ऑन कर दी। मैंने झट से चादर ओढ़ ली और कहा, तुझे शर्म नहीं आती मरदुए-वह पलंग पर आया तो मैं उठी और लपककर लाइट बुझा दी–वह फिर घबराने लगा–तेरी कसम, बड़े मजे में रात कटी–कभी अँधेरा कभी उजाला, कभी उजाला, कभी अँधेरा–ट्राम की खड़खड़ाहट हुई तो पतलून-वतलून पहनकर वह भागा–साले ने तीस रुपये सट्टे में जीते होंगे जो यूँ मुफ्त दे गया–जमना, तू बिलकुल अल्हड़ है। बड़े-बड़े गुर याद है मुझे, उन लोगों को ठीक करने के लिए।"

सुगंधी को वाक़ई बहुत गुर याद थे, जो उसने अपनी दो-एक सहेलियों को बताए भी थे। प्राय: वह ये गुर सबसे बताया करती थी–"अगर आदमी शरीफ़ हो, ज़्यादा बातें न करने वाला हो तो खूब शरारतें करो। अनगिनत बातें करो। उसे छेड़ो, सताओ, उसके गुदगुदी करो, उससे खेलो–अगर दाढ़ी रखता हो तो उससे अँगुलियों से कंघी करते-करते दो-चार बाल भी नोच लो। पेट बड़ा हो तो थपथपाओ-उसको इतनी मोहलत ही न दो कि अपनी मर्ज़ी के अनुसार कुछ कर पाए–वह खुशी-खुशी चला जाए और तुम भी बची रहोगी–ऐसे मर्द, जो गुपचुप रहते हैं, बड़े ख़तरनाक होते हैं बहन–हड्डी-पसली तोड़ देते हैं अगर उनका दाँव चल जाए!"

सुगंधी इतनी चालाक नहीं थी जितनी स्वयं को प्रकट करती थी। उसके ग्राहक बहुत कम थे। अत्यंत भावुक लड़की थी। यही वजह है कि वे तमाम गुर जो उसे याद थे, उसके दिमाग़ से फिसलकर उसके पेट में आ जाते थे जिस पर एक बच्चा होने के कारण कई लकीरें पड़ गयी थीं। इन लकीरों को पहली बार देखकर उसे ऐसा लगा था कि ख़ारिशयुक्त कुत्ते ने अपने पंजों से ये निशान बना दिए हैं–जब कोई कुतिया बड़ी उपेक्षा से उसके पालतू कुत्ते के पास से गुज़र जाती थी तो वह शर्मिंदगी दूर करने के लिए ज़मीन पर अपने पंजों से इस किस्म के निशान बनाया करता था।

सुगंधी दिमाग़ में ज़्यादा रहती थी, लेकिन ज्यों ही कोई नर्म व नाज़ुक बात–कोई कोमल बोल उससे कहता, झट पिघलकर वह अपने जिस्म के दूसरे हिस्से में फैल जाती। यद्यपि मर्द और औरत के शारीरिक मिलाप को उसका दिमाग़ बिलकुल व्यर्थ समझता था मगर उसके शरीर के बाकी अंग सबके-सब उसके बुरी तरह क़ायल थे। वे थकन चाहते थे–ऐसी थकन, जो उन्हें झिंझोड़कर–उन्हें मारकर सुलाने पर मजबूर कर दे। ऐसी नींद, जो थककर चूर-चूर होने के बाद आए, कितनी मज़ेदार होती हैं वह बेहोशी, जो मार खाकर बंद-बंद ढीले हो जाने के बाद छा जाती है, कितना आनंद देती हैं–कभी ऐसा मालूम होता है कि तुम हो और कभी ऐसा मालूम होता है कि तुम नहीं हो, और इस होने और न होने के बीच में कभी ऐसा महसूस होता कि तुम हवा में बहुत ऊँची जगह लटकी हुई हो। ऊपर हवा, नीचे हवा, दायें, बायें हवा। बस, हवा ही हवा हो और फिर इस हवा में दम घुटना भी एक खास मज़ा देता है।

बचपन में जब वह आँख-मिचौली खेला करती थी और अपनी माँ का बड़ा संदूक खोलकर उसमें छुप जाया करती थी तो नाकाफ़ी हवा में दम घुटने के साथ-साथ पकड़े जाने के डर से वह तेज़ धड़कन, जो उसके दिल में पैदा हो जाया करती थी, कितना मज़ा दिया करती थी।

सुगंधी चाहती थी कि अपनी सारी ज़िंदगी किसी ऐसे बने सन्दूक में छुपकर गुज़ार दे, जिसके बाहर ढूँढ़ने वाले फिरते रहें। कभी-कभी उसको ढूँढ़ निकाले ताकि वह भी उनको ढूँढ़ने की कोशिश करे। यह ज़िंदगी जो वह पाँच वर्ष से गुज़ार रही थी आँख-मिचौली ही तो थी। कभी वह किसी को ढूँढ़ लेती और कभी कोई उसे ढूँढ़ लेता था–बस यूँ ही उसका जीवन बीत रहा था। वह ख़ुश थी इसलिए कि उसको ख़ुश रहना पड़ता था। हर रोज़ रात को कोई-न-कोई मर्द उसके चौड़े सागवान के पलंग पर होता था और सुगंधी, जिसको मर्दों को ठीक करने के असंख्य गुर याद थे, इस बात का बार-बार निश्चय करने पर भी कि वह इन मर्दों की कोई ऐसी-वैसी बात नहीं मानेगी और उनके साथ बड़े रूखेपन के साथ पेश आएगी, हमेशा अपनी भावनाओं की धार में बह जाया करती थी और केवल एक प्यासी औरत रह जाया करती थी।

हर रोज़ रात को उसका पुराना या नया मुलाक़ाती उससे कहा करता था, "सुगंधी, मैं तुमसे प्रेम करता हूँ।" और सुगंधी यह जान-बूझकर कि वह झूठ बोलता है, बस

मोम हो जाती थी और ऐसा महसूस करती थी, जैसे सचमुच उससे प्रेम किया जा रहा है–प्रेम–कितना सुंदर बोल है। वह चाहती थी कि उसको पिघलाकर अपने सारे अंगों पर मल ले। उसकी मालिश करे ताकि यह सारे का सारा उसके मसानों में रच जाए–या फिर वह स्वयं उसके अंदर चली जाए। सिमट-सिमटकर उसके अंदर दाख़िल हो जाए और ऊपर से ढकना बंद कर दे। कभी-कभी जब प्रेम करने और प्रेम किए जाने की भावना उसके अंदर बहुत तीव्रता धारण कर लेती तो कई बार उसके जी में आता कि अपने पास पड़े हुए आदमी को गोद में लेकर थपथपाना शुरू कर दे और लोरियाँ देकर उसे अपनी गोद में सुला दे।

प्रेम करने की लालसा उसके अंदर इतनी अधिक थी कि हर उस मर्द से, जो उसके पास आता था, वह मुहब्बत कर सकती थी और फिर उसको निबाह भी सकती थी। अब तक चार मर्दों से अपना प्रेम निबाह ही तो रही थी, जिनकी तस्वीरें उसके सामने दीवार पर लटक रही थीं। हर वक़्त यह अहसास उसके मन में मौजूद रहता कि वो बहुत अच्छी है, लेकिन अच्छापन मर्दों में क्यों नहीं होता, यह बात उसकी समझ में नहीं आती थी। एक बार आइना देखते हुए अनायास उसके मुँह से निकल गया–"सुगंधी, तुझसे ज़माने ने अच्छा सलूक नहीं किया।"

यह ज़माना-यानी पाँच वर्षों के दिन और उनकी रातें-उसके जीवन के हर तार के साथ लिपटा हुआ था, मानो उस ज़माने से उसकी ख़ुशी नसीब नहीं होती थी जिसकी इच्छा उसके मन में मौजूद थी। फिर भी वह चाहती थी कि यूँ ही उसके दिन बीतते चले जाएँ। उसे कौन-से महल खड़े करने थे जो रुपये-पैसे का लालच करती। दस रुपये का आम भाव था जिसमें ढाई रुपये रामलाल अपनी दलाली के काट लेता था। साढ़े सात रुपये उसे रोज़ मिल ही जाया करते थे, जो उस उसकी अकेली जान के लिए काफ़ी थे और माधो जब पूने से रामलाल दलाल के कथनानुसार सुगंधी पर धावे बोलने के लिए आता था तो यह दस-पंद्रह रुपये खिराज भी अदा करती थी। यह खिराज सिर्फ़ इस बात का था कि सुगंधी को उससे कुछ वो हो गया था। रामलाल दलाल ठीक कहता था, उसमें ऐसी बात जरूर थी जो सुगंधी को बहुत भा गयी थी। अब इसको छुपाना क्या है, बता ही क्यों न दे! सुगंधी से जब माधो की पहली मुलाक़ात हुई तो उसने कहा था–"तुझे लाज नहीं आती अपना भाव करते? जानती है, तू मेरे साथ किस चीज़ का सौदा कर रही है? और मैं तेरे पास क्यों आया हूँ? छी-छी दस रुपये और जैसा कि तू कहती है, ढाई रुपये दलाली के। बाकी रहे साढ़े सात–रहे न साढ़े सात–अब इन साढ़े सात रुपल्लियों पर तो मुझे ऐसी चीज़ देने का वचन देती है, जो तू दे ही नहीं सकती और मैं ऐसी चीज़ लेने आया हूँ, जो मैं ले ही नहीं सकता मुझे औरत चाहिए, पर तुझे क्या इस वक़्त, इसी घड़ी मर्द चाहिए? मुझे तो औरत भी भा जाएगी, पर क्या मैं तुझे जँचता हूँ–तेरा-मेरा नाता ही क्या है? कुछ भी नहीं बस, ये दस रुपये, जिनमें ढाई रुपये दलाली के चले जाएँगे और बाकी इधर-उधर बिखर जाएँगे तेरे और मेरे बीच में बज रहे हैं–तू भी इनका बजना सुन

रही है और मैं भी। तेरा मन कुछ और सोचता है, मेरा मन कुछ और—क्यूँ न कोई ऐसी बात करें कि तुझे मेरी ज़रूरत हो और मुझे तेरी। पूने में हवलदार हूँ, महीने में एक बार आया करूँगा। तीन-चार दिन के लिए—यह धंधा छोड़—मैं तुझे ख़र्च दिया करूँगा-क्या भाड़ा है इस खोली का...?"

माधो ने और भी बहुत कुछ कहा था, जिसका असर सुगंधी पर इस क़दर ज़्यादा हुआ था कि वह कुछ क्षणों के लिए स्वयं को हवलदारनी समझने लगी थी। बातें करने के बाद माधो ने उसके कमरे की बिखरी हुई चीज़ें ढंग से रखी थीं और नंगी तस्वीरें, जो सुगंधी ने अपने सिरहाने लटका रखी थीं, बिना पूछे-ताछे फाड़ दी थीं, और कहा था, सुगंधी, भई मैं ऐसी तस्वीरें यहाँ नहीं रखने दूँगा—और पानी का यह घड़ा—देखो कितना मैला है और ये चिथड़े-से चित्तियाँ-उफ, कितनी बुरी बास आती है। उठाकर बाहर फेंक इनको और तूने अपने बालों का क्या सत्यानास कर रखा है...और...

तीन घंटे की बातचीत के बाद सुगंधी और माधो दोनों आपस में घुलमिल गए थे और सुगंधी को ऐसा महसूस हो रहा था कि वर्षों से हवालदार को जानती हैं। इस वक़्त तक किसी ने भी कमरे में बदबूदार चिथड़ों, मैले घड़े और नंगी तस्वीरों की मौजूदगी का ख़याल नहीं किया था और न कभी किसी ने उसको यह महसूस करने का मौका दिया था कि उसका एक घर है जिसमें घरेलूपन आ सकता है। लोग आते थे और बिस्तर तक की गन्दगी को महसूस किए बिना चले जाते थे। कोई सुगंधी से यह नहीं कहता था—"देख तो आज तेरी नाक कितनी लाल हो रही है, कहीं ज़ुकाम न हो जाए तुझे! ठहर, मैं तेरे वास्ते दवा लाता हूँ।" माधो कितना अच्छा था। उसकी हर बात बावन तोले पाव रत्ती की थी। क्या खरी-खरी सुनाई थी उसने सुगंधी को। उसे महसूस होने लगा कि उसे माधो की ज़रूरत है। चुनांचे दोनों में संबंध हो गया।

महीने में एक बार माधो पूने से आता था और वापस जाते हुए हमेशा सुगंधी से कहा करता था, "देख सुगंधी, अगर तूने फिर से अपना धंधा शुरू किया तो बस तेरी-मेरी टूट जाएगी।-अगर तूने एक बार भी किसी मर्द को अपने यहाँ ठहराया तो चुटिया से पकड़कर बाहर निकाल दूँगा—देख, इस महीने का खर्च मैं तुझे पूना पहुँचते ही मनीऑर्डर कर दूँगा।"

"हाँ, क्या भाड़ा है इस खोली का...?"

न माधो ने कभी पूना से खर्च भेजा था और न सुगंधी ने अपना धंधा बन्द किया था। दोनों अच्छी तरह जानते थे, क्या हो रहा है। न सुगंधी ने कभी माधो से यह कहा था, तू यह टर्र-टर्र क्या करता है, एक फूटी कौड़ी भी दी है कभी तूने? और न माधो ने कभी सुगंधी से पूछा था, 'यह माल तेरे पास कहाँ से आया है जबकि मैं तुझे कुछ देता ही नहीं।' दोनों झूठे थे। दोनों एक मुलम्मा की हुई ज़िंदगी बिता रहे थे—लेकिन सुगंधी ख़ुश थी। जिसको असल सोना पहनने को न मिले वह मुलम्मा किए हुए गहनों पर ही राजी हो जाया करता है।

इस वक़्त सुगंधी थकी-माँदी सो रही थी। बिजली का लट्टू, जिसे ऑफ करना भूल गयी थी, उसके सिर के ऊपर लटक रहा था। उसकी तेज़ रोशनी उसकी मुँदी हुई आँखों के साथ टकरा रही थी मगर वह गहरी नींद में सो रही थी।

दरवाज़े पर दस्तक हुई–रात के दो बजे यह कौन आया था? सुगंधी के स्वप्निल कानों में दस्तक की आवाज़ भनभनाहट बनकर पहुँची। दरवाज़ा जब ज़ोर से खटखटाया गया तो चौंककर उठ बैठी–वह मिली-जुली शराबों और दाँतों की रेज़ों में फँसे हुए मछली के रेज़ों ने उसके मुँह के अंदर ऐसा लुआब पैदा कर दिया था कि जो अत्यन्त कसैला और लेसदार था। धोती के पल्लू से उसने यह बदबूदार लुआब साफ किया और आँखें मलने लगी। पलंग पर वह अकेली थी। झुककर उसने देखा तो उसका कुत्ता सूखी हुई चप्पलों पर मुँह रखे सो रहा था और नींद में किसी अदृश्य चीज़ को मुँह चिढ़ा रहा था और तोता पीठ के बालों में सिर दिए सो रहा था।

दरवाज़े पर दस्तक हुई। सुगंधी बिस्तर पर से उठी। सिरदर्द के मारे फटा जा रहा था। घड़े से पानी का एक डोंगा निकालकर उसने कुल्ली की और दूसरा डोंगा गटागट पीकर उसने दरवाज़े का पट थोड़ा-सा खोला और कहा-"रामलाल?"

रामलाल जो बाहर दस्तक देते-देते थक गया था, भन्नाकर कहने लगा–"तुझे साँप सूँघ गया था या क्या हो गया था? एक क्लाक (घंटे) से बाहर खड़ा दरवाज़ा खटखटा रहा हूँ। क्या मर गयी थी?" फिर आवाज़ दबाकर उसने हौले से कहा था-"अंदर कोई है तो नहीं?"

जब सुगंधी ने कहा–"नहीं" तो रामलाल की आवाज़ फिर ऊँची हो गयी–"तो दरवाज़ा क्यों नहीं खोलती? भई हद हो गयी। क्या नींद पायी है। यूँ एक-एक छोकरी उतारने में दो-दो घंटे खपाना पड़े तो मैं अपना धंधा कर चुका–अब तू मुँह क्या देखती है। झटपट यह धोती उतारकर वह फूलों वाली साड़ी पहन। पौडर-वौडर लगा और चल मेरे साथ-बाहर मोटर में एक सेठ बैठे तेरा इंतज़ार कर रहे हैं–चल-चल, एकदम जल्दीकर।"

सुगंधी आरामकुर्सी पर बैठ गई और रामलाल आईने के सामने अपने बालों में कंघी करने लगा।

सुगंधी ने तिपाई की तरफ हाथ बढ़ाया और बाम की शीशी उठाकर उसका ढकना खोलते हुए कहा–"रामलाल, आज मेरा जी अच्छा नहीं।"

रामलाल ने कंघी दीवारगीर पर रख दी और मुड़कर कहा–"तो पहले ही कह दिया होता।"

सुगंधी ने माथे और कनपटियों पर बाम मलते हुए रामलाल की ग़लतफ़हमी दूर कर दी–"वह बात नहीं, रामलाल–ऐसे ही मेरा जी अच्छा नहीं, बहुत पी गयी।"

रामलाल के मुँह में पानी भर आया थोड़ी बची हो तो ला–"जरा हम भी मुँह का मज़ा ठीक कर ले।"

सुगंधी ने बाम की शीशी तिपाई पर रख दी और कहा–"बचाई होती तो यह मुआ सिर में दर्द ही क्यों होता–देख रामलाल! जो बाहर मोटर में बैठा है, उसे अंदर ही ले आ।"

रामलाल ने जवाब दिया–"नहीं भई, वह अंदर नहीं आ सकते। जैंटलमैन आदमी है। वह तो मोटर को गली के बाहर खड़ी करते हुए भी घबराते थे–तू कपड़े-वपड़े पहन ले और ज़रा गली के नुक्कड़ तक चल–सब ठीक हो जाएगा।"

साढ़े सात रुपये का सौदा था। सुगंधी इस हालत में जबकि उसके सिर में तेज़ दर्द हो रहा था, कभी क़ुबूल न करती, मगर उसे रुपयों की सख़्त ज़रूरत थी। उसके पास वाली खोली में एक मद्रासी औरत रहती थी जिसका पति मोटर के नीचे आकर मर गया था। इस औरत को अपनी जवान लड़की समेत अपने वतन जाना था, लेकिन उसके पास चूँकि किराया ही नहीं था इसलिए वह दयनीय स्थिति में पड़ी थी। सुगंधी ने कल ही उसको ढाढ़स दी थी और उससे कहा था, "बहन, तू चिन्ता न कर। मेरा मर्द पूने से आने ही वाला है। मैं उससे कुछ रुपये लेकर तेरे जाने का बंदोबस्त कर दूँगी।" माधो पूना से आने वाला था। मगर रुपयों का बंदोबस्त तो सुगंधी को ही करना था। चुनांचे वह उठी और जल्दी-जल्दी कपड़े बदलने लगी। पाँच मिनट में उसने धोती उतारकर फूलों वाली साड़ी पहनी और गालों पर सुर्ख़ पाउडर लगाकर तैयार हो गयी। घड़े के ठंडे पानी का एक और डोंगा पीया और रामलाल के साथ हो ली।

गली, जो कि छोटे शहरों के बाज़ार से भी कुछ बड़ी थी बिलकुल ख़ामोश थी। गैस के वे लैंप, जो कि खंबों पर जड़े थे, पहले की अपेक्षा बहुत धुँधली रोशनी दे रहे थे। जंग के कारण इनके शीशों को गँदला कर दिया गया था। इस अंधी रोशनी में गली के अंतिम सिरे पर एक मोटर नज़र आ रही थी।

कमज़ोर रोशनी में उस काले रंग की मोटर की छाया-सी नज़र आना और पिछले पहर की रहस्यमयी ख़ामोशी–सुगंधी को ऐसा लगा कि उसके सिर का दर्द वातावरण में भी छा गया है। ऐसा कसैलापन उसे हवा के अंदर भी महसूस होता था जैसा ब्रांडी और 'ब्योड़ा' की बास से वह भी बोझिल हो रही है।

आगे बढ़कर रामलाल ने मोटर के अंदर बैठे हुए आदमियों से कुछ कहा। इतने में जब सुगंधी मोटर के पास पहुँच गयी तो रामलाल ने एक तरफ हटकर कहा–"लीजिए, वह आ गयी–बड़ी अच्छी छोकरी है। थोड़े ही दिन हुए हैं इसे धंधा शुरू किए!।" फिर सुगंधी से संबोधित होकर कहा, "सुगंधी, इधर आ, सेठजी बुलाते हैं।"

सुगंधी साड़ी का एक किनारा अपनी अँगुली पर लपेटती हुई आगे बढ़ी और मोटर के दरवाज़े के पास खड़ी हो गयी। सेठ साहब ने बीड़ी से उसके चेहरे के पास रोशनी की। एक क्षण के लिए उस रोशनी ने सुगंधी की ख़ुमार-भरी आँखों में चकाचौंध पैदा की। बटन दबाने की आवाज़ पैदा हुई और रोशनी बुझ गयी। साथ ही सेठ के मुँह से उँह निकला। फिर एकदम मोटर का इंजन फड़फड़ाया और कार यह जा, वह जा...!

सुगंधी कुछ सोचने भी न पाई थी कि मोटर चल दी। उसकी आँखों में अभी तक बीड़ी की तेज़ रोशनी घुसी हुई थी। वह ठीक तरह से सेठ का चेहरा भी तो न देख सकी थी। यह आख़िर हुआ क्या था? उस उँह का क्या मतलब था जो अभी तक उसके कानों में भनभना रही थी? क्या?...क्या?

रामलाल दलाल की आवाज़ सुनायी दी–"पसंद नहीं किया तुझे। अच्छा भई, मैं चलता हूँ। दो घंटे मुफ़्त ही बर्बाद किए।"

यह सुनकर सुगंधी की टाँगों में, उसकी बाँहों में, उसके हाथों में एक ज़बरदस्त हरकत पैदा हुई। कहाँ है वह मोटर–कहाँ है वह सेठ–तो उँह का मतलब यह था कि उसने मुझे पसंद नहीं किया–उसकी...।

गाली उसके पेट के अंदर से उठी और ज़ुवान की नोक पर आकर रुक गयी। वह आख़िर गाली किसे देती? मोटर तो जा चुकी थी। उसकी दुम की सुर्ख़ बत्ती उसके सामने बाज़ार के अँधेरे में डूब रही थी और सुगंधी को ऐसा महसूस हो रहा था कि लाल-लाल अंगारा 'उँह' है, जो उसके सीने में बरछे की तरह उतरा चला जा रहा है। उसके जी में आया कि ज़ोर से पुकारे ..."ओ सेठ–ओ सेठ...ज़रा मोटर रोकना अपनी–बस, एक मिनट के लिए।" पर वह सेठ मूडी है।

वह सुनसान बाज़ार में खड़ी थी। फूलों वाली साड़ी जो वह खास-खास अवसरों पर पहना करती थी, रात के पिछले पहर की हल्की-फुल्की हवा में लहरा रही थी। यह साड़ी और उसकी रेशमी सरसराहट सुगंधी को कितनी बुरी महसूस होती थी। वह चाहती थी कि उस साड़ी के चिथड़े उड़ा दे क्योंकि साड़ी हवा में लहराकर 'उँह, उँह' कर रही थी।

गालों पर उसने पाउडर लगाया था और होंठों पर सुर्ख़ी। जब उसे ध्यान आया कि यह सिंगार उसने स्वयं को पसंद कराने के लिए किया था तो शर्म के मारे उसे पसीना आ गया। यह शर्मिंदगी दूर करने के लिए उसने क्या कुछ न सोचा–"मैंने इस मुए को दिखाने के लिए थोड़ी अपने आपको सजाया था। ये तो मेरी आदत है। मेरी क्या, सबकी आदत है! पर...पर...यह रात के दो बजे और रामलाल दलाल और यह बाज़ार और वह मोटर और बीड़ी की चमक।" यह सोचते ही रोशनी के धब्बे उसकी दृष्टि-सीमा वातावरण में इधर-उधर तैरने लगे और मोटर के इंजन की फड़फड़ाहट उसे हवा के प्रत्येक झोंके में सुनायी देने लगी।

उसके मस्तक पर बाम का लेप जो सिंगार करने के दौरान बिलकुल हल्का हो गया था, पसीना आने के कारण उसके मसामों में दाख़िल होने लगा और सुगंधी को अपना मस्तक किसी और का मस्तक मालूम हुआ। जब हवा का एक झोंका उसके अर्क-भरे मस्तक के पास से गुज़रा तो-उसे ऐसा लगा कि सर्द-सर्द टीन का टुकड़ा काटकर उसके मस्तक के साथ चिपका दिया गया है। सिर में दर्द वैसे का वैसा मौजूद था, मगर विचारो की भीड़-भाड़ और उनके शोर ने इस दर्द को अपने नीचे दबा रखा था।

सुगंधी ने कई बार इस दर्द को अपने विचारों के नीचे से निकालकर लाना चाहा, मगर असफल रही। वह चाहती थी कि किसी न किसी तरह उसका अंग-अंग दुखने लगे। उसके सिर में दर्द हो, उसकी टाँगों में दर्द हो, उसके पेट में दर्द हो, उसकी बाँहों में दर्द हो–ऐसा दर्द कि वह केवल दर्द ही का ख़याल करे और सब कुछ भूल जाए। यह सोचते-सोचते उसके दिल में कुछ हुआ–क्या यह दर्द था? एक क्षण के लिए उसका दिल सिकुड़ा और फिर फैल गया–यह क्या था...लानत! यह तो वही उँह थी, जो उसके दिल के अंदर कभी सिकुड़ती और कभी फैलती थी।

घर की तरफ सुगंधी के कदम उठे ही थे कि रुक गए। और वह ठहरकर सोचने लगी–"रामलाल दलाल का ख़याल है कि उसे मेरी शक्ल पसंद नहीं आयी–शक्ल का तो उसने ज़िक्र नहीं किया।" उसने तो यह कहा था-"सुगंधी, तुझे पसंद नहीं किया।" उसे...उसे...सिर्फ़ मेरी शक्ल ही पसंद नहीं आयी-नहीं आयी तो क्या हुआ? मुझे भी तो कई आदमियों की शक्लें पसंद नहीं आती–वह जो अमावस्या की रात को आया था, कितनी बुरी सूरत थी उसकी-क्या मैंने नाक-भौं नहीं चढ़ाई थी? जब वह मेरे साथ सोने लगा था तो मुझे घिन नहीं आयी थी?-क्या मुझे उबकाई आते-आते नहीं रुक गयी थी? –ठीक है। पर सुगंधी-तूने दुत्कारा नहीं था। तूने उसे–ठुकराया नहीं था–इस मोटर वाले सेठ ने तो तेरे मुँह पर थूका है–उँह–इस 'उँह' का और मतलब ही क्या है? यह कि इस छछूंदर के सिर में चमेली का तेल और यह मुँह और मसूर की दाल–अरे रामलाल, "तू यह छिपकली कहाँ से पकड़कर ले आया है–इस लौंडिया की इतनी तारीफ़ कर रहा है तू–दस रुपये और यह औरत–खच्चर क्या बुरी है...।"

सुगंधी सोच रही थी और उसके पैर के अँगूठे से लेकर चोटी तक गर्म लहरें दौड़ रही थीं। उसको कभी अपने-आप पर गुस्सा आता था और कभी रामलाल दलाल पर, जिसने रात के दो बजे उसे बेआराम किया। लेकिन फ़ौरन ही दोनों को बेक़सूर पाकर वह सेठ का ख़याल करती थी। उसके ख़याल के आते ही उसकी आँखें, उसके कान, उसकी बाँहें, उसकी टाँगें, उसका सब कुछ मुड़ता था कि उस सेठ को कहीं देख पाए–उसके अंदर यह इच्छा बड़ी तीव्रता से पैदा हो रही थी कि जो कुछ हो चुका है, एक बार फिर–केवल एक बार ही–वह धीरे-धीरे मोटर की तरफ बढ़े। मोटर के अंदर से एक हाथ बीड़ी निकाले और उसके चेहरे पर रोशनी फेंके। 'उँह' की आवाज़ आए और वह सुगंधी अंधाधुंध अपने दोनों पंजों से उसका मुँह नोचना शुरू कर दे। जंगली बिल्ली की तरह झपटे और अपनी अँगुलियों के सारे नाख़ून, जो उसने आधुनिक फ़ैशन के अनुसार बढ़ा रखे थे, उस सेठ के गालों में गाड़ दे–बालों से पकड़कर उसे बाहर घसीट ले और धड़ाधड़ मुक्के मारना शुरू कर दे और जब थक जाए तो रोना शुरू कर दे।

रोने का ख़याल सुगंधी को केवल इसलिए आया था कि उसकी आँखों में गुस्से और बेबसी की तीव्रता के कारण चार बड़े-बड़े आँसू बच रहे थे। एकाएक सुगंधी ने

अपनी आँखों से सवाल किया–"तुम रोती क्यों हो? तुम्हें क्या हुआ है कि टपकने लगी हो? आँखों से किया हुआ प्रश्न कुछ क्षणों तक उन आँसुओं में तैरता रहा। जवाब पलकों पर काँप रहे थे। सुगंधी इन आँसुओं में से देर तक उस शून्य को घूरती रही, जिधर सेठ की मोटर गयी थी।

फड़-फड़-फड़...यह आवाज़ कहाँ से आयी? सुगंधी ने चौंककर इधर-उधर देखा, लेकिन किसी को न पाया–अरे, यह तो उसका दिल फड़फड़ाया था। वह समझी थी, मोटर का इंजन बोला है–उसका दिल–यह क्या हो गया था उसके दिल को? आज ही यह रोग लग गया था उसे–अच्छा-भला चलता-चलता एक जगह रुककर फड़फड़ क्यों करता था–बिलकुल उस घिसे हुए रेकार्ड की तरह जो सुई के नीचे एक जगह रुक जाता था–'रात कटी गिन-गिन तारे'–कहता-कहता तारे-तारे की रट लगा देता है।

आसमान तारों से अटा हुआ था। सुगंधी ने उनकी तरफ देखा और कहा, 'कितने सुंदर है' –वह चाहती थी कि अपना ध्यान किसी और तरफ पलट दे, पर जब उसने सुंदर कहा तो झट से यह ख़याल उसके मस्तिष्क में कौंधा –"ये तारे सुंदर हैं, पर तू कितनी भौंडी है। क्या भूल गयी कि अभी-अभी तेरी सूरत को फटकारा गया है?"

सुगंधी बदसूरत तो नहीं थी। यह ख़याल आते ही वे तमाम अक्स एक-एक करके उसकी आँखों के सम्मुख आने लगे, जो इन पाँच वर्षों के दौरान वह दर्पण में देख चुकी थी। इसमें तो शक नहीं कि उसका रंग-रूप अब वह नहीं रहा था जो आज से पाँच साल पहले था, जब वह तमाम चिंताओं से मुक्त अपने माँ-बाप के साथ रहा करती थी। लेकिन वह बदसूरत तो नहीं हो गयी थी। उसकी शक्ल-व-सूरत उन आम औरतों की-सी थी, जिनकी तरफ मर्द गुज़रते-गुज़रते घूरकर देख लिया करते थे। उनमें वे तमाम खूबियाँ मौजूद थीं, जो सुगंधी के विचार में हर मर्द उस औरत में ज़रूरी समझता है, जिसके साथ उसे एक-दो रातें बितानी होती हैं। वह जवान थी। उसके अंग संतुलित थे। कभी-कभी नहाते समय जब उसकी दृष्टि अपनी रानों पर पड़ी थी तो वह स्वयं उनकी गोलाई और गदराहट को पसंद किया करती थी। उसका स्वभाव मृदुल था। इन पाँच वर्षों के दौरान में शायद ही कोई आदमी उससे नाखुश होकर गया हो–बड़ी मिलनसार थी। बड़ी रहमदिल थी। पिछसे दिनों क्रिसमस में जब वह गोलपीठा में रहा करती थी, एक नौजवान लड़का उसके पास आया था। सुबह उठकर जब उसने दूसरे कमरे में जाकर खूँटी से अपना कोट उतारा तो अपना बटुआ ग़ायब पाया। सुगंधी का नौकर यह बटुआ ले उड़ा था। बेचारा बहुत परेशान हुआ। छुट्टियाँ बिताने के लिए हैदराबाद से बंबई आया था। अब उसके पास वापस जाने के लिए दाम न थे। सुगंधी ने तरस खाकर उसे उसके दस रुपये वापस दे दिए थे।–'मुझ में क्या बुराई है?' सुगंधी ने यह प्रश्न उस प्रत्येक चीज से किया था, जो उसकी आँखों के सामने थी। गैस के अंधे लैंप, लोहे के खंबे, फुटपाथ के चौकोर पत्थर और सड़क की उखड़ी हुई बजरी–इन सब चीजों की तरफ उसने बारी-बारी से देखा, फिर आसमान की तरफ निगाहें उठायीं, जो उसके ऊपर

झुका हुआ था, मगर सुगंधी को कोई जवाब न मिला। जवाब उसके अंदर मौजूद था। वह जानती थी कि वह बुरी नहीं, अच्छी, है; परंतु वह चाहती थी कि कोई इसका समर्थन करे। कोई...कोई...इस वक़्त कोई उसके कंधों पर हाथ रखकर केवल इतना कह दे–'सुगंधी, कौन कहता है, तू बुरी है। जो तुझे बुरा कहे वह स्वयं बुरा है।' –नहीं, यह कहने की कोई खास ज़रूरत नहीं थी। किसी का इतना कह देना ही काफ़ी था–'सुगंधी, तू बहुत अच्छी है।'

वह सोचने लगी कि वह क्यों चाहती है कि कोई उसकी तारीफ़ करे। उससे पहले उसे इस बात की इतनी तेज़ी से ज़रूरत महसूस नहीं हुई थी। आज वह क्यों निर्जीव चीज़ों को भी अपनी नज़रों से देखती है, जैसे उन पर अपने अच्छा होने का अहसास छा देना चाहती है। उसके शरीर का कण-कण क्यों 'माँ' बन रहा था–वह माँ बनकर धरती की प्रत्येक वस्तु को अपनी गोद में लेने के लिए क्यों तैयार हो रही थी? उसका जी क्यों चाहता था कि सामने वाले गैस के लोहे के खंबे के साथ चिपट जाए और उसके ठंडे लोहे पर अपने गाल रख दे। अपने गर्म-गर्म गाल और उसकी सारी सर्दी चूस ले।

थोड़ी देर के लिए उसे ऐसा महसूस हुआ कि गैस के अंधे लैंप, लोहे के खंबे, फुटपाथ के चौकोर पत्थर और प्रत्येक वह वस्तु जो रात के सन्नाटे में उसके आस-पास थी, हमदर्दी की नज़रों से उसे देख रही है और उसके ऊपर झुका हुआ आसमान भी, जो मटियाले रंग की ऐसी मोटी चादर लगता था, जिसमें असंख्य छिद्र हो रहे हों उसकी बातें समझता था। और सुगंधी को भी ऐसा लगता था कि वह तारों का टिमटिमाना समझती है–लेकिन उसके अंदर यह क्या गड़बड़ थी? वह क्यों अपने अंदर इस मौसम की फ़िज़ा को महसूस करती थी, जो वर्षा के पूर्व देखने में आया करता है–उसका मन चाहता था कि उसके शरीर का प्रत्येक मसाम खुल जाए और जो कुछ उसके अंदर उबल रहा है। उनके रास्ते बाहर निकल जाए। पर यह कैसे हो–कैसे हो?

सुगंधी गली के नुक्कड़ पर ख़त डालने वाले लाल ढोल के पास खड़ी थी–हवा के तेज़ झोंके से उस ढोल की इस्पाती ज़ुबान, जो उसके खुले मुख में लटकी रहती थी लड़खड़ाती हुई सुगंधी की निगाहें एकाएक उसकी तरफ उठीं, जिधर मोटर गयी थी, मगर उसे कुछ नज़र न आया। उसकी कितनी तीव्र आकांक्षा थी कि वह मोटर पर फिर एक बार आए और...और...

'न आए–बला से–मैं जान क्यों हल्कान करूँ–घर चलते हैं और लंबी तानकर सोते हैं। इन झगड़ों में रखा ही क्या है। मुफ़्त का दर्द-ए-सिर ही तो है। चल सुगंधी, घर चल–ठंडे पानी का एक डोंगा पी और थोड़ा-सा बाम मलकर सो जा–फर्स्ट क्लास नींद आएगी और सब ठीक हो जाएगा–सेठ और उस मोटर की ऐसी-तैसी।'

यह सोचते हुए सुगंधी का बोझ हल्का हो गया, जैसे वह किसी ठंडे तालाब से नहाकर बाहर निकली है। जिस तरह पूजा करने के बाद उसका जिस्म हल्का हो जाता था, इसी तरह अब भी हल्का हो गया था। घर की तरफ चलने लगी तो विचारों का बोझ न होने के कारण उसके क़दम कई बार लड़खड़ाए।

अपने मकान के पास पहुँची तो एक टीस के साथ फिर तमाम घटनाएँ उसके मन में उठीं और दर्द की तरह उसके रोम-रोम में छा गयीं—क़दम फिर बोझिल हो गए और वह इस बात को तेज़ी महसूस करने लगी कि घर से बुलाकर, बाहर बाज़ार में मुँह पर रोशनी का चाँटा मारकर एक आदमी ने अभी-अभी उसकी हतक की है। यह ख़याल आया तो उसने अपनी पसलियों पर किसी के सख़्त अँगूठे महसूस किए जैसे कोई उसे भेड़-बकरी की तरह देख रहा है कि क्या गोश्त भी है या बाल ही बाल हैं—इस सेठ ने—परमात्मा करे—सुगंधी ने चाहा कि उसे शाप दे, मगर सोचा, शाप देने से क्या बनेगा? मज़ा तो जब था कि वह सामने होता और उसके अस्तित्व के प्रत्येक कण पर अपनी लानतें लिख देती—उसके मुँह पर ऐसे-ऐसे शब्द कहती कि जिंदगी-भर बेचैन रहता—कपड़े फाड़कर उसके सामने नंगी हो जाती और कहती—'यही लेने आया था न तू? ले, दाम दिए बिना ले जा इसे—परंतु जो कुछ मैं हूँ, जो कुछ मेरे अंदर हुआ है—वह तू क्या तेरा बाप भी नहीं ख़रीद सकता...।'

प्रतिशोध के नये-नये तरीक़े सुगंधी के मस्तिष्क में आ रहे थे। अगर उस सेठ से एक बार—केवल एक बार-उसकी मुठभेड़; हो जाए तो वह यह करे—नहीं यह नहीं, यह करे। यूँ इससे प्रतिशोध ले, नहीं, यूँ नहीं, यूँ—लेकिन जब सुगंधी सोचती कि सेठ से उसका दोबारा मिलना कठिन है तो वह उसे एक छोटी-सी गाली देकर ही स्वयं को राजी कर लेती—बस केवल एक छोटी गाली जो उसकी नाक पर चिपकू मक्खी की तरह बैठ जाए और सदा वहीं जमी रहे।

इस उधेड़बुन में वह दूसरी मंजिल में अपनी खोली के पास पहुँच गयी। चोली में से चाबी निकालकर ताला खोलने के लिए हाथ बढ़ाया तो चाबी हवा में ही घूमकर रह गयी। कुंडे में ताला नहीं था। सुगंधी ने किवाड़ अंदर की तरफ दबाए तो हल्की-सी चरचराहट पैदा हुई। अंदर से किसी ने कुंडी खोली और दरवाज़े ने जम्हाई ली। सुगंधी अन्दर दाख़िल हो गयी।

माधो मूँछों में हँसा और दरवाज़ा बन्द करके सुगंधी से कहने लगा, "आज तूने मेरा कहा मान ही लिया—सुबह की सैर तन्दुरुस्ती के लिए बड़ी अच्छी होती है। प्रति दिन सुबह उठकर इसी तरह घूमने जाया करेगी तो तेरी सारी सुस्ती दूर हो जाएगी और वह तेरी कमर का दर्द भी ग़ायब हो जाएगा, जिस बात की तू आए दिन शिकायत किया करती है—विक्टोरिया गार्डन तक तो हो आई होगी तू, क्यों?"

सुगंधी ने कोई जवाब नहीं दिया और न माधो ने जवाब की उत्सुकता प्रकट की। वास्तव में जब माधो बात करता था तो इसका जवाब यह नहीं हुआ करता था कि सुगंधी ज़रूर उसमें हिस्सा ले और सुगंधी जब कोई बात किया करती थी तो यह ज़रूरी नहीं होता था कि माधो उसमें हिस्सा ले। चूँकि कोई बात करनी होती थी, इसलिए वे कुछ कह दिया करते थे।

माधो बेंत की कुर्सी पर बैठ गया, जिसकी पीठ पर उसके तेल के चुपड़े हुए सिर ने मैल का बहुत बड़ा धब्बा बना रखा था, और टाँग पर टाँग रखकर अपनी मूँछों पर अँगुलियाँ फेरने लगा।

सुगंधी पलंग पर बैठ गयी और माधो से कहने लगी–"मैं आज तेरा इंतज़ार कर रही थी।"

माधो सिटपिटाया–"इंतज़ार?, तुझे कैसे मालूम हुआ कि मैं आज आने वाला हूँ?"

सुगंधी के भिंचे हुए होठ खुले। उन पर एक पीली मुस्कराहट प्रकट हुई, "मैंने रात तुझे सपने में देखा था–उठा तो कोई भी न था। सो, जी ने कहा, चलो कही जाकर घूम आएँ..."

माधो ख़ुश होकर बोला, "और मैं आ गया–भई बड़े लोगों की बातें बड़ी पक्की होती हैं। किसी ने ठीक कहा है–दिल को दिल से राह है–तूने यह सपना कब देखा था?"

सुगंधी ने जवाब दिया, "चार बजे के क़रीब।"

माधो कुर्सी से उठकर सुगंधी के पास बैठ गया–"और मैंने ठीक दो बजे सपने में देखा-जैसे तू फूलों वाली साड़ी–अरे, बिलकुल यही साड़ी पहने मेरे पास खड़ी है। तेरे हाथों में–क्या था तेरे हाथों में? हाँ तेरे हाथों में–क्या था तेरे हाथों में? हाँ, तेरे हाथों में रुपयों से भरी थैली थी। तूने यह थैली मेरी झोली में रख दी और कहा–"माधो, तू चिंता क्यों करता है–ले यह थैली–अरे, तेरे-मेरे रुपये क्या दो हैं? सुगंधी, तेरी जान की क़सम, फ़ौरन उठा और टिकट कटाकर इधर का रुख किया–क्या सुनाऊँ, बड़ी परेशानी हुई! बैठे-बिठाए एक केस हो गया है। अब बीस-तीस रुपये हो तो इंस्पेक्टर की मुट्ठी गर्म करके छुटकारा मिले–थक तो नहीं गयी तू? लेट जा, मैं तेरे पैर दबा दूँ। सैर की आदत न हो तो थकान हो ही जाया करती है-इधर मेरी तरफ पैर करके लेट जा।"

सुगंधी लेट गयी। दोनों बाँहों का तकिया बनाकर वह उन पर सिर रखकर लेट गयी और उस लहजे में, जो उसका अपना नहीं था, माधो से कहने लगी, "माधो–यह किस मुए ने तुम पर केस किया है?–जेल-वेल का डर हो तो मुझसे कह दे–बीस-तीस भी क्या सौ-पचास भी ऐसे मौकों पर पुलिस के हाथ में थमा दिए जाएँ तो फ़ायदा अपना ही हैं–जुबान बची लाखों पाए –बस, अब जाने दे–थकान कुछ ज़्यादा नहीं है। मुट्ठी-? छोड़कर मुझे सारी बात सुना–केस का नाम सुनते ही मेरा दिल धक्-धक् करने लगा–वापस कब जाएगा तू?"

माधो को सुगंधी के मुँह से शराब की बू आई। उसने यह मौका अच्छा समझा और झट से कहा–"दोपहर की गाड़ी से वापस जाना पड़ेगा–अगर शाम तक सब-इंस्पेक्टर को सौ-पचास न थमाए तो...ज़्यादा देने की ज़रूरत नहीं। मैं समझता हूँ, पचास में काम चल जाएगा।"

"पचास!" यह कहकर सुगंधी बड़े आराम से उठी और उन चार तस्वीरों के पास आहिस्ता-आहिस्ता गयी, जो दीवार पर लटक रही थीं–बायीं तरफ से तीसरे फ्रेम में माधो

की तस्वीर थी। बड़े-बड़े फूलों वाले परदे के आगे कुर्सी पर वह दोनों रानों पर अपने हाथ रखे बैठा था। एक हाथ में गुलाब का फूल था। पास ही तिपाई पर दो मोटी-मोटी किताबें धरी थीं। तस्वीर उतरवाते वक़्त तस्वीर उतरवाने का ख़याल माधो पर इस तरह छाया था कि उसकी हर चीज़ तस्वीर से बाहर निकलकर जैसे पुकार रही थी, 'हमारा फोटो उतरेगा! हमारा फोटो उतरेगा।'

कैमरे की ओर माधो आँखें फाड़-फाड़कर देख रहा था और ऐसा मालूम होता था कि फोटो उतरवाते वक़्त उसे बहुत कष्ट हो रहा था।

सुगंधी खिलखिलाकर हँस पड़ी–उसकी हँसी कुछ ऐसी तीखी और नुकीली थी कि माधो के सुइयाँ-सी चुभीं। पलंग पर से उठकर वह सुगंधी के पास गया, "किसकी तस्वीर देखकर तू इस तरह ज़ोर से हँसी है?"

सुगंधी ने बायें हाथ की पहली तस्वीर की तरफ इशारा किया, जो म्युनिस्पैलिटी के सफाई-दारोग़ा की थी-"उसकी-म्युनिस्पैलिटी के इस दारोग़ा की...ज़रा देख तो इसका थोबड़ा–कहता था, एक रानी मुझ पर आशिक़ हो गयी थी-उहँ यह मुँह और मसूर की दाल।" यह कहकर सुगंधी ने फ्रेम को इस जोर से खींचा कि दीवार में से कील भी पलस्तर समेत उखड़ आयी।

माधो की हैरत अभी दूर न हुई थी कि सुगंधी ने फ्रेम को खिड़की से बाहर फेंक दिया। दो मंजिलों से वह फ्रेम नीचे ज़मीन पर गिरा और काँच टूटने की आवाज़ सुनाई दी। सुगंधी ने इस झंकार के साथ कहा, "रानी भंगिन कचरा उठाने आएगी तो मेरे इस राजा को भी साथ ले जाएगी।"

एक बार फिर इसी नुकीली और तीखी हँसी की फुहार सुगंधी के होठों से गिरना शुरू हुई, जैसे वह इन पर चाकू या छुरी की धार तेज़ कर रही है। माधो बड़ी मुश्किल से मुस्कराया। फिर हँसा, "ही ही ही..."

सुगंधी ने दूसरा फ्रेम भी नोच लिया और खिड़की से बाहर फेंक दिया "इस साले का यहाँ क्या मतलब है..? भोंडी शक्त का कोई आदमी यहाँ नहीं रहेगा। क्यों माधो..."

माधो फिर बड़ी मुश्किल से मुस्कराया और हँसा-"ही...ही...ही...।"

एक हाथ से सुगंधी ने पगड़ी वाले की तस्वीर उतारी और दूसरा हाथ इस फ्रेम की तरफ बढ़ रहा है। एक सेकंड में फ्रेम कील समेत सुगंधी के हाथ में था।

ज़ोर का क़हक़हा लगाकर उसने 'उँह' की और दोनों फ्रेम एकसाथ खिड़की से बाहर फेंक दिये। दो मंजिलों पर से जब फ्रेम ज़मीन पर गिरे और काँच टूटने की आवाज़ आयी तो माधो को ऐसा मालूम हुआ कि उसके अंदर कोई चीज़ टूट गयी है। बड़ी मुश्किल से उसने हँसकर इतना कहा–"मुझे भी वह फोटो पसंद नहीं था।"

आहिस्ता-आहिस्ता सुगंधी माधो के पास आयी और कहने लगी–"तुझे यह फोटो पसंद नहीं था–पर मैं पूछती हूँ, तुझ में है ऐसी कौन-सी चीज़ जो किसी को पसंद आ

सकती है–यह तेरी पकौड़े जैसी नाक, यह तेरा बालों भरा माथा, ये तेरे सूजे हुए नथुने, ये तेरे मुड़े हुए कान, यह तेरे मुँह की बास, यह तेरे बदन का मैल–तुझे अपना फोटो पसंद नहीं था। ऊँह...पसंद क्यों होता? तेरे ऐब जो छुपा रखे थे उसने...आजकल ज़माना ही ऐसा है। जो ऐब छुपाये वह ही बुरा...।"

माधो पीछे हटता गया। आख़िर जब वह दीवार के साथ लग गया तो उसने अपनी आवाज़ में ज़ोर पैदा करके कहा–"देख सुगंधी, मुझे ऐसा दिखाई देता है कि तूने फिर से अपना धंधा शुरू किया है–अब तुझको आख़िरी बार कहता हूँ..."

सुगंधी ने इससे आगे माधव के लहजे में कहना शुरू किया–"अगर तूने फिर से अपना धंधा शुरू किया तो बस तेरी-मेरी टूट जायेगी। तूने फिर किसी को अपने यहाँ ठहराया तो चुटिया से पकड़कर तुझे बाहर निकाल दूँगा। इस महीने का खर्च मैं तुझे पूना पहुँचते ही मनीआर्डर कर दूँगा–हाँ, क्या भाड़ा है इस खोली का?"

माधो चकरा गया।

सुगंधी ने कहना शुरू किया–"मैं बताती हूँ–पंद्रह रुपये भाड़ा है इस खोली का–और दस रुपये भाड़ा है मेरा और जैसा तुझे मालूम है, ढाई रुपये दलाल के। बाकी रहे साढ़े सात। रहे न साढ़े सात? इन साढ़े सात रुपल्लियों में मैंने ऐसी चीज़ देने का वचन दिया था जो मैं दे ही नहीं सकती थी और तू ऐसी चीज़ लेने आया था जो तू ले ही नहीं सकता था–तेरा-मेरा नाता क्या था? कुछ भी नहीं। बस, ये दस रुपये तेरे और मेरे बीच में बज रहे थे। सो हम दोनों ने मिलकर ऐसी बात की कि तुझे मेरी ज़रूरत हुई और मुझे तेरी–पहले मेरे और तेरे बीच में दस रुपये थे। आज पचास बज रहे हैं! तू भी इनका बजना सुन रहा है और मैं भी इनका बजना सुन रही हूँ–यह तूने अपने बालों का क्या सत्यानास मार रखा है?"

यह कहकर सुगंधी ने माधो की टोपी अँगुली से एक तरफ बढ़ा दी। यह हरकत माधो को बहुत नागवार गुज़री। उसने बड़े कड़े लहजे में कहा– "सुगंधी!"

सुगंधी ने माधो की जेब से रूमाल निकालकर सूँघा और ज़मीन पर फेंक दिया–"ये चिथड़े, ये चिंदियाँ, उफ्, कितनी बुरी बास आती है। उठाकर बाहर फेंक इनको..."

माधो चिल्लाया–"सुगंधी!"

सुगंधी ने तेज़ लहजे में कहा–"सुगंधी के बच्चे, तू आया किसलिए है यहाँ?...तेरी माँ रहती है इस जगह, जो पचास रुपये देगी? या तू कोई ऐसा बड़ा गबरू जवान है, जो मैं तुझ पर आशिक़ हो गयी हूँ...कुत्ते, कमीने, मुझ पर रौब गांठता है! मैं तेरी दबैल हूँ क्या? भिखमंगे, तू अपने-आपको समझ क्या बैठा है? मैं पूछती हूँ, तू है कौन? चोर या गठकतरा? इस वक़्त तू मेरे मकान में करने क्या आया है? बुलाऊँ पुलिस को? पूने में तुझ पर केस हो न हो, यहाँ तो तुझ पर एक केस खड़ा कर दूँ...।"

माधो सहम गया। दबे हुए लहजे में वह केवल इतना ही कह सका–"सुगंधी, तुझे क्या हो गया है?"

"तेरी माँ का सिर–तू होता कौन है मुझसे ऐसे सवाल करने वाला–भाग यहाँ से वरना...।" सुगंधी की बुलंद आवाज़ सुनकर उसका ख़ारिशजदा कुत्ता, जो सूखी हुई चप्पलों पर मुँह रखे सो रहा था, हड़बड़ाकर उठा और माधो की तरफ मुँह उठाकर भौंकना शुरू कर दिया। कुत्ते के भौंकने के साथ ही सुगंधी ज़ोर-ज़ोर से हँसने लगी।

माधो डर गया। गिरी हुई टोपी उठाने के लिए वह झुका तो सुगंधी की गरज सुनायी दी–"खबरदार! पड़ी रहने दे वहीं–तू जा, तेरे पूना पहुँचते ही मैं इसको मनीआर्डर कर दूँगी।" यह कहकर वह और ज़ोर से हँसी और हँसती-हँसती बेंत की कुर्सी पर बैठ गयी। उसके ख़ारिश वाले कुत्ते ने भौंक- भौंककर माधो को कमरे से बाहर निकाल दिया। उसे सीढ़ियाँ उतार कर जब कुत्ता दुम हिलाता सुगंधी के पास वापस आया और उसके कदमों के पास बैठकर कान फड़फड़ाने लगा तो सुगंधी चौंकी–उसने अपने चारों तरफ एक भयावह सन्नाटा देखा–ऐसा सन्नाटा, जो उसने पहले कभी न देखा था। उसे ऐसा लगा कि प्रत्येक वस्तु खाली है–जैसे मुसाफ़िरों से लदी हुई रेलगाड़ी सब स्टेशनों पर मुसाफ़िर उतारकर अब लोहे के शेड में बिलकुल अकेली खड़ी है...यह शून्य जो अचानक सुगंधी के अन्दर पैदा हो गया था, उसे बहुत तकलीफ़ दे रहा था। उसने काफ़ी देर तक इस शून्य को भरने की कोशिश की, मगर व्यर्थ। वह एक ही समय में असंख्य विचारों को अपने दिमाग़ में ठूंसती थी, मगर बिलकुल छलनी-सा हिसाब था। इधर दिमाग़ को पुर करती थी, उधर वह खाली हो जाता था।

बहुत देर तक वह बेंत की कुर्सी पर बैठी रही। सोच-विचार के बाद भी जब उसको अपना दिल परचाने का कोई तरीका न मिला तो उसने अपने ख़ारिशज़दा कुत्ते को गोद में उठाया और सागवान के चौड़े पलंग पर उसे पहलू में लिटाकर सो गयी।

❑

ख़ुशिया

ख़ुशिया सोच रहा था।

बनवारी से काले तंबाकू वाला पान लेकर वह उसकी दुकान के पास उस पत्थर के चबूतरे पर बैठा था, जो दिन के वक़्त टायरों और मोटरों के मुख़्तलिफ़ पुर्ज़ों से भरा होता है। रात को साढ़े आठ बजे के क़रीब मोटर के पुर्ज़े और टायर बेचने वालों की यह दुकान बंद हो जाती है और यह चबूतरा ख़ुशिया के लिए खाली हो जाता है। वह काले तंबाकू वाला पान धीरे-धीरे चबा रहा था और सोच रहा था। पान की गाढ़ी, तंबाकू-मिली पीक उसके दाँतों से निकलकर उसके मुँह में इधर-उधर फिसल रही थी और उसे ऐसा लगता था कि उसके ख़याल, दाँतों तले पिसकर, उसकी पीक में घुल रहे हैं। शायद यही वजह है कि वह उसे फेंकना नहीं चाहता था।

ख़ुशिया पान की पीक मुँह में गुलगुला रहा था और उस घटना के बारे में सोच रहा था जो उसके साथ अभी-अभी घटी थी, यानी आध घंटे पहले।

वह उस चबूतरे पर रोज़ की तरह बैठने से पहले खेतवाड़ी की पाँचवीं गली में गया था। मंगलौर से जो नई छोकरी कांता आई थी, उसी गली के नुक्कड़ पर रहती थी। ख़ुशिया से किसी ने कहा था कि वह अपना मकान बदल रही है, इसलिए वह इसी बात का पता लगाने के लिए वहाँ गया था।

कांता की खोली का दरवाज़ा उसने खटखटाया। अन्दर से आवाज़ आई, "कौन है?"

इस पर ख़ुशिया ने कहा, "मैं ख़ुशिया।"

आवाज़ दूसरे कमरे से आई थी। थोड़ी देर के बाद दरवाज़ा खुला। ख़ुशिया अंदर दाख़िल हुआ। जब कांता ने दरवाज़ा अन्दर से बंद किया तब ख़ुशिया ने मुड़कर देखा। उसकी हैरत की कोई इंतहा न रही, जब उसने काता को बिलकुल नंगी देखा। बिलकुल नंगी ही समझो, क्योंकि वह अपने अंगों को सिर्फ़ एक तौलिये से छिपाए हुए थी। छिपाए हुए भी तो नहीं कहा जा सकता, क्योंकि छिपाने की जितनी चीज़ें होती हैं वे तो सबकी सब ख़ुशिया की चकित आँखों के सामने थीं।

"कहो ख़ुशिया, कैसे आए? मैं बस अब नहाने ही वाली थी। बैठो-बैठो...बाहर वाले से अपने लिए चाय के लिए तो कह आए होते...जानते तो हो, वह मुआ रामा यहाँ से भाग गया है।"

ख़ुशिया, जिसकी आँखों ने कभी औरत को यूँ अचानक नंगा नहीं देखा था, बेहद घबरा गया। उसकी समझ में न आता था कि क्या कहे। उसकी निगाहें, जो एकदम नग्नता से चार हो गई थीं, अपने-आपको कहीं छिपाना चाहती थीं।

उसने जल्दी-जल्दी सिर्फ़ इतना कहा, "जाओ...जाओ तुम नहा लो। फिर एक दम उसकी ज़ुबान खुल गई, पर जब तुम नंगी थीं तो दरवाज़ा खोलने की क्या ज़रूरत थी? अंदर से कह दिया होता, मैं फिर आ जाता...लेकिन जाओ...तुम नहा लो।"

कांता मुस्कराई, "जब तुमने कहा-ख़ुशिया है तो मैंने सोचा, क्या हर्ज है, अपना ख़ुशिया ही तो है, आने दो...।"

कांता की यह मुस्कराहट अभी तक ख़ुशिया के दिलो–दिमाग़ में तैर रही थी। इस वक़्त भी कांता का नंगा जिस्म मोम के पुतले की तरह उसकी आँखों के सामने खड़ा था और पिघल-पिघलकर उसके अंदर जा रहा था।

उसका जिस्म सुंदर था। पहली बार ख़ुशिया को मालूम हुआ था कि जिस्म बेचने वाली औरतें भी ऐसा सुडौल बदन रखती हैं। उसको इस बात पर हैरत हुई थी, पर सबसे ज़्यादा ताज्जुब उसे इस बात पर हुआ था कि नंग-धड़ंग वह उसके सामने खड़ी हो गई और उसको लाज तक न आई–क्यों?

इसका जवाब कांता ने यह दिया था, "जब तुमने कहा, ख़ुशिया है, तो मैंने सोचा, क्या हर्ज है, अपना ख़ुशिया ही तो है...आने दो।"

कांता और ख़ुशिया एक ही पेशे में शरीक थे। वह उसका दलाल था, इस लिहाज से वह उसी का था...पर यह कोई वजह नहीं थी कि वह उसके सामने नंगी हो जाती। कोई खास बात थी। कांता ने जो बात कही थी उसमें ख़ुशिया का कोई और मतलब उसे कुरेद रहा था।

यह मतलब एक ही वक़्त इतना साफ और धुँधला था कि ख़ुशिया किसी खास नतीजे पर नहीं पहुँच सका था। उस समय भी, वह कान्ता के नंगे जिस्म को देख रहा था, जो ढोल के ऊपर मढ़े हुए चमड़े की तरह तना हुआ था...उसकी लुढ़कती हुई निगाहों से बिलकुल बेपरवाह। कई बार अचरज की हालत में भी उसने उसके सांवले-सलोने बदन पर टोह लेने वाली निगाहें गड़ा रखी थीं पर उसका एक रोआ भी न कँपकँपाया था। बस, वह ऐसे साँवले पत्थर की मूर्ति की तरह खड़ी रही जो एहसास रहित हो।

भई, एक मर्द उसके सामने खड़ा था–मर्द, जिसकी निगाहें कपड़ों में भी औरत के जिस्म तक पहुँच जाती हैं और जो परमात्मा जाने, ख़याल-ही-ख़याल में कहाँ-कहाँ पहुँच जाता है। लेकिन वह ज़रा भी न घबराई और...उसकी से, ऐसा समझ लो कि अभी

लांड्री से धुलकर आई हैं...उसको थोड़ी-सी लाज तो आनी चाहिए थी। ज़रा-सी सुर्ख़ी तो उसकी आँखों में पैदा होनी चाहिए थी। मान लिया, कस्बी थी, पर कस्बियाँ यूँ नंगी तो नहीं खड़ी हो जातीं।

दस बरस उसे दलाली करते हो गए थे और इन दस वर्षों में वह पेशा कराने वाली लड़कियों के सारे भेदों से वाक़िफ़ हो चुका था। मिसाल के तौर पर, उसे यह मालूम था कि पायधोनी के आख़िरी सिरे पर जो छोकरी एक नौजवान लड़के को भाई बनाकर रहती है, इसलिए 'अछूत कन्या' का रिकार्ड-"काहे करता मूरख प्यार-प्यार-प्यार अपने टूटे हुए बाजे पर बजाया करती है कि उसे अशोक कुमार से बुरी तरह इश्क़ है। कई मनचले लौंडे, अशोककुमार से उसकी मुलाक़ात कराने का झांसा देकर अपना उल्लू सीधा कर चुके थे।" उसे यह भी मालूम था कि दादर में जो पंजाबिन रहती है सिर्फ़ इसलिए कोट-पतलून पहनती हैं कि उसके यार ने उससे कहा था कि तेरी टाँगें तो बिलकुल उस अंग्रेज़ ऐक्ट्रेस की तरह हैं, जिसने 'मराको' उर्फ 'खूने-तमन्ना' में काम किया था। यह फ़िल्म उसने कई बार देखी और जब उसके यार ने कहा कि मालिन डीट्रिच इसलिए पतलून पहनती है कि उसकी टाँगें बहुत ख़ूबसूरत हैं और उसने उन टाँगों का दो लाख का बीमा करा रखा है तो उसने भी पतलून पहननी शुरू कर दी, जो उसके नितंबों में बहुत फँसकर आती थी...और उसे यह भी मालूम था कि मझगाँव वाली दक्षिणी छोकरी इसलिए कॉलेज के ख़ूबसूरत लौंडों को फाँसती है कि उसे एक ख़ूबसूरत बच्चे की माँ बनने का शौक है। उसको यह भी पता था कि वह कभी अपनी इच्छा पूरी न कर सकेगी, इसलिए कि बाँझ है...और उस काली मद्रासिन की बाबत, जो हर समय कानों में हीने की बूटियाँ पहने रहती थी, उसे यह बात अच्छी तरह मालूम थी कि उसका रंग कभी गोरा नहीं होगा और वह उन दवाओं पर बेकार रुपया बर्बाद कर रही है, जो वह आए दिन ख़रीदती रहती थी।

उसको उन सभी छोकरियों के अंदर-बाहर का हाल मालूम था, जो उसके पेशे में शामिल था। मगर उसको यह ख़बर न थी कि एक दिन कांता कुमारी, जिसका असली नाम इतना मुश्किल था कि वह उम्र-भर याद नहीं कर सकता था, उसके सामने नंगी खड़ी हो जाएगी और उसको ज़िंदगी के सबसे बड़े ताज्जुब से दो-चार कराएगी।

सोचते-सोचते उसके मुँह में पानी की पीक इस क़दर जमा हो गई थी कि अब वह मुश्किल से छलिया के उन नन्हे-नन्हे रेज़ों को चबा सकता था, जो उसके दाँतों की रीखों में से इधर-उधर फिसलकर निकल जाते थे। उसके तंग माथे पर पसीने की नन्ही-नन्ही बूँदें उभर आयी थीं जैसे मलमल में पनीर को धीरे से दबा दिया गया हो। जब-जब वह कांता के नंगे जिस्म को अपनी कल्पना में देखता था, उसकी मर्दानगी को धक्का-सा पहुँचता था। उसे महसूस होता था जैसे उसका अपमान हुआ है।

एकदम उसने अपने मन में कहा-भई, यह बेइज़्ज़ती नहीं है तो क्या है. यानी एक छोकरी नंग-धड़ंग तुम्हारे सामने खड़ी हो जाती है और कहती है, इसमें हर्ज ही क्या

है...तुम ख़ुशिया ही तो हो...ख़ुशिया न हुआ, साला वह बिल्ला हो गया, जो उसके बिस्तर पर हर समय ऊँघता रहता है...और क्या।

अब उसे विश्वास होने लगा कि सचमुच उसका अपमान हुआ है। वह मर्द था और अनजाने ही उसको इस बात की आशा थी कि औरतें, चाहे शरीफ़ हों चाहे बाज़ारू, उसको मर्द ही समझेंगी और उसके और अपने बीच वह पर्दा क़ायम रखेंगी, जो एक मुद्दत से चला आ रहा है। वह तो सिर्फ़ यह पता लगाने के लिए कांता के यहाँ गया था कि वह कब तक मकान बदल रही है और कहाँ जा रही है। कान्ता के पास उसका जाना बिलकुल बिजनेस से संबंधित था। अगर ख़ुशिया कांता के बारे में सोचता कि जब वह उसका दरवाज़ा खटखटाया तो वह अन्दर क्या कर रही होगी तो उसकी कल्पना से ज़्यादा से ज़्यादा इतनी ही बातें आ सकती थीं :

सिर पर पट्टी बाँधे लेटी होगी।

बिल्ले के बालों से पिस्तु निकाल रही होगी।

उस बाल-सफ़ा पाउडर से अपनी बग़लों के बाल उड़ा रही होगी, जो इतनी बास मारता था कि ख़ुशिया की नाक बर्दाश्त नहीं कर सकती थी।

पलंग पर अकेली बैठी, ताश फैलाए पेशंस खेलने में मशगूल होगी।

बस, इतनी चीज़ें थीं, जो उसके दिमाग़ में आतीं। घर में वह किसी को रखती न थी इसलिए इस बात का ख़याल ही नहीं था कि कोई आ सकता था। पर ख़ुशिया ने तो यह सोचा ही न था। वह तो काम से वहाँ गया था कि अचानक कांता-यानी कपड़े पहनने वाली कांता–मतलब यह कि वह कांता, जिसको वह हमेशा कपड़ों में देखा करता था, उसके सामने बिलकुल नंगी खड़ी हो गई–बिलकुल नंगी ही समझो, क्योंकि एक छोटा-सा तौलिया सब कुछ तो छिपा नहीं सकता। ख़ुशिया को यह दृश्य देखकर ऐसा महसूस हुआ था जैसे छिलका उसके हाथ में रह गया है और केले का गूदा बिलकुल उसके सामने आ गिरा है। अगर बात यहाँ तक खत्म हो जाती तो कुछ भी न होता। ख़ुशिया अपनी हैरत को किसी-न-किसी हीले से दूर कर देता। मगर यहाँ मुसीबत यह आन पड़ी थी कि उस लौंडिया ने मुस्कराकर कहा था, 'जब तुमने कहा ख़ुशिया है, तो मैंने सोचा, अपना ख़ुशिया ही तो है, आने दो...।' बस यही बात उसे खाए जा रही थी।

"साली मुस्करा रही थी..." वह बार-बार बड़बड़ाता। जिस तरह कांता नंगी थी, उसी तरह उसकी मुस्कराहट ख़ुशिया को नंगी नज़र आई थी। यह मुस्कराहट ही नहीं, उसे कांता का जिस्म भी इस हद तक नंगा दिखाई दिया था जैसे उस पर रंदा फिरा हुआ हो।

उसे बारम्बार बचपन के वे दिन याद आ रहे थे जब पड़ोस की एक औरत उससे कहा करती थी, "ख़ुशिया बेटा, जा दौड़कर जा, यह बाल्टी पानी से भर ला।" जब वह बाल्टी भरकर लाया करता था तो वह धोती से बनाए हुए पर्दे के पीछे से कहा करती थी, "अंदर आकर यहाँ मेरे पास रख दे। मैंने मुँह पर साबुन मला हुआ है। मुझे कुछ

सुझाई नहीं देता।" वह धोती का पर्दा हटाकर बाल्टी उसके पास रख दिया करता था। उस समय साबुन की झाग में लिपटी हुई नंगी औरत उसे नज़र आती थी, पर उसके मन में किसी तरह की उथल-पुथल पैदा नहीं होती थी।

"भई, मैं उस समय बच्चा था। बिलकुल भोला-भाला। बच्चे और मर्द में बहुत फ़र्क होता है। बच्चों से कौन पर्दा करता है। मगर अब तो मैं पूरा मर्द हूँ। मेरी उम्र इस वक़्त लगभग अट्ठाईस बरस की है और अट्ठाईस बरस के जवान आदमी के सामने तो कोई बूढ़ी औरत भी नंगी खड़ी नहीं होती।"

कांता ने उसे क्या समझा दिया था? क्या उसमें वे सारी बातें नहीं थीं, जो एक नौजवान मर्द में होती हैं? इसमें कोई शक नहीं कि वह कांता को एकाएक नंग-धड़ंग देखकर बहुत घबरा गया था लेकिन चोर निगाहों से क्या उसने कांता की उन चीज़ों का जायज़ा नहीं लिया था, जो रोज़ाना इस्तेमाल के बावजूद असली हालत पर क़ायम थी। क्या चकित रह जाने के बावजूद, उसके दिमाग़ में यह ख़याल नहीं आया था कि दस रुपये में कांता बिलकुल महँगी नहीं और दशहरे के दिन बैंक का वह बाबू जो दो रुपये की रिश्वत न मिलने पर वापस चला गया था, बिलकुल गधा था? और...

इन सबके ऊपर, क्या एक क्षण के लिए उसके सारे पुट्ठों में एक अजीब किस्म का तनाव नहीं पैदा हो गया था? और उसने एक ऐसी अंगड़ाई नहीं लेनी चाही थी जिससे उसकी हड्डियाँ तक चटखने लगें...? फिर क्या वजह थी कि मंगलौर की उस सांवली छोकरी ने उसको मर्द न समझा और सिर्फ़... सिर्फ़ ख़ुशिया समझकर उसको अपना सब कुछ देखने दिया?

उसने ग़ुस्से में आकर पान की गाढ़ी पीक थूक दी, जिसने फुटपाथ पर कई बेल-बूटे बना दिए। पीक थूककर वह उठा और ट्राम में बैठकर अपने घर चला गया।

घर में उसने नहा-धोकर नई धोती पहनी। जिस बिल्डिंग में वह रहता था, उसकी एक दुकान में सैलून था। उसके अंदर जाकर उसने आइने के सामने अपने बालों में कंघी की। फिर एकाएक कुछ ख़याल आया तो वह कुर्सी पर बैठ गया और बड़ी गंभीरता से उसने नाई से दाढ़ी मूँडने के लिए कहा। आज चूँकि वह दूसरी बार दाढ़ी मुँडवा रहा था, इसलिए नाई ने कहा, "अरे भाई ख़ुशिया, भूल गए क्या? सुबह मैंने ही तो तुम्हारी दाढ़ी मूँडी थी।"

इस पर ख़ुशिया ने बड़ी शान से दाढ़ी पर उल्टा हाथ फेरते हुए कहा, "खूँटी अच्छी तरह नहीं निकाली...।"

अच्छी तरह खूँटी निकलवाकर और चेहरे पर पाउडर मलवा कर, वह सैलून से बाहर निकला। सामने टैक्सियों का अड्डा था। बंबई के खास अंदाज़ में उसने 'शी...शी' करके एक टैक्सी ड्राइवर को अपनी ओर आकृष्ट किया और उँगली के इशारे से। उसे टैक्सी लाने के लिए कहा।

जब वह टैक्सी में बैठ गया तो ड्राइवर ने घूमकर उससे पूछा, "कहाँ जाना है, साब?"

इन चार शब्दों ने और खास तौर पर 'साब' शब्द ने ख़ुशिया को सचमुच खुश कर दिया। मुस्कराकर उसने बड़े दोस्ताना लहजे में जवाब दिया–"बताएँगे। पहले तुम आपेरा हाउस की तरफ चलो–"लेमिंग्टन रोड से होते हुए, समझे?"

ड्राइवर ने मोटर की लाल झंडी का सिर नीचे दबा दिया। 'टन-टन' हुई और टैक्सी की लेमिंग्टन रोड का रुख किया। लेमिंग्टन रोड का जब आख़िरी सिरा आ गया तो ख़ुशिया ने ड्राइवर को हिदायत दी, "बायें हाथ मोड़ लो।"

टैक्सी बायें हाथ मुड़ गई। अभी ड्राइवर ने गियर भी न बदला था कि ख़ुशिया ने कहा, "यह सामने वाले खंभे के पास रोक लेना ज़रा।"

ड्राइवर ने ठीक खंभे के पास टैक्सी खड़ी कर दी। ख़ुशिया दरवाज़ा खोलकर बाहर निकला और पान बेचने वाले की दुकान की तरफ बढ़ा। वहाँ से उसने पान लिया और उस आदमी से जो दुकान के पास खड़ा था, चंद बातें कीं और उसे अपने साथ टैक्सी में बिठाकर ड्राइवर से बोला, "सीधे ले चलो।"

देर तक टैक्सी चलती रही। ख़ुशिया ने जिधर इशारा किया, ड्राइवर ने उधर हैंडल फेर दिया। रौनक वाले कई बाज़ारों से होते हुए टैक्सी एक नीम-रोशन गली में दाख़िल हुई, जिसमें बहुत कम लोग आ-जा रहे थे। कुछ लोग सड़क पर बिस्तर जमाए लेटे थे; उनमें से कुछ बड़े इत्मीनान से चंपी करा रहे थे। जब टैक्सी उन चंपी कराने वालों के आगे निकल गई और काठ के एक बँगलेनुमा मकान के पास पहुँची तो ख़ुशिया ने ड्राइवर को ठहरने के लिए कहा, "बस, अब यहाँ रुक जाओ।"

टैक्सी ठहर गई तो ख़ुशिया ने उस आदमी से, जिसको वह पान वाले की दुकान से अपने साथ लाया था, धीरे से कहा, "जाओ, मैं यहाँ इंतज़ार करता हूँ।"

वह आदमी, बेवकूफ़ों की तरह, ख़ुशिया की तरफ देखता हुआ टैक्सी से बाहर निकला और सामने वाले लकड़ी के मकान में घुस गया।

ख़ुशिया जमकर टैक्सी के गद्दे पर बैठ गया। एक टाँग दूसरी टाँग पर रखकर उसने जेब से बीड़ी निकालकर सुलगाई और दो कश लेकर बाहर सड़क पर फेंक दी। वह अब बड़ा बेचैन था इसलिए उसे लगा कि टैक्सी का इंजन बंद नहीं हुआ। उसके सीने में चूँकि फड़फड़ाहट-सी हो रही थी इसलिए वह समझा कि ड्राइवर ने बिल बढ़ाने के लिए पेट्रोल छोड़ रखा है। चुनांचे उसने तेज़ी से कहा, "यों बेकार इंजन चालू रखकर तुम कितने पैसे और बढ़ा लोगे?"

ड्राइवर ने घूमकर ख़ुशिया की ओर देखा और कहा–"सेठ, इंजन तो बंद है।"

जब ख़ुशिया को अपनी गलती का अहसास हुआ तो उसकी बेचैनी और भी बढ़ गई और उसने कुछ कहने की बजाय होंठ चबाने शुरू कर दिए। फिर एकाएक सिर

पर किश्तीनुमा काली टोपी पहनकर, जो अब तक उसकी बगल में दबी हुई थी, उसने ड्राइवर का कंधा हिलाया और कहा, "देखो, अभी छोकरी आएगी। जैसे ही अंदर आए, तुम मोटर चला देना...समझे?...घबराने की कोई बात नहीं है, मामला ऐसा-वैसा नहीं!"

इतने में सामने लकड़ी वाले मकान से दो आदमी बाहर निकले। आगे-आगे ख़ुशिया का दोस्त था और उसके पीछे-पीछे कांता, जिसने शोख रंग की साड़ी पहन रखी थी।

ख़ुशिया झट से उस तरफ को सरक गया, जिधर अँधेरा था। ख़ुशिया के दोस्त ने टैक्सी का दरवाज़ा खोला और कांता को अन्दर दाख़िल करके दरवाज़ा बन्द कर दिया। उसी समय कान्ता की हैरत-भरी आवाज़ सुनाई दी, जो चीख से मिलती-जुलती थी—"ख़ुशिया, तुम?"

"हाँ, मैं...लेकिन तुम्हें रुपये मिल गए हैं न?" ख़ुशिया की मोटी आवाज़ बुलंद हुई, "देखो ड्राइवर...जुहू ले चलो।"

ड्राइवर ने सेल्फ दबाया। इंजन फड़फड़ाने लगा। इस बीच कांता ने जो कहा, सुनाई न दे सका। टैक्सी एक धचके के साथ आगे बढ़ी और ख़ुशिया के दोस्त को सड़क के बीच चकित-विस्मित छोड़ उस नीम-रोशन गली में ग़ायब हो गई।

इसके बाद फिर किसी ने ख़ुशिया को मोटरों की दुकान के उस पत्थर के चबूतरे पर नहीं देखा।

❑

काली सलवार

दिल्ली आने से पहले वह अंबाला छावनी में थी, जहाँ कई गोरे उसके ग्राहक थे। इन गोरों से मिलने-जुलने के कारण वह अंग्रेज़ी के दस-पंद्रह वाक्य सीख गई थी। इनको वह आम बातचीत में इस्तेमाल नहीं करती थी, लेकिन जब वह दिल्ली में आई और उसका कारोबार न चला तो एक दिन उसने अपनी पड़ोसन तमंचा जान से कहा–"दिस लैफ...वेरी बैड।" यानी यह जिंदगी बहुत बुरी है, जबकि खाने को ही नहीं मिलता।

अंबाला छावनी में उसका धंधा बहुत अच्छी तरह चलता था। छावनी के गोरे शराब पीकर उसके पास आ जाते थे। वह तीन-चार घंटों ही में आठ-दस गोरों को निपटाकर बीस-तीस रुपये पैदा कर लिया करती थी। ये गोरे उसके हमवतनों के मुक़ाबले में बहुत अच्छे थे। इसमें कोई शक नहीं कि वे ऐसी भाषा बोलते, जिसका मतलब सुल्ताना की समझ में नहीं आता था, मगर उसकी भाषा से यह अनभिज्ञता उसके हक़ में बहुत अच्छी साबित होती थी। अगर वह उससे कुछ रियायत चाहते, तो वह सिर हिलाकर कह दिया करती थी–"साहब, हमारी समझ में तुम्हारी बात नहीं आती।" और अगर वे उससे ज़रूरत से ज़्यादा छेड़छाड़ करते तो वह उनको अपनी जुबान में गालियों देना शुरू कर देती थी। वे हैरत से उसके मुँह की तरफ देखते, तो वह उनसे कहती, "साहब तुम एकदम उल्लू का पट्ठा है, हरामज़ादा है–समझा?" यह कहते वक़्त वह अपने लहजे में सख़्ती पैदा न करती बल्कि बड़े प्यार के साथ उनसे बातें करती। वे गोरे हँस देते और हँसते वक़्त वे सुल्ताना को बिलकुल उल्लू के पट्ठे दिखाई देते।

मगर यहाँ दिल्ली में वह जब से आई थी, एक भी गोरा उसके घर नहीं आया था। तीन महीने उसको हिंदुस्तान के इस शहर में रहते हो गये थे, जहाँ उसने सुना था कि बड़े लाट साहब रहते हैं, जो गर्मियों में शिमला चले जाते हैं, मगर सिर्फ़ छः आदमी उसके पास आये थे, सिर्फ़ छः, यानी महीने में दो और इन छः ग्राहकों से उसने ख़ुदा झूठ न बुलवाये तो साढ़े अठारह रुपये वसूल किये थे। तीन रुपये से ज़्यादा पर कोई मानता ही नहीं था। सुल्ताना ने इनमें से पाँच आदमियों को अपना रेट दस रुपये बताया था, मगर ताज्जुब की बात है, इन में से प्रत्येक ने यही कहा–"भई, हम तीन रुपये से एक कौड़ी

ज़्यादा नहीं देंगे।" न जाने क्या बात थी कि इनमें से हर एक ने उसे सिर्फ़ तीन रुपये के क़ाबिल समझा। चुनांचे जब छठा आया तो उसने ख़ुद उससे कहा–"देखो, मैं तीन रुपये एक टेम के लूँगी। इससे एक अधेला तुम कम कहो तो में न लूँगी। अब तुम्हारी मर्जी हो तो रहो, वरना जाओ।" छठे आदमी ने यह सुनकर तकरार न की और उसके यहाँ ठहर गया। जब दूसरे कमरे में वह दरवाज़े बंद करके अपना कोट उतारने लगा तो सुल्ताना ने कहा–"लाइये एक रुपया दूध का।" उसने एक रुपया तो न दिया, लेकिन नये बादशाह की चमकती हुई अठन्नी जेब-में से निकालकर उसको दे दी और सुल्ताना ने भी चुपके से ले ली कि चलो, जो आया, ग़नीमत है।

साढ़े अठारह रुपये तीन महीनों में...बीस रुपये माहवार तो इस कोठे का किराया था, जिसको मकान-मालिक अंग्रेज़ी भाषा में फ्लैट कहता था। इस फ्लैट में ऐसा पाख़ाना था, जिसमें ज़ंजीर खींचने से सारी गंदगी पानी के ज़ोर से एकदम नल में नीचे ग़ायब हो जाती थी और बड़ा शोर होता था। शुरू-शुरू में तो उस शोर ने उसे बहुत डराया था। पहले दिन जब वह शौच जाने के लिए उस पाख़ाने में गई तो उसकी कमर में बहुत तेज़ दर्द हो रहा था। फ़ारिग़ होने के बाद जब वह उठने लगी तो उसने लटकी हुई ज़ंजीर का सहारा ले लिया। उस ज़ंजीर को देखकर उसने ख़याल किया, चूँकि यह खास लोगों की रिहायश के लिए तैयार किए गए हैं, यह ज़ंजीर इसलिए लगाई गई है कि उठते वक़्त तकलीफ़ न हो और सहारा मिल जाया करे। मगर ज्यूँ ही उसने ज़ंजीर को पकड़कर उठना चाहा, ऊपर खट-खट-सी हुई और फिर एकदम पानी इस शोर के साथ बाहर निकला कि डर के मारे उसके मुँह से चीख निकल गई।

ख़ुदाबख़्श कमरे में अपना फोटोग्राफी का सामान दुरुस्त कर रहा था और साफ बोतलों में हाइड्रोकूनीन डाल रहा था उसने सुल्ताना से पूछा–"क्या हुआ? यह चीख़ तुम्हारी थी?"

सुल्ताना का दिल धड़क रहा था। उसने कहा–"यह मुआ पाख़ाना है या क्या है। बीच में यह रेलगाड़ियों की तरह ज़ंजीर क्या लटका रखी है। मेरी कमर में दर्द था। मैंने कहा–चलो इसका सहारा ले लूँगी, पर इस मुई ज़ंजीर को छेड़ना था कि वह धमाका हुआ कि मैं तुमसे क्या कहूँ।"

इस पर ख़ुदाबख़्श बहुत हँसा था और उसने सुल्ताना को उस पाख़ाने की बाबत सब कुछ बता दिया था कि यह नये फैशन का है, जिसमें ज़ंजीर हिलाने से सब गंदगी नीचे ज़मीन में धँस जाती है।

ख़ुदाबख़्श और सुल्ताना का आपस में कैसे संबंध हुआ, यह एक लंबी कहानी है। ख़ुदाबख़्श रावलपिंडी का था। एंट्रेंस पास करने के बाद उसने लारी चलाना सीखा। चुनांचे चार वर्ष तक वह रावलपिंडी और काश्मीर के बीच लारी चलाने का काम करता था। इसके बाद काश्मीर में उसकी दोस्ती एक औरत से हो गई। उसको भगाकर वह लाहौर

ले आया। लाहौर में चूँकि उसको कोई काम न मिला, इसलिए उसने औरत को पेशे पर बिठा दिया। दो-तीन वर्ष तक यह सिलसिला जारी रहा और फिर वह औरत किसी और के साथ भाग गई। ख़ुदाबख़्श को मालूम हुआ कि वह अंबाला में है। वह उसकी तलाश में अंबाला आया, जहाँ उसको सुल्ताना मिल गई। सुल्ताना ने उसको पसंद किया। चुनांचे दोनों का संबंध हो गया।

ख़ुदाबख़्श के आने से एकदम सुल्ताना का कारोबार चमक उठा। औरत चूँकि अंधविश्वासी थी, इसलिए उसने समझा कि ख़ुदाबख़्श बड़ा भाग्यवान है, जिसके आने से इतनी तरक़्क़ी हो गई। चुनांचे इस विश्वास ने ख़ुदाबख़्श का महत्त्व उसकी दृष्टि में और बढ़ा दिया।

ख़ुदाबख़्श आदमी मेहनती था। सारा दिन हाथ पर हाथ धर कर बैठना पसंद नहीं करता था। चुनांचे उसने फोटोग्राफर से दोस्ती पैदा की, जो रेलवे स्टेशन के बाहर मिनट कैमरे से फोटो खींचा करता था। उससे उसने फोटो खींचना सीख लिया। फिर सुल्ताना से साठ रुपये लेकर कैमरा भी ख़रीद लिया। आहिस्ता-आहिस्ता एक पर्दा बनवाया। दो कुर्सियाँ ख़रीदी और फोटो धोने का सब सामान लेकर उसने अलग अपना काम शुरू कर दिया।

काम चल निकला। चुनांचे उसने थोड़ी देर के बाद अपना अड्डा अंबाला छावनी में क़ायम कर दिया। यहाँ वह गोरों के फोटो खींचता रहता। एक महीने के अंदर-अंदर उसकी छावनी के बहुत-से गोरों से जान-पहचान हो गई। चुनांचे वह सुल्ताना को वहीं ले गया। यहाँ छावनी में ख़ुदाबख़्श के जरिये से कई गोरे सुल्ताना के पक्के ग्राहक बन गये और उसकी आमदनी पहले से दुगुनी हो गई।

सुल्ताना ने कानों के लिए बुंदे ख़रीदे। साढ़े पाँच तोले की आठ कंगनियाँ भी बनवा लीं। दस-पंद्रह अच्छी-अच्छी साड़ियाँ भी जमा कार लीं। घर में फर्नीचर वग़ैरा भी आ गया। निष्कर्ष यह कि अंबाला छावनी में वह बड़ी ख़ुशहाल थी। मगर एकाएकी न जाने ख़ुदाबख़्श के दिल में क्या समाई कि उसने दिल्ली जाने की ठान ली। सुल्ताना इनकार कैसे करती, जबकि ख़ुदाबख़्श को अपने लिए बहुत मुबारक ख़याल करती थी। उसने ख़ुशी-ख़ुशी दिल्ली जाना क़ुबूल कर लिया। उसने सोचा कि इतने बड़े शहर में, जहाँ लाट साहब रहते हैं, उसका धंधा और भी अच्छा चलेगा। अपनी सहेलियों से वह दिल्ली की तारीफ़ें सुन चुकी थी। फिर वहाँ हज़रत निज़ामुद्दीन औलिया की दरगाह भी थी, जिसमें उसे बेहद श्रद्धा थी। चुनांचे जल्दी-जल्दी घर का भारी सामान बेच-बाचकर वह ख़ुदाबख़्श के साथ दिल्ली आ गई। यहाँ पहुँचकर ख़ुदाबख़्श ने बीस रुपये माहवार पर एक छोटा-सा फ्लैट ने लिया, जिसमें वे दोनों रहने लगे।

एक ही क़िस्म के नये मकानों की लम्बी-सी कतार सड़क के साथ-साथ चली गई थी। म्यूनिसिपल कमेटी ने शहर का एक भाग खास वेश्याओं के लिए नियत कर दिया था कि वे शहर में जगह-जगह अड्डे न बनायें। नीचे दुकानें थी और ऊपर दो मंजिला रिहाइशी

फ्लैट। चूँकि सब इमारतें एक ही डिज़ाइन की थीं, इसलिए शुरू-शुरू में सुल्ताना को अपना फ्लैट तलाश करने में बहुत कठिनाई होती थी, पर जब नीचे लांड्री वाले ने अपना बोर्ड घर की पेशानी पर लगा दिया तो उसको एक पक्की निशानी मिल गई 'यहाँ मैले कपड़ों की धुलाई की जाती है।' यह बोर्ड पढ़ते ही वह अपना फ्लैट तलाश कर लिया करती थी। इस तरह उसने बहुत-सी निशानियाँ क़ायम कर ली थीं। मसलन बड़े-बड़े अक्षरों में जहाँ 'कोयले की दुकान' लिखा था, वहाँ उसकी सहेली हीराबाई रहती थी, जो कभी रेडियोघर में गाने जाया करती थी। जहाँ 'यात्रियों के खाने का आला इंतज़ाम है' लिखा था, वहाँ उसकी दूसरी सहेली मुख़्तार रहती थी। निवाड़ के कारख़ाने के ऊपर अनवरी रहती थी, जो उस कारख़ाने के सेठ के पास नौकर थी। चूँकि सेठ साहब को रात के वक़्त अपने कारख़ाने की देखभाल करनी होती थी, इसलिए वह अनवरी के पास ही रहते थे।

दुकान खोलते ही ग्राहक थोड़े ही आते हैं। चुनांचे जब एक महीने तक सुल्ताना बेकार रही तो उसने यही सोचकर अपने दिल को तसल्ली दी, पर जब दो महीने गुज़र गए और कोई आदमी उसके कोठे पर नहीं आया तो उसे बहुत चिंता हुई। उसने ख़ुदाबख़्श से कहा–"क्या बात है ख़ुदाबख़्श, दो महीने आज पूरे हो गए हैं हमें यहाँ आए हुए, किसी ने इधर का रुख नहीं किया। मानती हूँ, आजकल बाज़ार बहुत मंदा है, पर इतना मंदा भी तो नहीं कि महीने-भर में कोई शक्ल देखने ही न आए।" ख़ुदाबख़्श को भी यह बात बहुत अर्से से खटक रही थी, मगर वह ख़ामोश था। पर जब सुल्ताना ने ख़ुद छेड़ी तो उसने कहा, "मैं कई दिनों से इसके बारे में सोच रहा हूँ। एक बात समझ में आती है, वह यह कि जंग की वजह से लोग-बाग़ दूसरे धंधों में पड़कर इधर का रास्ता भूल गए हैं–या फिर यह हो सकता है कि...।" वह इसके आगे कुछ कहने ही वाला था कि सीढ़ियों पर किसी के चढ़ने की आवाज़ आई। ख़ुदाबख़्श और सुल्ताना दोनों ने इस आवाज़ की तरफ ध्यान दिया। थोड़ी देर के वाद दस्तक हुई। ख़ुदाबख़्श ने लपककर दरवाज़ा खोला। एक आदमी अंदर दाख़िल हुआ। यह पहला ग्राहक था, जिससे तीन रुपये में सौदा तय हुआ। इसके बाद पाँच और आए, यानी तीन महीने में छः, जिनसे सुल्ताना ने सिर्फ़ साढ़े अठारह रुपये वसूल किए।

बीस रुपये माहवार तो फ्लैट के किराये में चले जाते थे। पानी का टैक्स और बिजली का बिल अलग था। इसके अलावा घर में दूसरे खर्चे थे–खाना-पीना, कपड़े-लत्ते, दवा-दारू और आमदनी कुछ भी नहीं थी। साढ़े अठारह रुपये तीन महीनों में आएँ तो उसे आमदनी तो नहीं कह सकते। सुल्ताना परेशान हो गई। साढ़े पाँच तोले की आठ कंगनियाँ, जो उसने अंबाले में बनवाई थीं, आहिस्ता-आहिस्ता बिक गईं। आख़िरी कंगनी की जब बारी आई तो उसने ख़ुदाबख़्श से कहा–"तुम मेरी सुनो और चलो अंबाले में। यहाँ क्या धरा है? भई होगा यहाँ लाट साहब, पर हमें तो यह शहर रास नहीं आया। तुम्हारा काम भी वहाँ खूब चलता था। चलो, वहाँ चलते हैं। जो नुकसान हुआ, उसको अपना सिर-सदका समझो। इस कंगनी को बेचकर आओ। मैं असबाब वग़ैरा बाँधकर तैयार रखती हूँ। आज रात की गाड़ी से यहाँ से चल देंगे।"

ख़ुदाबख़्श ने कंगनी सुल्ताना के हाथ से ली और कहा—"नहीं जानेमन, अंबाला अब नहीं जायेंगे। यहीं दिल्ली में रहकर कमायेंगे। तुम्हारी चूड़ियाँ सब की सब यहीं वापस आयेंगी। अल्लाह पर भरोसा रखो। वह बड़ा कारसाज़ है। यहाँ भी वह कोई-न-कोई अस्बाब बना ही देगा।"

सुल्ताना चुप हो रही। चुनांचे आख़िरी कंगनी भी हाथ से उतर गई। बुच्चे हाथ लेकर उसको बहुत दु:ख होता था, पर क्या करती? पेट भी तो आख़िर किसी हीले से भरना था।

जब पाँच महीने गुज़र गए और आमदनी खर्च के मुक़ाबले, चौथाई से भी कुछ कम रही तो सुल्ताना की परेशानी और ज़्यादा बढ़ गई। ख़ुदाबख़्श भी अब सारा दिन घर से ग़ायब रहने लगा था। सुल्ताना को इसका भी दु:ख था। इसमें कोई शक नहीं कि पड़ोस में उसकी दो-तीन मिलनेवालियाँ मौजूद थीं, जिनके साथ वह अपना वक़्त काट सकती थी। हर रोज़ उनके यहाँ जाना और घंटों बैठे रहना उसको बहुत बुरा लगता था। चुनांचे आहिस्ता-आहिस्ता उसने इन सहेलियों से मिलना-जुलना बिलकुल छोड़ दिया। सारा दिन वह अपने सुनसान मकान में बैठी रहती। कभी छालियाँ काटती रहती, कभी अपने पुराने फटे हुए कपड़ों को सीती रहती और कभी बाहर बाल्कनी में आकर जंगले के साथ खड़ी हो जाती और सामने रेलवे शेड में खड़े और चलते इंजनों की तरफ घंटों बेमतलब देखती रहती।

सड़क की दूसरी तरफ मालगोदाम था, जो इस कोने से उस कोने तक फैला हुआ था। दाहिने हाथ को लोहे की छत के नीचे बड़ी-बड़ी गाँठें पड़ी रहती थीं और हर किस्म के माल-असबाब के ढेर लगे रहते थे। बायें हाथ को खुला मैदान था, जिसमें रेल की असंख्य पटरियाँ बिछी हुई थीं। धूप में लोहे की ये पटरियाँ चमकतीं तो सुल्ताना अपने हाथों की तरफ देखती, जिन पर नीली-नीली रँगें बिलकुल उन पटरियों की तरह उभरी रहती थी। इस लंबे और खुले मैदान में हर वक़्त इंजन और गाड़ियाँ चलती रहती थीं। कभी इधर, कभी उधर। इन इंजनों और गाड़ियों की छुक-छुक और फ़क़-फ़क़ गूँजती रहती थी। सुबह-सवेरे उठकर जब वह बाल्कनी में आती तो एक अजीब दृश्य नज़र आता। धुँधलके में इंजनों के मुँह से गाढ़ा-गाढ़ा धुआँ निकलता था और गदले आसमान की ओर भारी आदमियों की तरह उठता दिखाई देता था। भाप के बड़े-बड़े बादल भी एक शोर के साथ पटरियों से उठते थे और आँख झपकते ही देर में हवा के अंदर घुल-मिल जाते थे। फिर कभी-कभी जब गाड़ी के किसी डिब्बे को, जिसे इंजन ने धक्का देकर छोड़ दिया हो, अकेले पटरियों पर चलता देखती तो उसे अपना ख़याल आता। वह सोचती कि उसे भी किसी ने ज़िंदगी की पटरी पर धक्का देकर छोड़ दिया है और वह ख़ुद-ब-ख़ुद जा रही है। दूसरे लोग काँटे बदल रहे हैं और वह चली जा रही है—न जाने कहाँ-फिर एक दिन ऐसा आएगा, जब इस धक्के का जोर आहिस्ता-आहिस्ता खत्म हो जाएगा और वह कहीं रुक जाएगी—किसी ऐसे मुक़ाम पर, जो उसका देखा-भाला न होगा।

यूँ तो वह बेमतलब घंटों रेल की इन टेढ़ी-मेढ़ी पटरियों और ठहरे और चलते हुए इंजनों की तरफ देखती रहती थी, पर तरह-तरह के ख़याल उसके दिमाग़ में आते रहते थे। अंबाला छावनी में जब वह रहती थी तो स्टेशन के पास ही उसका मकान था। मगर वहाँ उसने कभी इन चीजों को ऐसी नज़रों से नहीं देखा था। अब तो कभी-कभी उसके दिमाग़ में यह भी ख़याल आता कि यह जो सामने रेल की पटरियों का जाल-सा बिछा है और जगह-जगह से भाप और धुआँ उठ रहा है, बहुत-सी गाड़ियाँ है, जिनको चंद मोटे-मोटे इंजन इधर-उधर धकेलते रहते हैं। सुल्ताना को कभी-कभी ये इंजन सेठ मालूम होते थे, जो कभी-कभी अंबाला में उसके यहाँ आया करते थे। फिर कभी-कभी जब वह किसी इंजन को गाड़ियों की कतार के पास से गुजरता हुआ देखती तो उसे महसूस होता कि कोई आदमी चकले के किसी बाजार में से ऊपर कोठों की तरफ देखता जा रहा है।

सुल्ताना समझती थी कि ऐसी बातें सोचना दिमाग़ की ख़राबी का कारण है। चुनांचे जब इस किस्म के ख़याल उसको आने लगे तो उसने बाल्कनी में जाना छोड़ दिया। ख़ुदाबख़्श से उसने अनेक बार कहा–"देखो, मेरे हाल पर रहम करो। यहाँ घर में रहा करो। मैं सारा दिन यहाँ बीमारों की तरह पड़ी रहती हूँ।" मगर उसने हर बार सुल्ताना से यह कहकर उसकी तसल्ली कर दी–"जानेमन, मैं बाहर कुछ कमाने की फ़िक्र कर रहा हूँ। अल्लाह ने चाहा तो चंद दिनों में ही बेड़ा पार हो जाएगा।"

पूरे पाँच महीने हो गए थे, मगर अभी तक न सुल्ताना का बेड़ा पार हुआ था, न ख़ुदाबख़्श का। मुहर्रम का महीना सिर पर आ रहा था, मगर सुल्ताना के पास काले कपड़े बनवाने के लिए कुछ भी नहीं था। मुख़्तार ने लेडी हैमिल्टन की एक नये ढंग की कमीज़ बनवाई थी, जिसकी आस्तीनें काली जार्जेट की थीं। इसके साथ मैच करने के लिए उसके पास काली साटन की सलवार थी, जो काजल की तरह चमकती थी। अनवरी ने रेशमी जार्जेट की एक बड़ी उम्दा साड़ी ख़रीदी थी। उसने सुल्ताना से कहा था, वह इसी साड़ी के नीचे सफेद बोसकी का पेटीकोट पहनेगी क्योंकि यह नया फैशन है। इस साड़ी के साथ पहनने को अनवरी ने काली मख़मल का एक जूता लाई थी, जो बड़ा नाजुक था। सुल्ताना ने जब ये तमाम चीज़ें देखीं तो उसको इस अहसास ने बहुत दुख दिया कि वह मुहर्रम मनाने के लिए ऐसा लिबास ख़रीदने की हैसियत नहीं रखती।

अनवरी और मुख़्तार के पास यह लिबास देखकर जब वह घर आई तो उसका दिल बहुत गमगीन था। उसे ऐसा मालूम होता था कि फोड़ा-सा उसके अंदर पैदा हो गया है। घर बिलकुल खाली था। ख़ुदाबख़्श वैसे ही हमेशा की तरह बाहर था। देर तक वह दरी पर गाव-तकिया सिर के नीचे रखकर लेटी रही, पर जब उसकी गर्दन ऊँचाई के कारण अकड़-सी गई तो उठकर बाहर बाल्कनी में चली गई ताकि गमगीन ख़यालात को अपने दिमाग़ से निकाल दे।

सामने पटरियों पर गाड़ियों के डिब्बे खड़े थे, पर इंजन कोई भी न था। शाम का वक़्त था। छिड़काव हो चुका था। इसलिए गर्द-व-गुबार दब गया था। बाज़ार में ऐसे

आदमी चलने शुरू हो गए थे, जो ताक-झाँक करने के बाद चुपचाप घरों का रुख करते हैं। ऐसे ही एक आदमी ने गर्दन ऊँची करके सुल्ताना की तरफ देखा। सुल्ताना मुस्करा दी और उसको भूल गई क्योंकि अब सामने पटरियों पर एक इंजन प्रकट हो गया था। सुल्ताना ने गौर से उसकी तरफ देखना शुरू किया और आहिस्ता-आहिस्ता यह ख़याल उसके दिमाग़ में आया कि इंजन ने भी काला लिबास पहन रखा है। यह अजीबोगरीब ख़याल दिमाग़ में से निकालने की ख़ातिर जब उसने सड़क की ओर देखा तो उसे वही आदमी बैलगाड़ी के पास खड़ा नज़र आया जिसने उसकी तरफ ललचाई नज़रों से देखा था। सुल्ताना ने उसे हाथ से इशारा किया। उस आदमी ने इधर-उधर देखकर एक लतीफ़ इशारे से पूछा—किधर से आऊँ? सुल्ताना ने उसे रास्ता बता दिया। वह आदमी थोड़ी देर खड़ा रहा, मगर फिर बड़ी फुर्ती से ऊपर चला आया।

सुल्ताना ने उसे दरी पर बैठाया। जब वह बैठ गया तो उसने बातचीत शुरू करने के लिए कहा—"आप ऊपर आते डर रहे थे।" वह आदमी यह सुनकर मुस्कराया—"तुम्हें कैसे मालूम हुआ? डरने की बात ही क्या थी?" इस पर सुल्ताना ने कहा—"यह मैंने इसलिए कहा कि आप देर तक वहीं खड़े रहे और फिर कुछ सोचकर इधर आए।" वह यह सुनकर फिर मुस्कराया—"तुम्हें ग़लतफ़हमी हुई है। मैं तुम्हारे ऊपर वाले फ्लैट की तरफ देख रहा था। वहाँ कोई औरत खड़ी एक मर्द को ठेंगा दिखा रही थी। मुझे यह मंजर पसंद आया, फिर बाल्कनी में सब्ज़ बल्ब रोशन हुआ तो मैं कुछ देर के लिए ठहर गया। सब्ज़ रोशनी मुझे पसंद है। आँखों को बहुत अच्छी लगती है।" यह कहकर उसने कमरे का जायज़ा लेना शुरू कर दिया। फिर वह उठ खड़ा हुआ। सुल्ताना ने पूछा, "आप जा रहे हैं?" आदमी ने जवाब दिया—"नहीं...मैं तुम्हारे इस मकान को देखना चाहता हूँ—चलो, मुझे तमाम कमरे दिखाओ।"

सुल्ताना ने उसको तीनों कमरे एक-एक करके दिखा दिए। उस आदमी ने बिलकुल ख़ामोशी से उन कमरों का मुआयना किया। जब वे फिर उसी कमरे में आ गए, जहाँ पहले बैठे थे, तो उस आदमी ने कहा—"मेरा नाम शंकर है।"

सुल्ताना ने पहली बार गौर से शंकर की तरफ देखा। वह औसत कद, मामूली शक्ल-व-सूरत का आदमी था, मगर उसकी आँखें असामान्य रूप से साफ-शफ़्फ़ाफ़ थीं। कभी-कभी उनमें एक अजीब क़िस्म की चमक भी पैदा होती थी। गठीला और कसरती बदन था। कनपटियों पर उसके बाल सफेद हो रहे थे। ख़ाकस्तरी रंग की गर्म पतलून पहने था। सफेद कमीज़ थी जिसका कालर गर्दन पर से ऊपर को उठा हुआ था।

शंकर कुछ इस तरह दरी पर बैठा था कि मालूम होता था कि शंकर की बजाय सुल्ताना ग्राहक है। इस अहसास ने सुल्ताना को थोड़ा परेशान कर दिया। चुनांचे उसने शंकर से कहा—"फरमाइए?"

शंकर बैठा था। यह सुनकर लेट गया—"मैं क्या फ़रमाऊँ, कुछ तुम ही फ़रमाओ। तुम ही ने तो मुझे बुलाया है।" जब सुल्ताना कुछ न बोली तो वह उठ बैठा—"मैं समझा।

लो, अब मुझसे सुनो। जो कुछ तुमने समझा, गलत है। मैं उन लोगों में से नहीं हूँ जो कुछ देकर जाते हैं। डॉक्टरों की तरह मेरी भी फ़ीस है। मुझे जब बुलाया जाए तो फ़ीस देनी ही पड़ती है।"

सुल्ताना यह सुनकर चकरा गई, मगर इसके बावजूद उसे बेअख्तियार हँसी आ गई–"आप काम क्या करते हैं?"

शंकर ने जवाब दिया–"यही जो तुम करती हो।"

"क्या?"

"तुम क्या करती हो?"

"मैं...मैं...कुछ नहीं करती।"

"मैं भी कुछ नहीं करता।"

सुल्ताना ने भन्नाकर कहा–"यह तो कोई बात न हुई–आप कुछ न कुछ तो ज़रूर करते होंगे।" शंकर ने बड़े इत्मीनान से जवाब दिया–"तुम भी कुछ न कुछ ज़रूर करती होगी।"

"झक मारती हूँ।"

"मैं भी झक मारता हूँ।"

"तो आओ दोनों झक मारें।"

"मैं हाज़िर हूँ, मगर झक मारने के दाम मैं कभी नहीं दिया करता।"

"होश की दवा करो–यह लंगरखाना नहीं।"

"और मैं भी वालंटियर नहीं।"

सुल्ताना यहाँ रुक गई। उसने पूछा–"ये वालंटियर कौन होते हैं?"

शंकर ने जवाब दिया–"उल्लू के पट्ठे।"

"मैं भी उल्लू की पट्ठी नहीं।"

"मगर वह आदमी ख़ुदाबख़्श, जो तुम्हारे साथ रहता है, ज़रूर उल्लू का पट्ठा है।"

"क्यों?"

"इसलिए कि वह कई दिनों से एक ऐसे ख़ुदा रसीदा फ़क़ीर के पास अपनी क़िस्मत खुलवाने की ख़ातिर जा रहा है, जिसकी क़िस्मत जंग लगे ताले की तरह बंद है।" यह कहकर शंकर हँसा।

इस पर सुल्ताना ने कहा–"तुम हिंदू हो, इसलिए हमारे इन बुजुर्गों का मजाक उड़ाते हो।"

शंकर मुस्कराया–"ऐसी जगहों पर हिंदु-मुस्लिम सवाल पैदा नहीं हुआ करते। पंडित, मालवीय और मिस्टर जिन्ना अगर यहाँ आएँ तो वे भी शरीफ़ आदमी बन जाएँ।"

"जाने तुम क्या ऊटपटाँग बातें करते हो–बोलो, रहोगे?"

"इसी शर्त पर, जो मैं पहले बता चुका हूँ।"

सुल्ताना उठ खड़ी हुई–"तो जाओ, रास्ता पकड़ो।"

शंकर आराम से उठा। पतलून की जेबों में उस ने अपने दोनों हाथ ठूँसे और जाते हुए कहा–"मैं कभी-कभार इस बाज़ार से गुज़रा करता हूँ। जब भी तुम्हें ज़रूरत हो, बुला लेना। मैं बहुत काम का आदमी हूँ।"

शंकर चला गया और सुल्ताना काले लिबास को भूलकर देर तक उसके विषय में सोचती रही। इस आदमी की बातों ने उसके दु:ख को बहुत हलका कर दिया था। अगर वह अंबाला में आया होता, जहाँ कि वह ख़ुशहाल थी, तो उसने किसी और ही रंग में इस आदमी को देखा होता और बहुत संभव है कि उसे धक्के देकर बाहर निकाल दिया होता, मगर यहाँ चूँकि वह बहुत उदास रहती थी, इसलिए शंकर की बातें उसे पसंद आईं।

शाम को जब ख़ुदाबख़्श आया तो सुल्ताना ने उससे पूछा–"तुम आज सारा दिन किधर ग़ायब रहे?"

ख़ुदाबख़्श थककर चूर-चूर हो रहा था, कहने लगा–"पुराने किले के पास से आ रहा हूँ। वहाँ एक बुज़ुर्ग कुछ दिनों से ठहरे हुए हैं। उन्हीं के पास हर रोज़ जाता हूँ कि हमारे दिन फिर जाएँ।"

"कुछ उन्होंने तुमसे कहा?"

"नहीं, अभी वह मेहरबान नहीं हुए–पर सुल्ताना, मैं जो उनकी ख़िदमत कर रहा हूँ वह अकारथ कभी नहीं जाएगी। अल्लाह का फ़ज़ल अगर शामिल हाल रहा तो ज़रूर बारे-न्यारे हो जाएँगे।"

सुल्ताना के दिमाग़ में मुहर्रम मनाने का ख़याल समाया हुआ था। ख़ुदाबख़्श से रोनी आवाज़ में कहने लगी–"सारा-सारा दिन बाहर ग़ायब रहते हो, मुहर्रम सिर पर आ गया है। कुछ तुमने इसकी भी फ़िक्र की कि मुझे काले कपड़े चाहिए। घर में फूटी कौड़ी भी नहीं। कंगनियाँ थीं, सो वे एक-एक करके बिक गईं। अब तुम ही बताओ, क्या होगा? यूँ फ़क़ीरों के पीछे कब तक मारे-मारे फिरा करोगे? मुझे तो ऐसा दिखाई देता है कि यहाँ दिल्ली में ख़ुदा ने भी हमसे मुँह मोड़ लिया है। मेरी सुनो तो अपना काम शुरू कर दो। कुछ तो सहारा हो ही जाएगा।"

ख़ुदाबख़्श दरी पर लेट गया और कहने लगा–"पर यह काम शुरू करने के लिए भी तो थोड़ा-बहुत सरमाया चाहिए–ख़ुदा के लिए अब ऐसी दु:ख-भरी बातें न करो। मुझसे अब बरदाश्त नहीं हो सकती। मैंने सचमुच अंबाला छोड़ने में सख़्त गलती की। पर जो करता है, अल्ला ही करता है, और हमारी बेहतरी ही के लिए करता है। क्या पता है कि कुछ देर और तकलीफ़ बरदाश्त करने के बाद हम..."

सुल्ताना ने बात काटकर कहा, "तुम ख़ुदा के लिए कुछ करो। चोरी करो या डाका मारो, पर मुझे एक सलवार का कपड़ा ज़रूर ला दो। मेरे पास सफेद बोसकी की कमीज़ पड़ी है। उसको मैं काला करवा लूँगी। सफेद नैनों का एक दुपट्टा भी मेरे पास मौजूद हैं—वही जो तुमने मुझे दीवाली पर लाकर दिया था। यह भी कमीज़ के साथ ही काला रँगवा लिया जाएगा। सिर्फ़ सलवार की कसर है सो वह तुम किसी न किसी तरह पैदा कर दो—देखो, तुम्हें मेरी जान की क़सम, किसी न किसी तरह ज़रूर ला दो—मेरी भत्ती खाओ, अगर न लाओ।"

ख़ुदाबख़्श उठ बैठा—"अब तुम ख़्वाहमख़्वाह ज़ोर दिए चली जा रही हो, मैं कहाँ से लाऊँगा—अफ़ीम खाने के लिए तो मेरे पास पैसे नहीं।"

"कुछ भी करो, मगर मुझे साढ़े चार गज़ काली साटन ला दो।"

"दुआ करो कि अल्लाह आज रात ही दो-तीन आदमी भेज दो।"

"लेकिन तुम कुछ नहीं करोगे—तुम अगर चाहो तो ज़रूर इतने पैसे पैदा कर सकते हो। जंग से पहले यह साटन बारह-चौदह आने गज़ मिल जाती थी। अब सवा रुपये गज़ के हिसाब से मिलती है। साढ़े चार गज़ों पर कितने रुपये खर्च हो जाएँगे?"

"अब तुम कहती हो तो मैं हीला करूँगा।" यह कहकर ख़ुदाबख़्श उठा, "लो, अब इन बातों को भूले जाओ, मैं होटल से खाना ले आऊँ।"

होटल से खाना आया। दोनों ने मिलकर ज़हरमार किया और सो गए। सुबह हुई। ख़ुदाबख़्श पुराने किले वाले फ़क़ीर के पास चला गया और सुल्ताना अकेली रह गई। कुछ देर लेटी रही, कुछ देर सोती रही। इधर-उधर कमरों में टहलती रही। दोपहर का खाना खाने के बाद उसने अपना सफेद नैनों का दुपट्टा और सफेद बोसकी की कमीज़ निकाली और नीचे लांड्री वाले को रँगने के लिए दे आई। कपड़े धोने के अलावा वहीं रँगने का भी काम होता था।

यह काम करने के बाद उसने वापस आकर फिल्मों की किताबें पढ़ी, जिनमें उसकी देखी हुई फिल्मों की कहानी और गीत छपे हुए थे। ये किताबें पढ़ते-पढ़ते वह सो गई। जब उठी तो चार बज चुके थे, क्योंकि धूप आँगन में मोरी के पास पहुँच चुकी थी। नहा-धोकर फ़ारिग़ हुई तो गर्म चादर ओढ़कर बालकनी में आ खड़ी हुई। तक़रीबन एक घंटा सुल्ताना बालकनी में खड़ी रही। अब शाम हो गई थी। बत्तियाँ रोशन हो रही थीं। नीचे सड़क पर रौनक के आसार नज़र आने लगे थे। सर्दी में थोड़ी-सी शिद्दत हो गई थी, मगर सुल्ताना को यह नागवार मालूम न हुई। वह सड़क पर आते-जाते ताँगों और मोटरों की तरफ एक अर्से से देख रही थी। अचानक उसे शंकर नज़र आया। मकान के नीचे पहुँचकर उसने गर्दन ऊँची की और सुल्ताना की तरफ देखकर मुस्करा दिया। सुल्ताना ने गैर-इरादी तौर पर हाथ का इशारा किया और उसे ऊपर बुला लिया।

जब शंकर ऊपर आ गया तो सुल्ताना बहुत परेशान हुई कि उससे क्या कहे। दरअसल उसने ऐसे ही बिना सोचे-समझे उसे इशारा कर दिया था। शंकर अत्यंत संतुष्ट था, जैसे

उसका अपना घर है। चुनांचे बड़ी अनौपचारिकता से पहले दिन की तरह वह गाव-तकिया सिर के नीचे रखकर लेट गया। जब सुल्ताना ने देर तक उससे कोई बात न की तो उसने कहा, "तुम मुझे सौ दफ़ा बुला सकती हो और सौ दफ़ा ही कह सकती हो कि चले जाओ–मैं ऐसी बातों पर कभी नाराज़ नहीं हुआ करता।"

सुल्ताना अन्यमनस्क हो गई। कहने लगी–"नहीं, बैठो। तुम्हें जाने को कौन कहता है?"

शंकर इस पर मुस्करा दिया–"तो मेरी शर्तें तुम्हें मंज़ूर है?"

"कैसी शर्तें?" सुल्ताना ने हँसकर कहा–"क्या निकाह कर रहे हो मुझसे?"

"निकाह और शादी कैसी? न तुम उम्र-भर किसी से निकाह करोगी, न मैं। ये रस्में हम लोगों के लिए नहीं–छोड़ दो इन फिज़ूलियात को, कोई काम की बात करो।"

"बोलो, क्या बात करूँ?"

"तुम औरत हो–कोई ऐसी बात शुरू करो, जिससे दो घड़ी दिल बहल जाए। इस दुनिया में सिर्फ़ दुकानदारी नहीं, कुछ और भी है।"

सुल्ताना मानसिक तौर पर अब शंकर को क़ुबूल कर चुकी थी। कहने लगी–"साफ-साफ कहो, तुम मुझसे क्या चाहते हो?"

"जो दूसरे चाहते हैं?" शंकर उठकर बैठ गया।

"तुममें और दूसरो में फिर फ़र्क़ ही क्या रहा?"

"तुममें और मुझसे कोई फ़र्क़ नहीं। उनमें और मुझसे ज़मीन-आसमान का फ़र्क़ है। ऐसी बहुत-सी बातें होती है, जो पूछनी नहीं चाहिए।"

सुल्ताना ने थोड़ी देर तक शंकर की इस बात को समझने की कोशिश की। फिर कहा–"मैं समझ गई हूँ।"

"तो कहो, क्या इरादा है?"

"तुम जीते, मैं हारी। पर मैं कहती हूँ, आज तक किसी ने ऐसी बात क़ुबूल न की होगी।"

"तुम गलत कहती हो–इस मुहल्ले में तुम्हें ऐसी सादा लौह औरतें भी मिल जाएँगी, जो कभी यक़ीन नहीं करेंगी कि औरत ऐसी ज़िल्लत क़ुबूल कर सकती है, जो तुम बगैर किसी अहसास के क़ुबूल करती रही हो। लेकिन इनके न यक़ीन करने के बावजूद तुम हज़ारों की तादाद में मौजूद हो–तुम्हारा नाम सुल्ताना है न?"

"सुल्ताना ही है।"

शंकर उठ खड़ा हुआ और हँसने लगा–"मेरा नाम शंकर है ये नाम भी अजब ऊटपटाँग होते हैं। चलो, आओ अंदर चलें।"

शंकर और सुल्ताना दरी वाले कमरे में वापस आए तो दोनों हँस रहे थे। न जाने किस बात पर। जब शंकर जाने लगा तो सुल्ताना ने कहा–"शंकर, मेरी एक बात मानोगे?"

शंकर ने जवाब में कहा–"पहले बात बताओ?"

"सुल्ताना कुछ झेंप-सी गई, "तुम कहोगे कि मैं दाम वसूल करना चाहती हूँ, मगर...।"

"कहो, कहो–रुक क्यों गई हो?"

सुल्ताना ने हिम्मत से काम लेकर कहा, "बात यह है कि मुहर्रम आ रहा है और मेरे पास इतने पैसे नहीं कि काली सलवार बनवा सकूँ–यहाँ के सारे बखेड़े तो तुम मुझसे सुन ही चुके हो। कमीज़ और दुपट्टा मेरे पास मौजूद है जो मैंने आज रंगवाने के लिए दे दिया है।"

शंकर ने यह सुनकर कहा, "तुम चाहती हो कि मैं तुम्हें कुछ रुपये दे दूँ जिससे तुम यह काली सलवार बनवा सको?"

सुल्ताना ने फ़ौरन ही कहा, "नहीं, मेरा मतलब यह है कि अगर हो सके तो तुम मुझे एक काली सलवार बनवा दो।"

शंकर मुस्कराया, "मेरी जेब में तो इत्तफ़ाक़ ही से कुछ होता है। बहरहाल मैं कोशिश करूँगा। मुहर्रम की पहली तारीख को तुम्हें यह सलवार मिल जायेगी। लो बस, अब ख़ुश हो गयीं?" सुल्ताना के बुन्दों की तरफ देखकर शंकर ने पूछा, "क्या ये बुंदे तुम मुझे दे सकती हो?"

सुल्ताना ने हँसकर कहा, "तुम इनका क्या करोगे? चाँदी के मामूली बुंदे हैं। ज़्यादा से ज़्यादा पाँच रुपये के होंगे।"

इस पर शंकर ने कहा, "मैंने तुमसे बुंदे माँगे हैं। इनकी क़ीमत नहीं पूछी। बोलो, देती हो?"

"ले लो।" यह कहकर सुल्ताना ने बुंदे उतारकर शंकर को दे दिए। उसको बाद में अफ़सोस हुआ, मगर शंकर जा चुका था।

सुल्ताना को कतई यक़ीन नहीं था कि शंकर अपना वायदा पूरा करेगा, मगर आठ रोज़ के बाद मुहर्रम की पहली तारीख़ को सुबह नौ बजे दरवाज़े पर दस्तक हुई। सुल्ताना ने दरवाज़ा खोला तो शंकर खड़ा था। अख़बार में लिपटी हुई चीज़ उसने सुल्ताना को दी और कहा–"साटन की काली सलवार है। देख लेना, शायद लंबी हो, अब मैं चलता हूँ।"

शंकर सलवार देकर चला गया और कोई बात उसने सुल्ताना से न की। उसकी पतलून में शिकनें पड़ी हुई थीं। बाल बिखरे हुए थे। ऐसा महसूस होता था कि अभी-अभी सोकर उठा है और सीधा इधर ही चला आया है।

सुल्ताना ने काग़ज़ खोला—साटन की काली सलवार थी। ऐसी ही, जैसी वह अनवरी के पास देखकर आई थी। सुल्ताना बहुत ख़ुश हुई। बुंदों और इस सौदे का जो अफ़सोस उसे हुआ था, इस सलवार ने और शंकर के वायदा निभाने ने उसे दूर कर दिया।

दोपहर को वह नीचे लांड्री वाले से अपनी रँगी हुई कमीज़ और दुपट्टा लेकर आई। तीनों काले कपड़े जब उसने पहन लिये तो दरवाज़े पर दस्तक हुई। सुल्ताना ने दरवाज़ा खोला तो अनवरी अंदर दाख़िल हुई। उसने सुल्ताना के तीनों कपड़ों की तरफ देखा और कहा, "कमीज़ और दुपट्टा तो रंगा हुआ मालूम होता है, पर यह सलवार नई है—कब बनवाई?"

सुल्ताना ने जवाब दिया—"आज ही दर्ज़ी लाया है।" यह कहते हुए उसकी नज़रें अनवरी के कानों पर पड़ी-"ये बुंदे तुमने कहाँ से लिये हैं?"

अनवरी ने जवाब दिया, "आज ही मँगवाये हैं।"

इसके बाद दोनों को थोड़ी देर तक ख़ामोश रहना पड़ा।

❑

ख़ाली बोतलें, ख़ाली डिब्बे

यह हैरत मुझे आज भी है कि ख़ास तौर पर ख़ाली बोतलों और ख़ाली डिब्बों से कुँवारे मर्दों को इतनी दिलचस्पी क्यों होती है? मर्दों से मेरा मतलब उन मर्दों से है जिनको आम तौर पर शादी से कोई दिलचस्पी नहीं होती।

यूँ तो इस क़िस्म के मर्द आम तौर पर सनकी व अजीबोगरीब आदतों के मालिक होते हैं, लेकिन यह बात समझ में नहीं आती कि उन्हें ख़ाली बोतलों और डिब्बों से क्यों इतना प्यार होता है? परिंदे और जानवर अकसर इन लोगों के पालतू होते हैं। यह मिलान समझ में भी आ सकता है कि तन्हाई में इनका कोई तो साथी होना चाहिए। लेकिन ख़ाली बोतलें और ख़ाली डिब्बे इनकी क्या दिलजोई कर सकते हैं।

सनक और अजीबोगरीब आदतों की वजह ढूँढ़ना कोई मुश्किल नहीं कि कुदरती ख़्वाइशों की ख़िलाफ़त ऐसे बिगाड़ पैदा कर सकते हैं लेकिन इसकी मनोवैज्ञानिक बारीकियों में जाना अलबत्ता बहुत मुश्किल है।

मेरे एक अज़ीज़ हैं। उम्र आपकी इस वक़्त पचास के क़रीब-क़रीब है। आपको कबूतर और कुत्ते पालने का शौक़ है और इसमें कोई अजीब बात नहीं। लेकिन आपको मर्ज़ है कि बाज़ार से हर रोज़ दूध की बालाई ख़रीद लाते हैं। चूल्हे पर रखकर उसका रोग़न निकालते हैं और इस रोग़न में अपने लिए अलग से सालन तैयार करते हैं। इनका ख़याल है कि इस तरह ख़ालिस घी तैयार होता है।

पानी पीने के लिए अपना घड़ा अलग रखते हैं। उसके मुँह पर हमेशा मलमल का टुकड़ा बँधा रहता है ताकि कोई कीड़ा-मकौड़ा अंदर न चला जाए, मगर हवा बराबर दाख़िल होती रहे। पाख़ाना जाते वक़्त सब कपड़े उतारकर एक छोटा-सा तौलिया बाँध लेते हैं और लकड़ी की खड़ाऊँ पहन लेते हैं। अब कौन इनकी बालाई के रोग़न, घड़े की मलमल, अंग के तौलिये और लकड़ी की खड़ाऊँ के मनोवैज्ञानिक विश्वास को हल करने बैठे?

मेरे एक कुँवारे दोस्त हैं। देखने में बड़े ही नॉर्मल इनसान। हाईकोर्ट में रीडर हैं। आपको हर जगह से, हर वक़्त बदबू आती रहती है। चुनाँचे उनका रूमाल सदा उनकी नाक से चिपका रहता है। आपको खरगोश पालने का शौक़ है।

एक और कुँवारे हैं। आपको जब मौका मिले नमाज़ पढ़ना शुरू कर देते हैं। लेकिन इसके बावजूद आपका दिमाग़ बिलकुल सही है।

दुनिया की सियासत में आपकी नज़र बहुत गहरी है। तोतों को बातें सिखाने में महारत रखते हैं।

मिलिट्री के एक मेजर हैं–अनुभवी और दौलतमंद। आपको हुक़्क़े जमा करने का शौक है। गुड़गुड़िया, पेचवान, चमोड़े–मतलब कि हर क़िस्म का हुक़्क़ा उनके पास मौजूद है। आप कई मकानों के मालिक हैं। मगर होटलों में एक कमरा किराये पर लेकर रहते हैं। बटेरें आपकी जान हैं।

एक कर्नल साहब हैं...रिटायर्ड। बहुत बड़ी कोठी में अकेले दस-बारह छोटे-बड़े कुत्तों के साथ रहते हैं। हर ब्राण्ड की व्हिस्की इनके यहाँ मौजूद रहती है। हर रोज़ शाम को चार पेग पीते हैं और अपने साथ किसी न किसी लाडले कुत्ते को भी पिलाते हैं।

मैंने अब तक जितने मुजर्रदों का ज़िक्र किया है, इन सबको थोड़ा बहुत ख़ाली बोतलों और डिब्बों से दिलचस्पी है। मेरे, दूध की बालाई से ख़ालिस घी तैयार करने वाले अज़ीज़ घर में जब कोई ख़ाली बोतल देखें तो उसे धो-धाकर अपनी अलमारी में सजा देते हैं कि ज़रूरत के वक़्त काम आएगी। हाईकोर्ट के रीडर जिनको हर जगह हर वक़्त बू आती रहती है, सिर्फ़ ऐसी बोतलें और डिब्बे जमा करते हैं जिनके बारे में वह अपनी पूरी तसल्ली कर लें कि अब उनसे बू आने की कोई गुंजाइश नहीं है। जब मौका मिले, नमाज़ पढ़ने वाले, ख़ाली बोतलें आब-दस्त के लिए और टीन के ख़ाली डिब्बे वज़ू के लिए दर्जनों की तादाद में जमा रखते हैं। उनके ख़याल के मुताबिक़ ये दोनों चीज़ें सस्ती और पाकीज़ा रहती हैं। क़िस्म-क़िस्म के हुक़्क़े जमा करने वाले मेजर साहब को ख़ाली बोतलों और ख़ाली डिब्बे जमा करके उनको बेचने का शौक़ है। और रिटायर्ड कर्नल साहब को सिर्फ़ व्हिस्की की ख़ाली बोतलें जमा करने का।

आप कर्नल साहब के घर जाएँ तो एक छोटे साफ़-सुथरे कमरे में कई शीशे की अल्मारियों में आपको व्हिस्की की ख़ाली बोतलें सजी हुई नज़र आएँगी।

पुराने से पुराने ब्राण्ड की व्हिस्की की ख़ाली बोतल भी आपको उनके इस अनुपम संग्रह में मिल जाएगी। जिस तरह लोगों को टिकट और सिक्के जमा करने का शौक़ होता है–उसी तरह उनको व्हिस्की की ख़ाली बोतलें जमा करने और उनकी नुमाइश करने का शौक़ बल्कि ख़ब्त है।

कर्नल साहब का कोई अज़ीज़-रिश्तेदार नहीं। कोई है तो इसका मुझे पता नहीं। दुनिया में एकदम अकेले हैं। लेकिन वह अकेलापन बिलकुल महसूस नहीं करते–दस-बारह कुत्ते हैं। उनकी देखभाल वह इस तरह करते हैं जिस तरह स्नेही बाप अपनी औलाद की करते हैं। सारा दिन उनका उन पालतू हैवानों के साथ गुज़र जाता है। फ़ुर्सत के वक़्त अलमारियों में अपनी चहेती बोतलें सँवारते रहते हैं।

आप पूछेंगे ख़ाली बोतलें, ये ख़ाली डिब्बे क्यों साथ लगा दिए हैं? क्या यह ज़रूरी है कि एकांतपसंद मर्दों को ख़ाली बोतलों के साथ-साथ ख़ाली डिब्बों के साथ भी दिलचस्पी हो? और फिर डिब्बे और बोतलें, सिर्फ़ ख़ाली क्यों? भरी हुई क्यों नहीं? मैं आपसे शायद पहले भी अर्ज़ कर चुका हूँ कि मुझे ख़ुद इस बात की हैरत है। यह और इस क़िस्म के और बहुत-से सवाल अकसर मेरे दिमाग़ में पैदा हो चुके हैं। कोशिश करने पर भी मैं उनका जवाब हासिल नहीं कर सकता।

ख़ाली बोतलें और ख़ाली डिब्बे ख़ालीपन की निशानी हैं। और ख़ाली की कोई सही समानता एकांतपसंद मर्दों से शायद यही हो सकती है कि ख़ुद इनकी ज़िंदगी में रिक्तता हो सकती है, लेकिन फिर यह सवाल पैदा होता है कि क्या वे इस रिक्तता को एक और रिक्तता से पूरा करते हैं? कुत्तों, बिल्लियों, खरगोशों और बंदरों के बारे में आदमी समझ सकता है कि वे ख़ाली खोल ज़िंदगी की कमी एक हद तक पूरा कर सकते हैं, कि वे दिल बहला सकते हैं। नाज़-नख़रे कर सकते हैं। दिलचस्प कामों के उपयुक्त हो सकते हैं। प्यार का जवाब भी दे सकते हैं। लेकिन ख़ाली बोतलें और डिब्बे दिलचस्पी का क्या सामान पेश कर सकते हैं?

बहुत संभव है आपको नीचे की घटनाओं में इन सवालों का जवाब मिल जाए।

दस वर्ष पहले जब मैं बंबई गया तो वहाँ एक मशहूर फ़िल्म कंपनी की एक फ़िल्म लगभग बीस हफ़्तों से चल रही थी–हीरोइन पुरानी थी– लेकिन हीरो नया था जो इश्तहारों में छपी हुई तस्वीरों में नौजवान दिखाई देता था। अख़बारों में उसकी ऐक्टिंग की तारीफ़ पढ़ी, तो मैंने यह फ़िल्म देखी। अच्छी-ख़ासी थी। कहानी ध्यान देने वाली थी। और उस नये हीरो का काम भी इस लिहाज़ से क़ाबिल-ए-तारीफ़ था कि उसने पहली बार कैमरे का सामना किया था।

पर्दे पर किसी ऐक्टर या ऐक्ट्रेस की उम्र का अंदाज़ा लगाना आम तौर पर मुश्किल होता है क्योंकि मेकअप जवान को बूढ़ा और बूढ़े को जवान बना देता है। मगर यह नया हीरो बिना किसी शंका के नौजवान था–कॉलेज के छात्र की तरह तर-ओ-ताज़ा व चाक़-ओ-चौबंद ख़ूबसूरत तो नहीं था मगर उसके गठे हुए जिस्म का प्रत्येक अंग अपनी जगह सही और उपयुक्त था।

इस फ़िल्म के बाद उस ऐक्टर की मैंने और कई फ़िल्में देखीं। अब वह मँज गया था। चेहरे के हाव-भाव का बच्चों जैसा भोलापन उम्र और तजुर्बे की सख़्ती में बदल गया था। उसकी गिनती अब चोटी के कलाकारों में होने लगी थी।

फ़िल्मी दुनिया में स्कैंडल आम होते हैं। आए दिन सुनने में आता है कि फ़लां ऐक्टर का फ़लां ऐक्ट्रेस के साथ संबंध हो गया है। फ़लां ऐक्ट्रेस, फ़लां ऐक्टर को छोड़कर फ़लां डायरेक्टर के पहलू में चली गयी है। लगभग हर ऐक्टर और ऐक्ट्रेस के साथ कोई न कोई रोमांस जल्दी या देर में लिपट जाता है। लेकिन इस हीरो की ज़िंदगी जिसका

मैं ज़िक्र कर रहा हूँ, इन बखेड़ों से पाक थी। मगर अख़बारों में इसकी चर्चा नहीं थी। भूले से भी हैरत का इज़हार नहीं किया था कि फ़िल्मी दुनिया में रहकर रामस्वरूप की ज़िंदगी भौतिक वासनाओं से पाक है।

मुझसे सच पूछिए तो इस बारे में कभी गौर नहीं किया था इसलिए कि मुझे ऐक्टर और ऐक्ट्रेसों की निजी ज़िंदगी से कोई दिलचस्पी नहीं थी। फ़िल्म देखी। उसके विषय में अच्छी या बुरी राय कायम की और बस। लेकिन जब रामस्वरूप से मेरी मुलाक़ात हुई तो मुझे उसके बारे में बहुत-सी दिलचस्प बातें मालूम हुईं। यह मुलाक़ात उसकी पहली फ़िल्म देखने के आठ वर्ष बाद हुई।

शुरू-शुरू में तो वह बंबई से बहुत दूर एक गाँव में रहता था। मगर अब फ़िल्मी क्रिया-कलाप बढ़ जाने के कारण उसने शिवाजी पार्क में समुद्र के किनारे एक औसत दर्जे का फ्लैट ले रखा था। उससे मेरी मुलाक़ात उसके फ्लैट में हुई थी जिसके चार कमरे थे, बावर्चीखाने समेत।

इस फ्लैट में जो परिवार रहता था, उसमें आठ प्राणी थे। ख़ुद रामस्वरूप, उसका नौकर जो कि बावर्ची भी था, तीन कुत्ते, दो बंदर और एक बिल्ली। रामस्वरूप और उसका नौकर अविवाहित थे। तीन कुत्ते और एक बिल्ली के मुक़ाबले में उनकी विरोधी चीज़ नहीं थी—एक बंदर था और एक बंदरिया। दोनों अकसर समयों पर जालीदार पिंजरे में बंद रहते थे।

इन आधा दर्जन हैवानों के साथ रामस्वरूप को बहुत मुहब्बत थी। नौकर के साथ भी उसका सुलूक बहुत अच्छा था, मगर उसमें भावनाओं का दख़ल बहुत कम था। बँधे काम थे जो नियत समय पर मशीन की-सी बेजान नियमितता के साथ जैसे अपने आप हो जाते थे। इसके अलावा ऐसा मालूम होता था कि रामस्वरूप ने अपने नौकर को अपनी ज़िंदगी के तमाम तौर-तरीकों पर पर्चे लिखकर दे दिए थे जो उसने याद कर लिये थे।

अगर रामस्वरूप कपड़े उतारकर नेकर पहनने लगे तो नौकर फ़ौरन तीन-चार सोडे और बर्फ़ के फ्लास्क शीशे वाली तिपाई पर रख देता था। इसका यह मतलब था कि साहब रम पीकर अपने कुत्तों के साथ खेलेंगे। और जब किसी का टेलीफोन आएगा तो कह दिया जाएगा कि साहब घर पर नहीं हैं।

रम की बोतल या सिगरेट का डिब्बा जब ख़ाली होगा तो उसे फेंका या बेचा नहीं जाएगा, बल्कि सावधानी से उस कमरे में रख दिया जाएगा, जहाँ ख़ाली बोतलों और डिब्बों के अंबार लगे हैं।

कोई औरत मिलने के लिए आएगी तो उसे दरवाज़े से ही यह कहकर वापस कर दिया जाएगा कि रात साहब की शूटिंग थी इसलिए सो रहे हैं। मुलाक़ात करने वाली शाम को या रात को आए, तो उससे यह कहा जाता है कि साहब शूटिंग पर गए हैं।

रामस्वरूप का घर लगभग वैसा ही था जैसाकि आम तौर पर अकेले रहने वाले अविवाहित मर्दों का होता है। यानी वह सलीक़ा, क़रीना और रख-रखाव ग़ायब था जो भौतिक आकांक्षाओं में ख़ास होता है। सफ़ाई थी मगर उसमें खरा-पन था। पहली बार जब मैं उसके फ्लैट में दाख़िल हुआ,तो मुझे बहुत अधिक यह महसूस हुआ कि मैं चिड़िया-घर के उस हिस्से में दाख़िल हो गया हूँ जो शेर, चीते और दूसरे हैवानों के लिए निश्चित होता है क्योंकि वैसी ही बू आ रही थी।

एक कमरा सोने का था, दूसरा बैठने का, तीसरा ख़ाली बोतलों और डिब्बों का, उसमें रम की वे तमाम बोतलें और सिगरेट के वे तमाम डिब्बे मौजूद थे, जो रामस्वरूप ने पीकर ख़ाली किए थे। कोई तरतीब नहीं थी। बोतलों पर डिब्बे, डिब्बों पर बोतलें औंधी-सीधी पड़ी थीं। एक कोने में कतार है तो दूसरे कोने में अंबार। गर्द जमी हुई है, और बासी तंबाकू और बासी रम की मिली-जुली तेज़ बू आ रही है।

मैंने जब पहली बार यह कमरा देखा तो बहुत हैरान हुआ। अनगिनत बोतलें और डिब्बे थे। सब ख़ाली...मैंने रामस्वरूप से पूछा–"क्यों भई, यह क्या सिलसिला है?"

उसने पूछा–"कैसा सिलसिला?"

मैंने कहा–"यह कबाड़खाना।"

उसने सिर्फ़ इतना कहा–"जमा हो गया है।"

यह सुनकर मैंने बोलते हुए सोचा–"इतना, इतना कूड़ा जमा होने में कम से कम सात-आठ वर्ष चाहिए।"

मेरा अंदाज़ा ग़लत निकला। मुझे बाद में मालूम हुआ कि उसका यह ज़ख़ीरा पूरे दस वर्ष का था। जब वह शिवाजी पार्क में रहने आया था तो वे तमाम बोतलें उठवाकर अपने साथ ले आया था, जो उसके पुराने मकान में जमा हो चुके थे। एक बार मैंने उससे कहा–"स्वरूप, तुम ये बोतलें और डिब्बे बेच क्यों नहीं देते? मेरा मतलब है, अव्वल तो साथ-साथ बेचते रहना चाहिए–पर अब की इतना अंबार जमा हो चुका है और जंग के कारण दाम भी अच्छे मिल सकते हैं, मैं समझता हूँ तुम्हें यह कबाड़खाना उठवा देना चाहिए।"

उसने जवाब में सिर्फ़ इतना कहा–"हटाओ यार...कौन इतनी बकबक करे।"

इस जवाब से तो यही ज़ाहिर होता था कि उसे ख़ाली बोतलों और डिब्बों से कोई दिलचस्पी नहीं, लेकिन मुझे नौकर से मालूम हुआ कि अगर उस कमरे में कोई बोतल या डिब्बा इधर का उधर हो जाए, तो रामस्वरूप क़यामत बरपा कर देता था।

औरत से उसे कोई दिलचस्पी नहीं थी। मेरी उससे बहुत बेतकल्लुफ़ी हो गयी थी। बातों-बातों में मैंने कई बार उससे पता किया–"क्यों भाई, शादी कब करोगे?" और हर बार इस क़िस्म का जवाब मिला–"शादी करके क्या करूँगा?" मैंने सोचा वाक़यी रामस्वरूप शादी करके क्या करेगा? क्या वह अपनी बीवी को ख़ाली बोतलों और डिब्बों

वाले कमरे में बंद कर देगा। या सब कपड़े उतारकर, निकर पहनकर, रम पीकर उसके साथ खेला करेगा? मैं उससे शादी-ब्याह का ज़िक्र तो अकसर करता था मगर दिमाग़ पर ज़ोर देने के बावजूद उसे किसी औरत से रुचि लेते न देख सका।

रामस्वरूप से मिलते-मिलते कई वर्ष बीत गए। इस दौरान कई बार मैंने उड़ती-उड़ती यह बात सुनी कि उसे एक ऐक्ट्रेस से जिसका नाम शीला था, इश्क़ हो गया है। मुझे इस अफ़वाह पर बिलकुल यक़ीन न आया। अव्वल तो रामस्वरूप से इसकी आशा ही नहीं थी, दूसरे शीला से किसी भी समझ-बूझ वाले नौजवान को इश्क़ नहीं हो सकता था क्योंकि वह इस क़दर बेजान थी कि दिल की मरीज़ मालूम होती थी। शुरू-शुरू में जब वह एक-दो फ़िल्मों में आई थी तो किसी क़दर सहनीय थी मगर बाद में तो वह बिलकुल बेकैफ़ और बेरंग हो गयी थी और तीसरे दर्जे की फिल्मों के लिए सीमित होकर रह गयी थी।

मैंने सिर्फ़ एक बार शीला के बारे में रामस्वरूप से पूछा तो उसने मुस्कराकर कहा-"मेरे लिए क्या यही रह गयी थी?"

इसी दौरान उसका सबसे प्यारा कुत्ता स्टालिन निमोनिया का शिकार हो गया। रामस्वरूप ने दिन-रात बड़े दिल से उसका इलाज किया, मगर वह तंदरुस्त न हुआ। इसकी मौत से बहुत सदमा हुआ। कई दिन उसकी आँखें शोकपूर्ण रहीं और जब उसने एक दिन बाक़ी कुत्ते किसी दोस्त को दे दिए तो मैंने ख़याल किया कि उसने स्टालिन की मौत के सदमे के कारण ऐसा किया है। वरना वह इनकी जुदाई कभी सहन नहीं करता।

लेकिन कुछ समय के बाद उसने बंदर और बंदरिया को भी विदा कर दिया तो मुझे किसी क़दर हैरत हुई, लेकिन मैंने सोचा कि उसका दिल अब और किसी मौत का सदमा सहन करना नहीं चाहता। अब वह निकर पहनकर रम पीते हुए सिर्फ़ अपनी बिल्ली नरगिस से खेलता था। वह भी उससे बहुत प्यार करने लगी थी। क्योंकि रामस्वरूप का सारा मनोरंजन अब इसी के लिए सीमित हो गया था।

अब उसके घर शेर-चीतों की बू नहीं आती थी। सफ़ाई में कुछ सीमा तक नज़र आने वाला सलीक़ा और क़रीना भी पैदा हो चला था। उसके चेहरे पर हलका-सा निखार आ गया था। मगर यह सब कुछ इस क़दर आहिस्ता-आहिस्ता हुआ था कि उसके प्रारंभिक बिंदु का पता चलाना बहुत मुश्किल था।

दिन गुज़रते गए। रामस्वरूप की ताज़ी फ़िल्म रिलीज़ हुई तो मैंने उसकी कलाकारी में नई ताज़गी देखी। मैंने उसे बधाई दी तो वह मुस्कराया-"लो, व्हिस्की पियो।"

मैंने ताज्जुब से पूछा-"व्हिस्की?"

व्हिस्की इसलिए कि वह सिर्फ़ रम पीने का आदी था।

पहली मुस्कराहट को होंठों में ज़रा सिकोड़ते हुए उसने जवाब दिया-"रम पी-पीकर तंग आ गया हूँ।"

मैंने उससे कुछ और न पूछा।

अगले रोज़ जब उसके पास शाम को गया, तो वह कमीज़-पायजामा पहने रम नहीं व्हिस्की पी रहा था। देर तक हम ताश खेलते और व्हिस्की पीते रहे। इस दौरान मैंने नोट किया कि व्हिस्की का स्वाद उसकी ज़बान और तालू पर ठीक नहीं बैठ रहा। क्योंकि घूँट भरने के बाद वह कुछ इस तरह मुँह बनाता था, जैसे किसी बिना चखी चीज़ से उसका वास्ता पड़ा हुआ है। चुनाँचे मैंने उससे कहा–"तुम्हारी तबीयत कुबूल नहीं कर रही व्हिस्की?"

उसने मुस्कराकर जवाब दिया–"आहिस्ता-आहिस्ता कुबूल कर लेगी।"

रामस्वरूप का फ्लैट दूसरी मंज़िल पर था। रात-दिन मैं उधर से गुज़र रहा था कि देखा नीचे गैराज के पास ख़ाली बोतलों और डिब्बों के अंबार के अंबार पड़े हैं। सड़क पर दो छकड़े खड़े हैं जिनमें तीन-चार कबाड़िये उनको लाद रहे हैं। मेरी हैरत की कोई सीमा न रही। क्योंकि यह ख़जाना रामस्वरूप के अलावा और किसका हो सकता था–आप यक़ीन मानिए, उसको जुदा होते देखकर मैंने अपने मन में एक अजीब क़िस्म का दर्द महसूस किया–दौड़ा-दौड़ा ऊपर गया। घंटी बजायी, दरवाज़ा खुला। मैंने अंदर दाख़िल होना चाहा तो नौकर ने सामान्य रूप से रास्ता रोकते हुए कहा–"साहब, रात शूटिंग पर गए थे इस वक़्त सो रहे हैं।"

मैं हैरत और गुस्से से बौखला गया–कुछ बड़बड़ाया और चल पड़ा।

उसी दिन शाम को रामस्वरूप मेरे घर आया–उसके साथ शीला थी। नयी बनारसी साड़ी में सजी हुई–रामस्वरूप ने उसकी तरफ इशारा करके मुझसे कहा–"मेरी धर्मपत्नी से मिलो।"

अगर मैंने व्हिस्की के चार पेग न पिए होते, तो यक़ीनन यह सुनकर मैं बेहोश हो गया होता।

रामस्वरूप और शीला सिर्फ़ थोड़ी देर बैठे और चले गए। मैं देर तक सोचता रहा कि बनारसी साड़ी में शीला किसके समान थी–दुबले-पतले बदन पर हलके बादामी रंग की काग़ज़ी-सी साड़ी...किसी जगह फूली हुई किसी जगह दबी हुई। एकदम मेरी आँखों के सामने एक ख़ाली बोतल आ गयी। बारीक काग़ज़ में लिपटी हुई।

शीला औरत थी–बिलकुल ख़ाली। लेकिन हो सकता है एक ख़ालीपन ने दूसरे ख़ालीपन को पूरा कर दिया हो।

❑

दो गड्ढे

आप मुझे एक कहानीकार के रूप में जानते हैं और अदालतें एक फुहड़ निगार (अश्लील लेखक) की हैसियत से। सरकार मुझे कभी कम्युनिस्ट कहती है और कभी देश का सबसे बड़ा अदीब। कभी मेरे लिए रोज़ी के दरवाज़े बंद किए जाते हैं और कभी खोले जाते हैं। कभी मुझे ग़ैर-ज़रूरी इनसान बताकर, 'मकान से बाहर' का हुक्म दिया जाता है और कभी मौज में आकर, यह कह दिया जाता है कि नहीं, तुम 'मकान के अंदर' रह सकते हो। मैं पहले सोचता था, अब भी सोचता हूँ कि इस देश में, जिसे दुनिया का सबसे बड़ा इस्लामी राज्य कहा जाता है, मेरी क्या जगह है और मेरी क्या ज़रूरत है।

आप इसे कहानी कह लीजिए, लेकिन मेरे लिए यह एक कड़वी सच्चाई है कि मैं अभी तक ख़ुद अपने वतन में, जिसे पाकिस्तान कहते हैं और जो मुझे बहुत प्यारा है, अपनी असली जगह नहीं खोज सका। यही वजह है कि मेरी रूह बेचैन रहती है, यही वजह है कि मैं कभी पागलख़ाने में और कभी अस्पताल में होता हूँ।

मैं जो भी हूँ फिर भी मुझे यक़ीन है कि मैं इनसान हूँ। इसका सबूत यह है कि मुझमें ख़ामियाँ भी हैं और खूबियाँ भी। मैं सच बोलता हूँ, पर कई मौकों पर झूठ भी बोलता हूँ। नमाज़ नहीं पढ़ता, लेकिन मैंने सजदे कई बार किए हैं। किसी ज़ख़्मी कुत्ते को देख लूँ तो घंटों मेरी तबीयत ख़राब रहती है, पर मेरे अंदर अभी तक यह जुर्रत नहीं पैदा हुई कि उसे उठाकर घर ले जाऊँ और उसका इलाज करूँ। किसी दोस्त को तंगी में फँसा देखता हूँ, तो मुझे सचमुच तकलीफ़ होती है, लेकिन मैंने ब-वक़्ते-ज़रूरत, पैसों से मदद नहीं की, इसलिए कि मुझे शराब ख़रीदनी होती थी। मुझे किसी अपाहिज लड़की से मिलने का इत्तफ़ाक़ हो तो घंटों मेरे दिल-दिमाग़ में तूफ़ान की-सी हालत रहती है। मैं अपाहिज बनकर, ख़ुद को उसकी जगह रखकर, घंटों सोचता हूँ; उसकी ज़िंदगी की ट्रेजेडी के बारे में गौर करता हूँ; फिर अचानक यह फैसला करता हूँ कि मैं उससे शादी कर लूँ। मगर जब मैं इसका ज़िक्र अपनी बीवी से करता हूँ, तो वह फैसला टिक नहीं पाता।

मैं अफ़साना निगार हूँ। मेरे तख़ैयुल की उड़ान बहुत ऊँची है, पर मुझे अफ़सोस है कि ऊँचा उड़कर फिर मैं ऐसा गिरता हूँ कि पाताल की अथाह गहराइयों तक पहुँच जाता

हूँ और वहाँ औंधे मुँह पड़ा सोचता हूँ कि जब गिरना ही था तो उड़ने की तकलीफ़ क्यों की? लेकिन शायद ये छोटे-छोटे वाक़यात, जो हम छोटे आदमियों की फिसलनों की वजह से पैदा होते हैं, मुझ पर बहुत असर डालते हैं।

मैं केले या खरबूजे के छिलके कभी बर्दाश्त नहीं कर सकता, जो सड़क पर पड़े होते हैं। मुझे इस तरह की बेपरवाही करने वाले लोगों की कमअकली पर रोना आता है।

मुझे फिर रोना आता है, जब मैं देखता हूँ कि लोग अपने-अपने घरों के चूहे पकड़ते हैं और दूसरे मुहल्ले में छोड़ आते हैं। अपने घर का कूड़ा-करकट निकालते हैं और झाड़ू, से अपने पड़ोसी के दरवाज़े के साथ लगा देते हैं।

कहते हैं कि ये हिमाकतें तालीम की कमी की वजह से हैं। जब सबकी राय से यह बात मान ली गयी तो यह क्या बेवकूफ़ी नहीं है कि तालीम आम नहीं की जाती? क्या इसका यह मतलब नहीं कि वे लोग, जिनके हाथ में लोगों को तालीम देने का काम है, ख़ुद अनपढ़ हैं।

मैं झुँझला-झुँझला जाता हूँ, जब मैं सोचता हूँ कि हमारे हाकिम परले दर्जे के गाफ़िल है। एक आदमी मिनिस्टर बनता है, तो उसके घर की तरफ़ जो सड़क जाती है–उस पर हर रोज़ छिड़काव होता है। उसकी सफ़ाई का ध्यान हर दारोगा को रखना पड़ता है। लेकिन उन जगहों की तरफ़ कोई आँख उठाकर भी नहीं देखता, जहाँ सफ़ाई और छिड़काव की बेहद ज़रूरत है।

एक मिनिस्टर का गला धूप-मिट्टी उड़ने की वजह से ख़राब हो जाए या दूसरे मिनिस्टर को मच्छर काट खाएँ तो इससे क्या होता है? वे सैकड़ों-हज़ारों बच्चे, जो इन गंदी नालियों की ग़लीज़ फ़िज़ा में रहते हैं, इन मिनिस्टरों से ज़्यादा अहमियत रखते हैं, क्योंकि यही वह जनता है, जो लड़ाई के मैदान में सीने पर गोलियाँ खाती है और हार-जीत का फैसला करती है।

ये बातें इतनी ज़ाहिर और साफ़ हैं कि हर आदमी इन्हें जानता है, यहाँ तक कि हमारे हाकिम भी। फिर भी समझ में नहीं आता कि यह भेदभाव क्यों हर जगह हावी नज़र आता है। मैं तो कई बार ऐसा महसूस करता हूँ कि सरकार और आवाम का रिश्ता रूठे हुए मियाँ और बीवी का रिश्ता है। दिखावा तो है, लेकिन असल में कुछ भी नहीं। एक अफ़साना निगार के नाते मुझे यह रिश्ता बहुत दिलचस्प लगता है। अगर आप भी थोड़ा गौर करें तो आपको इसमें अनगिनत दिलचस्प पहलू मिल जाएँगे। बीवी अपनी मनमानी करती है, शौहर अपनी मनमानी। दोनों गृहस्थी के फ़र्ज़ों का पालन नहीं करते, लेकिन इसके बावजूद वे मियाँ-बीवी हैं। आपस में छोटी-छोटी बातों पर झगड़े होते हैं, सगे-संबंधी देखते और हँसते हैं, लेकिन उनका रिश्ता ज्यों-का-त्यों खोखला रहता है।

हुकूमत और आवाम के आपसी मेल (बलात्कार कहना ज़्यादा सही होगा) से बच्चे पैदा होते हैं, लेकिन बड़े 'सेफ्टी ऐक्ट' और 'ऑर्डिनेंस' क़िस्म के, जिनकी शक्ल-सूरत

न तो शासन से मिलती है और न जनता से। मैं इनके बारे में कुछ कहना नहीं चाहता, सिवाय इसके कि यह मेरी समझ से ऊपर की बात है।

मेरी समझ से ऊपर की बहुत-सी बातें हैं। मैं अमरीका की हवस और साम्रा. ज्यवादी रुझान समझ सकता हूँ। मुझे रूस के हथौड़े और उसकी दराँती का असली मतलब समझ में आ जाता है। लेकिन यहाँ मेरे मुल्क में जो कुछ हो रहा है, वह मेरी समझ और सोच से ऊपर की बात है। मुमकिन है कि जो कुछ आज मेरी नज़रों के सामने हो रहा है, बहुत ऊँचा हो, लेकिन यह भी हो सकता है कि वह बहुत नीचा हो। कुछ भी हो, मुझे इस बात का हमेशा अफ़सोस रहेगा कि मुझे समझाने वाला कोई नहीं मिला।

अमरीका से जंगी मदद लेने का समझौता हुआ है, उसको एक अफ़साना निगार क्या समझेगा? तुर्कों से पाकिस्तान का जो समझौता हुआ है, इस पर एक अफ़साना निगार क्या ख़याल रख सकता है? वह यह भी नहीं पूछ सकता कि लियाकत अली के क़त्ल की जाँच का क्या नतीजा निकला? उसको यह सवाल करने की भी हिम्मत नहीं हो पाती कि लियाकत अली ख़ाँ के हत्यारे की हत्या करने वालों को क्या सज़ा मिली? आख़िर वह भी तो इनसान था, जो मौत के घाट उतार दिया गया। मगर वह यह तो पूछ सकता है कि तारघर के इस तरफ़ चौक में, मैकलोड रोड की तरफ़ जाने वाली सड़क के शुरू में जो दो गड्ढे ख़ुदे हुए थे, उनका क्या मतलब था?

ये गड्ढे शायद अब पूर दिए गए हैं, मगर वह ट्रक अभी तक वहाँ खड़ा है, जिनका शिकार हुआ था। मालूम नहीं, वह कब तक टूटी हालत में वहाँ पड़ा रहेगा और मेरी तरह सवाल करता रहेगा कि ये दो गड्ढे, जो उसकी टूट-फूट का कारण बने, उनका क्या मतलब था।

अगर ये गड्ढे इसलिए खोदे गए थे कि रात की नाकाफ़ी रोशनी में ताँगे इनमें गिरें; घोड़े मरें या लूले-लंगड़े हो जाएँ; साइकिल-सवार अपनी हड्डी-पसली तुड़वाएँ; कोई मोटर-साइकिल पर सवार, फिल्मी धुन अलापता आए और ऐसी पटखनी खाये कि उसे सुरैया ही नज़र आ जाय, तो मुझे कोई एतराज़ नहीं। क्योंकि जनता को ऐसे मनबहलाव के मौके हासिल कराने का काम कभी-कभी कॉर्पोरेशन को करना ही चाहिए। लेकिन मुझे झुँझलाहट होती है कि अगर मैं यह कहूँगा कि मुझे कोई एतराज़ नहीं, तो सरकार मुझे घेर लेगी और कहेगी कि तुम्हें क्यों कोई एतराज़ नहीं, जबकि हमें सच पूछिए तो आजकल एतराज़ उठाने का ज़माना ही नहीं रहा। सिगरेट ब्लैक में मिल रहे हैं। आप एतराज़ करें तो इससे कुछ हासिल नहीं होगा। छोटे दुकानदार आपसे रोना रोएँगे कि साहब जिनको कोटा मिलता है, हम उनसे ख़रीदते है, दस आने की डिबिया ग्यारह आने में मिलती है, हम अगर दो पैसे या एक आना मुनाफ़ा लेते हैं, तो बताइए क्या जुर्म करते हैं?

आटे-दाल का भाव पूछें, तो आटे-दाल का भाव मालूम हो जाता है। दम मारने की मजाल नहीं। फिर भी आदमी तो सोचता है कि सिगरेटें इतनी ब्लैक क्यों हो रही है? वह जिसे सोल-एजेंट कहते हैं, उससे यह सवाल क्यों नहीं किया जाता कि आख़िर ये सिगरेट उसी के जरिये से आते हैं, क्या उसे कंपनी को ज़्यादा दाम देने पड़ते हैं? क्या कंपनी किसी वजह से ज़रूरत से कम सिगरेट भिजवा रही है? कुछ भी हो, यह हुकूमत का फ़र्ज़ है कि वह इस बात का पता लगाए कि सोल-एजेंट या कंपनी को क्या तकलीफ़ है, ताकि उसे दूर करने की कोई तरक़ीब सोची जाए। पर मुसीबत यह है कि हुकूमत ख़ुद बहुत-सी तकलीफ़ों की शिकार है।

यूँ तो हमारे इर्द-गिर्द बेशुमार गड्ढे हैं, जिनको पूरने के लिए ख़िज्र की उम्र दरकार है, लेकिन मैं उन दो गड्ढों की बात कर रहा था, जो तारघर के इस तरफ़, सड़क के शुरू में खोदे गए थे या अपने-आप ख़ुद गए थे; जिन्हें रात के धुँधलके में कॉर्पोरेशन लोगों की निगाह से छिपाए रखती थी।

मैं पाकिस्तान में अपनी असली जगह अभी तक मालूम नहीं कर सका, लेकिन मैं अपने-आप में यह समझता हूँ कि मेरी हस्ती बहुत बड़ी है, उर्दू अदब में मेरा नाम बहुत अहमियत रखता है। (यह ख़ुशफहमी न होती तो ज़िंदगी दूभर हो जाती) इसलिए कुछ दिन पहले मुझे इन गड्ढों का महत्त्व मालूम हुआ, जो देखने में ग़ैर-ज़रूरी मालूम होते थे, पर असल में बहुत ज़रूरी थे।

ग़ैर-ज़रूरी इसलिए थे कि इनके बिना भी लोग ज़ख़्मी हो सकते थे। ये न होते, तब भी यहाँ टूट-फूट का सिलसिला जारी रहता। ज़रूरी इसलिए थे कि इनकी मौजूदगी से यह ज़ाहिर होता था कि कॉर्पोरेशन के बग़ैर भी काम चल सकता है।

बहुत दिन हुए, मुझे नौआबादी के महकमे की तरफ़ से यह नोटिस मिला था कि तुम ग़ैर-ज़रूरी आदमी हो, इसलिए वह मकान, जो तुम्हें अलॉट किया गया है, ख़ाली कर दो। मेरा ख़याल है कि यह नोटिस बिलकुल ग़ैर-ज़रूरी था इसलिए कि जब तक सड़कों पर अनढँके गड्ढे मौजूद हैं, ग़ैर-ज़रूरी इनसानों को मकान ख़ाली करने का हुक्म देने का सवाल बेतुका है।

कुछ दिन हुए, मैंने टी-हाउस से निकल कर ताँगा लिया। डाकघर के क़रीब पहुँचा तो मुझे ख़याल आया कि मैकलोड रोड की तरफ़ से बीडन रोड को चलना चाहिए। उस रास्ते पर एक फलों की दुकान आती हैं, जहाँ से मैं अकसर अपनी बच्चियों के लिए माल्टे वगैरह ले जाया करता हूँ।

ताँगे ने जब तारघर की इस तरफ़ मैकलोड रोड का रुख़ किया, तो रात के धुँधलके में मुझे अचानक दो डरावने गड्ढे नज़र आए। मुझे हैरत है, ये गड्ढे मुझे कैसे दिखायी दे गए, इसलिए कि मुझे रतौंधी की बीमारी है, मुझे रात के अँधेरे में कुछ दिखायी नहीं देता। मैं एकदम चिल्लाया। कोचवान ने मेरी चीख़ सुनकर बागें खींचीं। घोड़ा कुछ इस तरह रुका कि दो ग़ज़ पीछे चला गया।

अगर घोड़े का क़दम ज़रा-सा आगे बढ़ जाता तो मालूम नहीं क्या होता। ताँगे वाले ने मुझे हज़ार-हज़ार दुआएँ दीं कि उसका घोड़ा अपाहिज होने से बच गया, इसलिए कि सौ क़दम के फ़ासले पर एक टूटा हुआ ताँगा पड़ा था, जिसका घोड़ा जख़्मी हालत में कराह रहा था।

मैं सोच रहा था कि पाकिस्तान का सबसे बड़ा अफ़साना निगार बच गया। उस समय मुझे क़ौम के नुकसान का ख़याल था। यह अहसास बिलकुल नहीं था कि मेरी एक बीवी है और तीन बच्चियाँ हैं। मुझे उस वक़्त सिर्फ़ यह ख़याल था कि मैं क़ौम का सरमाया हूँ, जो बर्बाद होने से बच गया। हालाँकि यह भी सही है कि मेरी मौत एक ग़ैर-ज़रूरी इनसान की मौत होती। कुछ रिश्तेदारों और दोस्तों की आँखें ज़रूर पुरनम हो जातीं, मगर इस मुल्क की एक आँख भी आँसुओं से न डबडबाती, जिसका सरमाया मैं ख़ुद को समझता हूँ।

मैं इस मामले में बहुत बड़ा चुग़द हूँ, लेकिन इस ख़याल से थोड़ी तसल्ली मिलती है कि चुग़द होना ही इनसान होने की निशानी है, बहरहाल!

यह मेरी बेवकूफ़ी थी कि मैंने उन दो गड्ढों को सिर्फ़ ख़ुद अपने से जोड़ा, वरना उनमें हर इनसान की लाश समा सकती थी, चाहे उसका नाम सआदत हसन मंटो होता या कुछ और।

यूँ तो बहुत-सी बातें समझ में नहीं आतीं, मगर यह बात तो बहुत ही ज़्यादा समझ में नहीं आती कि तारघर के इस तरफ़ यहाँ दो गड्ढे क्यों खोदे गए थे या अपने आप ख़ुद गए थे? वहाँ कोई ऐसा निशान क्यों नहीं गाड़ दिया गया था, जो लोगों को बताता कि देखो, अगर तुम ज़ख़्मी होना या मरना चाहते हो तो जी-जान से जाओ, सब सामान मौजूद है, और अगर मामला इसके उलट है तो यहाँ से दूर रहो, अगर ख़ुदा को तुम्हारी मौत मंज़ूर है तो वह तुम्हें सीधी और साफ़ सड़क पर भी यमराज के सुपुर्द कर देगा।

सुना है कि दूसरे देशों में यह रिवाज़ है कि अगर सड़क पर कोई इस तरह की जगह हो, तो हाकिम ऐसी ख़तरनाक जगह के इर्द-गिर्द रस्सा तान देते हैं, जिससे लोग ख़बरदार रहें। रात को लाल बत्तियाँ रख दी जाती हैं, जिससे आने-जाने वालों को ख़तरे का पता लग जाए।

यह तो हो नहीं सकता कि हमारी कॉर्पोरेशन ऐसी मामूली बात नहीं जानती। अगर इसने तारघर के इस तरफ़ दो गहरे गड्ढों को खोदा है तो इसमें ज़रूर कोई बेहतरी होगी। वह आदमी, जो सिर्फ़ एक अफ़साना निगार है, इसे क्योंकर समझ सकता है। मगर इसे अपनी नाज़ादी और जहालत को मानते हुए, इतना पूछने का हक़ ज़रूर है कि इसमें क्या बेहतरी है? और कुछ नहीं तो उसे एक और कहानी लिखने का मसाला तो हासिल हो सकेगा।

तारघर के इस तरफ़, जहाँ आज से कुछ दिन पहले दो गड्ढे खोदे गये थे या अपने आप ख़ुद गए थे, एक टूटा हुआ ट्रक, तीन पहियों और बहुत-सी ईंटों के सहारे, खड़ा

है। मालूम नहीं वह मुझसे कुछ कहना चाहता है या कॉर्पोरेशन से। में तो इसकी बेज़बानी किसी हद तक समझ सकता हूँ, मगर कॉर्पोरेशन, जो बहुत बड़ी ड्रामानिगार है और अपने वक़्त की आगा है, उसकी बेज़बानी समझ लेगी—मैं इसके बारे में कुछ नहीं कह सकता।

मेरी राय है कि हमारी सरकार को, फ़ौरन ही, इन गड्ढों के ऊपर एक जाँच कमीशन बैठा देना चाहिए। जब तक यह कमीशन अपनी रिपोर्ट के काग़ज़ों से उनको भरेगी और बहुत-से गड्ढे ख़ुद जाएँगे या खोद लिये जाएँगे, जिससे ऐसी दूसरी कमीशनों के लिए जगह पैदा हो सके।

तारघर के इस तरफ़ के दो गड्ढे ज़िंदाबाद और उस तरफ़ के वे घोड़े और इनसान मुर्दाबाद जो इनमें गिरकर न मर सके।

❑

टूटू

मैं सोच रहा था। दुनिया की सबसे पहली औरत जब माँ बनी तो प्रकृति का क्रियाकलाप क्या था?

दुनिया के सबसे पहले मर्द ने क्या आसमानों की तरफ़ तमतमाई आँखों से देखकर दुनिया की सबसे पहली ज़बान में बड़े गर्व के साथ यह नहीं कहा था–"मैं भी बालक हूँ।"

टेलीफोन की घंटी बजनी शुरू हुई। मेरे आवारा ख़यालात का सिलसिला टूट गया–बालकनी से उठकर मैं अंदर कमरे में आया–टेलीफोन जिद्दी बच्चे की तरह चिल्लाए जा रहा था।

टेलीफोन बड़ी मुफ़ीद चीज़ है। मगर मुझे उससे नफ़रत है। इसलिए कि वक़्त-बेवक़्त बजने लगता हैं–चुनाँचे बहुत ही बद-दिली से मैंने रिसीवर उठाया और नंबर बताया-"फोर फोर फाइव सेवन।"

दूसरे सिरे से हलो-हलो शुरू हुई। में झुँझला गया–"कौन है?"

जवाब मिला–"आया।"

मैंने आया के बातचीत के ढंग से पूछा–"किस को माँगता है?"

"मेम साहब हैं?"

"हैं–ठहरो।"

टेलीफोन का रिसीवर एक तरफ़ रखकर मैंने अपनी बीती को जो अंदर शायद सो रही थी आवाज़ दी–"मेम साहब, मेम साहब!"

आवाज़ सुनकर मेरी बीवी उठी और जम्हाइयाँ लेती हुई आयी–"यह क्या मज़ाक़ है। मेम साहब, मेम साहब।"

मैंने मुस्कराकर कहा–"मेम साहब ठीक है–याद है तुमने अपनी पहली आया से कहा था कि मुझे मेम साहब के बदले बेगम साहिबा कहा करो तो उसने बेगम साहिबा को बैंगन साहिबा बना दिया था।"

एक मुस्कराती हुई जम्हाई लेकर मेरी बीवी ने पूछा–"कौन है?"

"दरयाफ़्त कर लो।"

मेरी बीवी ने टेलीफोन उठाया और हलो-हलो शुरू कर दिया–मैं बाहर बालकनी में चला गया–औरतें टेलीफोन के मामले में बहुत बातूनी होती हैं। चुनाँचे 15-20 मिनट तक हलो-हलो होता रहा।

मैं सोच रहा था।

टेलीफोन पर हर दो-तीन शब्दों के बाद हलो क्यों कहा जाता है?

क्या इस हलो-हलो के पीछे हीन भावना तो नहीं? बार-बार हलो सिर्फ़ उसे करनी चाहिए, जिसे इस बात का अंदेशा हो कि उसकी उबाऊ गुफ़्तगू से तंग आकर सुनने वाला फोन छोड़ देगा या हो सकता है यह सिर्फ़ आदत हो।

उसी वक़्त मेरी बीवी घबराई हुई आई–"सआदत साहब, इस बार मामला बहुत ही सीरियस मालूम होता है।"

"कौन-सा मामला?"

मामले की स्थिति बताए बग़ैर मेरी बीवी ने कहना शुरू कर दिया–"बात बढ़ते-बढ़ते तलाक़ तक पहुँच गयी है–पागलनपन की कोई हद होती है–मैं शर्त लगाने के लिए तैयार हूँ कि बात कुछ भी नहीं होगी। बस फुसरी का भगंदर बना होगा। दोनों सिरफिरे हैं।"

"अजी हज़रत कौन?"

"मैंने बताया नहीं आपको? ओह! टेलीफोन ताहिरा का था।"

"ताहिरा, कौन ताहिरा?"

"मिसेज़ यज़दानी।"

"ओह!" मैं सारा मामला समझ गया, "कोई नया झगड़ा हुआ है?"

"नया और बहुत बड़ा, जाइये, यज़दानी आपसे बात करना चाहते हैं।"

"मुझसे क्या बात करना चाहता है?"

"मालूम नहीं..." ताहिरा से टेलीफोन छीनकर मुझसे केवल यह कहा, "भाभी-जान ज़रा मंटो साहब को बुलवाइए।"

ख़ाम-ख़्वाह मेरा मग़ज़ चाटेगा। यह कहकर मैं उठा और टेलीफोन पर यज़दानी साहब से मुख़ातिब हुआ।

उसने सिर्फ़ इतना कहा–"मामला बेहद नाज़ुक हो गया है, तुम और भाभी-जान टैक्सी से फ़ौरन आ जाओ।"

ताहिरा एक मशहूर इश्क़पेशा संगीतकार की ख़ूबसूरत लड़की थी। अत: यज़दानी एक पठान आढ़ती का लड़का था। पहले शायरी शुरू की। फिर नाटककारी, इसके बाद

आहिस्ता-आहिस्ता फ़िल्मी कहानियाँ लिखने लगा—ताहिरा का बाप अपने आठवें इश्क़ में लगा हुआ था और अता यज़दानी अलामा मशरिक़ी की ख़ाकसार तहरीक के लिए 'बेलचा' नामक ड्रामा लिखने में...एक शाम परेड करते हुए अता यज़दानी की आँखें ताहिरा की आँखों से चार हुईं। सारी रात जागकर उसने एक ख़त लिखा और ताहिरा तक पहुँचा दिया। कुछ माह तक दोनों में पत्रोत्तर जारी रहा और अंत में, दोनों की शादी बग़ैर किसी बाधा के हो गयी। अता यज़दानी को इस बात का अफ़सोस था कि उनका इश्क़ ड्रामे से वंचित रहा।

ताहिरा भी मन से ड्रामा पसंद थी—इश्क़ और शादी से पहले सहेलियों के साथ बाहर शापिंग को जाती तो उनके लिए मुसीबत बन जाती—गंजे आदमी को देखते ही उनके हाथों में खुजली हो जाती। "मैं उसके सिर पर एक धौल तो ज़रूर जमाऊँगी। चाहे तुम कुछ भी करो।"

जहीन थी—एक बार उसके पास कोई पेटीकोट नहीं था। उसने कमर के चारों ओर इज़ारबंद बाँधा और उसमें साड़ी उड़सकर सहेलियों के साथ चल दी।

क्या ताहिरा वाक़यी अता यज़दानी के इश्क़ में फँसी थी? इस बारे में निश्चित रूप से कुछ नहीं कहा जा सकता था। यज़दानी का पहला इश्क़िया ख़त मिलने पर उसका व्यवहार कुछ इसी क़िस्म का था। यूँ तो मज़बूत चरित्र की लड़की थी यानी जहाँ तक चरित्रवान होने का संबंध है, लेकिन थी खिलंडरी और यह जो प्रतिदिन उसका अपने शौहर से लड़ाई-झगड़ा होता था, मैं समझता हूँ एक खेल ही था। लेकिन जब हम वहाँ पहुँचे और हालात देखे तो मालूम हुआ कि यह खेल बड़ी ख़तरनाक सूरत बन गया था।

हमारे दाख़िल होते ही वह शोर मचा कि कुछ समझ में न आया। ताहिरा और यज़दानी दोनों ऊँचे-ऊँचे सुरों में बोलने लगे थे, शिकवे, ताने-माने... पुराने मुर्दों पर नयी लाशें, नयी लाशों पर पुराने मुर्दे। जब दोनों थक गए तो आहिस्ता-आहिस्ता लड़ाई की कुछ-कुछ बात समझ में आने लगी।

ताहिरा की शिकायत थी कि अता स्टूडियो की एक वाहियात ऐक्ट्रेस को टैक्सियों में लिये-लिये फिरता है।

यज़दानी का कहना था कि यह सरासर गलत है।

ताहिरा क़ुरान उठाने के लिए तैयार थी कि अता का उस ऐक्ट्रेस से नाज़ायज़ रिश्ता है। जब वह साफ़ इनकारी हुआ तो ताहिरा ने बड़ी तेज़ी के साथ कहा—"कितने पारसा बनते हो—यह आया जो खड़ी है क्या तुमने इसे चूमने की कोशिश नहीं की थी...वह तो मैं अंदर से आ गई..."

यज़दानी ने कहा, "बकवास बंद करो।"

इसके बाद वही शोर मच गया।

मैंने समझाया। मेरी बीवी ने समझाया। मगर कोई असर न हुआ। अता को मैंने डाँटा भी, "ज्यादती सरासर तुम्हारी है–माफी माँगो और यह क़िस्सा ख़त्म करो।"

अता ने बड़ी गंभीरता के साथ मेरी तरफ़ देखा–"सआदत, यह क़िस्सा यूँ ख़त्म नहीं होगा। मेरे बारे में यह औरत बहुत कुछ कह चुकी है। लेकिन मैंने उसके बारे में एक शब्द भी मुँह से नहीं निकाला। इनायत को जानते हो तुम?"

"इनायत?"

"प्ले बैक सिंगर।"

"हाँ, हाँ।"

"अव्वल दर्जे का छँटा हुआ बदमाश है...मगर यह औरत हर रोज़ उसे यहाँ बुलाती है–बहाना यह है कि..."

ताहिरा ने उसकी बात काट दी–"बहाना-वहाना कुछ नहीं...बोलो तुम क्या कहना चाहते हो?"

अता ने बहुत ही नफ़रत के साथ कहा–"कुछ नहीं।"

ताहिरा ने अपने माथे पर से बालों की झालर एक तरफ हटाई–"इनायत मेरा चाहने वाला है...बस।"

अता ने गाली दी–इनायत को मोटी और ताहिरा को छोटी–फिर शोर मच गया।

एक बार फिर वही कुछ दोहराया गया जो पहले कई बार कहा जा चुका था–मैंने और मेरी बीवी ने बीच-बचाव किया, मगर नतीजा वही रहा। मुझे ऐसा मालूम होता था जैसे अता और ताहिरा दोनों अपने झगड़े से संतुष्ट नहीं। लड़ाई के शोले एकदम भड़कते थे और कोई निर्णायक नतीजा पैदा किये बिना ठंडे हो जाते थे। फिर भड़काये जाते थे लेकिन होता-हवाता कुछ नहीं था।

मैं बहुत देर तक सोचता रहा कि अता और ताहिरा चाहते क्या हैं, मगर किसी नतीजे पर न पहुँच सका। मुझे बड़ी उलझन हो रही थी। दो घंटे से बक-बक और झक-झक जारी थी–लेकिन अंत ख़ुदा जाने कहाँ भटक रहा था। तंग आकर मैंने कहा–"भई, अगर तुम दोनों की आपस में नहीं निभ सकती तो बेहतर यही है कि अलग हो जाओ।"

ताहिरा ख़ामोश रही। लेकिन अता ने कुछ क्षण गौर करने के बाद कहा–"अलग नहीं...तलाक़।"

ताहिरा चिल्लाई–"तलाक़, तलाक़, तलाक़...देते क्यों नहीं तलाक़–मैं कब तुम्हारे पाँव पड़ी हूँ कि तलाक़ न दो।"

अता ने बड़े दृढ़ स्वर में कहा–"दे दूँगा और बहुत जल्द।"

ताहिरा ने अपने माथे पर से बालों की झालर एक तरफ़ हटाई–"आज ही दो।"

अता उठकर टेलीफोन की तरफ़ बढ़ा, "मैं क़ाज़ी से बात करता हूँ।"

जब मैंने देखा मामला बिगड़ रहा है तो उठकर अता को रोका–"बेवकूफ़ न बनो, बैठो आराम से।"

ताहिरा ने कहा–"नहीं, भाईजान! आज मत रोकिए।"

मेरी बीवी ने ताहिरा को डाँटा–"बकवास बंद करो।"

"यह बकवास सिर्फ़ तलाक़ ही से बंद होगी..." यह कहकर ताहिरा टाँग पीटने लगी।

"सुन लिया तुमने?" अता मुझसे कहकर फिर टेलीफोन की तरफ़ बढ़ा। लेकिन मैं बीच में खड़ा हो गया।

ताहिरा मेरी बीवी को कहने लगी–"मुझे तलाक़ देकर उस चंडो ऐक्ट्रेस से ब्याह रचाएगा।"

अता ने ताहिरा से पूछा–"और तू?"

ताहिरा ने माथे पर बालों के पसीने में भीगी हुई झालर हाथ से ऊपर की–"मैं तुम्हारे इस यूसुफ-ए-सानी इनायत ख़ाँ से।"

"बस, अब पानी सिर से गुज़र चुका है–हद हो गई है-तुम हट जाओ एक तरफ...।" अता ने डायरी उठाई और नंबर देखने लगा। जब टेलीफोन करने लगा तो मैंने उसे रोकना उचित न समझा। उसने एक-दो बार डायल किया लेकिन नंबर न मिला। मुझे मौका मिला तो मैंने उसे दृढ़ शब्दों में कहा अपने इरादे को छोड़ दे। मेरी बीवी ने भी उससे विनती की, मगर वह न माना। इस पर ताहिरा ने कहा–"सफ़िया, तुम कुछ न कहो–इस आदमी के पहलू में दिल नहीं, पत्थर हैं–मैं तुम्हें वह ख़त दिखाऊँगी जो शादी से पहले इसने मुझे लिखे थे–उस वक़्त मैं उसके दिल का चैन और आँखों का नूर थी। मेरी ज़बान से निकला हुआ सिर्फ़ एक लफ़्ज़ उसके मुर्दा तन में जान डालने के लिए काफ़ी था। मेरे चेहरे की तरफ़ एक झलक देखकर यह ख़ुशी से मरने के लिए तैयार था...लेकिन आज इसे मेरी ज़रा भी परवाह नहीं।"

अता ने एक बार फिर नंबर मिलाने की कोशिश की।

ताहिरा बोलती रही–"मेरे बाप के संगीत से भी इसे इश्क़ था–इसे गर्व था। इतना बड़ा आर्टिस्ट मुझे अपना दामाद बनाना मंजूर कर रहा है। शादी की मंज़ूरी हासिल करने के लिए इसने उनके पाँव तक दबाये। पर आज इसे उनका कोई ख़याल नहीं।"

अता डायल घुमाता रहा।

ताहिरा मुझसे बोली–"आपको यह भाईजान कहता है। आपकी इज़्ज़त करता है। कहता था जो कुछ भाईजान कहेंगे मैं मानूँगा। लेकिन आप देख ही रहे हैं। टेलीफोन कर रहा है क़ाज़ी को–मुझे तलाक़ देने के लिए।"

मैंने टेलीफोन एक तरफ हटा दिया–"अता, अब छोड़ो भी।"

"नहीं।" यह कहकर उसने टेलीफोन अपनी तरफ़ घसीट लिया।

ताहिरा बोली–"जाने दीजिए, भाईजान! इसके दिल में मेरा क्या टूटू का भी ख़याल नहीं।"

अता तेज़ी से पलटा—"नाम न लो टूटू का।"

ताहिरा ने नथुने फुलाकर कहा—"क्यों नाम न लूँ उसका?"

अता ने रिसीवर रख दिया—"वह मेरा है।"

ताहिरा उठ खड़ी हुई—"जब मैं तुम्हारी नहीं हूँ तो वह कैसे तुम्हारा हो सकता है? तुम तो उसका नाम भी नहीं ले सकते।"

अता ने कुछ देर सोचा—"मैं बंदोबस्त कर लूँगा।"

ताहिरा के चेहरे पर एकदम ज़र्दी छा गई—"टूटू को छीन लोगे; मुझसे?"

अता ने बड़े दृढ़ स्वर में जवाब दिया—"हाँ।"

"जालिम।"

ताहिरा के मुँह से एक चीख़ निकली। बेहोश होकर गिरने ही वाली थी कि मेरी बीवी ने उसे थाम लिया। अता परेशान हो गया। पानी के छींटे। यू-डि-क्लोन, स्मैलिंग साल्ट, डॉक्टरों को टेलीफोन—अपने बाल नोच डाले। क़मीज़ फाड़ डाली...ताहिरा होश में आई तो वह उसका हाथ अपने हाथ में लेकर थपकने लगा—"जानेमन! टूटू तुम्हारा है। टूटू तुम्हारा है।"

अता ने ताहिरा की भरी आँखों को चूमना शुरू कर दिया—"मैं तुम्हारा हूँ। तुम मेरी हो—टूटू तुम्हारा ही है, मेरा भी है।"

मैंने अपनी बीवी को इशारा किया। वह बाहर निकली तो मैं भी थोड़ी देर के बाद चल दिया। टैक्सी खड़ी थी। हम दोनों बैठ गए—मेरी बीवी मुस्करा रही थी। मैंने उससे पूछा—"यह टूटू कौन है?"

मेरी बीवी खिलखिलाकर हँस पड़ी—"उनका लड़का।"

मैंने हैरत से पूछा—"लड़का?"

मेरी बीवी ने स्वीकृति में सिर हिला दिया।

मैंने और ज़्यादा हैरत से पूछा—"कब पैदा हुआ था—मेरा मतलब है..."

"अभी पैदा नहीं हुआ—चौथे महीने में है।"

"चौथे महीने यानी इस घटना के चार महीने बाद।" मैं बाहर बालकनी में बिलकुल कोरे मस्तिष्क बैठा था कि टेलीफोन की घंटी बजनी शुरू हुई। बड़ी बेदिली से उठने वाला था कि आवाज़ बंद हो गई। थोड़ी देर बाद मेरी बीवी आई। मैंने उससे पूछा, "कौन था?"

"यज़दानी साहब।

"कोई नयी लड़ाई थी?"

"नहीं। ताहिरा को लड़की हुई है—मरी हुई।" यह कहकर वह रोती हुई अंदर चली गई।

मैं सोचने लगा, अगर अब ताहिरा और अता का झगड़ा हुआ तो उसे कौन टूटू चुकाएगा?

❑

रामखेलावन

खटमल मारने के बाद मैं ट्रंक में पुराने काग़ज़ात देख रहा था कि सईद भाईजान की तस्वीर मिल गयी। मेज़ पर एक ख़ाली फ्रेम पड़ा था–मैंने उस तस्वीर से उसको पूरा कर दिया और कुर्सी पर बैठकर धोबी का इंतज़ार करने लगा।

हर इतवार को मुझे इसी तरह इंतज़ार करना पड़ता था क्योंकि हफ़्ते की शाम को मेरे धुले हुए कपड़ों का स्टॉक ख़त्म हो जाता था–मुझे स्टॉक तो नहीं कहना चाहिए इसलिए कि मुफ़लिसी के उस ज़माने में मेरे पास सिर्फ़ इतने कपड़े थे जो मुश्किल से सात-आठ दिन तक आबरू क़ायम रख सके।

मेरी शादी की बातचीत हो रही थी और इस सिलसिले में पिछले दो-तीन इतवारों से मैं माहिम जा रहा था। धोबी शरीफ़ आदमी था, यानी धुलाई न मिलने के बावजूद हर इतवार को बाक़ायदगी के साथ पूरे दस बजे मेरे कपड़े ले आता था। लेकिन फिर भी मुझे खटका था कि ऐसा न हो मेरे धुलाई न देने से तंग आकर किसी दिन मेरे कपड़े चोर-बाज़ार में बेच दे और मुझे अपनी शादी की बातचीत में बग़ैर कपड़ों के हिस्सा लेना पड़े जो कि ज़ाहिर है बहुत ही शर्मनाक बात होती।

खोली में मरे हुए खटमलों की बहुत ही घिनौनी बू फैली हुई थी। मैं सोच रहा था कि उसे किस तरह दबाऊँ कि धोबी आ गया। "साब सलाम।" कहकर उसने गठड़ी खोली और मेरे गिनती के कपड़े मेज़ पर रख दिए। ऐसा करते हुए उसकी नज़र सईद भाईजान की तस्वीर पर पड़ी। एकदम चौंककर उसे ग़ौर से देखना शुरू कर दिया और एक अजीब-ओ-ग़रीब आवाज़ हलक़ से निकाली–"हे हे हे हे?"

मैंने उससे पूछा–"क्या बात है धोबी?"

धोबी की नज़रें तस्वीर पर जमी रहीं–"यह तो साईद शालिम बालिश्टर है?"

"कौन?"

धोबी ने मेरी तरफ़ देखा और बड़े उल्लास से कहा, "साईद शालिम बालिश्टर।"

"तुम जानते हो, इन्हें?"

धोबी ने ज़ोर से सिर हिलाया, "हाँ...दो भाई होता...इधर कोलाबा में उनका कोठी होता—साईद शालिम बालिश्टर—मैं उनका कपड़ा धोता होता।"

मैंने सोचा यह दो वर्ष पहले की बात होगी क्योंकि सईद हसन और मुहम्मद हसन भाईजान ने फिजी आइलैंड जाने से पहले तकरीबन एक वर्ष बंबई में प्रैक्टिस की थी। चुनांचे मैंने उससे कहा—"दो वर्ष पहले की बात करते हो तुम?"

धोबी ने ज़ोर से सिर हिलाया—"हाँ, साईद शालिम बालिश्टर जब गया तो हमको एक पगड़ी दिया, एक धोती दिया एक कुर्ता दिया—नया। बहुत अच्छा लोग होता। एक का दाढ़ी होता—ये बड़ा।" उसने हाथ से दाढ़ी की लंबाई बतायी और सईद भाईजान की तस्वीर की तरफ़ इशारा करके कहा, "यह छोटा होता—इसका तीन बावा लोग होता, दो लड़का, एक लड़की—हमारे संग बहुत खेलता होता—कोलाबा में कोठी होता—बहुत बड़ा..."

मैंने कहा, "धोबी, यह मेरे भाई हैं।"

धोबी ने एक हलक़ से एक अजीब-ओ-ग़रीब आवाज़ निकाली—"हे हे हे हे! साईद शालिम बालिश्टर?"

मैंने उसकी हैरत दूर करने की कोशिश की और कहा—"यह तस्वीर सईद हसन भाईजान की है—दाढ़ी वाले मुहम्मद हसन हैं—हम सबसे बड़े।"

धोबी ने मेरी तरफ़ घूरकर देखा। फिर मेरी खोली की ज़िंदगी का जायज़ा लिया—एक छोटी-सी कोठरी थीं—बिजली की लाइट से वंचित, एक मेज़ था। एक कुर्सी और एक टाट की चारपाई जिसमें हज़ारों खटमल थे। धोबी को यक़ीन नहीं आता था कि साईद शालिम बालिश्टर का भाई हूँ। लेकिन जब मैंने उसको इनकी बहुत-सी बातें तो बताई तो उसने सिर को अजीब तरीक़े से झटका दिया और कहा, साईद शालिम बालिश्टर कोलाबे में रहता और तुम इस खोली में?"

मैंने बड़े फ़लसफ़ाना अंदाज़ में कहा—"दुनिया के यही रंग हैं धोबी—कहीं धूप कहीं छाँव—पाँच अँगुलियाँ एक जैसी नहीं होतीं।"

"हाँ साब—तुम बराबर कहता..." यह कहकर धोबी ने गठड़ी उठाई और बाहर जाने लगा। मुझे उसके हिसाब का ख़याल आया। जेब में सिर्फ़ आठ आने थे। जो शादी की बातचीत के सिलसिले में माहिम तक जाने-आने के लिए मुश्किल से काफ़ी थे। सिर्फ़ यह बताने के लिए कि मेरी नीयत साफ़ है, मैंने उसे ठहराया और कहा, "धोबी, कपड़ों का हिसाब याद रखना—ख़ुदा मालूम कितनी धुलाइयाँ हो चुकी हैं?"

धोबी ने अपनी धोती की लाँग ठीक किया और कहा—"साब, हम हिसाब नहीं राखत—साईद शालिम बालिश्टर का एक वर्ष काम किया—जो दे दिया, ले लिया—हम हिसाब जानत ही नहीं।"

यह कहकर वह चला गया और मैं शादी की बातचीत के सिलसिले में माहिम जाने के लिए तैयार होने लगा।

बातचीत कामयाब रही—मेरी शादी हो गयी। हालात भी बेहतर हो गए और मैं सेकेंड पीर खाँ स्ट्रीट की खोली से जिसका किराया नौ रुपये माहवार था क्लीयर रोड के एक फ़्लैट में जिसका किराया पैंतीस रुपया माहवार था उठ आया और धोबी को प्रति माह क़ायदे से अपनी धुलाइयों के दाम मिलने लगे।

धोबी ख़ुश था कि मेरे हालात पहले के मुक़ाबले बेहतर हैं। चुनांचे उसने मेरी बीवी से कहा, "बेगम साब-साब का भाई साईद शालिम बालिश्टर बहुत बड़ा आदमी होता—इधर कोलाबा में रहता होता—जब गया तो हमको एक पगड़ी, एक धोती, एक कुर्ता दिया होता—तुम्हारा साब भी एक बड़ा आदमी बनता होता।"

मैं अपनी बीवी को तस्वीर वाला क़िस्सा सुना चुका था और उसको यह भी बता चुका था कि मुफ़लिसी के ज़माने में कितनी दरियादिली से धोबी ने मेरा साथ दिया था। जब दे दिया, जो दे दिया, उसने शिकायत की ही न थी—लेकिन मेरी बीवी को थोड़े समय के बाद ही उससे यह शिकायत पैदा हो गयी कि वह हिसाब नहीं करता। मैंने उसमें कहा, "चार वर्ष मेरा काम करता रहा है—उसने कभी हिसाब नहीं किया।"

जवाब मिला, "हिसाब क्यों करता—वैसे ही दुगुने-चौगुने वसूल कर लेता होगा।"

"वह कैसे?"

"आप नहीं जानते। जिनके घरों में बीवियाँ नहीं होतीं, उनको ऐसे लोग बेवकूफ़ बनाना जानते हैं।"

क़रीब-क़रीब हर महीने धोबी से मेरी बीवी की चख-चख होती थी। वह कपड़ों का हिसाब अपने पास अलग क्यों नहीं रखता। वह बड़ी सादगी से सिर्फ़ इतना कह देता, "बेगम साब! हम हिसाब जानत नाहीं—तुम झूठ नहीं बोलेगा—साईद शालिम बालिश्टर जो तुम्हारे साब का भाई होता—हम एक वर्ष उसका काम किया होता—बेगम साब बोलता धोबी तुम्हारा इतना पैसा हुआ—हम बोलता—ठीक है।"

एक महीने ढाई सौ कपड़े धुलाई में गये। मेरी बीवी ने आजमाने के लिए उससे कहा, "धोबी, इस महीने साठ कपड़े हुए।"

उसने कहा—"ठीक है, बेगम साब, तुम झूठ नहीं बोलेगा।"

मेरी बीवी ने साठ कपड़ों के हिसाब से जब उसको दाम दिए तो उसने माथे के साथ रुपये छुआकर सलाम किया और चलने लगा। मेरी बीवी ने उसे रोका।

"ठहरो धोबी—साठ नहीं, ढाई सौ कपड़े थे। लो अपने बाक़ी रुपये—मैंने मज़ाक किया था।

धोबी ने सिर्फ़ इतना कहा, "बेगम साब, तुम झूठ नाहीं बोलेगा।" बाक़ी के रुपये अपने माथे के साथ लगाकर सलाम किया और चला गया।

शादी के दो वर्ष बाद मैं दिल्ली चला गया। डेढ़ वर्ष वहाँ रहा। फिर बंबई आ गया और माहिम में रहने लगा। तीन महीने के दौरान हमने चार धोबी बदले क्योंकि बीमार, बेईमान और झगड़ालू थे। हर धुलाई पर झगड़ा खड़ा हो जाता था। कभी कपड़े कम निकलते थे, कभी धुलाई निहायत ज़लील होती थी। हमें अपना पुराना धोबी याद आने लगा। एक रोज़ जबकि हम बिलकुल बग़ैर धोबी के रह गए तो वह अचानक आ गया और कहने लगा, "साहब को हमने एक दिन बस में देखा। हम बोला, "ऐसा कैसा–साब तो दिल्ली चला गया था...हमने उधर बायखला में तलाश किया। छपाईदार बोला, उधर माहिम में तलाश करो–बाजूवाली चाली में साब का दोस्त होता, उससे पूछा और आ गया।

हम बहुत ख़ुश हुए और हमारे कपड़ों के दिन हँसी-ख़ुशी में गुज़रने लगे।

कांग्रेस की नई सरकार बनी तो शराबबंदी का हुक्म जारी हो गया। अंग्रेज़ी शराब मिलती थी लेकिन देसी शराब बनाना और बेचना बिलकुल बंद हो गया। निंयानबे फ़ीसदी धोबी शराब के आदी थे–दिन भर पानी में रहने के बाद शाम को पाव-आध पाव शराब उनकी ज़िंदगी का अंग बन गयी थी–हमारा धोबी बीमार हो गया। और बीमारी का इलाज उसने उस ज़हरीली शराब से किया जो अवैध रूप से खींची जाकर चोरी-छुपे बिकती थी। नतीजा यह हुआ कि उसके ज़िगर में खतरनाक गड़बड़ पैदा हो गई जिसने उसको मौत के दरवाज़े तक पहुँचा दिया।

मैं बहुत मसरूफ़ था। सुबह छह बजे घर से निकलता था और रात को दस-साढ़े दस बजे लौटता था। मेरी बीवी को जब उसकी ख़तरनाक बीमारी का पता चला तो वह टैक्सी लेकर उसके घर गई। नौकर शोफ़र की मदद से उसको गाड़ी में बिठाया और डॉक्टर के पास ले गई। डॉक्टर बहुत प्रभावित हुआ। चुनांचे उसने फ़ीस लेने से मना कर दिया। लेकिन मेरी बीवी ने कहा, "डॉक्टर साहब, आप सारा पुण्य हासिल नहीं कर सकते।"

डॉक्टर मुस्कराया, "तो आधा-आधा कर लीजिए।"

डॉक्टर ने आधी फीस वसूल कर ली।

धोबी का बाक़ायदा इलाज हुआ। ज़िगर की तकलीफ़ कुछ इंजेक्शनों से ही दूर हो गयी। थोड़ी-बहुत थी वह आहिस्ता-आहिस्ता दवाओं के इस्तेमाल से ख़त्म हो गयी। कुछ महीनों के बाद वह बिलकुल ठीक-ठाक था और उठते-बैठते हमें दुआएँ देता था। "भगवान साब को साईद शालिम बालिश्टर बनाए–उधर कोलाबा में साब रहने को जाएँ–बाबा लोग हों–बहुत-बहुत पैसा हो–बेगम साब धोबी को लेने आया–मोटर में–उधर क़िले में बहुत बड़े डाक्टर के पास ले गया। जिसके पास मेम होता–भगवान बेगम साब को ख़ुश रखे..."

कई वर्ष गुज़र गए। इस दौरान कई राजनीतिक इंक़लाब आए। धोबी बिना नागा किए इतवार को आता रहा। उसकी सेहत अब बहुत अच्छी थी। इतना अर्सा गुज़रने पर भी वह हमारा सलूक नहीं भूला था। हमेशा दुआएँ देता था। शराब कतई तौर पर छूट

चुकी थी–शुरू में वह कभी-कभी उसे याद किया करता था। पर अब नाम न लेता था। सारा दिन पानी में रहने के बाद थकान दूर करने के लिए अब उसे दारू की ज़रूरत महसूस नहीं होती थी।

हालात कुछ ज़्यादा बिगड़ गए। बँटवारा हुआ तो हिंदू-मुसलमान दंगे शुरू हो गए। हिंदुओं के इलाके में मुसलमान और मुसलमानों के इलाके में हिंदू दिन की रोशनी और रात के अँधेरे में हलाक किए जाने लगे। मेरी बीवी लाहौर चली गई।

जब हालात और ज़्यादा ख़राब हो गए तो मैंने धोबी से कहा, "अब तुम काम बंद कर दो–यह मुसलमानों का मुहल्ला है। ऐसा न हो कि कोई तुम्हें मार डाले।"

धोबी मुस्कराया, "साब, अपन को कोई नहीं मारता।"

हमारे मुहल्ले में कई वारदातें हुईं। मगर धोबी बराबर आता रहा।

एक इतवार मैं घर में बैठा अख़बार पढ़ रहा था। खेलों के पन्ने पर क्रिकेट के मैचों का स्कोर दर्ज था और पहले पृष्ठ पर दंगों के शिकार हिंदुओं और मुसलमानों के आँकड़े–मैं इन दोनों के ख़ौफ़नाक नतीजे पर ग़ौर कर रहा था कि धोबी आ गया। कॉपी निकालकर मैंने कपड़ों की पड़ताल शुरू की तो धोबी ने हँस-हँसकर बातें करना शुरू कर दिया, साईद शालिम बालिश्टर बहुत अच्छा आदमी होता–यहाँ से चला जाता तो हमको एक पगड़ी, एक धोती, एक कुर्ता दिया होता–तुम्हारा मेम साब भी एकदम अच्छा आदमी होता–बाहर गाम गया है न? अपने मुल्क में इधर कागज़ लिखो तो हमारा सलाम बोलो–मोटर लेकर आया हमारी खोली में–हमको इतना जलाब आया होता–डॉक्टर ने सुई लगाया–एकदम ठीक हो गया–उधर कागज़ लिखो तो हमारा सलाम बोलो–बोलो रामखेलावन बोलता है, हमको भी कागज़ लिखो।"

मैंने उसकी बात काटकर ज़रा तेज़ी से कहा, "धोबी–दारू शुरू कर दी?"

धोबी हँसा, "दारू? दारू कहाँ मिलती है साब?"

मैंने कुछ कहना मुनासिब न समझा। उसने मैले कपड़ों की गठरी बनायी और सलाम करके चला गया।

कुछ दिनों में हालात बहुत ही ज़्यादा ख़राब हो गए। लाहौर से तार पर तार आने लगे कि सब कुछ छोड़ो और जल्दी चले आओ। मैंने हफ़्ते (शनिवार) के दिन इरादा कर लिया कि इतवार को चल दूँगा। लेकिन मुझे सवेरे निकल जाना था। कपड़े धोबी के पास थे। मैंने सोचा कर्फ़्यू से पहले-पहले आकर उसके घर से ले आऊँ। चुनांचे शाम को विक्टोरिया लेकर महालक्ष्मी रवाना हो गया।

कर्फ़्यू के वक़्त में अभी तक घंटा बाकी था। इसलिए आवागमन जारी था। ट्रामें चल रही थीं। मेरी विक्टोरिया पुल के पास पहुँची तो एकदम शोर मचा। लोग अंधाधुंध भागने लगे। ऐसा मालूम हुआ जैसे साँडों की लड़ाई हो रही है। भीड़ कम हुई तो देखा

दो भट्ठियों के पास बहुत-से धोबी हाथ में लाठियाँ लिये नाच रहे हैं और तरह-तरह की आवाज़ें निकाल रहे हैं। मुझे उधर ही जाना था। मगर विक्टोरिया वाले ने इंकार कर दिया। मैंने उसका किराया अदा किया और पैदल ही चल पड़ा–जब धोबियों के पास पहुँचा तो वे मुझे देखकर ख़ामोश हो गए।

मैंने आगे बढ़कर एक धोबी से पूछा, "रामखेलावन कहाँ रहता है?"

एक धोबी जिसके हाथ में लाठी थी, झूमता हुआ उस धोबी के पास आया जिससे मैंने सवाल किया था, "क्या पूछत है?"

"पूछत है, रामखेलावन कहाँ रहता है?"

शराब से धुत धोबी ने क़रीब-क़रीब मेरे ऊपर चढ़कर पूछा, "तुम कौन हो?"

"मैं–रामखेलावन मेरा धोबी है।"

"रामखेलावन तुम्हारा धोबी है–तू किस धोबी का बच्चा है?"

एक चिल्लाया–"हिंदू धोबी का या मुस्लिम धोबी का?"

तमाम धोबी जो शराब के नशे में चूर थे, मुक्के तानते और लाठियाँ घुमाते मेरे इर्द-गिर्द जमा हो गए। मुझे उनके सिर्फ़ एक सवाल का जवाब देना था–"मुसलमान हूँ या हिंदू?"

मैं बेहद डर गया। भागने का सवाल ही पैदा नहीं होता था क्योंकि मैं उनमें घिरा हुआ था। नज़दीक कोई पुलिसवाला नहीं था जिसको मदद के लिए पुकारता-और कुछ समझ में न आया तो इन शब्दों में उनसे गुफ़्तगू शुरू कर दी, "रामखेलावन हिंदु है...हम पूछा है वह किधर रहता है...उसका खोली कहाँ है...दस वर्ष से वह हमारा धोबी है...बहुत बीमार था–हमने उसका इलाज कराया था–हमारी बेगम–हमारी मेम साहब यहाँ मोटर लेकर आई थीं...।" यहाँ तक मैंने कहा तो मुझे अपने ऊपर बहुत तरस आया, दिल ही दिल में बहुत शर्माया कि इनसान अपनी जान बचाने के लिए कितने नीचे स्तर पर उतर आता है–इस अहसास ने मेरी हिम्मत बँधाई, चुनांचे मैंने उससे कहा, "मैं मुसलमान हूँ।" 'मार डालो-मार डालो' का शोर बुलंद हुआ।

धोबी जो कि शराब के नशे में धुत था एक तरफ़ देखकर चिल्लाया, "ठहरो इसे रामखेलावन मारेगा।"

मैंने पलटकर देखा। रामखेलावन मोटा डंडा हाथ में लिये लड़खड़ा रहा था। उसने मेरी तरफ़ देखा और मुसलमानों को अपनी ज़बान में गालियाँ देता हुआ मेरी तरफ़ बढ़ा। मैंने धमकाने वाले लहजे में कहा, "रामखेलावन।"

रामखेलावन दहाड़ा, "चुप कर रामखेलावन के..."

मेरी आख़िरी उम्मीद भी डूब गई। जब वह मेरे क़रीब आ पहुँचा तो मैंने ख़ुश्क गले से हौले से कहा, "मुझे पहचानते नहीं, रामखेलावन?"

रामखेलावन ने वार करने के लिए डंडा उठाया—एकदम उसकी आँखें सिकुड़ी और फैलीं। डंडा हाथ से गिरा। उसने क़रीब आकर मुझे ग़ौर से देखा और पुकारा—"साब!" फिर वह अपने साथियों की ओर देखकर बोला—"यह मुसलमीन नहीं—यह मेरा साब है—बेगम साब का साब...वह मोटर लेकर आया था—डॉक्टर के पास ले गया था—जिसने मेरा जुलाब ठीक किया था।"

रामखेलावन ने अपने साथियों को बहुत समझाया मगर वे न माने—सब शराबी थे। तू-तू मैं-मैं शुरू हो गई। कुछ धोबी रामखेलावन की तरफ़ हो गए और हाथापाई तक नौबत आ गई। मैंने मौक़ा अच्छा समझा और वहाँ से खिसक गया था।

मैं बहुत बेक़रार था। दिल में तरह-तरह के भाव उबल रहे थे। जी चाहता था जल्दी टिकट आ जाए और मैं बंदरगाह की तरफ़ चल दूँ। मुझे ऐसा महसूस होता था कि अगर देर हो गई तो मेरा फ़्लैट मुझे अपने अंदर कैद कर लेगा।

दरवाज़े पर दस्तक हुई। मैंने सोचा टिकट आ गए। दरवाज़ा खोला तो बाहर धोबी खड़ा था।

"सलाम साब!"

"सलाम।"

"मैं अंदर आ जाऊँ?"

"आओ।"

वह ख़ामोशी से अंदर दाख़िल हुआ। गठड़ी खोलकर उसने कपड़े निकालकर पलंग पर रखे। धोबी ने अपनी आँखें पोंछीं और भराई आवाज़ में कहा—"आप जा रहे हैं, साब?"

"हाँ।"

उसने रोना शुरू कर दिया, "साब मुझे माफ़ कर दो-यह सब दारू का कसूर था. ..और दारू...दारू आजकल मुफ़्त मिलती है—सेठ लोग बाँटता है कि पीकर मुसलमीन को मारो—मुफ़्त की दारू कौन छोड़ता है साब—हमको माफ़ करो—हम पियेला था...साईद शालिम बालिश्टरर हमारा बहुत मेहरबान होता—हमको एक पगड़ी, एक धोती एक कुर्ता दया होता...जलाब से हम मरता होता...वह मोटर लेकर आता। डाक्टर के पास ले जाता। इतना पैसा खर्च करता—तुम मुलक जाता—बेगम साब से मत बोलना रामखेलावन..."

उसकी आवाज़ गले में रुँध गई। गठड़ी की चादर कंधे पर डालकर चलने लगा तो मैंने रोका—"ठहरो रामखेलावन।"

लेकिन वह धोती की लाँग सँभालता तेज़ी से बाहर निकल गया।

❑

नंगी आवाज़ें

भोलू और गामा दो भाई थे। बेहद मेहनती। भोलू क़लईगर था। सुबह धौंकनी सिर पर रखकर निकलता और दिन-भर शहर की गलियों में, 'भाँडे कलई करा लो' की आवाज़ें लगता रहता था। शाम को घर लौटता तो उसकी तहमद की अंटी में तीन-चार रुपये का किरियाना ज़रूर होता।

गामा खोंचा लगाता था। उसको भी दिन-भर छाबड़ी सिर पर उठाये घूमना पड़ता था। तीन-चार रुपये वह भी कमा लेता था, मगर उसे शराब की लत थी। शाम को दीने के भटियारख़ाने से खाना खाने से पहले एक पाव शराब उसे ज़रूर चाहिए थी। पीने के बाद वह बहकता। दीने के भटियारख़ाने में रौनक लग जाती। सब को मालूम था कि वह पीता है और इसी के सहारे जीता है।

भोलू ने गामा को, जो उससे दो साल बड़ा था, बहुत समझाया कि देखो, यह शराब की लत बहुत बुरी है, शादीशुदा हो, बेकार पैसा बरबाद करते हो, यही जो तुम हर रोज़ एक पाव शराब पर ख़र्च करते हो, बचाकर रखो तो भाभी ठाठ से रहा करे; नंगी-बुच्ची अच्छी लगती है तुम्हें अपनी घरवाली?...गामा इस कान से सुनता उस कान उड़ा देता। भोलू जब थक-हार गया, तो कहना-सुनना ही छोड़ दिया।

दोनों शरणार्थी थे। एक बड़ी बिल्डिंग के साथ सर्वेंट क्वार्टर थे। इन पर, जहाँ औरों ने क़ब्ज़ा जमा रखा था, वहाँ इन दोनों भाइयों ने भी एक क्वार्टर को, जो दूसरी मंज़िल पर था, अपने रहने के लिए महफ़ूज़ कर लिया था।

सर्दियाँ आराम से गुज़र गईं। गर्मियाँ आईं तो गामा को बहुत तकलीफ़ हुई। भोलू तो ऊपर कोठे पर खाट बिछाकर सो जाता, पर गामा क्या करता? बीवी थी और ऊपर पर्दे का कोई बंदोबस्त ही न था। एक गामा ही को यह तकलीफ़ न थी, उन क्वार्टरों में जो भी शादीशुदा था, इसी मुसीबत में फँसा था।

कल्लन को एक बात सूझी। उसने कोठे पर कोने में, अपनी और अपनी बीवी की चारपाई के इर्द-गिर्द टाट तान दिया। इस तरह पर्दे का इंतज़ाम हो गया। कल्लन की देखा-देखी दूसरों ने भी इस तरकीब से काम लिया। भोलू ने भाई की मदद की और

कुछ ही दिनों में बाँस वगैरा गाड़कर, टाट और कंबल जोड़कर, पर्दे का इंतज़ाम कर दिया। यों हवा तो रुक जाती थी, पर नीचे क्वार्टर के दोज़ख़ (नरक) से हर हालत में यह जगह बेहतर थी।

ऊपर कोठे पर सोने से भोलू की तबीयत में एक अजीब क्रांति आ गई। वह शादी-ब्याह का बिलकुल क़ायल नहीं था। उसने दिल में निश्चय कर रखा था कि वह यह जंजाल कभी नहीं पालेगा। जब कभी गामा उसके ब्याह की बात छेड़ता तो वह कहा करता, "न भाई, मैं अपने निरोये पिंडे पर जोंकें नहीं लगवाना चाहता।" लेकिन जब गर्मियाँ आई और उसने ऊपर खाट बिछाकर सोना शुरू किया तो दस-पंद्रह दिन ही में उसके विचार बदल गए। एक शाम को दीने के भटियारख़ाने में उसने अपने भाई से कहा, "मेरी शादी कर दो, नहीं तो मैं पागल हो जाऊँगा।"

गामा ने जब यह सुना तो उसने कहा, "यह क्या मज़ाक़ सूझा है तुम्हें?"

भोलू बहुत गंभीर हो गया "...तुम्हें मालूम नहीं...पंद्रह रातें हो गई है मुझे जागते हुए।"

गामा ने पूछा, "क्यों, क्या हुआ?"

"कुछ नहीं यार...दायें-बायें जिधर नज़र डालो, कुछ-न-कुछ हो रहा होता है...अजीब-अजीब आवाज़ें आती हैं। नींद क्या आएगी, ख़ाक!"

गामा ज़ोर से अपनी घनी मूँछों में हँसा।

भोलू शरमा गया। फिर बोला, "वह जो कल्लन है, उसने तो हद ही कर दी है... साला रात-भर बकवास करता रहता है...उसकी बीवी साली की ज़बान भी तालू से नहीं लगती...बच्चे पड़े सो रहे हैं मगर वह..."

गामा हमेशा की तरह नशे में था। भोलू चला गया तो उसने दीने के भटियारख़ाने में अपने सब यार-दोस्तों को ख़ूब चहक-चहककर बताया कि उसके भाई को आजकल नींद नहीं आती। इसकी वजह जब उसने अपने ख़ास अंदाज़ में बयान की तो सुनने वालों के पेट में हँसते-हँसते बल पड़ गए। जब वे लोग भोलू से मिले तो उन्होंने उसका ख़ूब मज़ाक़ उड़ाया। कोई उससे पूछता-"हाँ भई, कल्लन अपनी बाँकी से क्या बातें करता है?" कोई कहता-"मियाँ, मुफ़्त में मज़े लेते हो...सारी रात फ़िल्में देखते रहते हो...सौ फ़ीसदी बोलती-गाती।" कुछ ने उससे गंदे-गंदे मज़ाक़ किए। भोलू चिढ़ गया।

दूसरे दिन उसने गामा को उस वक़्त पकड़ा, जब गामा नशे में नहीं था तो उसने उससे कहा, "तुमने तो यार, मेरा मज़ाक़ बना दिया है। देखो, जो कुछ मैंने तुमसे कहा है, झूठ नहीं है। मैं इनसान हूँ। ख़ुदा की क़सम, मुझे नींद नहीं आती। आज बीस दिन हो गए हैं मुझे जागते हुए...तुम मेरी शादी का बंदोबस्त कर दो, वरना क़सम पंजतन पाक की, मेरा ख़ानाख़राब हो जाएगा। भाभी के पास मेरा पाँच सौ रुपया जमा है...जल्दी कर दो बंदोबस्त।"

गामा ने मूँछ मरोड़कर पहले कुछ सोचा, फिर कहा, "अच्छा, हो जायगा बंदोबस्त। तुम्हारी भाभी से आज ही बात करता हूँ कि वह अपनी मिलनेवालियों से पूछनी करे।"

डेढ़ महीने के अंदर-अंदर बात पक्की हो गई। समद क़लईगर की लड़की आयशा गामा की बीवी को बहुत पसंद आई। ख़ूबसूरत थी, घर का काम-काज जानती थी। वैसे समद भी शरीफ़ था। मुहल्ले वाले उसकी इज़्ज़त करते थे। भोलू मेहनती था, तंदुरुस्त था। जून के मध्य में ही शादी की तारीख निश्चित हो गई। समद ने बहुत कहा कि वह इतनी गर्मियों में लड़की नहीं ब्याहेगा, पर गामा ने जब बहुत ज़ोर दिया तब वह मान गया।

शादी से चार दिन पहले भोलू ने अपनी दुल्हन के लिए ऊपर कोठे पर टाट के पर्दे का बंदोबस्त किया। बाँस बड़ी मज़बूती से फ़र्श पर गाड़ा। टाट ख़ूब कसकर लगाया। चारपाइयों पर नये खेस बिछाए। नयी सुराही मुँडेर पर रखी। शीशे का गिलास बाज़ार से ख़रीदा। सब काम उसने बड़े शौक़ से किए।

रात को जब वह टाट के पर्दे में घिरकर सोया तो उसको अजीब-सा लगा। वह खुली हवा में सोने का आदी था, मगर अब उसको आदत डालनी थी। यही वजह थी कि शादी से चार दिन पहले ही उसने यों सोना शुरू कर दिया। पहली रात जब वह लेटा और उसने अपनी बीवी के बारे में सोचा तो वह पसीने में तर-बतर हो गया। उसके कानों में वे आवाज़ें गूँजने लगी, जो उसे सोने नहीं देती थीं और उसके दिमाग़ में तरह-तरह के परेशान ख़याल दौड़ती थी।

"क्या हम भी ऐसी ही आवाज़ पैदा करेंगे?...क्या आसपास के लोग हमारी आवाज़ें भी सुनेंगे? क्या वे भी इसी की तरह रातें जाग-जागकर काटेंगे? किसी ने अगर झाँककर देख लिया तो क्या होगा?"

भोलू पहले से भी ज़्यादा परेशान हो गया। हर वक़्त उसको यही बात सताती रहती कि टाट का पर्दा भी कोई पर्दा है। फिर चारों तरफ़ लोग बिखरे पड़े हैं। रात की ख़ामोशी में हलकी-सी सरगर्मी भी दूसरे कानों तक पहुँच जाती है। लोग कैसे यह नंगी ज़िंदगी बसर करते हैं? एक कोठा है, इस चारपाई पर बीवी लेटी है, उस चारपाई पर शौहर पड़ा है। सैकड़ों आँखें, सैकड़ों कान आसपास खुले हैं। नज़र न आने पर भी आदमी सब कुछ देख लेता है। हलकी-सी आहट पूरी तस्वीर बनकर सामने आ जाती है...यह टाट का पर्दा क्या है? सूरज निकलता है, तो उसकी रोशनी सारी चीज़ें बेनकाब कर देती है। वह सामने कल्लन अपनी बीवी की छातियाँ दबा रहा है। वह कोने में उसका भाई गामा लेटा है। तहमद खुलकर एक ओर पड़ा है। इधर ईदू हलवाई की कुँवारी बेटी शादां का पेट छिदरे टाट से झाँक-झाँककर देख रहा है।

शादी का दिन आया तो भोलू का जी चाहा, वह कहीं भाग जाए, पर कहाँ जाता? अब तो वह जकड़ा जा चुका था। ग़ायब हो जाता तो उस समय ज़रूर ख़ुदकशी कर लेता। उस लड़की पर जाने क्या बीतती! जो तूफ़ान मचता, वह अलग।

"अच्छा, जो होता है, होने दो–मेरे साथी और भी तो हैं। धीरे-धीरे आदत हो जाएगी मुझे भी।" भोलू ने अपने-आपको ढाढ़स दिया और अपनी नयी-नवेली दुल्हन की डोली घर ले आया।

क्वार्टरों में चहल-पहल पैदा हो गयी। लोगों ने भोलू और गामा को ख़ूब बधाइयाँ दीं। भोलू के जो ख़ास दोस्त थे, उन्होंने उसको छेड़ा और पहली रात के लिए कई सफ़ल गुर बताए। भोलू चुपचाप सुनता रहा। उसकी भाभी ने ऊपर कोठे पर टाट के पर्दे के नीचे बिस्तर का बंदोबस्त कर दिया। गामा ने मोतिओं के चार बड़े-बड़े हार तकिये के पास रख दिए। एक दोस्त उसके लिए जलेबियों वाला दूध ले आया।

देर तक वह नीचे क्वार्टर में अपनी दुल्हन के पास बैठा रहा। वह बेचारी शर्म के मारे, सिर निहुड़ाए, घूँघट काढ़े सिमटी हुई थी। सख़्त गर्मी थी। भोलु का नया कुर्ता उसके ज़िस्म के साथ पसीने से चिपका हुआ था। वह पंखा झल रहा था, पर हवा जैसे बिलकुल ग़ायब हो गयी थी। भोलू ने पहले सोचा था कि वह ऊपर कोठे पर नहीं जाएगा, नीचे क्वार्टर ही में रात काटेगा, पर जब गर्मी इंतहा को पहुँच गयी तब वह उठा और उसने दुल्हन से चलने को कहा।

रात आधी से ज़्यादा गुज़र चुकी थी। सारे क्वार्टर ख़ामोशी में लिपटे हुए थे। भोलू को इस बात का संतोष था कि सब लोग सो रहे होंगे। कोई उसको नहीं देखेगा। चुपचाप, दबे पाँव, वह अपने टाट के पर्दे के पीछे, अपनी दुल्हन समेत घुस जाएगा और सुबह मुँह-अँधेरे ही नीचे उतर जाएगा।

जब वह कोठे पर पहुँचा तो बिलकुल ख़ामोशी थी। दुल्हन ने शरमाए हुए क़दम उठाए तो पायल के रुपहले घुँघरू बजने लगे। एकदम भोलू ने महसूस किया कि चारों तरफ़ जो नींद बिखरी हुई थी, वह जैसे चौंककर जाग पड़ी है। चारपाइयों पर लोग करवटें बदलने लगे। खाँसने-खँखारने की आवाज़ें इधर-उधर उभरने लगीं। दबी-दबी सरगोशियाँ उस तपी हुई फ़िज़ा में तैरने लगीं। भोलू ने घबराकर अपनी बीवी का हाथ पकड़ा और तेज़ी से टाट की ओट में चला गया। दबी-दबी हँसी की आवाज़ उसके कानों के साथ टकरायी। उसकी घबराहट बढ़ गयी। बीवी से बात की, तो पास की खुसर-फुसर शुरू हो गयी। दूर कोने में, जहाँ कल्लन की जगह थी, चारपाई की-चर्र-चूँ, चर्र-चूँ होने लगी। वह धीमी पड़ी, तो गामा की लोहे की चारपाई बोलने लगी।

ईदू हलवाई की कुँवारी लड़की शादां ने दो-तीन बार उठकर पानी पिया। घड़े के साथ उसका गिलास टकराता तो एक धमाका-सा पैदा होता। खैरे कसाई के लड़के की चारपाई से बार-बार माचिस जलाने की आवाज़ आती थी। भोलू अपनी दुल्हन से कोई बात न कर सका। उसे डर था कि आसपास के खुले हुए कान फ़ौरन उसकी बात निगल जाएँगे और सारी चारपाइयाँ 'चर्र-चूँ, चर्र-चूँ' करने लगेंगी। दम साधे वह चुपचाप लेटा रहा। कभी-कभी सहमी हुई निगाह से अपनी बीवी की तरफ़ देख लेता, जो गठरी-सी बनी दूसरी चारपाई पर लेटी थी। कुछ देर वह जागती रही, फिर सो गयी।

भोलू ने चाहा कि वह भी सो जाए, मगर उसे नींद न आयी। थोड़ी-थोड़ी देर के बाद उसके कानों में आवाज़ें आती थीं...आवाज़ें जो फ़ौरन तस्वीरें बनकर उसकी आँखों के सामने गुज़र जाती थीं।

उसके मन में बड़ी उमंगें थीं, बड़ा जोश था। जब उसने शादी का इरादा किया था तो वे सारी लज़्ज़तें, जिनसे वह अपरिचित था, उसके दिल-ओ- दिमाग़ में चक्कर लगाती रहती थी। उसे एक गर्मी महसूस होती थी—बड़ी सुखद गर्मी। मगर अब जैसे 'पहली रात' से उसे कोई दिलचस्पी ही न थी। उसने रात में कई बार यह दिलचस्पी पैदा करने की कोशिश की, लेकिन आवाज़ें-वे तस्वीरें खींचने वाली आवाज़ें-सब कुछ अस्त-व्यस्त कर देतीं। वह अपने-आपको नंगा महसूस करता, बिलकुल नंगा, जिसको चारों ओर से लोग आँखें फाड़-फाड़ कर देख रहे हो और हँस रहे हों।

सुबह चार बजे के क़रीब वह उठा। बाहर निकलकर उसने ठंडे पानी का गिलास पिया। कुछ सोचा। वह झिझक, जो उसके मन में बैठ गयी थी, उसको किसी हद तक दूर किया। अब ठंडी हवा चल रही थी, जो काफ़ी तेज़ थी।...भोलू की निगाहें कोने की तरफ़ घूमीं। कल्लन का घिसा हुआ टाट हिल रहा था। वह अपनी बीवी के पास बिलकुल नंग-धड़ंग लेटा था। भोलू को बड़ी घिन लगी, साथ ही गुस्सा भी आया कि हवा ऐसे कोठों पर क्यों चलती है? चलती है, तो टाटों को क्यों छेड़ती है? उसके जी में आया कि कोठे पर जितने टाट है, सब नोच डाले और नंगा होकर नाचने लगे।

भोलू नीचे उतर गया। जब काम पर निकला तो कई दोस्त मिले। सबने उससे पहली रात का हाल पूछा। फौजे दर्ज़ी ने उसको दूर से ही आवाज़ दी—"क्यों उस्ताद भोलू, कैसे रहे? कहीं हमारे नाम पर बट्टा तो नहीं लगा दिया तुमने?"

आगे टीन साज़ ने उससे बड़े भेद-भरे स्वर में कहा, "देखो, अगर कुछ गड़बड़ है तो बता दो, एक बड़ा अच्छा नुस्खा मेरे पास मौजूद है।"

बाले ने उसके कंधे पर ज़ोर का हाथ मारा, "कहो पहलवान, कैसा रहा दंगल?" भोलू चुप रहा।

सुबह उसकी बीवी मायके चली चली गयी। पाँच-छह दिन के वापस आई तो भोलू को फिर उसी मुसीबत का सामना करना पड़ा। कोठे पर सोने वाले जैसे उसकी बीवी के आने का इंतज़ार कर रहे थे। कुछ रातें ख़ामोश रहीं, लेकिन जब वे ऊपर सोये तो फिर वही खुसुर-फुसुर, 'चर्र-चूँ, चर्र-चूँ', वही खाँसना-खँखारना, वही घड़े के साथ गिलास के टकराने के छनाके, करवटों पर करवटें, दबी-दबी हँसी। भोलू सारी रात अपनी चारपाई पर लेटा आसमान की ओर देखता रहता। कभी-कभी एक ठंडी आह भरकर अपनी दुल्हन को देख लेता और दिल में कुढ़ता-'मुझे क्या हो गया है? मुझे क्या हो गया है? यह मुझे क्या हो गया है?'

सात रातों तक यही होता रहा। आख़िर तंग आकर भोलू ने अपनी दुल्हन को मायके भेज दिया। बीस-पच्चीस दिन बीत गए तो गामा ने भोलू से कहा, "यार, तुम अजीब

आदमी हो। नयी-नयी शादी और बीवी को मायके भेज दिया! इतने दिन हो गए उसे गए हुए, तुम अकेले सोते कैसे हो?"

भोलू ने सिर्फ़ इतना कहा, "ठीक है।"

गामा ने पूछा, "ठीक क्या है? जो बात है, बताओ! क्या तुम्हें पसंद नहीं आयी आयशा?"

"यह बात नहीं है।"

"यह बात नहीं है तो और क्या बात है?"

भोलू बात गोल कर गया। मगर थोड़े ही दिनों बाद उसके भाई ने फिर बात छेड़ी। भोलू उठकर क्वार्टर के बाहर चला गया। बाहर एक चारपाई पड़ी थी। उस पर बैठ गया। भीतर में उसको अपनी भाभी की आवाज़ सुनायी दी। वह गामा से कह रही थी, "तुम जो कहते हो ना कि भोलू को आयशा पसंद नहीं आयी, यह गलत है।"

गामा की आवाज़ आयी, "तो फिर क्या बात है? भोलू को उससे कोई दिलचस्पी ही नहीं।"

"दिलचस्पी क्या हो?"

"क्यों?"

गामा की बीवी ने इसका जो जवाब दिया, भोलू न सुन सका; लेकिन इसके बावजूद उसको ऐसा लगा, मानो उसकी हस्ती किसी ने ओखली में डालकर कूट दी हो। गामा एकदम ऊँची आवाज़ से बोला, "नहीं, नहीं! यह तुमसे किसने कहा?"

गामा की बीवी बोली, "आयशा ने अपनी किसी सहेली से ज़िक्र किया...बात उड़ते-उड़ते मुझ तक पहुँच गयी।"

बड़े आघातपूर्ण स्वर में गामा ने कहा, "यह तो बहुत बुरा हुआ।"

भोलू के दिल में छुरी-सी उतर गयी। उसका दिमाग़ी संतुलन बिगड़ गया। वह उठा और कोठे पर चढ़कर, जितने टाट लगे थे, उन्हें उसने उखेड़ना शुरू कर दिया। 'खट-खट, फुट-फट' सुनकर लोग जग गए। उन्होंने उसको रोकने की कोशिश की तो वह लड़ने लगा। बात बढ़ गयी। कल्लन ने बाँस उठाकर उसके सिर पर दे मारा। भोलू चकराकर गिरा और बेहोश हो गया। जब उसे होश आया, तो उसका दिमाग़ चल चुका था।

अब वह बिलकुल नंग-धड़ंग बाज़ारों में घूमता फिरता है। कहीं टाट लटका देखता है तो उसको उतारकर टुकड़े-टुकड़े कर देता है।

❑

प्रभाकर प्रकाशन द्वारा प्रकाशित पुस्तकें

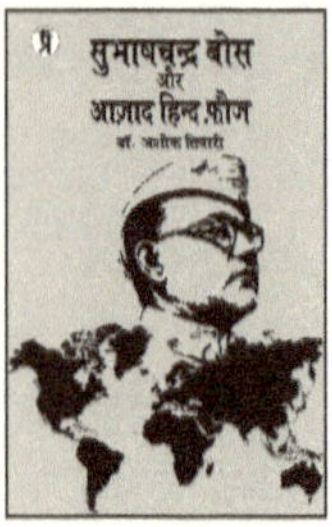

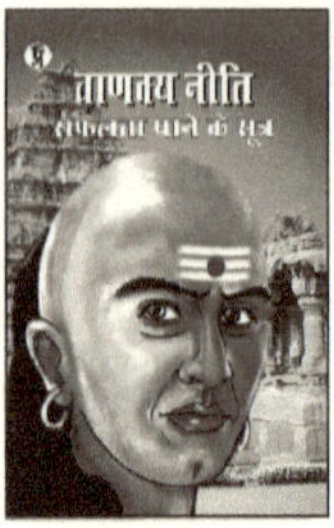

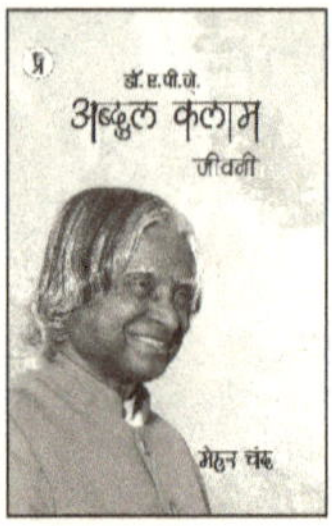

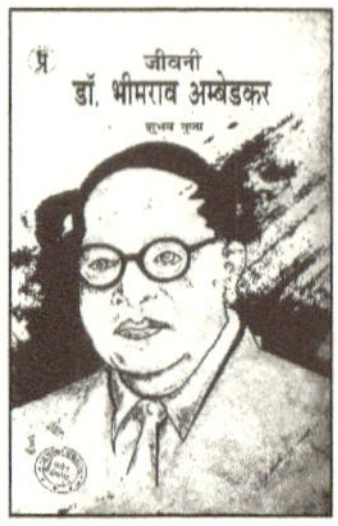

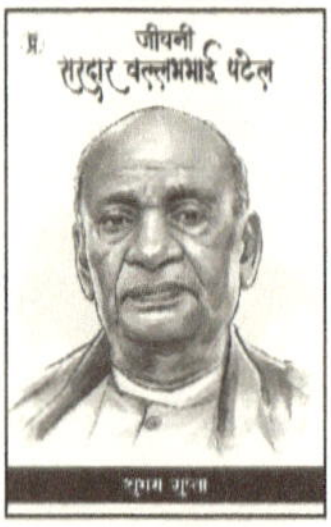

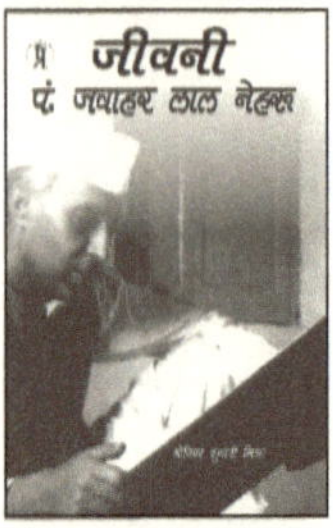

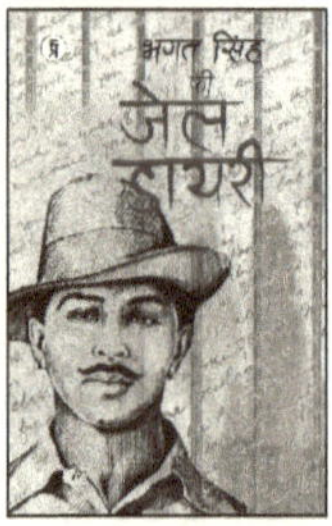

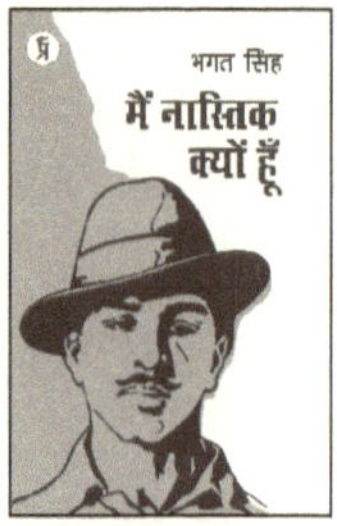

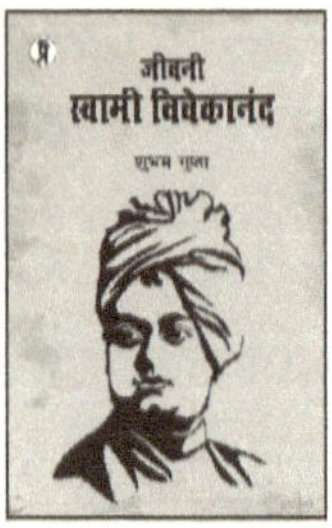

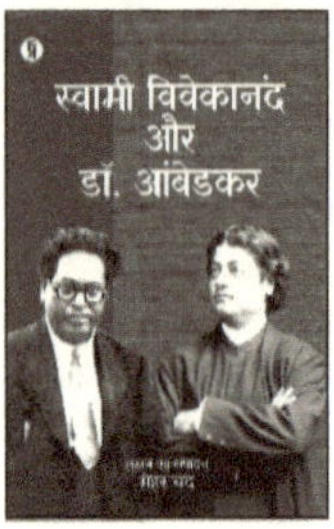

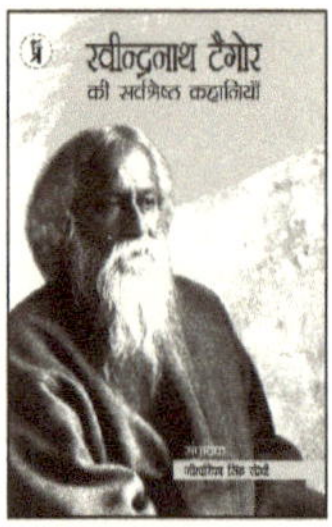

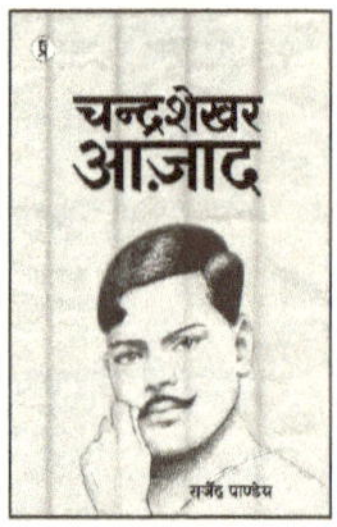

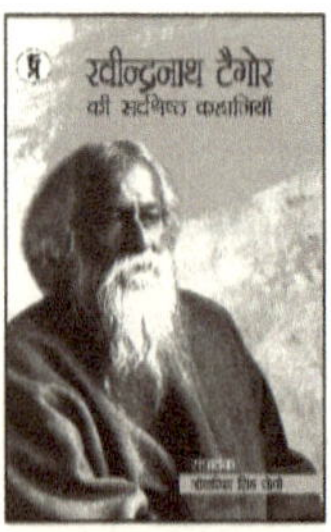

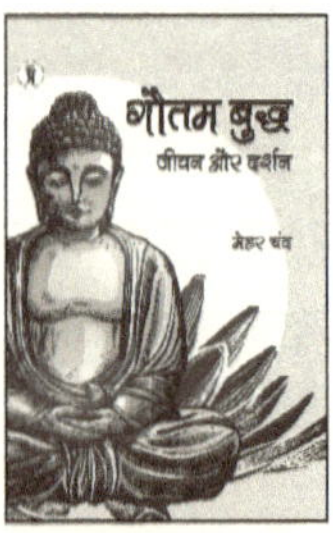

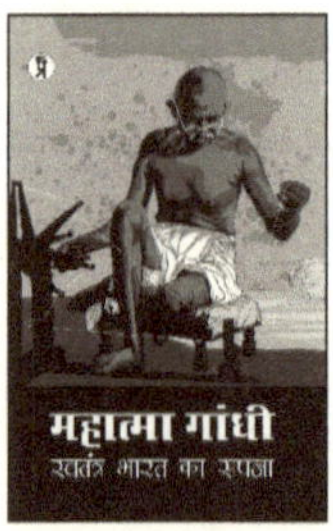

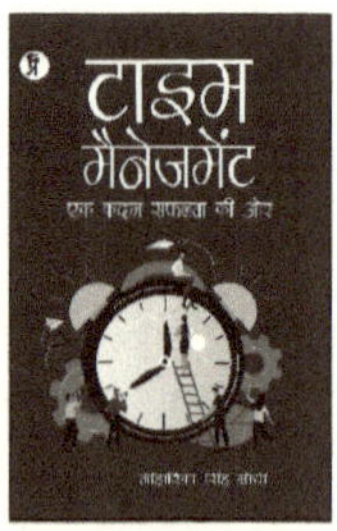

sales@pharosbooks.in 011-40395855 www.prabhakarprakashan.com

प्रभाकर प्रकाशन, प्लॉट नं.-63, मेन मदर डेयरी रोड, पांडव नगर, ईस्ट दिल्ली-110092

नोट्स

www.ingramcontent.com/pod-product-compliance
Lightning Source LLC
Chambersburg PA
CBHW031343230926
51848CB00002B/363
9789367932100